시장경제의 통합적 이해

시장경제의 통합적 이해

이영환 지음

Understanding the Market Economy

율곡출판사

들어가는 글

더 나은 시장경제를 위하여

시장의 역사는 오래되었지만 시장경제의 역사는 그다지 길지 않다. 18세기 중엽 영국에서 1차 산업혁명이 일어나고 이를 계기로 자본주의가 태동하면서 시장경제도 자연스럽게 진화해 오늘에 이르렀다. 그러므로 시장경제의 역사는 길어야 300년 정도라 할 수 있다. 약 20만 년 전 호모 사피엔스가 등장해 지구의 정복자로 군림하기까지의 긴 여정을 감안한다면 이것은 정말 짧은 기간이다. 그렇지만 자본주의와 결합한 시장경제는 인류 역사상 전대미문의 물질적 풍요를 달성할 수 있었던 원천이 되었다.

여러 학자들이 지적했듯이, 1차 산업혁명이 일어나기 전까지 보편적인 인간의 삶은 사실상 생존 수준에 정체되어 있었으며, 1만 5천 년 전 수렵 · 채집 시대에 비해 1인당 소득은 가까스로 두 배 정도 상승했을 뿐이다. 그러다가 인류는 산업혁명을 계기로 폭발적인 소득의 증가와 함께 삶의 질이 획기적으로 개선되는 경험을 하게 되었다. 이런 추세는 지금까지 이어져 과학혁명과 기술발전을 바탕으로 인류는 놀라운 물질적 성취를 향유하게 되었다. 이것은 인간 이성의 승리를 상징하는 사건이라 할 수 있다.

1차 산업혁명 당시 영국에는 이미 어느 정도 사유재산 제도가 확립되어 있었으며, 증기기관의 발명으로 에너지 혁명이 일어나고 인쇄술의 발달로 커뮤니케이션에 혁신이 일어남으로써 봉건 시스템에서 자본주의 시장경제로의 도약이 이루어졌다. 2차 산업혁명은 19세기 말 전기와 전화의 발명, 그리고 석유의 발견과 내연기관의 발명을 바탕으로 미국과 유럽에서 동시에 진행되어 20세기 내내 세계경제를 견인하였다. 3차 산업혁명은 20세기 말 인터넷이 등장하고 재생 가능한 에너지가 개발되면서 시작되었다. 이어서 새로운 커뮤니케이션 기술과 에너지 기술을 바탕으로 사물인터넷이 활성화되면서 새로운 글로벌 경제시스템이 형성되고 있다. 미래학자 제러미 리프킨이 『3차 산업혁명』이란 제목의 저서를 출간한 것이 2011년이라는 사실, 그리고 사물인터넷이 아직도 충분히 활성화되지 않았다는 점에 비추어 3차 산업혁명은 여전히 진행 중이라 할 수 있다.

그런데 최근 3차 산업혁명이란 용어는 사라지고 갑자기 4차 산업혁명이란 용어가 사용되기 시작했다. 3차 산업혁명을 거론하는 것은 시대착오적으로 보일 정도다. 기술혁신의 속도가 너무 빨라 웬만한 사람은 현재 무슨 일이 벌어지고 있는지, 앞으로 우리의 삶에 어떤 영향을 미칠 것인지 짐작하기도 어려울 지경이다. 기술혁신을 주도하는 전문가들 대부분은 4차 산업혁명을 통해 모든 기기들과 사람을 연결하는 사물인터넷이 활성화되는 것은 물론, 인공지능과 결합해 인간의 삶을 획기적으로 바꿔놓을 것으로 전망하고 있다. 나아가 나노기술, 로봇공학, 3D 프린팅, 그리고 자율주행자동차로 대변되는 전방위적 기술혁신으로 삶의 모든 면에 획기적인 변화가 일어날 것으로 예상하고 있다. 인간은 기존의 육체적·정신적 한계를 초월해 상상하기조차 어려웠던 증강현실을 경험하게 될 것이며 이를 통해 스마트하고 혁신적인 삶을 영위할 수 있을 것이라는 낙관적인 견해가 점차 확산되고 있다.

그렇지만 한편으로는 이런 기술혁신이 인간의 일자리를 원천적으로 소멸시킴으로써 소비에 기반을 두고 있는 자본주의 시장경제에 위기를 초래할 것이라고 우려하는 전문가들도 적지 않다. 정보기술은 4차 산업혁명을 선도하는 여러 분야에서 공통적인 기술이다. 이 기술의 특성상 거의 모든 분야에서 지속적으로 일자리가 소멸될 수밖에 없다는 데 많은 전문가들이 동의하고 있다. 또한 이들은 일부 전문가들이 주장하는 기술적 유토피아는 오직 소수의 특권 계층에게만 허용될 가능성이 높다고 우려한다. 대부분의 일자리가 사라진다는 것은 곧 일반 대중은 더 이상 시장에서 소비의 주체로서 역할을 상실한다는 것을 의미한다. 그렇다면 시장은 오직 소수 특권 계층만을 위한 곳으로 변질될 것이다. 혹자는 이런 상황을 '기술적 봉건주의'라고 칭했다. 이것은 정보기술이 현재 글로벌 차원에서 문제가 되고 있는 부와 소득의 불평등을 더욱 악화시키는 새로운 요인으로 작용하게 된다는 지극히 우울한 전망을 상징한다.

그런데 문제는 기술혁신이 시장경제에 미치는 충격이 단순히 일자리의 감소로 그치지 않는다는 데 있다. 기술발전의 충격이 기후변화, 불평등의 악화, 금융자본의 과도한 지배, 인구절벽의 도래, 국제통화 질서의 불안정 등과 같이 글로벌 차원에서 자본주의 시장경제의 작동에 부정적인 영향을 미치는 요인들과 결합했을 때 과연 무슨 일이 벌어질지 염려하지 않을 수 없다. 만약 이 모든 부정적인 요인들이 서로 상승작용을 일으킨다면 자본주의 시장경제의 기반이 붕괴되는 극단적인 경우도 배제할 수 없다. 이것이 바로 우리 모두 우려해야 하는 퍼펙트 스톰perfect storm이다. 개별적으로는 그다지 영향이 크지 않은 태풍이 다른 자연현상과 결합하면서 가공할 파괴력을 가진 태풍으로 변한 것이 바로 퍼펙트 스톰이다.

이 시점에서 우리는 다음과 같은 질문에 대한 답을 구해야 할 것이다. 퍼펙트 스톰은 올 것인가? 그렇다면 그 시기는 언제쯤이며 충격은 얼마나 클 것인가? 현재 이에 대해 누구도 자신있게 말할 수 없다. 한 가지 분명한 사실은 향후 글로벌 차원에서 시장경제는 더 큰 불확실성과 변동성의 영향에서 벗어나기 어려울 것이라는 점이다. 이런 상황에서 우리가 해야 할 일은 현재까지 드러난 자본주의 시장경제의 문제의 본질을 정확하게 인식하고 이에 대한 해결방안을 모색하는 것이다. 이것은 여러 가지 경제 문제들의 원천인 기존의 세계관에서 새로운 세계관으로 전환하려는 의지가 있어야 가능하다.

현재 글로벌 차원에서 자본주의 시장경제의 가장 심각한 문제점은 부와 소득의 불평등이 점점 더 악화되고 있다는 것과 경제 전반에 걸쳐 금융자본의 영향력이 지나치게 커졌다는 것으로 압축된다. 과거 우리가 시장에 대해 갖고 있던 자유, 성장, 상호 이익, 번영과 같은 좋은 이미지는 퇴색하고 자본주의와 결합되었던 불평등, 착취, 탐욕과 같은 부정적인 이미지만 크게 부각되고 있는 실정이다. 이런 상황에서 우리는 "누구를 위한 시장경제인가?" 하는 근본적인 질문을 제기하지 않을 수 없다. 시장경제의 진화가 반드시 인류의 보편적인 행복에 기여하리라는 보장은 없지만 시장경제로 인한 불행의 고착화를 막으려는 노력을 포기하는 것은 인간 이성에 대한 모욕이다. 우리는 자본주의 시장경제의 고질적인 문제들이 해결될 수 있다는 믿음을 포기해서는 안 된다.

필자는 더 나은 시장경제를 모색하는 작업을 더 이상 미룰 수 없다는 문제의식에서 이 책을 쓰게 되었다. 개인적으로는 그동안 텍스트에서 볼 수 있는 이상적인 자유시장경제의 장점을 옹호해 왔지만 불평등의 악화, 금융자본의 횡포, 경쟁의 약화, 그리고 파괴적 기술혁신의 부작용 등으로 요약되는 현실의 경제 문제들을 더 이상 외면해서는 안 된다는 것을 깨달았다. 그런데 이것은 필자와 같이 말석에 있는 경제학자가 다루기에는 중요하고도 어려운 과제다. 그럼에도 풍차를 향해 돌진하는 돈키호테의 심정으로 이 책을 쓰게 되었다.

이와 같이 결심하게 된 배경과 관련해서 두 가지 요인을 언급하고자 한다. 첫 번째는 현재 진행되고 있는 4차 산업혁명의 핵심 분야인 인공지능과 로봇공학의 시너지 효과가 향후 시장경제의 작동에 미칠 영향에 관한 것이다. 필자는 기술적 유토피아를 낙관하는 사람들은 대체로 이 분야의 최전선에서 기술혁신을 주도하고 있는 전문가라는 인상을 받았다. 이들이 기술혁신 게임의 승자가 되어 누리게 될 부와 명예에 집착하는 한 이런 낙관론에서 벗어나기 어렵다. 이것은 일종의 확증 편향에 해당한다. 반대로 향후 기술혁신을 우려하는 사람들은 4차 산업혁명이 초래할 부정적인 측면인 일자리 소멸과 글로벌 차원의 부와 소득의 불평등이 서로 상승효과를 일으킨다면 자본주의 시장경제가 온전한 경제시스템으로 존속할 수 있을지 의문을 제기하고 있다. 미래가 어떤 방향으로 전개되든 시장경제는 현재와는 상당히 다른 형태를 띠게 될 것으로 예상된다. 지금은 더 나은 시장경제를 위해서 무엇을 해야 할지 진지하게 고민해야 할 시점이다.

두 번째는 지금까지 주류 경제학의 위상을 점하고 있는 신고전학파 경제이론에 대한 비판적 성찰이 절실하다는 점이다. 주류 경제학이 2008년 금융위기를 예측하지 못했을 뿐만 아니라 해결방안도 제시하지 못했다는 사실은 주류 경제학의 심각한 한계를 드러낸 것이다. 이 점에 대해서는 경제학자들이 어떤 변명을 해도 설득력이 없다. 주류 경제학은 탄생 초기부터 도구적 합리성과 균형 개념을 바탕으로 이론적 정합성과 논리적 일관성에 최고의 가치를 부여해 왔기 때문에 경제 현실을 설명하고 해결방안을 제시하는 데는 태생적으로 한계가 있을 수밖에 없다. 주류 경제학을 신봉해 온 경제학자들은 이제 이 명백한 사실을 솔직하게 인정하고 경제학의 새로운 패러다임을 모색하려는 진지한 시도를 해야 할 것이다.

경제학에서 패러다임의 전환은 더 이상 외면할 수 없는 시대적 흐름이다. 그리고 이것은 문명의 전환이라는 거대한 흐름의 일부가 되어야 할 것이다. 인터넷과 모바일 혁명으로 대변되는 시대적 흐름은, 매우 빠른 속도로 인간은 분리된 가운데 오로지 이기심에 따라 행동하는 존재라는 고정관념을 무너뜨리고 있다. 온라인상에서 이루어지는 자발적인 협력과 공유 정신의 확산이 이를 증명하고 있다. 나아가 무상으로 타인에게 선물을 제공하려는 움직임도 도처에서 감지되고 있다. 그런데 한편에서는 여전히 탐욕에 함몰되어 지대추구에 집착하는 행동이 끊이지 않고 있다. 이런 상반된 행동을 설명하는 통합적인 이론 모형이 필요하다. 이런 이유로 주류 경제학은 더 이상 기존의 환원주의적이고 연역적인 방법론에 집착해서는 안 된다. 이를 위해서는 인간의 본성과 행동에 대해 많은 경험적 자료를 축적해 온 다른 학문 분야의 방법론을 적극적으로 수용해 통합적인 관점에서 경제 문제를 파악하고 해결방안을 모색해야 할 것이다.

이런 취지에서 주류 경제학은 행동경제학, 복잡계 이론, 진화론, 그리고 심리학의 연구 결과를 적절한 방식으로 기존의 이론 모형에 반영해야 한다. 특히 인간 본성에 대한 이해와 인간관계의 동학, 인간과 시장의 상호작용, 그리고 시장의 진화 과정에 대한 객관적이고 과학적인 지식을 반영하는 새로운 경제이론을 모색할 필요가 있다. 경제이론에 새로운 패러다임을 도입해야 한다는 의미다. 이것은 현재 진행 중인 문명의 전환이라는 거대한 변화 속에서 더 나은 시장경제를 구현하기 위한 선결과제이기도 하다.

여러 학문 분야에서 성취한 연구 결과를 통합해 새로운 경제이론을 모색하는 것은 필자가 감당할 수 있는 과제가 아니다. 그럼에도 필자 나름대로 시장경제의 당면 문제를 해결해야 한다는 문제의식을 가지고 궁리해 온 바가 있기 때문에 이 책을 쓰게 된 것이다. 이 과정에서 필자가 속해 있는 지식협동조합《경계너머 아하》의 조합원들을 대상으로 시장경제의 제반 문제와 관련해 몇 차례 특강을 한 것이 이 책을 쓰는 데 큰 도움이 되었다. 또한 필자는 지난해부터 의식의 전환과 이를 바탕으로 한 문명의 전환이라는 거대한 주제에 대해 공개적으로 논의하기 위한 웹사이트인 '지식공유광장(www.iksa.kr)'을 오픈해서 운영하고 있다. 이 자리를 빌려 이 사이트를 오픈하도록 권유하고 재정적으로 지원해 준 동국대학교 화학과 김홍범 교수와 여인형 교수 두 분에게 진심으로 감사하다는 말을 전하고 싶다. 이 사이트를 오픈한 이유는 많은 사람들이 자유롭게 자신의 생각과 소중한 자료를 다른 사람들과 공유하는 노력을 통해 공유의 의미를 체득하고 새로운 문명의 기반을 구축하는 데 일조一助하는 것이다. 이 두 가지 시도는 이 책을 준비하는 데 큰 도움이 되었다.

그리고 이 자리를 빌려 오랫동안 대학에서 경제학을 강의하고 연구해 온 사람으로서 이와 같이 불완전한 책을 출간하고자 결심하기까지 적지 않게 고민했다는 사실을 고백하지 않을 수 없다. 자신의 무지를 드러내는 것은 냉혹한 비판을 받는다는 위험을 감수하겠다는 의지가 없으면 어려운 일이다. 탈고를 하고 다시 읽어 보면서 몇 번이나 출간을 망설였지만 결국 출간하기로 결심한 이유는 주류 경제학에 대한 '내부의 반성'이 사실상 전무한 상황에서 필자와 비슷한 생각을 하고 있는 분들이 있다면 그분들에게 용기를 내라는 메시지를 전하고 싶었기 때문이다. 이런 노력이 축적되면 언젠가는 주류 경제학을 대신하는 새로운 경제학이 탄생할 수 있을 것이다.

이 책은 필자와의 오랜 인연으로 그동안 여러 권의 책을 출간해 준 율곡출판사 박기남 사장님이 흔쾌히 수락해 주신 덕분에 빛을 볼 수 있게 되었다. 필자가 그동안 고맙다는 인사말을 제대로 전하지 못한 것이 못내 아쉬웠는데 이 자리를 빌려 진심으로 고마운 마음을 전하고 싶다. 또한 오랜 기간 동안 묵묵히 필자의 책을 공들여 편집하고 교정을 봐주는 등 궂은일을 도맡아 해준 방조일 주간에게도 심심한 감사의 말을 전하고 싶다. 끝으로 이 책은 2014년 동국대학교 연구년 지원에 의해 이루어졌음을 밝히는 바이다. 귀중한 연구년을 활용해 이 책을 완성할 수 있는 기회를 제공해 준 학교 당국에 감사의 말을 전하고 싶다.

2017년 4월

남산 자락의 연구실에서

이영환

차 례

2 시장경제이론의 주요 쟁점들에 대하여

Understanding the Market Economy, part two

제3장 시장경제와 선택 문제

제4장 시장경제와 가격체계 문제

제5장 시장경제와 효율성 · 공평성 문제

제6장 시장경제와 인센티브 문제

제7장 시장경제와 성장 · 분배 문제 및 위험 · 정보 문제

3 더 나은 시장경제를 위하여

Understanding the Market Economy, part three

제8장 패러다임의 전환과 시장경제의 전망

제9장 더 나은 시장경제를 위한 제안

Understanding the Market Economy

part one

시장경제의 본질에 대하여

제1장 시장경제의 발전 과정에 대한 소론

제2장 시장경제의 대극성 이해하기

인류 역사에서 최초로 시장이 등장한 시기에 대한 분명한 자료는 없지만 부족 공동체를 형성한 이후 자연스럽게 출현했을 것으로 짐작된다. 사회적 동물인 인간에게 상호 이익을 추구하는 거래 기술은 언어와 같이 특별히 배우지 않아도 자연스럽게 습득할 수 있는 것이었다. 인류 최고最古의 수메르 문명이 만개했던 기원전 3000년경 수메르인들은 점토판에 문자로 기록을 남길 정도로 개화되어 있었다. 이 사실에 비추어 볼 때 당시 체계적으로 거래가 이루어지던 시장이 존재했음이 틀림없다. 이와 관련해 경제학자 존 맥밀런John McMillan은 『시장의 탄생』에서 "시장은 역사만큼이나 오래된 데다 끊임없이 스스로 재창조를 거듭했다. '비옥한 초승달 지대'의 고대 도시들은 교역망으로 서로 연결됐다"고 지적했다.[1]

거래란 본질적으로 자신이 보유한 것과 다른 사람이 보유한 것을 교환하는 행위다. 따라서 거래가 성립하기 위해서는 소비하고 남는 잉여가 존재해야 한다. 지금부터 약 12,000년 전에 일어난 농업혁명은 인류에게 처음으로 잉여 농산물을 저장하고 가축을 키울 수 있는 기회를 제공했다. 이전의 수렵·채집 시대에는 잉여라는 개념이 성립할 수 없었다. 그런데 농산물을 비축하고 가축에서 얻은 고기와 젖 등을 저장하는 방법을 터득한 것은 인류 역사에서 거대한 진보인 동시에 새로운 불행의 원천이 되었다. 오늘날 우리가 경험하고 있는 시장의 복잡한 속성은 이와 같이 오랜 역사적 뿌리를 갖고 있다. 이런 점에서 역사학자 유발 하라리Yuval N. Harari

1. 존 맥밀런, 『시장의 탄생』(2002), 13쪽. 또한 에릭 바인하커(Eric Beinhocker)도 『부는 어디에서 오는가』(2006)에서 시장의 출현에 관해 다음과 같이 말했다. "오늘날과 같은 근대적 의미의 시장이 처음 나타난 것은 비옥한 반원(半圓) 지역(팔레스타인에서 페르시아 만에 이르는 지역)에 정착 농업이 시작되고 기원전 7000~5000년경 우르와 바빌론 같은 도시가 형성된 때였다."(459쪽) 두 사람 모두 같은 내용을 언급했다는 점으로 보아 체계적인 시장은 메소포타미아 지방에서 처음 출현했음이 분명하다.

가 『사피엔스』에서 농업혁명은 역사상 최대의 사기이자 가장 논란이 많은 사건이라고 평가한 것은 나름 시사하는 바가 있다.[2]

그렇지만 농업혁명이 인류에 미친 영향은 긍정 또는 부정의 관점에서 간단히 평가할 수 있는 문제는 아니다. 우선 시장의 관점에서 보면 농업혁명은 긍정적으로 평가할 수 있다. 시장이란 소비하고 남는 잉여가 있는 사람들이 모여 필요에 따라 자발적으로 거래함으로써 더 나은 삶을 추구하는 곳이다. 이런 의미에서 농업혁명 이후 시장이 활성화되었을 것으로 보는 데는 전혀 무리가 없다. 반면 경제적 잉여는 인류 역사에서 대부분의 갈등과 투쟁의 원천이 된 것 또한 사실이다. 시장은 처음부터 애증愛憎의 대상이 될 수밖에 없는 운명을 갖고 탄생했다.

시장은 오랫동안 비교적 작은 규모로 존속했으며 거래 대상도 그다지 다양하지 않았다. 서양의 경우 중세 봉건 시스템에서는 자급자족이 기본이었기 때문에 시장은 사회공동체의 작은 일부로서 근근이 맥을 이어왔다. 시장은 동서양을 막론하고 공통적인 특징을 갖고 발달했지만 시장경제로 진화한 것은 서양이 먼저였다는 사실에서 시장경제의 본질적인 특성을 짐작할 수 있다. 시장경제는 18세기 중엽 산업혁명이 시작되고 자본주의 생산방식이 도입되면서 비약적으로 발전하기 시작했던 것이다. 이후 시장경제는 다양한 시장들로 구성된 복잡한 시스템의 면모를 갖추

2. 유발 하라리는 『사피엔스』(2011)에서 농업혁명에 대해 이와 같이 부정적으로 평가했다. 그에 의하면 수렵·채집사회는 인류 최초의 풍요로운 사회였던 반면 농업혁명 이후의 사회는 그렇지 못했다. 그의 견해는 다음에 잘 드러나 있다. "농업혁명은 안락한 새 시대를 열지 못했다. 그러기는커녕 농부들은 대체로 수렵·채집인들보다 더욱 힘들고 불만스럽게 살았다. 농업혁명 덕분에 인류가 사용할 수 있는 식량의 총량이 확대된 것은 분명한 사실이지만, 여분의 식량이 곧 더 나은 식사나 더 많은 여유시간을 의미하지는 않았다. 오히려 인구폭발과 방자한 엘리트를 낳았다. 평균적인 농부는 평균적인 수렵·채집인보다 더 열심히 일했으며 그 대가로 더 열악한 식사를 했다. 농업혁명은 역사상 최대의 사기였다."(124쪽)

며 역동적으로 진화해 왔다.[3]

자본주의는 자본과 노동의 분리를 바탕으로 하는 생산방식에 기초하고 있는 반면 시장경제는 상호 의존적인 여러 개별 시장들에서 이루어지는 다양한 거래에 기초하고 있다. 이 둘은 상호 보완적이므로 자연스럽게 자본주의 시장경제라는 용어가 널리 사용되기 시작했다. 이런 의미에서 시장경제는 300여 년에 불과한 짧은 역사를 갖고 있지만 인류 역사의 전개 과정에서 과학혁명에 기반을 둔 기술혁신과 상호 영향을 주고받으면서 경이로운 변화의 원천으로 작용해 왔다. 지금 인류가 누리는 물질적 풍요가 시장경제의 진화 과정을 통해 성취한 것이라는 사실에는 이론[異論]의 여지가 없다. 이 과정에서 우여곡절도 많았지만 시장경제는 특유의 역동적인 적응력을 발휘하면서 오늘에 이르렀다.

시장경제는 수많은 사람들의 경제활동의 바탕을 이루고 있는 장[場]이다. 모든 종류의 장—예컨대 중력장이나 전자기장 등—에는 나름의 법칙이 있으며 시장경제의 경우도 예외가 아니다. 이런 의미에서 시장경제는 객관적으로 확인할 수 있는 물리적 실체라 할 수 있다. 그런데 한편으로 시장경제는 '상상의 질서'에 불과할 수도 있다.[4] 이것은 사람들이 일정한

---

3. 에릭 바인허커(2006)는 시장경제의 복잡성과 다양성을 보여주는 개념으로 재고유지단위(stock keeping units ; SKUs)를 사용해 오늘날 브라질에서 수렵·채집인으로 살고 있는 야노마노 족과 미국 뉴욕에 거주하는 뉴요커의 삶을 비교했다. 야노마노 경제에서 SKUs는 많아야 천 단위에 불과하지만 뉴욕 경제의 경우에는 10^{10}단위에 이를 것으로 추정했다. 지금은 이보다 훨씬 커졌을 것이다. 이런 차이는 곧 시장경제의 복잡성을 상징한다.

4. 상상의 질서라는 표현은 유발 하라리로부터 차용(借用)한 것이다. 다음과 같은 그의 말은 음미할 가치가 있다. "사람들로 하여금 기독교나 민주주의, 자본주의 같은 상상의 질서를 믿게 만드는 방법은 무엇일까? 첫째, 그 질서가 상상의 산물이라는 것을 결코 인정하지 않아야 한다. 사회를 지탱하는 질서는 위대한 신이나 자연법에 의해 창조된 객관적인 실재라고 늘 주장해야 한다."(169쪽) 이런 상상의 질서가 압도적으로 영향을 미치는 분야가 바로 경제, 정치 및 종교 분야라는 것이다. 경제에서는 화폐 질서가, 정치에서는 제국 질서가, 그리고

방식으로 믿고 있는 한 실제로 존재하는 질서로 간주된다는 의미다. 따라서 이런 질서는 우리의 믿음에 따라 전혀 다른 속성을 드러낼 수 있다. 즉, 시대와 장소에 따라 다양한 형태를 띨 수 있기 때문에 시장경제의 스펙트럼은 대단히 넓다. 예를 들어 우리나라와 같이 시장경제가 외부에서 이식移植된 경우와 시장경제가 자생적으로 진화한 경우 간에는 현저한 차이가 있다. 이런 의미에서 시장경제의 스펙트럼에서 어디에 위치하고 있는지 확인하는 것은 개혁의 방향을 정할 때 중요한 의미가 있다.

자본의 논리에 의해 작동하는 자본주의는 항상 높은 자본수익률을 추구해 왔다. 이 점에서 상호 이익이 되는 거래의 활성화를 추구하는 시장경제의 원칙과 항상 합치하는 것은 아니다. 자본의 이익을 극대화하기 위해 시장원리를 침해하는 경우가 발생할 수 있기 때문이다. 이런 갈등이 심화되면 자본주의도, 시장경제도 위기를 맞이할 수 있다. 그런데 최근 글로벌 차원에서 시장경제의 작동에 이상 징후가 나타나기 시작했다. 그 원인은 1980년대 이후 신자유주의가 득세했고 이에 편승해 금융자본이 부상浮上한 데서 찾을 수 있다. 동시에 진행된 세계화와 정보화는 이런 변화와 상승작용을 일으키면서 전 세계에 엄청난 충격을 몰고 왔다. 2008년 금융위기는 이런 복합적인 변화의 부작용이 일시에 분출된 불행한 사건이었다. 더욱 염려스러운 점은 당시와 비교해 글로벌 시장경제의 기조에는 거의 변화가 없다는 사실이다. 경제 현실을 해석하는 데 동일한 경제이론 모형이 사용되고 있으며, 경제정책 또한 전과 대동소이하다. 이것이 시장경제의 미래 전망을 어둡게 하는 주요 요인이다.

특히 금융자본의 부상은 자본, 즉 돈의 위력을 만천하에 과시하는 데

종교에서는 믿음의 질서가 탄생했다고 해석했다. 일리 있는 지적이다.

그치지 않고 모든 것을 수익률 게임으로 전락시킴으로써 돈이 중심이 되고 사람은 소외되는 자본주의의 고질적인 문제를 다시 전면으로 부각시켰다. 글로벌 차원에서 불평등의 악화는 그중 한 가지 사례에 불과하다. 금융자본이 지배하는 한 인간은 서로 소외시킬 뿐만 아니라 철저하게 분리되어 있다는 의식을 강화하게 됨으로써 자신을 제외한 모든 사람들을 단지 수단으로 간주하게 된다. 이런 상황이 지속되면 자유롭게 상호 이익을 추구한다는 시장경제 고유의 장점은 점점 퇴색할 수밖에 없다. 그렇다면 시장경제는 과연 누구를 위해 존재하는가 하는 의문이 들지 않을 수 없다.

한 가지 다행스러운 것은 인터넷 혁명으로 인해 전에는 상상조차 할 수 없던 방식으로 사람들이 서로 연결되기 시작했다는 사실이다. 인터넷 기반의 각종 정보기술이 발달하고 소셜 미디어가 널리 확산되면서 지구촌 곳곳에 있는 사람들은 원하면 누구와도 연결될 수 있는 기술적 기반을 갖추게 되었다. 나아가 모바일 혁명은 이런 추세를 더욱 강화해 언제, 어디서나 원하면 서로 소통하고 연결할 수 있게 되었다. 최근 20여 년간 일어난 변화는 인류 역사에서도 유례를 찾아볼 수 없는 것이다. 이런 변화가 금융자본으로 인해 분리를 강요당했던 상황을 어느 정도 반전시키는 역할을 하고 있다는 점은 긍정적이다. 사람들은 자발적으로 협력하는 방법을 터득했고 그래서 점점 더 자신의 노력과 재능을 선물의 형태로 나누는 문화를 만들어 가고 있다.

오늘날 모든 분야에서의 기술발전은 기본적으로 정보기술의 발전에 기반을 두고 있다. 이 점은 매우 중요하다. 발명가이자 인공지능 전문가인 레이 커즈와일Ray Kurzeil이 주장하듯이 정보기술은 기하급수적으로 발전하기 때문에 우리가 상상하는 것 이상 빠른 속도로 세상을 바꿀 것으로 예상된다.[5] 인터넷 혁명에 기반을 둔 3차 산업혁명이 사물인터넷의 보급으로 이제 막 성숙하는 단계에서 이미 4차 산업혁명이 시작되었다는 신호를 감지할 수 있다는 사실이 이런 빠른 변화를 뒷받침한다. 문제는 4차 산업혁명이 초래할 미래의 상황이 낙관적이지만은 않다는 데 있다. 즉, 인공지능, 로봇공학 및 나노기술로 대변되는 기술발전은 한편으로는 기술적 유토피아를 가져다 줄 것으로 전망되고 있지만 다른 한편으로는 인간의 노동을 원천적으로 대체함으로써 노동의 종말을 예고하기도 한다. 누구를 위한 기술발전인가 하는 근본적인 질문을 제기하지 않을 수 없는 상황이다.

이와 같이 오늘날 시장경제에서는 기술발전과 관련해 긍정적인 측면보다는 오히려 부정적인 측면이 더 크게 부각되고 있는 실정이다. 불평등의 악화, 시장 변동성과 불확실성의 증가, 인구절벽, 그리고 일자리 소멸 등은 모두 시장경제의 지속 가능성에 의문을 제기하게 만드는 요인들이다. 이런 상황에서 우리는 시장경제는 누구를 위해 존재하는가 하는 원론적인 질문을 통해 해답을 구하지 않으면 안 된다. 이를 위해서는 경제분야에 국한하지 않고 패러다임의 전환과 이를 바탕으로 한 문명의 전환이라는 근본적인 관점에서 접근해야 한다. 시장경제에 관한 지금까지의 논의는 대부분 이윤 동기와 같은 경제적 측면에만 초점을 맞춘 가운데 경제 문

5. 레이 커즈와일은 『마음의 탄생』(2012)에서 다음과 같이 예측했다. "생물학적 진화가 이뤄낸 마지막 발명(신피질)은 결국 인류가 이뤄내야 할 마지막 발명(울트라지능기계)으로 이어질 수밖에 없다. 이러한 기계의 설계는 또한 새로운 영감을 불어넣어 줄 것이다. 생물학적 진화도 계속되겠지만, 기술적 진화는 생물학적 진화보다 100만 배 더 빠르게 진행된다. 수확가속법칙에 따르면, 21세기 말까지 우리는 물리법칙이 허용하는 한계 안에서 최대한 컴퓨테이션을 완성해 낼 수 있다."(406쪽) 이것은 인간의 지능을 능가하는 초인공지능의 출현을 예고한 내용이다. 그의 예측대로 실현된다면 그 결과가 인류에게 어떤 영향을 미칠지 현재로서는 가늠하기 어렵다.

제들에 대한 해결방안을 모색하는 데 그쳤다. 이런 접근방식으로는 오늘날 시장경제가 직면한 문제들을 해결할 수 없다는 것이 이미 확인되었다.

진화론의 창시자인 찰스 다윈Charles Darwin이 말했듯이 진화란 원래 일정한 방향으로 나아가도록 되어 있는 과정이 아니다.[6] 고생물학자 스티븐 제이 굴드Stephen J. Gould도 "진화의 시계를 수천 만 년 전으로 되돌린다면 현재와 같은 인류가 등장하리라는 보장이 없다"는 취지의 발언을 했다.[7] 이것은 시장경제와 관련해 중요한 의미를 시사한다. 우리에게는 시장경제가 어떤 방향으로 진화할지 미리 예단할 객관적인 자료가 부족하다. 그렇지만 자본 중심의 시장경제를 지양하고 보다 인간 중심의 시장경제, 나아가 자연과의 상생이 가능한 시장경제를 모색하려는 노력을 포기해서는 안 될 것이다. 자연선택에 기반을 둔 생물학적 진화와 시장경제의 진화에는 분명 차이가 있기 때문이다. 인간은 자연환경을 변경할 수 없지만 시장경제의 환경을 변경할 수 있는 능력을 갖고 있다.

현재 시장경제에서 일어나고 있는 변화, 그리고 앞으로 진행될 기술발전의 내용을 감안할 때 시장경제가 어떤 방향으로 나아갈지 확신하기

---

6. 과학철학자 토머스 쿤(Thomas Kuhn)도 『과학혁명의 구조』(1970)에서 이 점을 강조하면서 다음과 같이 지적했다. "다윈 이전 시대의 유명한 진화 이론들은 모두 진화를 목표 지향적 과정으로 간주하였다. …… 많은 사람들에게 있어 그런 목적론적 성격의 진화론의 붕괴는 다윈의 제안에서 가장 의미 깊고 가장 수용하기 곤란한 문제였다. 『종의 기원』은 신이나 자연 그 어느 것에 의해 설정된 목표를 인정하지 않았다."(243쪽)

7. 이와 관련해 마이클 셔머(Michael Shermer)는 『진화경제학』(2008)에서 다음과 같이 말했다. "굴드는 생명의 테이프를 5억 3,000만 년 전쯤 캐나다의 버제스(Burgess) 혈암이라는 지층 속에서 화석으로 발견된 유기체가 살았던 시간으로 되돌린 다음, 몇 군데에 '우연성'의 왜곡을 가한다면 인간이라는 진화체가 나타나지 않을 수도 있었다고 주장한다. 인간이 탄생하기까지는 수백만 개의 단계를 거쳐야 했다. …… 굴드의 말에 따르면 우연성의 효과는 너무나 강력해서 진화 초기 단계의 아주 작은 변화라도 나중 단계에서는 엄청난 차이를 가져온다는 것이다."(107쪽)

어려운 것은 사실이다. 이와 관련해서는 시장경제에 대한 두 가지 상반된 평가에서 실마리를 찾을 수 있을 것으로 보인다. 일찍이 애덤 스미스Adam Smith가 시장경제를 '보이지 않는 손invisible hand'으로 묘사한 이래 시장경제는 사적 이익과 공적 이익의 조화가 가능한 이상적인 경제시스템으로 인식되어 왔다. 다른 한편에서는 경제사학자 칼 폴라니Karl Polanyi가 '악마의 맷돌satanic mills'에 비유한 것처럼 시장경제는 사회와 문화를 파괴하는 어두운 면을 가진 경제시스템으로 인식되기도 했다.[8] 이와 같이 시장경제의 스펙트럼은 실로 넓다. 이 두 극단적인 평가 사이에서 오늘날 시장경제가 어떤 방향으로 선회할지는 전적으로 우리의 의식 수준과 세계관에 달려 있다. 이것은 시장경제를 채택한 모든 나라에서 고민해야 할 과제로 함께 지혜를 모아야만 해결방안을 찾을 수 있다. 우리가 해야 할 일은 이미 정해져 있다. 어떻게 협력할 것인가가 문제다.

8. 악마의 맷돌은 영국의 시인 윌리엄 블레이크(William Blake)의 시에 나오는 표현으로 칼 폴라니가 『거대한 전환』(1944)에서 자유시장경제의 허구를 나타내는 은유로 차용한 것이다. 보이지 않는 손도 스미스가 처음 사용한 것이 아니라 윌리엄 셰익스피어의 희곡 '맥베스'에도 등장하는 것으로 미루어 보아 이미 세간에서 은유적인 표현으로 사용되었던 것으로 보인다. 이와 관련해서는 존 케이(John Kay)의 『시장의 진실』(2003), 17장을 참조하라.

시장경제의
발전 과정에 대한 소론

Understanding the Market Economy
ch. one

1

1. 인간 조건으로서 물질적 · 정신적 기반

인류 역사는 자연과의 투쟁의 역사이기도 하고 필요한 자원을 확보하기 위한 전쟁과 갈등의 역사이기도 하다. 또한 인간 존재의 의미를 찾기 위해 내면의 세계를 성찰하고 이를 바탕으로 종교, 예술 및 학문을 발전시켜 온 역사이기도 하다. 한마디로 물질적 · 정신적 향상을 위한 고군분투孤軍奮鬪의 역사라 할 수 있다. 이 과정에서 다양한 문명과 경제시스템이 등장했다가 사라지면서 지금에 이르렀다. 현재 존재하고 있는 문명과 경제시스템은 이런 진화 과정에서 살아남은 것들이다.

경제적 관점에서 인류 역사를 바라보면 문제는 더 간단해진다. 인류 역사에 등장했던 어떤 경제시스템도 무엇을What, 어떻게How, 그리고 누구를 위해For whom라는 세 가지 기본 목표를 충족시키지 못하면 역사의 무대에서 사라졌다. 현재 자본주의 시장경제는 이 세 가지를 성공적으로 달성한 경제시스템으로 간주되어 왔지만 지금은 한계점에 도달했다. 이에 대한 비판과 반성의 움직임이 도처에서 감지되고 있는 상황이다. 특히 2008년의 글로벌 금융위기와 이에 따른 경기침체는 이런 분위기를 더욱 고조시켰다. 더욱이 향후 정보기술에 기반을 둔 산업혁명이 인류의 행복에 기여할 것이라고 확신할 수 있는 근거는 어디에도 없다. 이와 같이 자본주의 시장경제가 이 모든 우려를 해소할 수 있는 경제시스템으로 진화할지는 누구도 장담할 수 없는 상황이다. 이런 의미에서 우리는 진정 불확실한 시대를 살고 있다.

그런데 이러한 상황에서 아직도 기존의 경제시스템을 효과적으로 보완할 수 있는 방법을 찾지 못하고 있다는 데 문제의 심각성이 있다. 물론 이것은 간단한 문제가 아니며 이 시대의 집단 지성이 긴밀하게 협력해야 실행 가능한 대안을 마련할 수 있는 어려운 과제다. 여기서는 이런 문제의식을 바탕으로 보편적으로 인류의 복지에 기여할 수 있는 시장경제가 갖추어야 할 기본적인 요소들을 살펴보려 한다. 이를 위해서는 앞의 세 가지 목표 외에 한 가지를 더 추가할 필요가 있다. 그것은 왜Why라는 목표다.

보통 과학은 '왜'가 아니라 '어떻게'에 대한 객관적인 답을 추구하는 분야로 알려져 있다. '왜'는 철학의 영역에 속한다는 이유에서였다. 실험과 관찰을 통해 객관적으로 입증할 수 없는 문제, 따라서 반증falsification 불가능한 문제는 과학의 영역 밖에 있다는 주장이 보편적으로 수용되어 왔다. 여기서는 이에 대한 반박으로부터 문제를 풀어나가려 한다. 이제 더 이상 '왜'라는 문제가 과학의 영역 밖에 머물러서는 안 된다고 생각하기 때문이다. 지금까지 자본주의 시장경제를 신봉해 온 사람들은 현 시스템이 '왜' 심각한 경제적 불평등을 용인하고 있는지, '왜' 기후변화를 초래했는지, '왜' 소비지상주의를 찬양해 왔는지, '왜' 그토록 성장 신화에 집착했는지 등의 질문에 답하지 않으면 안 된다. 이것은 비단 개인과 사회의 존속을 위해서만이 아니라 지구적 차원에서 생물권biosphere의 보존을 위해서도 중요한 질문들이다. 이런 문제의식에 공감하기 위해서는 인간은 자연과 분리된 존재가 아니라 생물권의 일원이라는 통합적인 인식이 전제되어야 할 것이다. 그리고 이를 위해서 인간의 본성, 나아가 사회적 동물로서의 특성에 대한 과학적 이해가 선행되어야 한다. 이것이 바로 인간 조건human condition에 관한 문제다. 여기에 관심을 갖는 것은 '왜'라는 질문에 대한 답을 구하는 과정이기도 하다.

인류 역사를 넓은 틀에서 조망할 때 두 가지 사실에 주목할 필요가 있다. 첫째, 인류는 점진적으로 물질적인 결핍으로부터 해방되어 왔다. 20

만 년 전 현생 인류의 조상인 호모 사피엔스가 아프리카에 출현해 사바나를 누비던 시절부터 7만 년 전 아프리카를 넘어 전 세계로 퍼진 이래 지금까지 인류는 물질적인 면에서 처음에는 매우 느리게, 그러다가 불과 300여 년 전부터 비약적인 발전을 해왔다. 물론 간헐적으로 기근, 질병 및 전쟁으로 어려웠던 시기가 있었으며, 이런저런 이유로 지금도 여전히 결핍에서 자유롭지 못한 사람들이 다수 존재하는 것은 사실이지만 전반적으로 물질적인 풍요를 누리게 된 것은 엄연한 사실이다.

둘째, 인류는 진화의 특정 시점에서 영장류를 포함한 다른 포유동물과는 확연히 구별되는 '인간의 뇌'를 갖게 되었다. 그래서 이를 바탕으로 언어를 만들어 서로 소통하면서 자연환경에 더 잘 적응하게 되었다. 이때부터 인류는 다른 종들과 차원이 다른 의식세계를 창조해 냈으며 이를 바탕으로 종교와 예술 및 학문을 발달시킴으로써 스스로 존재의 의미를 확인하고 공동체를 형성해 다른 종들과는 전혀 다른 경로로 발전을 하게 되었다. 유발 하라리는 이것을 인지혁명이라고 명명했다.[1] 명칭이 무엇이든 인류는 전혀 다른 차원의 의식 활동을 할 수 있게 되었으며 이를 기반으로 높은 수준의 정신세계를 창조해 낼 수 있었고 고도로 조직화된 질서를 형성할 수 있었다.

그런데 인류가 물질적인 측면에서 지속적으로 발전해 온 것과는 대

1. 이와 관련해 유발 하라리(2011)는 다음과 같이 말했다. 전적으로 동의하기는 어렵지만 중요한 지적임에는 틀림없다. "인지혁명이란 약 7만 년 전부터 3만 년 사이에 출현한 새로운 사고방식과 의사소통 방식을 말한다. 무엇이 이것을 촉발했을까? 우리는 잘 모른다. 가장 많은 사람들이 믿는 이론은 우연히 일어난 유전자 돌연변이가 사피엔스의 뇌의 내부 배선을 바꿨다는 것이다."(44쪽) 그러면서 하라리는 이 덕분에 전에 없던 방식으로 생각할 수 있게 되었으며 완전히 새로운 유형의 언어를 사용해서 의사소통을 할 수 있게 되었다고 말했다. 필자도 대체로 그의 견해에 동의하지만 우연히 일어난 돌연변이를 가지고 모든 것을 설명하는 것에 대해서는 유보적이다. 아직도 우리가 모르는 숨은 변수가 존재할지 모르기 때문이다.

조적으로 정신적인 측면에서는 그렇지 못했다. 비교종교학자 카렌 암스트롱Karen Armstrong이 "오늘날 인류는 축의 시대Axial Age의 영적 수준을 넘지 못하고 있다"고 지적한 것은 결코 가볍게 볼 일이 아니다.[2] 인류는 다양한 정치적 · 사회적 · 경제적 시스템의 변화 속에서 정신적으로 꾸준히 진보해 왔다고 말하기 어렵다. 과거에 비해 최근 정신적으로는 오히려 낮은 수준으로 전락했다고 볼 수 있는 여러 징표들이 나타나고 있다. 과도한 탐욕과 극단적인 물질만능주의는 일부 사례일 뿐이다. 물질적 풍요가 정신적 빈곤을 초래한 원인일 뿐만 아니라 이 둘 사이에 본질적으로 상충 관계가 존재한다면 이는 인류의 미래를 위협하는 심각한 문제다. 지금 우리는, 물질적 풍요는 정신적 가치를 함양하는 경우에만 의미가 있다는 사실을 깨달아야 하는 시점에 와 있다. 이것이 장구한 진화 과정을 통해 인류가 얻은 교훈이라고 생각한다. 만약 이 점을 인식하지 못한다면 정말 심각한 위기가 도래할 것이다.

이런 의미에서 시야를 넓혀 현재 우리가 어디에 있으며, 어떻게 여기에 와 있게 되었는지, 그리고 앞으로 어디로 나아갈 것인지 진지하게 고민할 필요가 있다. 달리 말하면, 이것은 곧 현재 인간 존재의 바탕을 이루고 있는 인간 조건에 대해 다각도로 검토해 볼 필요가 있다는 의미다. 그

---

2. 축의 시대는 실존철학자 칼 야스퍼스(Karl Jaspers)가 처음 사용한 용어로 기원전 9세기에서 기원전 2세기에 걸쳐 세계 여러 곳에서 동시적으로 인류의 영적 각성이 이루어져 높은 수준의 종교와 사상이 출현했던 시기를 말한다. 카렌 암스트롱은 『축의 시대』(2006)에서 다음과 같이 말했다. "대략 기원전 900년부터 기원전 200년 사이에 세계의 네 지역에서 이후 계속해서 인류의 정신에 자양분이 될 위대한 전통이 탄생했다. 중국의 유교와 도교, 인도의 힌두교와 불교, 이스라엘의 유일신교, 그리스의 철학적 합리주의가 그것이다. …… 이 뜨거운 창조의 시기에 영적 · 철학적 천재들은 완전히 새로운 종류의 인간 경험을 개척해 나아갔다."(머리말에서) 그러면서 암스트롱은 우리는 축의 시대의 통찰을 넘어선 적이 없다고 단언했다. 가슴 깊이 새겨야 할 지적이다.

런데 인간 조건에 대해서는 여러 사람들이 다른 의미로 사용했기 때문에 이것을 한마디로 단정하기는 어렵다. 여기서는 사회생물학자 에드워드 윌슨Edward O. Wilson이 말한 인간 조건과 유사한 의미로 이 용어를 사용할 것이다. 이런 관점에서 보면 인간 조건이란 "오랜 역사적 · 진화적 과정을 통해 현재 인간 존재의 바탕을 이루는 데 작용했던 모든 것"을 의미한다.[3]

이런 관점에서 인간 조건을 이해할 때 가장 중요한 것이 경제적 요인이다. 인류 역사는 초기부터 생존을 위한 투쟁의 역사였다는 점에서 경제적 요인은 항상 중요했다. 따라서 인류 역사는 곧 경제적 문제를 해결하기 위한 방법을 모색해 온 역사라고 할 수 있다. 이와 관련해 경제학자 브레드퍼드 드롱Bradford Delong이 추정한 자료에서 중요한 시사점을 발견할 수 있다. 그에 의하면 1인당 소득 90달러인 수렵 · 채집 경제에서 1인당 150달러인 기원전 1000년의 고대 그리스 경제로 진전하는 데만 1만 2천 년이 걸렸다. 그 후 1750년에 이르러서야 비로소 1인당 소득이 약 180달러에 도달했다. 그 뒤 18세기 중반에 산업혁명이 일어난 후 지금에 이르

3. 인간 조건 또는 인간의 조건은 소설가 앙드레 말로의 『인간의 조건』(1933), 철학자 한나 아렌트의 『인간의 조건』(1958)으로 널리 알려진 용어다. 그런데 여기서는 이들보다는 에드워드 윌슨이 일련의 저서에서 강조했던 것과 유사한 의미에서 이 용어를 사용할 것이다. 윌슨은 『인간 존재의 의미』(2014)에서 다음과 같이 말했다. "현재의 인간을 이해하려면, 한 종의 생물학적 진화와 그 종을 선사시대로 들어서게 한 환경까지 살펴볼 필요가 있다."(19쪽) 그러고는 이어서 다음과 같이 말했다. "인간 조건은 역사적 산물이다. 단지 6,000년에 걸친 문명의 역사가 아니라, 훨씬 더 이전까지 올라가는 수십만 년에 걸친 역사를 말한다는 점이 다를 뿐이다."(20쪽) 그는 인간 조건이란 개념을 바탕에 깔면서 인류가 어떤 경로를 거쳐 어떻게 지구상에서 가장 강력한 종으로 부상하게 되었는지 탐구했다. 그가 인간 조건과 관련해 제시한 '큰 질문'을 시장경제의 전개 과정과 연결시키는 것은 흥미로운 주제라는 것이 필자의 생각이다. 시장경제는 진화 과정을 통해 인간 조건을 형성하는 데 결정적인 영향을 미친 시스템이기 때문이다.

기까지 250년 만에 1인당 세계 GDP가 무려 37배나 증가해 현재 수준인 6,600달러에 이르렀다고 한다.[4]

이와 같이 오랫동안 정체 상태에 있던 인류의 경제적 환경이 크게 변하게 된 것은 불과 수백 년 전부터다. 그리고 이런 급격한 변화는 7백 년 넘게 지속되었던 봉건 시스템을 극복하면서 시작되었다. 이런 의미에서 인간 조건에 큰 변화를 가져온 선행 조건들이 봉건 시스템 내에서 형성되었다고 볼 수 있다. 이 시대의 특징은 한마디로 '존재의 거대한 사슬Great Chain of Being'이라 할 수 있다. 오랫동안 존속되었던 봉건 시스템을 지탱했던 것은 영주부터 농노에 이르기까지 여러 계층의 사람들이 토지를 중심으로 일정한 역할과 권한을 부여받았다는 가톨릭에 기반을 둔 사고방식이었다. 이와 관련해 미래학자 제러미 리프킨Jeremy Rifkin은 『한계비용 제로 사회』에서 봉건 시스템의 특징을 다음과 같이 요약했다.

> 봉건시대의 재산 관계 개념은 오늘날의 그것과는 완전히 달랐다. 봉건경제에서는 세속의 모든 것들이 신의 피조물이고 따라서 신의 독점적 처분 권한 아래에 놓인다고 보았다. 그리고 신의 피조물은 다시 '존재의 거대한 사슬', 즉 가장 낮은 피조물부터 하늘의 천사까지 거슬러 올라가는, 엄격하게 구성된 책무 계층으로 이

4. 이에 대한 상세한 내용은 에릭 바인하커(2006), 1장을 참조하라. 그런데 이 책이 처음 영어로 출간된 후 10년쯤 지났으므로 현재의 1인당 세계소득은 훨씬 더 높아졌음을 감안해야 할 것이다. 토마 피케티(Thomas Piketty)도 『21세기 자본』(2013)에서 기원후 1700년도까지 세계경제는 연평균 약 0.1퍼센트 정도 성장했으며 이후 1700년부터 2012년까지 연평균 약 1.6퍼센트씩 성장한 것으로 추정했다. 이에 덧붙여 1인당 성장의 관점에서 다음과 같이 말했다. "세계적으로 1인당 생산 증가율은 1700~2012년에 연평균 0.8퍼센트를 기록했는데, 이를 기간별로 나누어 보면 1700~1820년에 0.1퍼센트, 1802~1913년에 0.9퍼센트, 1913~2012년에 1.6퍼센트를 기록했다. …… 세계 인구증가율도 똑같이 0.8퍼센트를 기록했다. 핵심은 역사적으로 볼 때 세계적인 첨단 기술을 보유한 국가라 하더라도 오랜 기간에 걸쳐 연평균 1.5%를 넘는 생산 증가율을 기록한 사례는 없다는 점이다."(117~118쪽)

해되었다.[5]

이 점을 언급한 이유는 인간 조건은 어떤 경제시스템이 지배하는가에 따라 시대별로 상당히 다른 특징을 보이는 가운데 변화했다는 점을 강조하기 위해서다. 봉건 시스템에 이어 등장한 자본주의는 시장경제와 결합함으로써 인류에게 전대미문의 물질적 풍요를 가져다주었다. 그리고 이것은 동시에 인간 조건에 커다란 영향을 미쳤다. 이 가운데 특히 주목할 점은 물질적 가치와 정신적 가치 간의 관계에 미친 영향이다. 물질과 정신은 인간, 나아가 사회를 지탱하는 두 가지 근본 요소로서 이 둘 간의 관계는 진화 과정에서 중요한 역할을 해왔다. 이 점에서 인간은 다른 종들과 확연히 구별된다.

이와 관련해서는 분석심리학의 창시자인 칼 융Carl G. Jung이 말한 '대극對極의 반전'과 '대극의 합일'이라는 관점에서 물질적 가치와 정신적 가치 간의 관계를 파악할 필요가 있다. 인간의 정신은 대극으로 이루어졌다는 것이 인간 심성에 대한 융의 기본 학설이다. 사랑과 미움, 선과 악, 남성과 여성, 전진과 후퇴 등 수많은 대극이 있다. 빛과 어둠은 전형적인 대극에 해당한다. 그리고 이런 대극 간에는 늘 반전이 일어난다. 사랑이 미움으로 바뀌고 그 반대도 일어난다. 융은 경험을 통해 대극을 통합하려는 기능이 인간의 무의식에 존재한다는 것을 발견하고 이를 초월적 기능이라 했다. 이로써 긴장이 해소될 뿐만 아니라 개체는 새로운 관점을 얻게

5. 제러미 리프킨, 『한계비용 제로 사회』(2014), 53쪽. '존재의 거대한 사슬'은 중세를 지배했던 사상으로 그 뿌리는 그리스 철학으로까지 소급된다. 이 용어는 존스홉킨스대학의 철학과 교수였던 아서 러브조이(Arthur O. Lovejoy)의 저서 *The Great Chain of Being* (1936)을 통해 널려 알려졌다.

된다고 보았다. 융은 이것을 대극의 합일이라고 불렀다.[6]

대극의 합일은 분리된 것으로 보이지만 실질적으로는 하나이면서 전체의 부분인 대극들을 통합된 관점에서 이해하려는 것이므로 대극의 조화라고 해도 무방하다. 즉, 억지로 하나로 만드는 것이 아니라 분리된 것으로 보이는 둘을 사실상 하나의 관점에서 이해하는 것이다. 왜냐하면 근원에서는 서로 분리된 것이 아니기 때문이다. 정신과 물질은 모름지기 이런 관점에서 접근해야 한다.[7] 그래야만 인간 조건을 제대로 이해할 수 있다고 생각한다. 이런 의미에서 통합심리학자 켄 윌버Ken Wilber가 대극과

---

6. 이것이 필자가 시장경제를 통합적으로 이해하는 데 적용하고자 하는 기본 접근법이다. 시장경제는 단순히 물질적 쾌락을 위한 경제시스템이 아니다. 시장에서 이루어지는 거래가 물질적 쾌락만을 추구하기 위한 것으로 오해받는 경우가 많지만 실은 상당 부분이 정신적 쾌락과도 관련되어 있다. 융은 대극과 관련해 『인간과 상징』(1964)에서 다음과 같이 말했다. "심리학은 기본적으로 대극성(對極性)의 조화를 지향하는 것이기 때문에 역의 경우를 고려하지 않는 판단은 어떤 판단도 최종적인 것이라 할 수 없는 것이다."(83쪽) 그리고 융 심리학의 권위자인 이부영은 『노자와 융』(2012)에서 의식과 무의식의 관계를 대극을 이용해 다음과 같이 설명했다. "의식은 본래의 발전 궤도를 따라 일방적인 발전을 한다. 대상을 구분하고 분석하는 가운데 의식은 본래 인격의 통합체, 전체 인격에서 멀어진다. 그것이 의식의 속성이다. 그래서 전체 정신을 실현하고자 하는 무의식의 자기원형은 의식의 일방성을 지양하고자 자동적으로 그 대극에 해당하는 상징을 활발히 보내서 의식이 소홀히 하고 있는 대극을 인식하도록 자극을 준다. 이것을 의식의 일방성에 대한 무의식의 보상기능이라 한다."(35쪽) 이런 기본 원리가 시장경제의 진화 과정에도 적용된다는 것이 필자의 생각이다.

7. 찰스 아이젠스타인(Charles Eisenstein)도 『신성한 경제학의 시대』(2011)에서 다음과 같이 이와 유사한 견해를 밝혔다. "사실 정신과 물질의 분리는 우리가 물질세계를 이토록 악랄하게 다루는 데 중요한 역할을 했다. 신성한 경제는 세계를 지금보다 더 신성한 대상으로 다루며, 지금보다 더 물질주의적이다.(이 세계에 더욱 주의를 기울여 아끼고 사랑한다는 의미에서) 따라서 내가 영적인 욕구를 충족한다고 말할 때는 …… 관계와 순환과 물질적 삶 자체를 신성한 것으로 다룬다는 뜻이다. 실제로 그것들은 신성하기 때문이다."(461쪽) 이것은 필자가 물질적 풍요는 정신적 가치를 함양하는 데 기여할 때만 의미가 있다고 주장한 것과 유사한 내용이다. 물질은 천박하고 정신은 고상한 것이 아니라 양자는 대극의 합일이라는 관점에서 이해되어야 할 것이다.

관련해 다음과 같이 갈파한 것을 유념할 필요가 있다. 이것은 다소 추상적이지만 인간 존재가 궁극적으로 추구해야 할 내용을 담고 있다. 사람들이 이를 실현하고자 노력한다면 시장경제의 새로운 지평을 여는 데 획기적으로 기여할 것이다.

> 우리가 겪고 있는 '삶의 문제들' 대부분은 대극은 서로 분리될 수 있고 또 분리되어야만 하며, 고립시킬 수 있고 또 고립시켜야 한다는 환상에 기초해 있다. 그러나 사실 모든 대극은 그 기저에서는 단일한 실재의 두 측면이기 때문에, 양극을 분리시키고자 하는 시도는 고무줄의 양끝을 서로 완전히 분리시키고자 애쓰는 것과 같은 짓이다. 그때 우리가 할 수 있는 일이란, 고무줄이 끊어질 때까지 점점 더 세게 잡아당기는 일일 뿐이다. …… 대극을 분리시켜 놓고 긍정적인 쪽으로의 진보를 추구하는 것이 아니라 그 둘을 초월하면서 감싸 안는 하나의 토대를 발견해 냄으로써 대극을, 긍정과 부정 모두를 통합시키고 조화되게 한다는 것이 핵심이다.[8]

시장에서 벌어지는 일상적인 경제활동에 이런 형이상학적인 사고를 접목시키는 것은 쉬운 일이 아니다. 세계화라는 허구의 단일 세계관을 심은 다음 실제로는 철저하게 분리된 상태를 전제로 자기 이익만을 추구하

---

8. 켄 윌버, 『무경계』(2011), 64쪽. 윌버는 2장에서 우리 스스로 사물에 이름을 부여하고 이에 따라 경계를 만듦으로써 스스로 모든 것을 대극의 관점에서 바라봄으로써 문제를 해결하지 못하고 있다고 지적했다. 이는 오래 전부터 동서양의 현자들이 지적했던 내용이다. 그가 대극의 관점에서 경제활동을 묘사한 다음 내용은 음미할 가치가 있다. "이 모든 곤경의 뿌리는 대극을 화해 불가능한 것으로, 서로 철저하게 분리된 것으로 보는 우리의 경향에 있다. 예컨대 우리는 '사고파는 것'과 같은 가장 단순한 대극조차 서로 분리된 두 개의 다른 사건으로 본다. 물론 사는 행위와 파는 행위는 어떤 점에서는 다른 것이기는 하다. 하지만 그 둘은 결코 분리될 수 없는 것이기도 하다. …… 사는 행위와 파는 행위는 단지 '한 사건의 양극', 즉 단일한 거래행위의 양끝에 지나지 않는다. 거래의 양쪽 끝이 다르긴 하지만, 그 둘은 단일한 사건을 나타내는 서로 다른 표현일 뿐이다."(54~55쪽)

는 현재의 자본주의 시장경제가 점점 더 대극을 강화하는 방향으로 전개되어 온 것은 부인할 수 없는 현실이다. 이로써 가진 자들과 갖지 못한 자들 사이의 격차가 더욱 확대되면서 대극은 점점 더 첨예하게 대립하는 양상을 띠게 되었다. 또한 세계화와 동시에 진행된 금융자본의 부상으로 인해 시장경제는 단지 수익률 게임을 위한 무대로 전락했다. 이런 변화를 주도한 세력은 이런 상태를 유지하기 위해 부채의 팽창을 유발하고 무한성장의 논리를 전파함으로써 자연환경은 파괴해도 무방하다는 극단적인 사고가 정상적인 것처럼 만들어 왔다.

더욱이 다원주의적 경쟁의 정당성에 지나치게 의미를 부여하다 보니 협력의 미덕은 실패한 자들의 공허한 구호로 전락하게 되었던 것이다. 이런 의식 수준에서 벗어나지 않는 한 경쟁과 협력의 대극성은 더욱 악화될 것이고 인간과 자연의 조화는 소수 환경론자들의 비현실적인 외침으로 간주될 수밖에 없다. 현재 글로벌 차원에서 벌어지고 있는 다양한 현상들이 시장경제 자체를 위기로 몰고 갈 수 있음을 인정한다면 가장 시급한 일은 우리 스스로 자신과 주변 사람들과의 관계, 나아가 인간과 자연과의 관계를 다른 관점에서 접근하는 것이다. 그 기본 방향은 대극의 합일 또는 대극의 조화라는 말로 압축할 수 있다.

이제는 서로를 분리된 존재로 인식하면서 다른 사람들과 자연을 오로지 도구적 관점에서 접근하는 관행에서 벗어나야 할 때다. 다행스러운 것은 우리 스스로 분리된 존재라는 의식을 극복하는 데 도움을 주는 기술적 환경이 조성되고 있다는 사실이다. 인터넷과 모바일 혁명은 우리 모두 연결된 존재라는 의식을 함양하는 데 기여함으로써 분리의식을 넘어 전체가 하나로 연결된 존재라는 합일의식에 조금씩 다가갈 수 있는 기술적 기반을 제공하고 있다. 이러한 의식의 전환, 그리고 이를 바탕으로 새로운 문명으로의 전환을 이룩한다는 것은 엄청난 과제다. 그렇다고 불가능한 것도 아니다. 이미 이런 방향으로 변화가 일어나고 있다는 여러 가지 증거가 존재하기 때문이다. 이제 우리 모두 이러한 변화에 동참해야 할 때다.

2. 시장경제의 역동적 진화

시장의 역사는 오래되었지만 시장경제의 역사는 300여 년에 불과하다. 그렇지만 시장은 재화와 서비스를 거래하는 곳으로서 일찍이 인류 문명의 초기부터 존재했다. 한편 일각에서는 옛날에 시장 자체가 존재하지 않았다기보다는 거래의 주된 형태가 물물교환이 아니라 증여gift였다는 주장을 제기해 왔다.[9] 그렇지만 오래 전부터 사람들 간에 거래가 활발하게 이루어졌으며 이를 바탕으로 시장이 점점 더 복잡한 방식으로 진화해 온 것은 부정할 수 없는 사실이다. 오늘날 상상을 초월할 정도로 복잡한 시장은 지금까지 일어났던 모든 일들을 대변해 주고 있다.

여기서 다시 한 번 시장경제와 시장은 구분해서 다루어야 한다는 사실을 상기하고자 한다. 정치경제학자 찰스 린드블롬Charles E. Lindblom은 시장경제는 시장이 확산되어 특정한 방식으로 서로 관련 맺고 있을 때 성립한다는 점을 강조했다. 여기서 특정한 방식이란 자본주의 방식을 의미하

9. 이런 주장을 펼친 대표적인 인물로는 마르셀 모스(Marcel Mauss)와 찰스 아이젠스타인을 들 수 있다. 모스는 『증여론』(1927)에서 폴리네시아 원주민과 북미 인디언의 사회 · 문화 연구를 통해 이들에게는 물물교환보다 증여가 더 중요한 의미를 가졌다는 것을 밝혔다. 아이젠스타인(2011)도 모스의 전통을 계승해 이런 주장을 지지하면서 다음과 같이 말했다. "돈의 역사에 관한 기술은 대부분 원시적 물물교환으로부터 출발하며, 가장 중요한 경제적 교환방식은 선물이었다."(24쪽) 경제사학자 칼 폴라니(1944)도 이들과 유사하게 물물교환 행위는 전체 경제에서는 종속적 행위에 불과했다고 주장했다. 그의 책 217쪽을 참조하라.

는 것으로 해석할 수 있다.[10] 즉, 시장경제는 사유재산과 자유계약을 기반으로 개별 주체들 간에 자유롭게 거래가 이루어질 뿐만 아니라 동시에 수많은 개별 시장들 간의 조정coordination이 이루어지는 경제시스템을 말한다. 이런 관점에서 볼 때 시장경제는 18세기 중반 산업혁명의 전개와 함께 본격적으로 인류 역사의 무대에 등장했다고 보는 것이 타당하다. 그렇기 때문에 종종 자본주의와 시장경제는 동일한 것으로 간주되지만, 엄밀하게 말하면 시장경제가 더 큰 틀이고 자본주의는 그 안에 꼭 들어맞는 작은 틀로서 서로 상보적인 관계를 유지해 왔다고 할 수 있다.[11]

18세기 중반 1차 산업혁명을 통해 영국에서 자본주의가 태동한 이래 자본주의 시장경제는 꾸준히 진화를 거듭해 왔다. 여기서 한 가지 주의할 것은 자연에서의 진화는 오랜 기간에 걸쳐 매우 완만하게 진행되는 과정이지만 시장경제의 진화는 이에 비해 엄청나게 빨리 진행되는 과정이라

---

10. 찰스 린드블롬은 『시장체제』(2001)에서 시장과 시장체제(시장경제)를 분명히 구분해야 한다면서 다음과 같이 지적했다. "시장과 시장체제를 구분할 필요가 있다. 모든 사회가 시장체제를 선택하거나 포용하는 것은 아니다. 하지만 현존하는 모든 사회는 시장을 이용한다. 마오쩌둥 시대의 중국과 구소련에서도 시장에서의 거래는 공공연하게 이루어졌다. …… 시장체제란 중앙집권적 명령을 통해서가 아니라, 거래의 형태로 이루어지는 상호작용을 통해 인간 활동을 사회 전체적으로 조율하는 체제를 말한다."(15쪽)

11. 이것은 자본주의의 핵심인 사유재산을 인정하지 않으면서도 시장경제를 채택하고 있는 현재의 중국과 같은 나라를 염두에 둔 표현이다. 물론 중국을 국가자본주의라고 하지만 진정한 의미의 자본주의가 아님은 분명하다. 한편 이와 관련해 다른 각도에서 평가하는 견해도 있다. 예를 들면 독일의 저널리스트 울리케 헤르만(Ulrike Hermann)은 『자본의 승리인가, 자본의 위기인가』(2013)에서 다음과 같이 말했다. "우리는 시장경제가 아니라 하나의 시스템에서 살고 있는 셈이다. 지금까지 우리는 이런 시스템을 '자본주의'라는 이름으로 불러왔다. 자본주의라는 시스템은 공적 요소인 국가와 사적 요소인 개인이 혼합된 형태이며, 아울러 소수 독점 형식의 거대 기업연합과 작은 틈새시장이 혼합되어 있다. 여기서 작은 틈새 영역은 작은 숙식업처럼 실제로 무제한적 경쟁이 펼쳐지고 있는 분야다."(97쪽) 그는 다분히 냉소적으로 시장경제란 허구의 개념이고 자본주의만이 실체라고 주장했는데 신자유주의에 대한 비판적 관점에서 이런 표현을 쓴 것으로 보인다.

는 점이다. 그렇기 때문에 시장경제의 변화 과정에 진화라는 이름을 부여하는 것이 과연 적절한가 하는 의문이 들 정도다. 진화를 단순한 은유가 아니라 실제 시장경제의 발전 과정을 묘사하는 용어로 사용하려면 좀 더 엄격한 기준이 필요하다는 것이 필자의 생각이다.

진화의 본질은 자연에서는 변화가 매우 느리게 진행되기 때문에 아무도 눈치채지 못하며 먼 훗날 이런 누적된 변화의 결과는 어떤 지적인 존재가 설계한 것과 같은 착각을 유발한다는 데 있다. 대표적인 사례로 인간의 눈을 거론하는 것도 이런 이유에서다. 이런 관점에서 보면 시장에서의 진화는 매우 빠르며 이 과정에서 누가, 어떤 행동을 했는지 알 수 있다. 우리는 애플이 처음으로 아이폰을 개발했으며 삼성전자와 샤오미가 순차적으로 스마트폰 시장에 뛰어들었다는 사실을 알고 있다. 따라서 자연에서의 진화와 시장에서의 진화에는 확연히 다른 점이 있다. 그럼에도 시장의 변화에 진화라는 개념을 적용할 수 있는 근거는 복잡한 시장에서는 자생적 질서의 원리가 작용한다는 사실에서 찾을 수 있다. 누구도 시장이 어떤 방향으로 변화할지 미리 예측할 수 없다는 점은 자연에서의 진화와 마찬가지다.

이와 같은 시장 진화의 핵심 동인動因으로는 기업, 기술 및 금융을 거론할 수 있다. 이 세 가지 요인들 간의 상호작용을 통해 시장의 진화 과정이 결정되었기 때문이다. 최근에는 진화의 속도가 더욱 빨라져 커뮤니케이션, 에너지 및 물류 혁명을 바탕으로 한 3차 산업혁명이 채 성숙하기도 전에 벌써 이를 뛰어넘는 4차 산업혁명이 진행 중이다.[12] 이와 같이 변화

12. 제러미 리프킨(2014)은 이 점을 간결하게 정리해 주고 있다. 그는 3차 산업혁명에 이르기까지의 과정을 설명하면서 산업혁명의 원동력은 항상 커뮤니케이션과 에너지 및 물류 혁명을 바탕으로 이루어졌다는 점을 강조했다. 이 점은 현재 진행 중인 4차 산업혁명의 경우

의 속도가 점점 빨라지는 가운데 자본주의와 시장경제의 상보적 특성으로 인해 시장경제의 작동방식도 급격하게 변하고 있다.

여기서 자연선택natural selection과 돌연변이mutation 및 유전자 부동genetic drift에 기초한 종의 진화와 시장경제의 진화 간의 차이를 이해할 필요가 있다.[13] 진화론에 의하면 자연선택이라는 필연의 법칙과 돌연변이라는 우연의 법칙, 그리고 이에 더해 유전적 부동이라는 우연적 요소가 상호작용해 예상하기 어려운 방향으로 진화를 추동해 왔다. 그 결과 현재 생명의 다양성과 복잡성을 경험하고 있지만 찰스 다윈이 주장한 대로 진화가 일정하게 정해진 방향을 향해 나아가는 과정이 아님은 분명하다. 그렇지만 이 과정에서 생명의 복잡성이 창발한 것은 특기할 만한 사건이었다. 처음부터 복잡한 생명을 의도한 설계자는 없었지만 진화 과정의 특성으로 인해 복잡한 생명의 등장은 필연적이었다.

그러면 시장경제는 어떠한가? 진화론의 관점에서 시장경제를 이해할 때 특히 유의할 점은 자연선택에 해당하는 개념을 어떻게 설정할 것인가 하는 것이다. 왜냐하면 시장경제에는 자연선택이라는 개념을 그대로 적용할 수 없는 부분이 존재하기 때문이다. 진화론에서 말하는 자연선택은 자연환경에서 획득할 수 있는 유한한 자원을 놓고 경쟁하는 개체들 가운

도 예외가 아니며 오히려 이런 특성이 더욱 강화되는 경향을 보인다. 향후 모든 기술발전은 정보기술에 기반을 두고 있기 때문에 그럴 수 있다는 것이 중론이다.

13. 유전자 부동은 생물 집단의 생식 과정에서 유전자의 무작위 표집으로 나타나는 대립형질의 발현 빈도 변화를 가리키는 생물학 용어이다. 유전자 부동의 결과 자식 세대는 무작위적으로 선택된 부모 세대의 유전형질을 물려받으며, 이로써 발현된 유전형질은 생존과 재생산을 할 수 있는 새로운 기회를 얻게 된다. 집단의 대립형질 발현 빈도는 그들이 갖고 있는 전체 유전형질에 대한 발현된 대립형질의 비율로 나타낼 수 있다. 유전적 부동에 의해 지속적으로 변화하는 대립형질 발현 빈도는 진화의 주요 요인 가운데 하나로서 작용한다. 유전자 부동의 과정에서 특정한 유전형질이 고착되어 새로운 유전특성을 갖는 집단이 생기게 된다.

데 효과적으로 적응한 개체는 생존하고 번식하는 반면 적응하지 못한 개체는 소멸한다는 의미에서 수동적이고 일방적인 관계를 전제로 한다. 즉, 마치 자연이 선택을 하는 것처럼 의인화했지만 사실 개체는 자연이 제공한 환경을 변경시킬 힘은 없고 오직 거기에 적응할 뿐이다. 물론 자연과 공진화co-evolution하는 경우도 있지만 이것이 자주 일어나는 현상이라고 보는 데는 무리가 있다.[14]

시장경제란 난데없이 등장한 것이 아니라 인간의 집단적 노력을 통해 형성되어 온 시스템이다. 따라서 과거로부터 전승된 관습, 문화, 그리고 새롭게 획득한 지식 등이 상호 영향을 주고받으면서 시장경제의 작동 방식에 관여해 왔다. 이 과정에서 대체로 소수의 특권 계층이 각종 경제 규칙과 제도를 만드는 데 더 큰 영향력을 행사함으로써 그들의 생존과 번영에 유리한 경제적 환경을 조성해 왔다는 점에서 자연선택보다는 오히려 인위적 선택이라고 부르는 편이 더 적절한 경우가 빈번했다.

한편 시장의 진화 과정에 돌연변이라는 개념을 적용하는 데는 무리가 없다. 생물학적으로 DNA에 무작위적인 변화가 일어나 생존과 번식에 유리한 경우에는 보존된다는 논리처럼 개별 주체가 경제활동을 하는 과정에서 우연한 요인에 의해 생존과 번영에 유리한 조건을 획득할 수 있기

14. 에릭 바인하커(2006)는 유기체와 자연과의 공진화와 관련해 다음과 같은 사례를 들었다. "유기체는 진화하면서 주변 환경에 영향을 미치게 되는데, 이는 결국 주변 환경도 함께 진화하게 되는 결과를 가져온다. 예를 들면 식물들은 이산화탄소를 흡수하고 산소를 발생시키는 반면, 호기성 동물들은 산소를 흡수하고 이산화탄소를 배출한다. 이러한 두 종류의 유기체들이 오랫동안 함께 진화해 옴에 따라 원생대에 단 1%의 산소만을 함유하고 있던 대기의 성질이 오늘날에는 21%의 산소를 함유하게 되는 등 미래 진화에 대한 이른바 적합도의 제약을 가하고 있다."(498쪽) 이 지적은 옳다. 그렇지만 이런 공진화에는 오랜 시간이 필요할 뿐만 아니라 모든 영역에서 일어나는 현상은 아니라는 점에서 시장경제에 적용하는 데는 한계가 있다.

때문이다. 예를 들면 우연한 기회에 좋은 스승을 만나 몰락의 길을 벗어나 번영의 길로 들어선 사람들이 여기에 해당된다 할 수 있다. 또는 운이 좋아 복권에 당첨된 후 이로 인해 패가망신한 사람들은 나쁜 돌연변이에 해당한다고 볼 수 있다. 반면 이렇게 얻은 자금을 갖고 신중하게 행동한 결과 부를 축적한 사람은 좋은 돌연변이에 해당한다고 해석할 수 있다. 또는 자신이 생각했던 아이디어가 우연히도 시장 상황에 적절한 것으로 드러나 일약 시장의 주변에서 중앙으로 이동하는 경우도 여기에 해당한다고 볼 수 있다. 사실 시장에서의 반응이 자신이 예상했던 것과 정반대로 일어나고 이로 인해 개개인의 경제적 성과의 명암이 갈리는 경우가 종종 있는 것 또한 사실이다. 이런 의미에서 돌연변이는 시장경제의 진화 과정에서 일정 역할을 한다고 말할 수 있다.

유전자 부동과 관련해서는 제도적 부동institutional drift을 생각할 수 있다. 경제학자 대런 애쓰모글루Daron Acemoglu와 정치학자 제임스 로빈슨James Robinson은 『국가는 왜 실패하는가』에서 제도적 부동이라는 개념을 사용해 각 나라의 제도적 차이를 다음과 같이 설명했다. "어느 사회나 끊임없이 정치·경제적 갈등에 노출되고 개인의 역할이나 임의적인 요인 등 구체적인 역사적 차이에 따라 서로 다른 방식으로 갈등을 해소한다. 이런 차이들이 처음에는 아주 사소한 것일 수도 있지만 그런 차이가 쌓이다 보면 제도적 부동 과정이 시작된다. 두 격리된 생명체의 개체군이 유전적 부동 과정을 통해 임의적인 유전적 변동으로 서서히 멀어지듯이, 다른 모든 면이 유사한 사회라 하더라도 제도적인 면에서 서서히 멀어져가는 현상을 가리킨다."[15] 예를 들면 중세 봉건 시스템이 지배하던

15. 대런 애쓰모글루·제임스 로빈슨, 『국가는 왜 실패하는가』(2011), 165쪽.

유럽의 여러 나라들은 그 후 상당히 다른 경로를 거치면서 오늘에 이르렀다. 이 과정에서 나라마다 경제발전의 방향이나 속도에 상당한 차이가 발생했는데 그 주요 원인을 제도적 부동에서 찾을 수 있다는 것이다.[16] 이 외에도 역사에서 제도적 부동을 뒷받침하는 다양한 사례들을 발견할 수 있다.

시장경제를 진화적 관점에서 파악하려는 것은 기본적으로 시장경제의 역사적 전개 과정을 보다 폭넓게 이해하기 위한 노력의 일환이다. 단순히 역사적 기록이나 데이터에 의존해 시장경제의 전개 과정을 이해하려는 전통적인 접근법을 확장할 필요가 있기 때문이다. 시장경제를 진화론의 관점에서 접근함으로써 얻을 수 있는 수확은 무엇보다도 시장경제를 복잡계complex system로 해석하는 것이 자연스럽다는 점이다. 특히 에릭 바인하커가 주장했듯이 진화를 단지 생물학의 관점에서 이해하는 것이 아니라 하나의 알고리즘으로 이해한다면 더욱 그러하다. 이것은 진화를 혁신에 이르는 다목적용의 공식, 다시 말해 시행착오를 겪으며 새로운 디자인을 만들어내고 어려운 문제를 풀어가는 그런 공식으로 이해한다는 의미다.[17]

찰스 다윈이 말했듯이 자연은 눈먼 시계공이기 때문에 진화 과정이 어떤 방향으로 전개될지 사전에 예측하기란 불가능하다. 그렇지만 진화

---

16. 이와 관련된 상세한 논의는 앞의 책 6장을 참조하라.

17. 에릭 바인하커(2006), 40쪽. 진화를 이렇게 넓은 의미로 해석함으로써 얻을 수 있는 장점은 경제시스템을 복잡계, 나아가 여기에 정보를 처리하고 환경에 적응하는 능력을 가진 행위자들이 존재하면서 상호작용하는 복잡 적응 시스템(complex adaptive system)으로 해석할 수 있게 해준다는 것이다. 그러면 생물학자들이 말하는 진화시스템도 이런 복잡 적응 시스템의 특별한 한 형태로 해석할 수 있다. 즉, 경제시스템이나 진화시스템 모두 복잡 적응 시스템의 일종인 셈이다. 바인하커는 이런 관점에서 경제시스템을 해석하는 것이 복잡계 경제학이라고 말했다.

과정에서 유기체와 같은 복잡계가 등장한 것은 엄연한 사실이고 시장경제가 유기체와 상응하는 방식으로 진화해 왔다는 주장은 상당히 설득력이 있다. 그리고 이것은 진화론을 생물학적 관점에서가 아니라 개인과 시장의 상호작용이라는 관점에서 해석한다면 더욱더 그러하다. 경제학이 이 점을 간과하는 한 현실에서 발생하고 있는 여러 가지 문제들을 해결하는 데 실패할 가능성이 높다. 지금 우리 모두 이 점을 깊이 인식할 시점에 와 있다.

3. 시장경제에서 기업 · 금융의 진화

자본주의는 생산방식에 관한 것이고 시장경제는 거래방식에 관한 것이라는 점에서 분명히 구별되며, 이 둘을 연결시키는 고리는 기업과 금융에서 찾을 수 있다. 왜냐하면 기업은 생산방식과, 금융은 거래방식과 밀접하게 관련되어 있기 때문이다. 이런 의미에서 자본주의 시장경제의 진화 과정은 기업과 금융의 변천사라 해도 과언이 아니다.

기업은 주식회사 형태의 생산조직을 말한다. 수적으로는 개인기업이나 유한회사와 같은 다른 형태의 기업들이 훨씬 더 많지만 규모 면에서나 글로벌 경제에서 차지하는 비중 면에서 보면 단연 주식회사 형태의 기업이 압도적이다. 오늘날 글로벌 경제에서 막강한 영향력을 행사하고 있는 초국적 기업transnational corporation은 모두 주식회사 형태의 기업이라는 것은 상식에 속한다. 그럼에도 이 점을 언급하는 이유는, 기업은 명령을 기반으로 작동하는 인위적인 조직지만 자생적인 질서로 간주되는 시장경제의 핵심적인 요소이기 때문이다. 시장경제에 대한 논의에서 기업이 핵심이라는 사실은 다분히 역설적이다.[18]

세계 최초의 주식회사 형태의 기업은 1602년에 설립된 네덜란드의 동인도회사였다. 영국의 동인도회사가 이보다 앞서 1600년에 설립되었지만 초기의 활약이나 자본 조달 면에서 네덜란드의 동인도회사가 훨씬 더 인상적인 활동을 펼쳤다.[19] 그 후 1608년 네덜란드에 세계 최초로 증권거래소가 설립되고 은행제도가 정착하는 등 일련의 혁신이 일어나 자본주의가 본격적으로 태동하기 이전 기업과 금융의 상보적인 관계를 형성하는 데 상당히 기여했다. 그렇지만 네덜란드가 무역의 패권을 영국에 넘겨주고 또한 초기 형태의 자본주의가 영국에서 태동하면서 기업과 금융도 영국을 중심으로 발달하기 시작했다. 이런 의미에서 자본주의 시장경제의 발달사는 곧 기업과 금융의 발달사라 해도 과언이 아니다.

주식회사 형태의 기업이 발전하는 과정에서 분기점이 된 것은 1717년에 발생한 남해거품South Sea Bubble 사건이었다. 왕실과의 밀약을 통해 남미와 아프리카에 대한 독점적 노예무역권을 취득한 것을 기반으로 설립된 남해회사South Sea Company의 주가는 단기간에 천정부지로 솟아올랐다가 수익성이 없는 사업이라는 실체가 드러나자 순식간에 거품이 꺼지면서 투

18. 이 문제는 자본주의와 민주주의 간의 긴장관계와도 관련되어 있다. 이와 관련해 찰스 린드블롬(2001)은 다음과 같이 지적했다. "민주주의 사회라면, 모든 거대 법인 기업의 내부 역시 민주적으로 조직해야 한다는 생각이 계속 주목을 받고 있다. 민주주의 사회에서는 기업도 민주적으로 일관되게 운영되어야 한다는 호소는 매우 설득력 있는 논리라 할 수 있다. …… 예컨대 독일에는 감독이사회(경영이사회만큼 기업 통제에 주도적 역할을 하는 것은 아니지만)에 노동자 대표가 참석할 수 있는 법적 규정이 존재한다."(281쪽) 위계질서에 입각해 중앙집권적인 명령을 기반으로 작동하는 법인 기업은 분명 자생적인 질서인 시장의 본질에 반하는 것이며 민주주의 원칙에도 어긋난다. 이런 의미에서 향후 기업의 지배구조가 어떻게 변하는가에 따라 시장경제와 민주주의의 미래가 적지 않은 영향을 받을 수도 있다.

19. 영국의 동인도회사는 일반인들로부터 자본을 공모하지 않은 채 귀족과 특권 상인들로부터 자본을 조달했다는 의미에서 진정한 의미의 주식회사라 할 수 없다.

자자들이 대부분 엄청난 손실을 보게 되었다.[20] 이 사건은 정치적 · 사회적으로 엄청난 후유증을 불러왔으며 이로 인해 1720년 거품법Bubble Act이 제정되었다. 그 후 거의 100년 가까이 새로운 기업이 설립되지 않았다는 점에서 18세기부터 19세기 중반까지는 기업의 암흑기라 할 수 있다.

이런 침체된 상황에서 1842년 영국에서 회사법을 개혁해 주식회사가 기업의 주요 형태가 되는 제도적 기반을 마련해 준 것과 1855년 유한책임limited liabilities법이 제정되어 주식회사의 주주들이 투자 자본금의 범위 안에서만 책임을 지게 되었던 것이 기업 발전의 기폭제가 되었다. 그리고 1862년에 회사법이 제정됨으로써 주식회사 형태의 기업이 안정적으로 성장할 수 있는 제도적 기반이 완성되었다. 이것은 당시로는 혁신적인 제도로서 미국을 비롯해 유럽 여러 나라에서 이 제도를 도입함으로써 비로소 주식회사 형태의 기업이 번성하기 시작했다.[21] 바야흐로 기업의 시대가 도래한 것이다. 그리고 그 시발점은 대규모 자본을 필요로 하는 철도사업을 위해 자본을 공모公募한 것이었다. 이렇게 탄생한 주식회사는 중앙집권적 · 수직적 지배구조를 가진 경영방식을 도입했으며, 이를 계기로 자본과 노동의 분리, 소유와 경영의 분리로 상징되는 전형적인 자본주의 기업이 등장하게 되었다.[22]

---

20. 만유인력을 발견한 아이작 뉴턴도 남해회사의 주식에 투자했다가 평생 모은 돈을 모두 잃고 "천체의 운행은 계산할 수 있지만 인간의 광기는 측량할 수 없다"고 말한 것으로 전해진다.

21. 중국 CCTV 다큐제작팀이 만든 『기업의 시대』(2010)는 고대 메소포타미아에서부터 최근에 이르기까지 기업의 역사를 다루고 있다. 기업에 관한 깊이 있는 분석은 아니지만 역사적 관점에서 기업의 진화 과정을 살펴볼 수 있는 기회를 제공한다. 특히 부록에서는 기업의 역사를 5단계로 구분하고 매 단계마다 중요한 사건들의 연표를 제공하고 있는데 전체적인 흐름을 살피는 데 도움이 된다.

22. 이와 관련해 제러미 리프킨(2014)은 다음과 같이 표현했다. "미 대륙의 경우 19세기 전반

자본주의 기업은 철저하게 중앙에서 계획을 수립하고 통제하는 조직이면서 동시에 자생적 질서로 인식되고 있는 시장경제의 핵심이다. 이것은 자본주의와 민주주의가 서로 다른 원리에 의해 작동하는 것과 유사한 아이러니다. 자본주의 기업이 철저하게 이윤 동기에 의해 움직인다는 사실은, 모든 존재는 분리되어 있다는 이원론적 · 기계적 사고를 상징한다. 기업들 간의 경쟁은 그야말로 생존을 위한 다윈주의적 경쟁으로서 경제학에서 말하는 순수한 의미의 경쟁이라 보기 어렵다. 따라서 기업이 번영할수록 분리의식은 더욱 강화될 수밖에 없다. 이것은 최근 인터넷 혁명이 일어나기 전까지 거의 모든 기업을 지배하던 논리였다. 그런데 지금 이런 논리에 변화가 일어나고 있다. 여러 가지 유형의 공유기업이나 사회적 기업의 등장이 그것이다. 자본주의 기업과 공유기업 및 사회적 기업이 공존하는 시대가 도래했다. 이것도 대극의 조화에 해당한다.

한편 지금까지 기업의 성장을 지원했던 것은 금융이었다. 금융 또한 본질적으로 분리의식에 기반을 두고 있는데 돈은 분리의식을 상징하는 대표적인 것이기 때문이다.[23] 금융은 처음에 매우 느리게 발전하다가 중

만 해도 철도 건설이 산발적으로 진행되었다. 그러다가 1840년대 말에 이르러 철도 건설 붐이 본격적으로 전개되었다. 1859년경 미국의 민간 철도회사의 자본투자 총액은 10억 달러에 달했다. 당시로서는 믿기 어려운 수준의 어마어마한 액수였다. …… 이러한 규모의 운송 인프라를 위한 자금을 조달하는 데에는 완전히 새로운 유형의 비즈니스 모델이 필요하다. 주식 보유 기업, 즉 근대판 주식회사를 필요로 했다는 의미다. …… 철도회사는 사실상 최초의 근대식 자본주의 비즈니스 기업이 되었다. 관리 및 통제(즉, 경영)와 소유권을 분리하는 새로운 비즈니스 모델을 처음으로 창출했기에 하는 말이다."(73쪽)

23. 찰스 아이젠스타인(2011)은 돈의 의미에 대해 다음과 같이 말했는데 유념할 필요가 있다. "사는 사람은 돈을 주고 물건을 받는 사람, 파는 사람은 돈을 받고 물건을 주는 사람으로 규정되는 오늘날 상거래에는 비대칭이 존재한다. '사는 사람'은 물건을 위해 돈을 팔고, '파는 사람'은 물건으로 돈을 산다고 말할 수 있다. 언어와 인류학적 증거가 암시하는 바에 의하면, 이런 비대칭은 돈보다 훨씬 더 나중에 생겼다. 그렇다면 돈이 어떻게 변했길래

세 봉건사회에서는 극도의 침체기를 맞이했다. 봉건사회는 기본적으로 자급자족을 기반으로 하는 시스템이므로 돈이 거의 필요 없었으며, 따라서 금융이 발달할 이유가 없었다. 이런 관점에서 보면 금융이 본격적으로 발달하기 시작한 것은 불과 몇백 년 전으로 인류 역사의 관점에서 보면 지극히 짧은 기간이다.

경제사학자 니얼 퍼거슨Niall Ferguson이 적절하게 지적했듯이 금융의 발달은 곧 돈, 즉 화폐의 부상浮上을 의미한다. 돈을 중심으로 하는 경제 시스템이 점차 전면으로 부상한 것이다.[24] 돈은 인류 역사에서 궁극적 분리를 상징해 왔다. 누군가 소유하면 다른 사람은 결코 소유할 수 없는 것이 돈이기 때문이다. 이런 의미에서 돈의 부상은 곧 분리의식의 확대라 할 수 있다. 따라서 인류 역사에서 처음 '개인'이라는 개념이 형성되었던 고대 그리스에서 최초의 주화가 사용된 것은 결코 우연이 아니었다. 이것은 인간 의식의 진화 역사에서 매우 중요한 사건이다. 이런 시대적 상황에서 최초의 화폐가 등장했다는 것은 '궁극적 분리'의 상징이 널리 유통되기 시작했다는 것을 의미한다. 화폐는 사회에서 분리를 보편적인 사건으로 만들었다. 이런 상황에서 돈이 널리 유통되면서 자연스럽게 금융이 발달하기 시작했는데, 사람들이 돈의 여러 기능 중 특히 가치저장 기능을 주목했기 때문이었다.

이런 비대칭이 생겨난 것일까? 돈은 이 세상 그 어떤 물건과도 다르며, 결정적으로 돈을 속되게 만드는 것은 바로 그 차이다."(28쪽) 그러면서 그는 돈의 교환수단으로서의 기능과 가치저장수단으로서의 기능을 분리하는 것이 이런 문제를 해결하는 방법이라고 제안했다. 깊이 생각할 필요가 있는 문제다.

24. 니얼 퍼거슨의 『금융의 지배』(2008)의 원 제목은 *The Ascent of Money*다. 굳이 이것을 밝히는 이유는 돈이 전면으로 부상했다는 것은 곧 금융이 지배하게 되었다는 것을 의미하기 때문이다. 돈이 발명되지 않았다면 금융도 발달하지 않았을 것이다. 돈은 금융의 시작이요 끝이다.

퍼거슨은 금융의 역사를 은행의 등장, 채권의 발달, 주식의 대중화, 그리고 이를 바탕으로 한 각종 파생상품의 등장이라는 순서로 서술했는데 시대별로 금융의 진화를 일별一瞥할 수 있는 방식이다. 이 가운데 특히 그가 주목한 것은 은행의 등장과 채권의 발달이었다. 그는 은행업의 등장을 첫 번째 화폐의 부상이라 표현했다. 중세 봉건사회에서 금융은 정체 상태에 있었다. 그러다가 중세 이후 은행업은 금융의 핵심으로 자리 잡았다. 이 과정에서 네덜란드와 영국이 결정적으로 기여했다. 그는 특히 1609년 네덜란드에서 암스테르담 외환은행이 설립된 것과 1668년 스웨덴 중앙은행이 설립되어 부분지급준비금 제도를 시행한 것, 그리고 1694년 잉글랜드 은행이 설립된 것을 은행의 진화에서 가장 중요한 사건들로 평가했다. 이들 모두 근대적인 의미의 은행업을 확립하는 데 크게 기여한 것은 사실이다.

여기서 한 가지 주목할 점은 잉글랜드 은행은 주로 영국 정부의 전쟁 비용 조달을 위해 창설된 은행으로서 정부의 부채를 떠안는 대신 특혜를 누렸다는 점이다. 이후 잉글랜드 은행을 모방해 생긴 각국의 중앙은행들은 모두 독점적 은행으로서 정부와 모종의 협상 끝에 탄생했다. 여기서 정부란 곧 왕실을 의미한다. 이 사실로부터 확인할 수 있는 것은 은행 부문을 구성하는 핵심 조직인 시중은행과 중앙은행 모두 일반 대중의 이해를 반영하는 가운데 진화해 온 조직이 아니라 특권 계층의 이익을 대변해 온 조직이라는 사실이다. 이런 전통은 지금도 유지되고 있다.

금융의 발달 과정에서 채권시장의 역할에 특별히 주목할 필요가 있다. 유럽에서 채권은 주로 전쟁 자금을 조달할 목적으로 발행되었는데, 이런 이유로 채권 업무를 담당하던 금융전문가들은 왕실과 특별한 관계를 유지했다.[25] 또한 채권시장은 다른 금융시장의 기반이라는 점에서 중요했으며 지금도 마찬가지다. 그 이유는 채권시장이 모든 시장의 기본 토대로서 신용 비용, 금리뿐만 아니라 궁극적으로 주식, 주택을 비롯한 모든 자산의 가치를 결정하기 때문이다.[26] 오늘날 미국의 경우 채권시장은 주식시장을 포함한 다른 어떤 시장보다 거래 규모가 크다.[27]

채권시장과 불가분의 관계에 있으면서 주식회사의 발전과 밀접하게 관련된 것이 주식시장이다. 이 시장은 기업의 본질과 관련해 중요한 의미를 갖는다. 주주가치 극대화가 기업의 목표가 될 수 있었던 것은 발달한 주식시장 때문이었으며 그 역도 성립한다. 독일과 같이 상대적으로 주식시장이 덜 활성화된 나라에서는 주주자본주의가 아니라 이해관계자자본주의가 발달했던 것이 이를 입증한다. 주주가치 극대화를 유일한 기업의 목표로 간주하는 주주자본주의가 태동한 배경을 이해하는 것은 현재 시장경제에서 드러나고 있는 여러 문제들을 이해하는 데 불가결하다.

주식시장은 출범 이래 거품 형성과 붕괴 과정을 통해 주기적으로 금

---

25. 이런 면에서 대표적인 가문이 전설적인 로스차일드 가문(Rothschild family)이다. 특히 이 가문의 원조인 암셀 마이어 로스차일드의 3남인 네이선 로스차일드는 영국에 진출해 채권시장을 장악함으로써 이 가문이 막대한 부를 축적하는 데 결정적으로 기여했다.

26. 채권시장의 중요성에 대해 닐 퍼거슨(2008)은 다음과 같이 말했다. "우리 모두 선호와 무관하게 두 가지 경로를 통해 채권시장의 영향을 받는다. 첫째, 노후를 대비한 저축액 중 상당 부분이 채권시장에 투자된다. 둘째, 채권시장의 막대한 규모, 그리고 가장 신뢰받는 차입자인 거대 정부 덕분에 채권시장은 경제 전체의 장기 이자율을 결정짓는다. 채권가격이 떨어지고 이자율이 치솟으면 차입자들은 모두 고통받는다."(70쪽) 이것은 지금도 유효하며 앞으로도 그럴 것이다.

27. 미국 채권시장의 규모는 2013년 기준 대략 38조 달러에 달하는데 이것은 주식시장 시가총액의 약 2배에 해당한다. 채권시장에서는 국채, 정부기관채, 전환지방채, 회사채, MBS, 자산담보부 채권, 단기 어음 등 다양한 상품들이 거래되는데 이 가운데 회사채의 규모는 9조 달러 정도다. 또한 2012년 달러화 표시 미 국채의 유통시장 규모는 10조 달러, 일일 거래량은 평균 5,320억 달러에 달했다. 상세한 내용은 쑹훙빙의 『화폐전쟁 5』(2014)를 참조하라.

융시장 전체, 나아가 실물경제에도 막대한 충격을 주어 왔다는 오명汚名에도 불구하고 여전히 글로벌 자본시장에서 핵심적인 위치를 유지하고 있다. 그 이유는 금융자본을 지배하는 세력은 주식시장을 통해 상대적으로 높은 수익률을 실현할 수 있다는 것을 알고 끊임없이 새로운 상품을 개발하고 제도를 보완하면서 막대한 자금을 투자해 왔기 때문이다.[28] 그래서 지금도 많은 투자자들은 카지노 자본주의라고 비난하면서도 자발적으로 주식시장에 참여하고 있는 실정이다. 그렇지만 주식시장과 이에 기반을 둔 각종 파생금융상품으로 인해 글로벌 경제의 변동성이 증가하고 불확실성이 높아진 것은 부정적인 측면이다.

400여 년 전에 고안된 주식회사와 유한책임회사, 그리고 기업의 소유권을 사고파는 주식시장은 어떤 면에서는 경이로운 제도라 할 수 있다. 비록 거품의 원천이기도 하고, 여러 가지 금융사기와 작전의 온상이기도 하지만 주식회사와 이에 기반을 둔 주식시장은 금융의 발달 과정에서 나름 긍정적인 역할을 수행했다고 평가할 수 있다. 주식회사가 없었으면 현대적 의미의 금융도 없었다. 주식회사는 실물경제와 금융경제를 연결하는 핵심 고리 역할을 해왔으며, 이 점은 미래에도 변함이 없을 것이다. 이와 같이 주식회사와 채권 및 주식을 거래하는 증권거래소, 그리고 은행을 축으로 하는 금융자본주의 시스템은 지속적으로 진화해 왔으며 앞으로도

---

28. 이와 관련해 니얼 퍼거슨(2008)은 다음과 같이 언급했다. "장기적으로 볼 때 미국은 모든 주식시장을 통틀어 가장 뛰어난 실적을 보여주었다. 주식시장의 장기 실질수익률 통계에 따르면, 1920년대부터 1990년대까지 미 주식시장의 연평균 수익률은 4.73퍼센트였다. 2위는 3.71퍼센트인 스웨덴, 그 다음은 3.03퍼센트인 스위스였다. 영국은 2.28퍼센트로 10위권 내에 간신히 들었다."(128쪽) 주식시장이 자본의 수익률 게임에서 핵심적인 위치를 점할 수밖에 없는 이유다. 그렇지만 주식시장이 총체적으로 국민경제에 얼마나 기여했는지는 여전히 의문이다.

그러할 것이다. 이런 흐름을 바꿀 수 없다면 금융위기는 언제라도 재발할 수 있다.

이상 간략하게 금융시장의 진화에 대해 언급한 이유는, 금융시장은 초기부터 지금까지, 그리고 앞으로도 전적으로 수익률을 추구하는 시장으로서의 특성을 유지할 것이라는 점을 강조하기 위해서다. 이것은 곧 금융시장은 분리의식을 더욱 강화하는 방향으로 지속적으로 영향력을 행사할 것임을 시사한다. 이런 일방적인 시장의 힘을 완화하는 획기적인 방안이 마련되지 않는 한 더 나은 시장경제를 모색하는 작업은 쉽지 않을 것이다. 특히 대기업과 금융의 유착관계에 변화가 없는 한 시장경제의 진화가 곧 인류의 보편적인 복지 향상으로 이어진다고 확신할 근거는 전혀 없다. 게다가 앞으로 진행될 정보기술에 기반을 둔 기술혁신이 이런 불안정한 미래를 더욱 악화시킬 가능성을 배제할 수 없는 것이 지금의 현실이기도 하다.

4. 사조思潮 전환의 징표들

인간은 독자적으로 자신이 원하는 것을 추구하는 존재일 뿐만 아니라 다른 사람들과 네트워크를 형성해 복잡한 세계를 형성하는 사회적 동물이기도 하다. 개인과 사회는 다른 원리를 적용해야 하는 주체로 파악해야 한다. 마치 기업에 법인이라는 인격을 부여해 독립된 주체로 취급하듯이 사회도 독립된 주체로 파악하는 것이 더 합리적이다. "전체는 부분의 합이 아니다"라는 명제는 오늘날 더욱 호소력이 있다. 따라서 사회를 구성하는 개인들에게서는 별다른 변화를 감지할 수 없어도 사회적 차원에서는 큰 변화가 나타날 수 있는 것이다. 하물며 수많은 개인들의 삶에 변화가 발생한다면 사회적으로는 더 큰 변화를 예상할 수 있다. 인터넷과 모바일 혁명으로 상징되는 현재의 사회적 · 경제적 상황은 개인적 차원에서의 의식의 변화, 그리고 이를 바탕으로 사회적 차원에서의 의식의 변화라는 커다란 변화의 가능성을 보여주고 있다. 이는 곧 의식의 전환을 통한 패러다임의 전환, 그리고 이를 기반으로 하는 문명의 전환이 도래하고 있다는 징표로 해석할 수 있다. 이미 적지 않은 사람들이 이런 전환을 예고해 왔다.

우리는 금융자본주의와 신자유주의의 경제적 패러다임에 오랫동안 노출되어 시장만능주의와 소비지상주의, 그리고 성장주의의 경제관에 일방적으로 경도되어 왔다. 그 결과 시장은 존재하나 사회는 실종되고, 국가는 존재하나 가족은 해체되는 기현상을 목격하게 되었다.[29] 시장경제는 사회의 일부로 존재해야만 시장과 사회가 조화롭게 공존을 모색할 수 있다. 그런데 지금은 사회는 사라지고 시장만 존재하는 비정상적인 현상이 세계 도처에서 발생하고 있다. 이에 대한 반작용으로 공유경제sharing economy와 선물경제gift economy가 사람들의 지지를 받으며 점점 확산되고 있는 것은 어떤 면에서 자연스러운 현상이다. 이것 또한 대극의 반전에 해당된다.

오늘날 시장경제는 거의 모든 나라에서 원래의 장점을 상실한 채 부정적인 면들을 크게 드러내고 있다. 부와 소득의 불평등 악화와 이로 인한 만성적인 경기침체, 높은 부채의존도로 인한 불안정한 경제구조, 기후

29. 유발 하라리(2011)는 이런 현상을 다음과 같이 표현했다. "산업혁명은 인류사회에 수십 가지의 커다란 격변을 불러왔다. 하지만 이런 격변들조차 역사를 통틀어 인류에게 닥친 가장 중요한 사회혁명에 대면 시시했다. 그것은 바로 가족과 지역 공동체가 붕괴하고 국가와 시장이 그 자리를 대신한 사건이다. …… 인지혁명과 농업혁명이 일어난 뒤에도 상황은 달라지지 않았다. 이런 혁명 덕분에 가족과 공동체가 뭉쳐서 부족, 도시, 왕국, 제국이 만들어졌지만, 모든 인류사회의 기본 단위가 가족과 공동체라는 점은 바뀌지 않았다. 하지만 산업혁명은 불과 2세기 남짓 만에 이 단위들을 산산이 깨부쉈다."(502쪽) 우리는 가족과 공동체의 해체를 대가로 산업혁명과 시장경제의 혜택을 누리고 있는 셈이다.

변화로 인한 생태계 파괴, 인구절벽으로 인한 저성장 기조의 정착과 고용 불안, 정보기술의 발달로 인한 일자리 감소 등 모두 자본주의 시장경제의 미래를 위협하는 것들이다. 그런데 과거와 같은 대응방식으로는 이런 문제들을 해결하기 어렵다는 것이 입증되었음에도 불구하고 사람들은 여전히 과거의 이론 모형에 의존하고 있는 것이 문제다. 여전히 정책을 입안하고 시행하는 사람들 상당수와 일반 대중은 기존 패러다임을 고집해서는 현안 문제들을 해결할 수 없다는 사실을 인식하지 못하고 있다. 반면 일각에서는 지금까지 인류가 이룩한 문명을 새로운 각도에서 바라보아야만 문제 해결의 실마리를 찾을 수 있다는 인식이 싹트고 있다. 시대를 앞서가는 사람들은 이미 문명의 전환이 시작되었다고 단언한다. 대부분의 사람들은 여전히 이런 변화의 기운을 감지하지 못하고 있지만 머지않은 장래에 인터넷과 모바일 혁명에 기반을 둔 사회적 · 경제적 변화가 새로운 문명으로의 전환을 알리는 징표였다는 사실을 인지하게 될 것이다. 필자 또한 이미 이런 전환의 와중에 있다고 생각한다. 몇몇 사상가들이 문명의 전환을 거론한 것도 이런 이유에서다.[30]

물리학자이자 시스템이론가인 프리초프 카프라Fritjof Capra는 글로벌 차원에서 목격할 수 있는 사조 전환의 징표로 다음 세 가지를 지적했다.[31]

---

30. 이런 시대적 상황에서 크게는 문명의 전환, 작게는 패러다임의 전환을 다룬 저서들이 최근에 많이 출간되었다. 대표적으로는 프리초프 카프라의 『새로운 과학과 문명의 전환』(1982), 김용호의 『제3의 시선』(2011), 제러미 리프킨의 『한계비용 제로 사회』(2014), 찰스 아이젠스타인의 『신성한 경제학의 시대』(2011), 조지 쿠퍼의 『돈, 피, 혁명』(2014) 등을 들 수 있다.

31. 프리초프 카프라는 *The Tao of Physics*(1975)로 우리에게 널리 알려진 물리학자이자 사상가로 『새로운 과학과 문명의 전환』(1982)에서 이 세 가지를 패러다임 전환의 징표로 거론했다. 카프라가 이 책을 영어권에서 출간한 것은 1982년으로 인터넷이 보급되기 이전이었다. 따라서 그는 인터넷이 가져온 광범위하고도 충격적인 영향을 고려할 수 없었기 때문

첫째, 부계사회의 쇠퇴다. 부계제도는 모든 분야에 침투되어 있기 때문에 그 힘의 정도를 가늠하기는 쉽지 않다. 이것은 인간의 본성과 우주와 인간의 관계에 대한 우리의 기본적인 생각에 영향을 주었으며, 인간은 언제나 남성으로 표현되었다. 그런데 부계사회의 붕괴가 현실로 나타난 것이다. 여성운동은 현재 가장 강력한 문화 조류의 하나가 되었으며, 향후 시장경제의 작동에 큰 영향을 미칠 것이다. 이것은 금융자본을 사실상 남성들이 좌우한다는 현실에 비추어 볼 때 무시하기 힘든 예측이다. 복잡계 전문가 데이비드 오렐David Orrell이 지적한 대로 금융부문에서 남성 위주의 '마초 문화'는 리스크를 과감하게 감당하려는 행위를 정당화해 왔기 때문이다.[32] 이런 관점에서 볼 때 금융부문에서 남성 위주의 경영에 변화가 생긴다면 금융부문도 지금보다는 안정적으로 운용될 가능성이 높아질 것으로 기대할 수 있다.

둘째, 화석연료 시대의 종언이다. 화석연료는 2300년경에 소진될 것이나 이의 감소로 인한 경제적 · 정치적 영향은 이미 나타나고 있다. 지금

에 여기에서와 같이 세 가지를 주요한 징표로 지적했다고 본다. 만약 인터넷을 경험했다면 새로운 요인을 지적했을 것이다. 그럼에도 당시 부계사회의 쇠퇴와 화석연료 시대의 종언 및 태양에너지 시대를 예견한 것은 놀라운 통찰이다.

32. 데이비드 오렐은 『경제학 혁명』(2011), 6장에서 미국의 여성 경제학자 줄리 넬슨(Julie A. Nelson)이 "주류 경제학의 특성은 초연함, 수학적 추론, 형식성, 그리고 추상에 대한 강조라고 지적하면서 이것들은 문화적으로는 남성적인 영역에 속하며 연결성, 구어적 추론, 비형식성, 그리고 구체적인 세부사항 등 문화적으로 여성적인 영역, 그리고 열등한 것으로 간주되는 것들과 대조된다"(194쪽)고 말했던 점을 지적했다. 그리고 그는 이어서 다음과 같이 말했다. "경제학은 전형적인 남성성을 표방하지만 실제의 경제는 점점 연결성이 증대하고 변화 가능성이 높아지며 예측하기 어려워지고 있다. 이런 새로운 특성들은 문화적으로 전형적인 여성성으로 간주되기 때문에 참으로 아이러니하다."(220쪽) 이것은 현재 진행되는 문화적 변화를 고려할 때 주류 경제학의 내용에 변화가 불가피하다는 것을 시사한다.

은 화석연료 시대로부터 재생 가능한 태양에너지의 동력화라는 태양시대로의 전환으로 특징지어지며, 이 전환은 현재의 경제적 · 정치적 조직을 근본적으로 변화시킬 것이다. 카프라가 지적한 대로 현재 에너지 분야에서는 글로벌 차원에서 광범위하고도 근원적인 변화가 진행되고 있다. 과거의 햇빛을 대신해 현재의 햇빛이 인류의 주 에너지원으로 자리를 잡아가고 있다.[33] 비록 화석원료를 장악한 세력들의 저항이 매우 강한 것은 사실이지만 재생에너지로의 전환은 불가피한 추세다. 이것은 앞으로 시장경제의 작동방식에 획기적인 변화를 초래할 것이다.[34]

셋째, 패러다임의 전환이다.[35] 이것은 문화적 가치와 연관되어 있으며 특정 실재관을 형성하는 사상, 인식 및 가치의 변화를 말한다. 여기에서는 과학혁명, 계몽사상 및 산업혁명 등이 미친 영향에 대한 인식의 변화가 핵심이다. 더 상세히 말하면 과학적 방법만이 지식에 대한 유일한

---

33. 이 표현은 진보적인 환경운동가이자 라디오 쇼 진행자인 미국의 톰 하트만(Thom Hartman)이 『우리 시대의 마지막 문명』(1998)에서 사용한 것인데 극적인 대비효과가 있기 때문에 여기서 차용했다. 인류는 결국 과거의 햇빛으로 만들어진 화석연료에서 현재의 햇빛으로 만들어진 태양광발전으로 이동하고 있는 중이다.

34. 제러미 리프킨(2014)도 강조했듯이 화석에너지는 중앙집권적 배분방식에 기반을 두고 있지만 재생에너지는 분산형 배분방식에 기반을 두고 있다. 이는 앞으로 시장경제의 작동방식에 엄청난 변화를 유발할 것이다.

35. 제러미 리프킨(2014)은 최근 어떤 종류의 변화에 갖다 붙여도 통하는 양 이 용어가 남용되고 있기 때문에 토머스 쿤이 내린 패러다임의 정의를 다시금 살펴볼 필요가 있다고 주장했다. 맞는 말이다. 엄밀하게 말하면 패러다임은 자연과학과 같은 경성 과학(hard science)에만 적용될 수 있다. 이런 분야에서만 쿤이 사용한 패러다임의 정의가 통하기 때문이다. 어쨌든 리프킨은, 쿤은 패러다임을 "함께 작용하며 통일되고 통합적인 세계관을 확립하는 신념 및 가정 체계로서, 설득력이 높고 저항할 수 없는 까닭에 실제 상황 그 자체나 마찬가지로 여겨지는 것"(21쪽)으로 묘사했다고 말했다. 이것 또한 적절한 표현이다. 쿤도 강조했듯이 패러다임의 전환은 쉽게 일어나지 않는다는 점을 유념할 필요가 있다. 쿤의 말대로 설득력이 높고 저항할 수 없어야 한다는 특성을 가진 경우에만 패러다임의 전환이 일어날 수 있다. 그런데 카프라는 당시 이런 전환이 일어나고 있었다고 본 것이다.

접근법이라는 신념, 우주는 기본적 물질 구성체로 만들어져 있다는 기계론적 우주관, 사회 속의 삶을 생존경쟁으로 보는 견해 및 경제적 · 기술적 성장을 통한 무제한의 물질적 진보에 대한 신념 등에 대한 반성이 일어나고 있다.

카프라가 적시한 이 세 가지 징표는 지금도 유효할 뿐만 아니라 사회 전반에 더 강력한 메시지를 던지고 있다. 예컨대 화석연료로 인한 기후변화의 위험은 이제 누구도 부인할 수 없는 현실이다. 석유자본을 비호하는 일부 세력들이 기후변화는 음모라고 주장하지만 이들이야말로 음모론의 주체다. 화석연료 시대는 끝나야 한다는 것은 생태계를 보호하려는 진보적인 환경운동가들뿐만 아니라 일반인들도 공유하는 보편적 사고의 일부가 되었다. 이것 또한 사조 전환의 좋은 사례에 해당한다.

현재 인터넷 혁명은 이런 추세를 더욱 가속화시키고 있다. 인터넷이 본격적으로 보급되기 시작한 20세기 말부터 글로벌 차원에서 변화가 감지되었는데, 크게 두 가지 관점에서 접근할 수 있다. 하나는 물질적인 차원에서 세계화와 정보화를 기반으로 한 금융자본의 득세와 불평등의 확대다. 이로 인해 글로벌 차원에서 사회계층의 양극화가 점점 심화되고 있으며, 더불어 사회적 긴장이 고조되고 있는 실정이다. 다른 하나는 정신적인 차원에서 일어나고 있는 변화의 기운으로서 인터넷을 기반으로 하는 소셜 미디어의 확산에 따라 우리 모두 '연결되어' 있다는 의식의 확산과 이에 따른 의식혁명이다.

인터넷 혁명의 초기 단계에서는 단순히 편리하게 이메일과 자료 등을 주고받는 차원에 머물렀으나 지금은 실시간으로 거의 모든 정보를 공유할 수 있을 정도로 발전했다. 나아가 오픈소스와 카피레프트copyleft 운동이 널리 확산됨에 따라 과거에는 비용을 지불해야 했던 다양한 정보 서비스도 이제는 무료로 얻을 수 있는 환경이 조성되었다.[36] 이것은 결코 사소한 변화가 아니다. 그래서 혹자는 이런 변화를 인류 역사 이래 가장 넓고 깊은 차원에서 의식혁명이 진행되고 있다고 주장하는 것이다. 이런 변화의 의미를 이해하기 위해서는 그동안 문명이 어떤 진화적 과정을 거쳐 현재에 이르게 됐는지 이해할 필요가 있다. 앞으로 도래할 새로운 문명의 특성을 이해하기 위해서는 과거 및 현재 문명의 특성을 이해할 필요가 있기 때문이다. 역사에는 비약이 없듯이 인간의 보편적인 의식 수준에도 비약은 없다. 그렇기 때문에 문명에도 비약이 없는 것이다.[37]

17세기 이후 데카르트-뉴턴의 이원론적 · 기계적 세계관이 유럽 사회를 지배해 왔다. 인간은 자연의 모든 것들을 객관적인 관점에서 분석할 수 있게 되었으며, 이를 바탕으로 근대과학은 비약적으로 발달할 수 있었다. 과학의 발달은 곧 기술의 발달로 이어졌으며, 이를 바탕으로 산업혁명이 가능했고 시장경제가 발달하기 시작했다. 이런 의미에서 형이상학과 형이하학의 결합은 인간에게 이성의 힘을 믿게 하는 전기를 마련해 주었으며, 이는 곧 전대미문의 물질적 풍요로 이어졌다. 그리고 이런 추세는 더욱 강화되어 지금에 이르렀던 것이다. 에드워드 윌슨의 표현대로 인류는 '지구의 정복자'가 된 것이다.

---

36. 리눅스를 비롯해 많은 소프트웨어들이 오픈소스를 바탕으로 업그레이드되고 있으며, 위키피디아를 비롯한 여러 인터넷 콘텐츠들이 자발적으로 참여한 많은 사람들에 의해 만들어지고 있다. 특히 위키피디아가 비슷한 시기에 마이크로소프트가 의욕적으로 추진했던 온라인 사전 프로젝트인 엔카르타(Encarta)와의 경쟁에서 승리한 것은 역사적인 사건이다. 앞으로도 인터넷을 이용해 카피라이트를 포기하고 카피레프트를 추구하는 사람들이 점점 늘어날 전망이다. 이것은 협력이 경쟁을 이기고 있다는 사조의 전환을 상징한다.

37. 필자는 문명을 '넓은 의미의 문화'라는 맥락에서 사용하고 있음을 유념하기 바란다. '넓은 의미'란 인간이 만들어낸 하드웨어와 소프트웨어 일체를 망라한다는 뜻이다. 따라서 각종 건축물을 비롯해 사상, 예술, 과학 등 인간 노력의 산물 모두가 포함된다.

그런데 오늘날 문명이라는 거대한 관점에서도 대극의 반전 현상이 벌어지고 있다. 이런 이유로 대극성의 본질을 이해하는 것이 중요하다. 데카르트-뉴턴의 세계관은 주체와 객체의 철저한 분리를 강조함으로써 분리의식을 낳았다. 인간은 이를 바탕으로 사적 소유의 확대와 물질적 풍요를 달성하는 데는 성공했지만 동시에 분배의 불평등과 사회적 갈등도 심화되었다. 특히 오늘날 글로벌 경제를 지배하고 있는 금융자본의 일방적 독주와 감당하기 어려운 불평등의 악화는 이런 세계관의 반영이다. 드러난 것the revealed, 즉 경제적 재화, 고정자본 및 건축물 등은 드러나지 않은 것the unrevealed, 즉 의식, 마음 및 정보의 산물이다. 그리고 사람들의 세계관을 결정하는 것은 바로 이런 의식과 정보다. 어떤 의식 수준에 있으며, 어떤 정보를 보유하고 있는가에 따라 세상을 보는 시각이 달라지기 때문이다.

최근 인간 의식의 본질에 대한 통합적인 관심과 깊은 연구를 바탕으로 새로운 세계관을 정립하고자 하는 진지한 노력이 확산되고 있다. 혹자는 이것을 의식혁명이라고 부르는데, 근원에서는 우리 모두가 연결되어 있다는 전체의식 내지 합일의식에 대한 이해를 핵심으로 한다.[38] 이런 의미에서 오늘날 인간의 정신세계에서 벌어지고 있는 현상을 한마디로 요약하면 분리의식에서 합일의식으로의 전환을 모색하고 있다고 할 수 있다.

---

38. 이런 관점에서 의식혁명을 주장하는 사람들은 대체로 영성운동가이거나 신과학을 추구하는 과학자들이다. 예를 들면 버나드 헤이시(Bernard Haisch, 2006), 피터 러셀(Peter Russell, 2003), 에르빈 라즐로(Ervin Laszlo, 1999), 루퍼트 셸드레이크(Rubert Sheldrake, 2013), 데이비드 호킨스(David Hawkins, 2002) 등이 여기에 속한다. 이들이 주장하는 내용 대부분은 아직 주류 과학계에서 받아들여지고 있지 않지만, 머지않아 어떤 형태로든 이들의 주장 가운데 상당 부분이 수용될 것으로 예상된다. 과학자들도 환원주의의 한계를 인식하기 시작했기 때문이다.

인터넷과 모바일 혁명은 사람들이 과거와는 다른 방식으로 서로 연결될 수 있는 기술적 기반을 제공해 주고 있다. 여기에 사물인터넷이 발달하면서 인공지능과 결합한다면 그야말로 초연결사회가 도래하게 될 것이다. 이것은 단지 인간과 기기를 포함하는 모든 것들이 실시간으로 연결되어 있다는 기술적 측면을 넘어 결국 우리 모두 의식의 깊은 곳에서는 하나로 연결되어 있다는 깨달음에 이르게 해줄 것이다. 이러한 변화는 기존의 패러다임을 대체할 새로운 패러다임이 태동하고 있다는 명백한 증거다.

이런 전환이 이루어진다면 무엇이 가능할까? 경제학자 세바스티안 둘리엔Sebastian Dullien이 지적한 대로 시장은 해방의 도구가 될 수 있다.[39] 여기서 해방이란 물질적 · 정신적 제약으로부터의 해방을 의미한다. 물질과 정신은 분리된 두 개의 실체가 아니라 대극을 이루고 있는 전체의 일부임을 인식해야 할 것이다. 특히 시장경제와 비교해 볼 때, 계획경제를 비롯해 지금까지 알려진 다른 유형의 경제시스템에서는 사람들 간의 직접적인 우열관계와 종속관계가 더욱 두드러졌고 개인적 선택의 범위도 훨씬 좁았다. 이런 것들이 인간의 자유를 억압했던 것들이다. 따라서 사회를 압도하지 않는 한 시장경제는 우리에게 자기실현의 기회를 제공하는 데 있어 더 효과적인 시스템인 것은 분명하다. 우리는 이러한 장점을 최대한 보장해 주는 시장경제를 추구해야 한다.

---

39. 세바스티안 둘리엔, 『자본주의 고쳐쓰기』(2011), 355쪽. 원론적인 이야기지만 시장경제는 이상적인 경제시스템이 될 수 있는 잠재력을 갖고 있다. 그리고 어떤 시장경제를 구축하는가는 전적으로 사회 구성원들의 의식 수준에 달려 있다.

1. 자본주의와 시장경제의 상보성 회복

2. 자유시장의 대극성 극복

3. 시장원리와 도덕원리의 충돌

4. 금융자본의 부상과 시장경제의 위기

시장경제의 대극성 이해하기

Understanding the Market Economy
ch. two

2

1. 자본주의와 시장경제의 상보성 회복

시장경제는 본질적으로 자본주의와는 다른 차원의 개념이다. 간단히 말해 시장의 본질은 자유로운 거래 또는 교환에 있는 반면, 자본주의의 본질은 생산수단의 사유화를 바탕으로 한 생산방식에 있다. 교환과 생산은 경제적 흐름에서 순환적으로 발생하는 현상으로 서로 연결되어 있는 가운데 독립적인 주체에 의해 이루어진다. 어떤 자본주의 시장경제라도 사유재산권과 자유계약의 정신을 바탕으로 한다는 점에서는 공통적이다. 따라서 자본주의 시장경제는 자본주의적 생산방식에 기반을 둔 가운데 개별 주체들 간에 자유로운 거래가 이루어지는 경제시스템을 의미한다. 이렇게 두 개념을 하나로 묶어 사용하는 것이 보편적이지만 각각은 여전히 독립적인 의미를 갖고 있다. 예컨대 시장경제는 진보, 자유, 성장과 책임감이라는 개념을 강하게 연상시키는 반면, 자본주의는 불평등, 착취, 탐욕을 연상케 한다.[1] 시장경제에서 탐욕스러운 자본가나 착취당하는 노동자의 이미지를 연상하는 경우는 흔치 않다. 이런 부정적인 이미지는 보통 자본주의와 연계되어 왔다. 이 표현에는 사람들의 보편적인 정서가 반영되어 있다.

봉건 시스템에서 자본주의 시스템으로의 이행의 시발점은 장원莊園 공유지의 사유화를 시도한 영국의 인클로저 운동enclosure movement에서 찾을 수 있다. 이로 인해 사유재산에 기초한 자본주의가 태동하는 계기가 마련되었다.[2] 제러미 리프킨은 이런 역사적 상황을 다음과 같이 간결하

---

1. 울리케 헤르만(2013), 75쪽을 참조하라. 헤르만은 6장 '자본주의는 시장경제가 아니다'에서 자본주의와 시장경제의 근본적인 차이점을 간결하게 설명해 주었다.
2. 제1차 인클로저 운동은 15세기 말~17세기 중반, 제2차 인클로저 운동은 18세기 후반

게 묘사했다.

> 봉건경제는 비교적 큰 변화 없이 칠백 년 이상 존속되었다. 그러다 1500년대에 들어서면서 새로운 경제 세력이 부상해 처음에는 튜더 영국에서, 나중에는 유럽 전역에서 봉건질서를 조금씩 무너뜨리기 시작했다. 공동으로 소유하던 땅에 울타리가 쳐지고 그것이 사유재산으로 전환된 뒤 시장에서 거래되기 시작한 것이다. …… 이것이 인클로저 운동이다. 많은 역사가들은 인클로저 운동을 '가난한 자들을 상대로 한 부자들의 혁명'으로 해석한다. 영국의 인클로저 운동은 16세기에서 19세기 초에 걸쳐 진행되었으며 경제적 · 정치적 풍광을 근본적으로 바꿔놓았다.[3]

이어서 임금노동자의 출현과 도시의 발달, 그리고 수공업자들과 상인자본의 출현으로 자본주의적인 생산방식이 도입되기 시작했다. 상인들이 주도한 전대제putting-out system는 공장제 생산방식이 도입되기 전 초기의 자본주의 생산방식이었다. 자본주의 시장경제는 시대와 지역에 따라 상이한 방식으로 발전해 왔다. 본질적인 측면에서는 차이가 없지만 실제 작동방식에서는 현저한 차이를 보였다. 그 이유는 자본주의 시장경제의 작동방식은 시대별 · 지역별로 형성되었던 제도와 문화, 그리고 사회규범과도 밀접하게 관련되어 있기 때문이다. 특히 경제학자 대런 에쓰모글루가 지적했듯이 포용적 경제제도inclusive economic institutions가 형성되어 있는가, 아니면 착취적 경제제도extractive economic institutions가 형성되어 있

~19세기 전반에 걸쳐 일어났다. 사유화를 상징하는 인클로저 개념은 지금도 유용하다. 예를 들면 커뮤니케이션 인클로저나 궁극적인 인클로저 같은 개념이 가능하기 때문이다. 자동차는 궁극적인 인클로저의 대표적인 사례에 해당한다.

3. 제러미 리프킨(2014), 54쪽

는가에 따라 현저하게 다른 경로를 밟을 수밖에 없었다.[4] 이것은 역사가 입증하고 있다.

이 점을 강조하는 이유는 시대와 장소를 초월한 이상적인 자본주의나 이상적인 시장경제는 관념적으로나 가능할 뿐 한 번도 실현된 적이 없으며 앞으로도 실현될 가능성이 없다는 점을 분명히 밝히기 위해서다. 애덤 스미스의 보이지 않는 손의 은유를 생각해 보자. 스미스는 이 단어를 『국부론』과 『도덕감정론』에서 각각 단 한 번씩만 사용했음에도 불구하고 여전히 자유시장의 원리를 상징하는 용어로 널리 인용되고 있을 뿐만 아니라 마치 이런 손이 실제로 작용하고 있는 듯한 착각을 유발하고 있다. 그만큼 우리 모두 이 개념에 중독되어 있는 셈이다.[5]

자본주의의 전개 과정은 다양한 기준에 의해 접근할 수 있다. 이 가운데 시장과 정부의 상대적인 위상을 중심으로 접근하거나 산업혁명의 영향을 중심으로 접근하는 것이 가장 보편적인 방법이다. 예컨대 저널리스트 아나톨 칼레츠키Anatole Kaletsky가 자본주의 1.0부터 자본주의 4.0까지 구분한 것은 전자의 대표적인 예에 해당한다.[6] 또한 18세기 중엽 1차

---

4. 대런 애쓰모글루 · 제임스 로빈슨(2012)은 남미와 아프리카 여러 나라의 역사적 경험에 대한 방대한 자료를 바탕으로 사유재산권의 보장을 중심으로 한 포용적 경제제도를 실행한 나라와 이를 부정하는 착취적 경제제도를 실행한 나라 간 경제발전의 격차가 발생한 이유를 상세하게 설명해 주었다. 남북한의 비교에도 많은 지면을 할애한 것이 인상적이었다. 이와 같은 제도적 차이가 경제발전의 엄청난 격차를 초래할 수 있다는 사실이 새삼 놀라울 뿐이다.

5. 이런 의미에서 여기에는 유발 하라리가 말한 상상의 질서라는 표현이 딱 들어맞는다. 오늘날 용어로 표현하면 자유시장이 여기에 해당한다. 자유시장은 곧 자유경쟁시장을 의미하는데 이것이 가능하다면 경제적 유토피아를 실현할 수 있을 것이다. 그런데 이런 의미의 자유시장은 현실에서는 사실상 불가능하다.

6. 아나톨 칼레츠키는 『자본주의 4.0』(2010)에서 애덤 스미스의 『국부론』이 출간된 시점인 1776년부터 오늘에 이르기까지 자본주의시대를 넷으로 구분했다. 그가 제시한 시대 구분은

산업혁명이 시작된 이래 현재 진행 중인 4차 산업혁명에 이르기까지 산업혁명의 관점에서 자본주의의 변천 과정을 구분한 것은 후자의 예에 해당한다.[7] 이 두 가지 기준은 공교롭게도 자본주의의 전개 과정을 4단계로 구분한다는 점에서 공통적이다. 그리고 시대 구분에 적용된 기준은 다르지만 자본주의의 본질과 시장경제와의 관계를 이해하는 데 상호 보완적인 역할을 할 수 있을 것으로 기대된다.

칼레츠키와 같이 자본주의의 전개 과정을 이해하는 경우 시장과 정부의 상대적인 효율성을 비교할 수 있을 뿐만 아니라 자본주의에 내재한 문제점을 파악하는 데 도움을 얻을 수 있다.[8] 예컨대 칼레츠키가 한 다음과 같은 표현은 음미할 가치가 있다. "자본주의 3.0 시대였던 1980년대와 1990년대에 거의 모든 나라와 모든 사업분야에서 노동보다 자본이 우세했다. 하지만 역설적으로 금융부문에서는 자본보다 노동이 우세했다. 즉, 주주들보다 노동자들이 언제나 우선시되었기 때문에 월스트리트와 런던의 금융인들은 마르크스식 노동자 지배의 마지막 보루가 되었

기본적으로 시장과 정부의 상대적인 위상의 변화에 근거하고 있다. 그는 2008년 금융위기를 기점으로 자본주의 4.0이 시작되었다고 평가하면서 과거에 비해 글로벌 경제의 복잡성과 불확실성이 더욱 고조된 현 시점에서 정부와 시장의 상보적인 역할의 중요성을 강조했다.

7. 제러미 리프킨(2014)은 1차부터 3차 산업혁명의 전개 과정을 상세히 다루었는데, 그의 논의의 특징은 커뮤니케이션, 에너지 및 물류 혁명의 관점에서 산업혁명을 구분한 것이다. 4차 산업혁명이란 용어는 최근부터 사용되고 있다. 인공지능과 로봇공학 및 나노기술 등이 핵심인 4차 산업혁명은 향후 글로벌 경제에 엄청난 변화를 가져올 것으로 전망되고 있다. 세계경제포럼의 창시자이자 회장인 클라우스 슈밥(Klaus Schwab)은 『제4차 산업혁명』(2016)에서 향후 4차 산업혁명이 가져올 변화의 내용을 상세히 기술했는데 긍정적인 면을 지나치게 강조했다.

8. 아나톨 칼레츠키(2010)와 같이 시장과 정부의 상대적인 위상에 따라 자본주의의 진화를 설명하려는 것은 곧 시장과 정부의 대극적인 관계를 전제하면 더욱 이해하기 쉬워진다. 이런 의미에서 자본주의 4.0에서는 시장과 정부가 대극의 조화를 모색해야 한다고 주장한 것으로 해석할 수 있다.

다"[9] 이것은 진정 역설적인 내용이다. 가장 자본주의적인 특성을 지닌 금융부문에서 전문경영자를 비롯해 모든 임직원들은 자신들의 보수를 높게 책정함으로써 주주들의 몫을 가져간 셈이다. 여기서 주주의 범주에는 납세자들도 포함된다고 해석할 수 있다. 왜냐하면 은행이 도산의 위기에 몰리는 경우 경제안정을 위해 결국 세금으로 지원해 주었기 때문이다.

또한 리프킨과 같이 산업혁명의 관점에서 자본주의의 전개 과정을 이해하는 것도 많은 시사점을 제공한다. 특히 리프킨은 일관되게 에너지의 중요성을 강조하는데, 이는 주류 경제학인 신고전학파 경제이론에서 에너지의 중요성을 간과해 온 것에 대한 비판의 성격을 띠고 있다. 자본주의의 본질을 제대로 이해하기 위해서는 이 점도 주목할 필요가 있다. 왜냐하면 지구적 차원에서 문제가 되고 있는 기후변화는 인간이 사용해 온 에너지의 특성과 밀접하게 관련되어 있을 뿐만 아니라 자연을 오직 이용 가능한 대상으로 인식해 온 분리의식을 상징하기 때문이다.

리프킨은 자본주의의 전개 과정을 인클로저 운동, 연성 원시 산업혁명, 1차 산업혁명, 2차 산업혁명, 그리고 3차 산업혁명으로 분류했는데, 모든 경우에 기술혁신, 특히 커뮤니케이션과 에너지 시스템의 혁신이 중추적인 역할을 한다고 보았다. 이와 관련해 그는 다음과 같이 말했다. "오늘날 우리가 생각하는 형태의 자본주의는 18세기 마지막 십 년과 19세기 처음 이삼십 년 사이에 새로운 커뮤니케이션 · 에너지 모체로의 전환이 이루어지면서 출현한 것이다. 증기력은 특히 석탄 매장량이 많은 나라들에서 빠르게 자리 잡았다. 석탄 동력의 증기 기술은 증기 인쇄와 증기기관차라는 새로운 커뮤니케이션 · 에너지 모체의 도래를 알렸고, 그

9. 앞의 책, 384쪽.

새로운 모체는 1차 산업혁명을 위한 다목적의 대기술mega-technology 플랫폼을 제공했다." [10]

그의 주장에 의하면 1차에 이어 2차 및 3차 산업혁명의 경우에도 근본적인 면에서는 차이가 없다. 나아가 그가 제시한 논리는 현재 진행 중인 4차 산업혁명에도 그대로 적용된다. 특히 3차 산업혁명의 핵심인 사물인터넷과 4차 산업혁명의 핵심인 인공지능은 모두 정보기술에 기반을 두고 있다는 점에서 더욱 그러하다.

그런데 자본주의의 발전과 시장경제의 발전 간의 관계에 관해 논의할 때 한 가지 유의할 점이 있다. 주지하다시피 자본주의는 수차례의 산업혁명을 거치면서 다양한 기술혁신이 이루어지고 여기에 경영혁신과 공정혁신이 수반됨으로써 이른바 창조적 파괴의 과정을 거치면서 지금에 이르렀다. 이런 면에서 보면 조지프 슘페터Joseph Schumpeter가 지적했듯이 혁신적인 기업가들이 수행한 창조적 파괴의 과정이야말로 자본주의의 역동성과 창조적인 힘을 여실히 보여준다 하겠다. 그렇다면 이것과 시장경제의 발전은 어떤 관계가 있는가? 이런 자본주의적 발전에 병행해서 시장경제에는 무슨 변화가 발생했는지 묻지 않을 수 없다.

과연 시장경제에는 무슨 변화가 있었는가? 그리고 이런 변화는 자본주의의 발전의 결과인가, 아니면 원인인가? 간단히 말하면 시장경제는 자본주의의 역동적인 변화를 그대로 수용해 왔다. 그래서 때로는 역동적으로 변화하기도 했지만 때로는 지루할 정도로 현 상태를 유지하기도 했다.

10. 제러미 리프킨(2014), 71~72쪽. 울리케 헤르만(2013)도 영국에서 최초로 산업혁명이 일어난 원인으로 노동력이 비싼 대신 석탄이 풍부했던 사실을 지적했다. 에너지는 과거 산업혁명을 추진하는 데 결정적인 역할을 했다. 그런데도 경제학에서는 의도적으로 에너지의 역할을 과소평가해 왔던 것은 이론 모형에 포함시키는 데 어려움이 있었기 때문이다. 이것은 이론은 현실을 반영해야 한다는 과학의 기본 원칙을 정면으로 위반하는 것이다.

이런 면에서 자본주의는 능동적이었던 반면 시장경제는 수동적이었다고 평가할 수도 있다. 그런데 최근에는 이런 관계가 역전되기 시작했다. 그 원인은 무엇보다도 금융자본의 부상에서 찾을 수 있다.

금융자본이 시장경제의 핵심으로 부상하게 된 시기는 더 오래 전으로 소급할 수도 있지만 대체로 1980년대 신자유주의 경제정책을 배경으로 글로벌 차원에서 금융시장에 대한 전면적인 규제완화와 자본시장 자유화가 추진된 이후부터라고 할 수 있다. 여기에 효율적 시장 가설을 중심으로 하는 주류 경제학의 이론적 지원을 바탕으로 금융자본은 글로벌 경제에 대한 영향력을 급속히 확장했다. 전통적으로 금융자본은 산업자본을 지원해 왔으며, 이것은 자본주의와 시장경제 간의 상보성을 유지·발전시키는 데도 기여했다. 1950년대부터 1970년대 초에 이르는 자본주의의 황금기는 바로 이런 관계가 유지되었던 시기였다.

그런데 금융자본이 전면으로 부상하고 산업자본이 이에 종속하면서 상황이 반전되었다. 이것도 대극의 반전에 해당된다. 자본은 처음부터 산업자본이나 금융자본으로 구분되어 있는 것이 아니다. 정보화와 세계화를 배경으로 글로벌 차원에서 수익률 게임이 전개되면서 경제 권력의 중심이 금융자본으로 이동했다. 이때부터 글로벌 시장경제는 주류 경제학에서 주장하는 것과는 달리 변동성과 불확실성의 확대로 인해 막대한 사회적 비용을 부담하게 되었으며 부와 소득의 불평등은 더욱 악화되기 시작했다. 더욱이 금융자본이 기업의 사활을 결정할 정도로 강력한 힘을 갖게 됨에 따라 실물경제는 더욱 불안정하게 변했으며, 이로 인해 시장경제의 정상적인 작동이 위태로울 정도가 되었다.

이런 상황임에도 주류 경제학에서 천명해 온 자유시장의 논리에 따라 사람들은 시장경제가 효율적으로 작동하고 있다는 환상을 쉽게 떨치지 못했다. 이로 인해 자본주의와 시장경제 간의 상보적인 관계는 더 이상 지속되기 어렵게 되었다. 오직 철저하게 수익만을 추구하는 금융자본의 논리는 시장경제를 고사시킬 지경까지 몰고 갔다. 그 결과 시장경제는 이상적인 모습과는 정반대로 모든 경제적 문제들의 근원으로 변해 갔다. 시장경제는 오로지 금융자본을 위해 봉사하는 시스템으로 전락했기 때문이다. 이 점을 극복하는 것이 자본주의와 시장경제의 상보성을 회복하기 위한 선결과제다.

2. 자유시장의 대극성 극복

주류 경제학에서 자유시장은 이상적인 시장의 전형典型으로 소개되어 왔다. 누구나 자유롭게 다른 사람들과 거래할 수 있는 자유시장은 개인의 후생厚生, 나아가 사회의 후생을 극대화할 수 있는 이상적인 시스템으로 평가받아 왔다. 그래서 누구나 '시장' 하면 곧 '자유시장'을 연상하도록 세뇌되어 있다. 자유시장의 대표적인 옹호자인 경제학자 밀턴 프리드먼Milton Friedman은 『자본주의와 자유』에서 자본주의 자유시장경제의 장점을 조목조목 옹호했다. 그렇지만 그 자신도 현실의 자유시장이 이론에서 말하는 이상적인 자유시장과는 다르다는 점을 인식하고 있었다.[11] 그러나 지금은

11. 밀턴 프리드먼이 『자본주의와 자유』(2002)를 처음 출간한 것은 1962년으로 미국과 소련 간 냉전이 치열했던 시기였다. 그래서인지 그는 특히 소련과 대비해 미국의 자유시장경제가 더 우월하다는 것을 알리려 했던 것으로 보인다. 부분적으로는 그의 주장 가운데 수긍할 수 있는 점도 적지 않다. 그렇지만 이상적인 자유시장이 현실에서는 거의 불가능하다는 점을 인식하는 것은 중요하다. 어쨌든 그는 자유시장의 우월성을 다음과 같이 표현했다. "현재 우리는 수십 년간의 정부 개입을 경험해 보았다. 이제 더는 작동하고 있는 시장과 이상적으로 작동할 것으로 기대되는 정부 개입의 모습을 비교할 필요가 없다. 우리는 현실과 현실을 비교할 수 있게 된 것이다. 현실과 현실을 비교해 보면, 실제의 시장 작용과 이

그가 생각했던 것보다 차이가 훨씬 더 벌어졌다는 사실을 간과해서는 안 된다. 이런 차이를 의도적으로 외면하는 사람은 극단적인 이상주의자거나 아니면 대중을 우민화해 사적인 이익을 도모하려는 세력 중 하나다.

이런 상황에서 대부분의 사람들은 자유시장의 진정한 실체를 모른 채 언론과 정부가 자유시장의 창달을 국가적 과제로 선전하는 것에 현혹되 자유시장은 어떤 대가를 치르더라도 지켜야 하는 최고의 가치로 높이 존중하고 있는 실정이다. 이것은 우리나라에서만 그런 것이 아니라 미국을 위시해 시장경제를 채택한 대부분의 나라에서도 마찬가지다. 이른바 구조화framing 효과를 확인할 수 있는 대표적인 사례에 해당한다. 이런 상황이 지속되는 이유는 자유시장이라는 미명 하에 막대한 이득을 얻고 있는 특권 세력이 존재하기 때문이다.[12] 이 점을 언급하는 이유는 이상적인 자유시장을 부정하는 것이 아니라 현실과의 간극이 크다는 점을 강조하려는 것이다.

자유시장이란 곧 자유경쟁시장을 의미한다. 여기서 핵심은 경쟁으로서 완전경쟁perfect competition에 준하는 경쟁을 전제로 한다.[13] 만약 이런 시

상적인 시장 작용의 차이는, 물론 그 차이가 크다는 데 의문의 여지는 없겠으나, 정부 개입의 실제적 효과와 의도했던 효과의 차이에 비하면 아무것도 아니다."(307쪽) 그도 자유시장의 이상과 현실의 차이를 무시했던 것은 아니다. 단지 이상적인 정부와 현실 정부의 차이보다는 작다는 식으로 논점을 피했던 것이다.

12. 톰 하트만은 『2016년 미국 몰락』(2013)이라는 파격적인 제목의 책에서 미국 경제를 사실상 지배하는 세력을 경제 왕당파(Economic Royals)라고 불렀다. 이 용어는 뉴딜 정책을 실시해 1929년에 시작된 대공황을 극복하는 데 혼신의 노력을 기울였던 프랭클린 루즈벨트 대통령이 1936년 처음 사용했는데 이들 세력의 막강한 힘을 인지했기 때문이었다. 하트만은 오늘날 이들을 1퍼센트라고 부른다고 한다. 조지프 스티글리츠가 『불평등의 대가』(2012)에서 말한 1퍼센트가 바로 이들이다. 이에 관한 상세한 내용은 하트만의 책 1장을 참조하라.

13. 경제학에서 경쟁은 보통 완전경쟁을 의미한다. 밀턴 프리드먼은 『자본주의와 자유』에서

장이 존재한다면 그야말로 이상적인 시장이다. 누구라도 이런 시장의 미덕을 찬양하지 않을 수 없을 것이다. 그러나 이런 의미의 자유시장은 현실에서 찾아볼 수 없다는 데 문제가 있다. 이상적인 자유시장이란 완전정보와 완전경쟁을 전제로 해서만 성립한다는 사실을 유념해야 한다. 자유시장에 대한 찬사는 오로지 이런 엄격한 조건 하에서만 성립한다. 그렇지 않은 경우 자유시장은 상대적으로 경제적 힘이 약한 사람이나 정보가 부족한 사람에게는 늪이나 정글처럼 생존을 위협하는 곳으로 돌변할 수 있다. 자유시장의 이상을 끝까지 신봉했던 프리드먼이 다음과 같이 언급한 내용을 살펴보면 현실에서 자유시장을 구현하는 것이 얼마나 어려운지 알 수 있다.

> 변동환율 제도에 호의적이라는 것이 불안정한 환율에 호의적임을 의미하지는 않는다. 우리가 국내에서 자유가격 제도를 지지한다고 할 때, 그것이 가격의 등락이 극심한 제도를 찬성한다는 뜻은 아니다. 우리가 원하는 것은 가격의 등락은 자유로울 수 있지만 그것을 결정하는 힘들이 충분히 안정적이어서 실제로는 가격이 무난한 범위에서만 움직이는 제도다. 변동환율 제도에 대해서도 이와 마찬가지다. 궁극적인 목표는 환율이 자유로이 변동하되 기본적인 경제정책과 조건들이 안정적이어서 실상은 환율이 고도로 안정적인 세계다. 환율의 불안정은 그 기저를 이루는 경제구조가 불안정한 데서 비롯되는 증상이다.[14]

"비개인적인 관계가 자유시장의 기본적인 핵심이다"라고 말했는데, 이는 곧 완전경쟁을 지칭하는 것으로 해석할 수 있다. 왜냐하면 이런 경쟁이 성립하는 경우에만 시장에서 다른 사람들과의 관계가 비개인적으로 형성되기 때문이다. 그렇지 않으면 상대방을 의식하지 않을 수 없게 되며 이 경우에는 개인적인 관계가 성립하게 된다.

14. 밀턴 프리드먼(2002), 122쪽.

프리드먼은 자유시장의 사례로 외환시장을 거론했다. 외환시장에서는 환율이 자유롭게 결정되는 가운데 고도로 안정적인 상태를 유지할 수 있다는 것이다. 그렇다면 시장참여자들은 이런 시장을 이용해 거래함으로써 최대한 이득을 얻을 수 있다. 그러나 이것은 실현하기 어려운 이상일 뿐이다. 현실의 외환시장은 그렇게 작동하지 않는다. 프리드먼은 지금과는 매우 다른 국제금융 환경에서 이런 주장을 펼쳤다. 현재 각 나라의 외환시장에서 벌어지고 있는 상황은 그가 생각했던 것과는 현저히 다르다. 특히 금융위기가 발생할 때마다 외환시장의 변동성이 확대되었던 사실을 감안한다면 그가 말한 자유시장의 미덕은 불가능한 목표일 뿐이다. 나아가 강력한 투기세력으로 인해 경제구조가 안정적인 경우라도 외환시장의 변동성을 피할 수 없는 것이 지금의 현실이다. 이것을 언급하는 이유는, 현실은 이상적인 자유시장과는 확연히 다르다는 점을 인식함으로써 자유시장의 장점 중 일부라도 실현할 수 있는 실질적인 방안을 모색하자는 뜻이다. 그러기 위해서는 현실의 자유시장에서 무슨 일이 벌어지는지 정확하게 이해할 필요가 있다.

우선 현실의 자유시장에서 누구나 쉽게 경험할 수 있는 것부터 논의해 보자. 자유시장에서 상대적으로 정보가 부족하거나 협상력이 약한 사람은 여러 가지 위험에 노출될 수밖에 없다. 이들이 직면해야 하는 위험 가운데 하나가 피싱phishing이다. 우리에게도 잘 알려진 용어인 피싱은 자유시장의 어두운 면을 반영한다. 경제학자 조지 애커로프George Akerlof와 로버트 쉴러Robert Shiller는 『피싱의 경제학』에서 피싱의 관점에서 자유시장의 실상을 조목조목 분석했다.[15] 『옥스퍼드 영어사전』에 따르면

15. 조지 애커로프 · 로버트 쉴러는 『피싱의 경제학』(2015)에서 현실의 자유시장에서 난무하는

'phishing'이란 단어는 월드 와이드 웹이 자리를 잡아가던 1996년에 만들어졌는데 "개인 정보 등을 빼내가기 위해 유명 기업을 사칭해 인터넷에서 벌이는 사기 행각 또는 기만적인 수법으로 개인 정보를 낚는angling 온라인 사기 행각"을 말한다. 이런 의미에서 피싱은 'fishing'에서 유래했음을 알 수 있다. 낚시꾼이 가짜 미끼를 이용해 물고기를 낚듯이 어수룩한 사람들을 낚아 부당이득을 얻으려는 행위가 바로 피싱인 것이다.[16]

그런데 피싱은 이런 사전적 의미에만 국한되지 않는다. 실제로 피싱은 오랜 역사를 갖고 있으면서 여러 분야에 만연하고 있는 현상이다. 자유시장에는 실로 다양한 형태의 피싱이 존재한다는 사실을 간과해서는 안 된다. 조금 과장해서 말하면 자유시장 자체가 각종 피싱의 온상이라 할 수 있다. 애커로프와 쉴러는 자유시장에서 피싱이 사라지지 않는 이유를 균형이론의 관점에서 다음과 같이 설명했다.

> 계산대의 줄의 길이에서 본 균형의 원칙은 전체 경제에도 적용된다. …… 높은 이윤 창출의 기회는 순식간에 사라지고 기회를 찾아내기 어려운 상황이 이어진다. 기회는 금세 사라진다는 원칙은 시장균형 원칙과 더불어 경제학의 핵심을 차지한다. 같은 원칙은 바보를 노리는 피싱에도 적용된다. 우리에게 약점이 있고 그 약점이 어떤 식으로건 바보를 노리는 피싱에 넘어가기 쉽다면, 피싱 균형의 원칙에 따라 누군가는 그 약점을 이용할 것이다.[17]

각종 피싱을 시장균형의 관점에서 체계적으로 분석했다. 두 사람 모두 노벨 경제학상을 수상한 주류 경제학자로서 이런 내용의 책을 집필했다는 사실 자체가 신선하다. 이 책은 두 사람의 공저인 『야성적 충동』(2009)의 연장선상에서 이해할 수 있다.

16. 우리가 잘 알고 있는 보이스피싱은 이런 피싱의 한 종류에 해당한다. 피싱에는 여러 가지 유형이 있다.

17. 조지 애커로프 · 로버트 쉴러(2015), 26쪽.

이들은 할인마트의 계산대 길이가 같아지는 방향으로 작동하는 것이 바로 경쟁원리인데 이것이 피싱에도 그대로 적용된다고 말한 것이다. 즉, 사기나 기만을 통해 이익을 얻을 수 있는 기회가 존재한다면 결국 누군가가 이용할 것이며, 따라서 이런 이익을 얻을 수 있는 기회가 사라질 때까지 피싱이 지속될 것이라는 의미다. 두 사람은 이런 상태를 피싱 균형이라고 칭했는데, 이는 자유시장에서 피싱으로 더 이상 이익을 얻을 수 없는 상태를 의미한다. 현실의 자유시장에는 거래를 통한 이득의 기회만이 아니라 피싱으로 손실을 보게 될 기회가 공존한다. 이것이 바로 실제 자유시장의 대극적인 측면이다.

물론 자유시장이 제대로만 작동한다면 혁신적인 제품을 내놓는 기업가나 경영혁신을 달성하는 경영자에게는 막대한 보상을 해줌으로써 창조적 파괴를 통해 사회발전에 기여하는 긍정적인 면을 갖고 있는 것은 사실이다. 그렇지만 소비자의 유약한 심리나 정보적 취약성을 이용하지 않는 양심적인 기업가나 경영자는 보상해 주지 않는 부정적인 면도 갖고 있다. 따라서 자유시장에서는 양심적인 경영자가 도덕성이 부족한 경영자에게 밀려나는 일이 비일비재하게 발생한다. 이것도 일종의 피싱에 해당한다. 자유시장은 적절한 제도와 법체계, 그리고 건전한 사회규범이 형성되어 있는 경우에만 부정적인 면을 최소화할 수 있는 경제시스템이다. 피싱을 최소화하는 자유시장, 바로 이것이 우리가 지향해야 할 목표다.

현실에서 피싱이 만연한 대표적인 분야로는 금융권과 정치권을 들 수 있다. 이 분야에서 인간의 비합리적인 행동과 정보의 비대칭이 가장 현저하기 때문이다. 금융시장은 비이성적 행동이 판을 치는 시장이다. 이런 현상은 1980년대 이후 파생금융상품 거래가 활성화되고 대규모로 다양한 금융상품의 증권화securitization가 이루어지면서 더욱 심해졌다. 우리나라에서도 몇 해 전 키코KIKO 사태로 견실한 중견기업들이 대거 도산하는 황당한 사건이 있었다. 그리고 금융상품에 무지한 개인 투자자들이 ELS라는 파생상품에 투자했다가 원금 대부분을 날리는 손실을 입기도 했다. 이 모두가 금융권에서 발생한 피싱의 사례에 해당한다.[18]

2008년 금융위기의 원인을 제공한 주역인 투자은행을 포함한 금융기관들이 규모가 작았던 시절에는 피싱은 매우 드문 현상이었다. 그런데 이들이 규모가 커지고 막대한 이익을 거두게 되면서부터 쉽게 이익을 낼 욕심에서 피싱에 열을 올리게 되었다. 예컨대 세계 최대의 투자은행인 골드만삭스라든가 세계 최고의 신용평가기관인 무디스 같은 금융기관은 규모가 작았던 시절에는 고객의 이익을 최우선했으며 공정한 신용평가를 목숨처럼 소중하게 생각하는 전통을 유지했었다. 그러다가 금융거래가 활성화되어 쉽게 이익을 얻을 수 있는 기회들이 늘어나면서 이들 기관의 행태가 급격히 변했으며 피싱에 해당하는 행위들을 거침없이 행하게 되었다. 한마디로 피싱을 통해서라도 손쉽게 이익을 추구하는 속물적인 기관으로 전락했던 것이다. 피싱은 상습적인 사기꾼들에게만 적용되는 행위가 아니다.

이 밖에도 다양한 분야에 피싱이 만연해 있는데, 특히 정보적 우위를 바탕으로 하는 제약산업이나 중독성이 강한 제품을 판매하는 담배, 술, 식품 및 도박 산업은 피싱이 난무하는 대표적인 분야다. 그 밖에 자동차, 주택 및 신용카드 시장도 공공연하게 피싱이 이루어지고 있는 분야다. 이

18. 얼마 전 국내에서도 상영되었던 《빅쇼트(The Big Short)》는 2008년 금융위기를 다룬 영화로 한산했던 투자은행들이 증권화를 고안해 금융거래에 적용하면서 일약 금융시장의 주역으로 떠오르게 된 상황을 묘사하는 것으로 시작한다. 이것은 또한 피싱의 시작을 알리는 서막이기도 했다.

런 시장에서는 정보가 부족하고 스스로 합리적인 판단을 내리지 못하는 사람들을 교묘하게 낚는 피싱이 성행하고 있다. 충동구매나 과소비는 피싱에 낚였다는 것을 보여주는 전형적인 사례에 해당한다.

이런 피싱에 결정적으로 기여하는 것이 광고다. 심지어 광고의 목적은 어수룩한 사람들을 최대한 많이 낚는 것이라고까지 말한다. 과장광고나 허위광고가 난무한다는 것은 공공연하게 피싱을 추구하는 것으로 해석할 수 있다. 미국의 경우 전설적인 광고인들이 모두 피싱의 대가였음은 자타가 공인하는 사실이라는 것이 이를 방증한다.[19] 광고는 소비자들이 특정 상품을 좋아해 구매하도록 유인하는 것을 목적으로 하기 때문에 대부분 상품의 품질이나 성능을 과장하는 경향이 있다. 광고에서 주장하는 것이 모두 사실이라면 이 세상은 그야말로 지상낙원이 되어야 한다. 그러나 현실은 단연코 그렇지 않다. 대부분의 소비자는 광고의 이런 속성을 알면서도 광고가 전하는 스토리에 낚여 특정 제품을 구매하는 행위를 반복한다.[20]

피싱의 궁극적인 형태는 전 국민을 낚는 스토리에서 발견할 수 있다. 이른바 자유시장의 아름다운 스토리가 막강한 위력을 발휘한다. 이와 관련해 애커로프와 쉴러가 다음과 같이 지적한 것은 깊이 생각할 필요가

19. 이에 관해서는 조지 애커로프 · 로버트 쉴러(2015), 3장을 참조하라.

20. 이와 동일한 논리가 제약산업에도 적용된다. 시중에서 판매되고 있는 약들이 광고에서와 같이 효과가 있다면 많은 사람들이 질병이나 통증으로 오래 고생하는 일은 일어나지 말아야 한다. 그러나 대부분의 약들은 효능을 과장하고 있는데 이에 대한 제제가 미약하기 때문에 이런 상황이 쉽게 해소되지 않는다. 그 결과 몸과 마음이 아픈 환자들 대부분이 제약회사에 낚이고 있는 것이다. 이와 같이 피싱을 통해 쉽게 부당이익을 얻을 수 있는 기회가 존재하는 한 피싱은 결코 사라지지 않을 것이다. 이것 또한 시장의 고유한 속성이기도 하다. 제약산업의 피싱 행위와 관련된 상세한 내용은 조지 애커로프 · 로버트 쉴러(2015), 6장을 참조하라. 우리가 생각하는 것보다 피싱이 훨씬 심각하다는 것을 알 수 있다.

있다.

> 미국은 물론이고 다른 여러 나라에서도 맹신되면서 큰 영향력을 미치는 자유경쟁시장에 대한 스토리가 있다. 이 스토리는 전통 경제학을 어설프게 해석하면서 탄생했다. 그 스토리는, 자유경쟁시장은 소득분배와 외부효과 위험이 있기는 하지만 현실에서 실현 가능한 최상의 세상을 건설한다고 말한다. …… 이와는 반대로 1980년대부터 미국의 지배적인 경제 스토리는 선택의 자유가 주어지는 한 자유경쟁시장은 언제나 우리에게 득이 된다는 스토리였다. 하지만 앞에서 말한 것처럼 자유시장을 선택함에 있어 주의사항을 유념해야 함에도 불구하고 대개 이런 주의사항은 지켜질 때보다 지켜지지 않을 때가 더 많다.[21]

이것은 중요한 지적이다. 구조화의 결정적인 역할은 그럴듯한 스토리를 만들어 널리 보급하는 것이다. 이는 일부 종교근본주의자들이나 교조적인 공산주의자들이 써먹던 수법이기도 하다. 그런데 자유시장에서는 합법적으로 이런 수법을 이용해 일반 대중을 조정하는 일이 가능하다. 그래서 우리 모두 이들이 만든 스토리에 포획되어 있는 실정이다. 그렇기 때문에 의식혁명이 필요한 것이다. 이런 구조화에서 빠져나오는 유일한 방법은 새로운 스토리를 만드는 것이다. 그리고 이 새로운 스토리는 인간의 잠재된 본성이 직접 호소하는 것이어야 한다. 대중을 혼란과 미혹으로부터 해방시키려면 강력한 메시지가 필요하기 때문이다. 이런 메시지는 인간에게 진정 이로운 것은 무엇인가에 대한 깊은 통찰에 바탕을 두어야 한다. 이런 이유로 높은 의식 수준을 가진 사람들이 주도하는 새로운 계몽운동이 필요한 것이다.

---

21. 조지 애커로프 · 로버트 쉴러(2015), 267~268쪽.

현실의 시장은 자유시장의 이상과는 한참 거리가 있다. 이러한 상황은 우리나라만이 아니라 미국이나 독일과 같은 선진국에서도 마찬가지다. 이것은 곧 대부분의 시장에서 피싱이 득세하고 있다는 것을 의미한다. 그런데 '빈익빈 부익부' 논리는 피싱에도 적용된다. 가난한 사람들이 피싱에 더 쉽게 넘어가고 이로 인해 피해를 입는 경우가 더 흔하다. 따라서 피싱이 줄지 않는 한 개인의 후생을 극대화한다는 자유시장의 장점은 퇴색할 수밖에 없으며 불평등은 더욱 악화될 것이다. 빛과 그림자는 별개의 현상이 아니라 한 가지 현상의 대극적인 두 측면이다.

한편 좀 더 본격적인 관점에서 자유시장에 대한 비판을 시도한 사람으로는 경제학자 로버트 라이시Robert Reich를 들 수 있다.[22] 그의 주장에 특별히 관심을 가져야 하는 이유는 구조화의 영향으로 자유시장과 관련된 쟁점들에 대한 논의가 잘못된 방향으로 진행되고 있다는 점을 그가 날카롭게 지적했기 때문이다. 그가 역설했듯이 문제는 '자유시장 대 정부'에 있는 것이 아니라 '자유시장의 현황'에 있는데 일반 대중은 이 사실을 제대로 이해하지 못하고 있는 것이다. 이것은 중요한 지적이다. 라이시도 넓은 의미에서 피싱 현상을 지적했다고 말할 수 있는데 『자본주의를 구하라』에서 다음과 같이 주장한 것을 주목할 필요가 있다.

> 우주 어딘가에 존재하고 정부가 '침범하는' 자유시장 개념은 많은 사람의 정신을 거의 더할 나위 없이 깊이 오염시켰다. 이 개념에 따르면 시장이 초래하는 불평등이나 불안정은 비인격적인 '시장지배력' 때문에 자연스럽고 불가피하게 생겨난 결과다. 근로자가 받는 급여는 시장에서 근로자의 가치를 결정하는 수단일 뿐

---

22. 로버트 라이시는 클린턴 행정부에서 노동부장관을 역임했으며, 현재 캘리포니아대학 버클리 캠퍼스 골드만스쿨의 공공정책 담당 석좌교수로 재직 중이다.

이다. 근로자가 생계를 유지할 만큼 급여를 받지 못하더라도 어쩔 수 없다.[23]

이것은 자유시장에 대한 더할 나위 없이 냉소적인 표현이다. 그가 말하려는 것은 자유시장의 이상을 강조하면서 실질적으로는 자신들이 원하는 대로 시장을 지배하는 세력들을 견제해야 한다는 것이다. 톰 하트만이 언급한 '경제 왕당파'를 견제해야 한다는 것이다. 우리나라로 말하면 재벌 및 이를 추종하는 세력들이 여기에 해당한다.[24] 이들은 자유시장의 이상을 칭송하면서 실질적으로는 자유시장을 말살하고 있는 것이다. 이것은 철저한 자기기만이다. 그러면서 라이시는 문제의 소재를 정확하게 알아야 한다면서 다음과 같이 정곡을 찌르는 말을 했다.

> 게임의 규칙은 중립적이지도 보편적이지도 영구적이지도 않다. 사회는 시대에 따라 다른 형태의 규칙을 채택한다. …… 하지만 '자유시장'이 '정부'보다 바람직한지의 여부를 놓고 끊임없이 토론하느라 누가 영향력을 행사하는지, 그래서 어떻게 이익을 얻는지, 어떻게 규칙을 바꿔 더욱 많은 사람에게 혜택이 돌아갈 수 있는지 등을 검토하지 못한다. …… 경제역사학자 칼 폴라니가 주장했듯 '작은 정부'를 옹호하는 사람들은 실제로는 다른 정부를 지지하는 것이고, 이것은 그들이나 후원자가 선호하는 정부일 가능성이 크다.[25]

---

23. 로버트 라이시, 『자본주의를 구하라』(2015), 22쪽.
24. 박창기는 『혁신하라, 한국경제』(2012)에서 한국경제를 이권경제, 요소경제, 혁신경제, 그리고 공공경제라는 네 가지 하위 경제시스템으로 구분했다. 이 가운데 이권경제는 전형적인 지대추구행위에 기반을 둔 영역으로 톰 하트만이 말한 경제 왕당파에 해당하는 재벌이 주도하는 영역에 해당한다. 그는 이권경제의 비중을 줄이고 요소경제의 비중을 높이는 것이 바람직하다고 주장했는데, 이는 곧 자유시장의 진정한 의미를 회복해야 한다는 것과 다를 바 없다.
25. 로버트 라이시(2015), 25쪽.

이와 같이 구조화의 영향으로 논의의 초점이 잘못 맞춰져서 사람들이 문제의 본질을 간과하고 있는 것이 엄연한 현실이다. 경제학자 조지프 스티글리츠Joseph Stiglitz도 이런 의미에서 구조화의 병폐를 신랄하게 비판했다.[26] 그는 일련의 저서를 통해 시장은 진공 상태에서 등장하는 것이 아님을 강조했다. 시장은 시장참여자들의 자유로운 거래를 보호하기 위한 다양한 법과 제도를 바탕으로 형성된다. 그리고 이를 위한 각종 규칙은 본질적으로 정치적 과정을 통해 만들어진다. 따라서 이 과정에서 일부 계층에 유리하도록 규칙이 제정될 가능성이 높으며 현재 미국이 그런 상황에 있다는 것이다.[27] 라이시도 같은 맥락에서 다음과 같이 주장했다.

> 시장은 국가, 정부, 법, 기업, 야구처럼 인간이 만든 상품이다. 다른 체제가 그렇듯 시장을 조직할 수 있는 대체방식은 많다. 어떻게 조직하든 시장의 규칙은 사람들에게 유인책을 제공한다. 이상적으로 규칙은 사람들이 일하고 협력하고, 창조성과 창작성을 발휘하고, 개인이 추구하는 삶을 살아가도록 돕는다. …… 하지만 규칙이 항상 우리가 희망하는 방향으로 바뀌는 것은 아니다. 특정 사람들이 자신

---

26. 조지프 스티글리츠는 『불평등의 대가』(2012)에서 다음과 같이 말했다. "오늘날 벌어지는 논쟁의 대부분이 불평등을 둘러싼 구조화와 연관되어 있다는 것은 전혀 놀라운 일이 아니다. 미의 기준이 사람마다 다르듯이 공정함의 기준 역시 사람마다 다르다. 상위 계층 사람들은 현재 미국 사회의 불평등이 공평해 보이도록, 혹은 최소한 감내할 수 있는 것으로 보이도록 구조화되어 있다고 믿고 싶어 한다. 사회가 불평등하다는 사회적 인식이 형성되면 노동생산성이 저하될 뿐만 아니라 불평등을 완화하기 위한 법률 제정이 추진될 수도 있기 때문이다."(279~280쪽) 구조화의 위력은 우리가 상상하는 것 이상이다. 행동경제학에서는 구조화가 상당히 보편적인 현상임을 다양한 사례들을 통해 보여주었는데 상당 부분 인간의 인지 편향에서 비롯된다.
27. 조지프 스티글리츠는 *Rewriting the Rules of the American Economy*(2016)에서 이런 문제의식에 입각해 미국의 경제규칙을 새로 쓸 것을 강력하게 촉구했다.

에게 이로운 방향으로 규칙을 바꿀 힘을 획득했기 때문이다. 최근 수십 년 동안 미국과 많은 다른 나라에서 그랬다.[28]

자유시장은, 원래의 의미대로 작동한다면, 인류 최고의 발명품이라 할 수 있다. 이처럼 종교, 인종, 문화를 초월해 모든 사람들에게 경제적 혜택을 제공해 온 시스템은 없었다. 문제는 이런 자유시장의 숭고한 이상을 최대한 실현시키려는 순수한 노력보다는 교묘한 구조화를 통해 다수의 희생을 바탕으로 소수의 기득권을 강화하려는 힘이 현실을 지배하고 있다는 데 있다. 이들은 자유시장을 빙자해 지대추구행위를 정당화하는 수준을 넘어 이를 영구히 강화하려는 지경에 이르렀다. 자유시장은 정부를 무조건 배제하는 것이 아니다. 정부의 정당한 개입은 자유시장을 보호하기 위해서도 불가결하다. 심지어 밀턴 프리드먼도 『자본주의와 자유』에서 다음과 같이 인정했다.

> 자유경제는 사람들이 틀림없이 원해야 한다고 특정 집단이 규정짓는 바를 제공하는 것이 아니라 사람들이 실제로 원하는 바를 제공한다. 자유시장에 반대하는 거개의 논의는 자유 그 자체에 대한 신뢰의 결핍을 그 기저에 깔고 있다. 물론 자유시장이 존재한다고 정부가 필요 없어지는 것은 아니다. 도리어 정부는 '게임의 규칙'을 정하는 토론장으로서나 정해진 규칙을 해석하고 집행하는 심판자로서 필수불가결하다.[29]

28. 로버트 라이시(2015), 120쪽. 이런 점에서 우리나라는 미국보다 훨씬 더 심하다. 그런데도 우리나라에서는 미국과는 달리 전반적으로 경제규칙을 새로 써야 한다는 논의가 전혀 이루어지지 않고 있다. 우리나라를 비롯한 여러 나라에서 불평등의 악화와 같은 문제는 단순히 소득세법을 개정하는 정도로 해결되기 어렵다. 근본적인 대책이 요구되는 상황이다.

29. 밀턴 프리드먼(2002), 44쪽. 나아가 프리드먼이 경쟁적 자유시장이 정치적 자유의 확산, 즉 민주주의가 제대로 실행되는 데 필요불가결하다는 사실을 강조했던 점은 주목할 만하

프리드먼의 이런 입장은 라이시나 스티글리츠가 주장한 것과는 상당히 차이가 있다. 이들은 정부가 심판자 이상의 역할을 해야 한다고 주장하고 있기 때문이다. 자유시장을 보호하고 장려하는 경제규칙을 만드는 데는 정부의 적절한 노력이 필수적이다. 무조건적인 자유방임laissez-faire은 오히려 자유시장에 독이 될 수 있다. 신자유주의의 대부로 알려진 프리드리히 하이에크Friedrich A. Hayek도 자유시장의 이념적 기반인 자유주의에 대해 다음과 같이 분명히 밝혔다. 이 점 우리 모두 깊이 새길 필요가 있다.

> 자유주의의 기본 원리들 가운데 자유주의를 변화 없이 정체된 신조가 되게 하는 것은 전혀 없다. 즉, 구체적 내용이 한꺼번에 고정되어 더 이상 변하지 않는 그런 경직된 규칙들은 아무것도 없다. …… 특히 경쟁이 가능한 한 최대한 유익하게 작동하도록 체제를 의식적으로 창출하는 것과 수동적으로 제도를 있는 그대로 받아들이는 것 사이에는 엄청난 차이가 있다. 일부 자유주의자들의 거친 경험법칙들에 대한 집착, 특히 자유방임의 원리에 대한 아둔한 고집만큼 자유주의의 명분liberal cause에 해를 입히는 것은 없다.[30]

다. 이와 관련해 그는 다음과 같이 말했다. "정치적 자유를 달성하기 위한 수단이라는 관점에서 볼 때 경제체제는 권력의 집중이나 분산에 영향을 미치기 때문에 중요하다. 직접 경제적 자유를 제공하는 경제조직, 다시 말해서 경쟁적 자본주의는 정치적 자유도 촉진시킨다. …… 정치적 자유와 자유시장의 관계에 관해서는 역사적 증거가 일치하고 있다. 광범위한 정치적 자유를 자랑하면서도 주요한 경제활동을 조직하기 위해 자유시장에 필적할 제도를 도입하지 않은 사회는 어느 시대 또는 어느 지역에서도 그 실례를 찾을 수 없다." (37쪽) 찰스 린드블롬(2001)도 자유시장경제는 민주주의의 필요조건이라는 취지에서 다음과 같이 말했다. "현재까지 시장체제와 결합하지 않은 민주주의 국가는 역사적으로 없었다. 세계 어느 나라도 아직까지 민주적인 중앙집권적 계획체제를 경험하지 못했다. 인도네시아와 사우디아라비아의 사례처럼 민주주의가 없는 시장체제는 흔하지만 시장체제가 없는 민주주의는 없다."(263쪽)

30. 프리드리히 하이에크, 『노예에의 길』(1944), 55~56쪽.

자유시장은 야누스의 얼굴을 갖고 있다. 개인의 선택의 자유를 보장하면서 개개인이 대등한 협상력을 바탕으로 평화롭게 상호 이익을 추구할 수 있는 한 자유시장은 어떤 시스템보다 물질적 풍요와 정신적 가치를 함양하는 데 기여할 수 있다. 반면 일부 세력이 탐욕스럽게 기득권을 강화하는 수단으로 자유시장을 교묘하게 조정한다면 이는 다수에게 좌절과 고통을 강요하는 억압적인 시스템으로 전락할 것이다. 스티글리츠가 경고한 바와 같이 1퍼센트를 위해 99퍼센트가 고통받는 최악의 시스템으로 변질될 수 있다. 자유시장의 스펙트럼은 매우 넓다. 이 가운데 어떤 형태의 자유시장을 택할 것인지는 전적으로 우리의 정확한 이해와 의식 수준에 달려 있다. 이 경우에도 우리가 분리의식의 한계를 어느 정도 극복할 수 있는가가 관건이다.

3. 시장원리와 도덕원리의 충돌

시장원리란 문자 그대로 시장에서 널리 통용되는 경제원리를 말한다. 특정 개인이나 집단의 명령에 의해서가 아니라 시장에 참여한 개별 주체－소비자와 기업－는 시장 여건을 감안해 자신의 책임 하에 독자적으로 의사결정을 내린다. 이런 상황에서 개별 주체가 가격의 변동에 따라 자신에게 가장 유리한 의사결정을 내리도록 유도하는 것이 시장원리다. 그 결과 수요 · 공급의 법칙에 따라 가격이 상승하면 수요가 줄고 공급은 늘며, 가격이 하락하는 경우에는 반대 현상이 일어난다. 이런 과정을 통해 개별 주체가 자신이 원하는 바를 추구하는 가운데 사회 전체적으로 효율적인 조정이 이루어질 수 있다. 애덤 스미스의 보이지 않는 손은 시장원리에 대한 은유적 표현이다. 시장원리는 전통적으로 시장경제에서 가장 강조되어 온 가치인 효율성을 높이는 데 기여한다. 그런데 시장원리를 적용하는 경우에는 경쟁적인 시장을 전제로 한다는 점을 유념해야 한다. 독과점시장에서 흔히 발견할 수 있는 지대추구행위는 시장원리에 반하는 것이다. 시장원리를 남용하는 것은 오히려 시장경제의 본질을 호도하는 것이다.

최근 시장원리가 적용되는 분야가 전통적인 영역을 넘어 사회 전 영역으로 확대되어 왔다. 결혼이나 출산 문제부터 교육 및 교도소의 운영에 이르기까지 거의 모든 영역에 시장원리가 적용되고 있는 실정이다. 이런 추세에 지대한 영향을 미친 사람은 시카고대학의 게리 베커Gary Becker 교수다.[31] 그는 비용과 편익을 근거로 경제활동과 관련된 문제뿐만 아니라 사회 전반에서 일어나는 거의 모든 행위를 합리적 선택의 관점에서 설명할 수 있다는 입장을 견지했다. 다소 극단적인 예이기는 하지만 베커는 마약과 같은 향정신성 약물에 중독되는 것도 개인적으로 효용을 극대화하려는 지극히 합리적인 행동으로 간주할 수 있다고 주장했다. 그의 영향으로 범죄나 이혼, 그리고 출산 등 과거에는 시장원리가 적용되지 않았던 많은 문제들이 시장원리에 의해 분석할 수 있는 영역에 포함되었다.

오늘날 주류에 속하는 경제학자들은 대부분 베커의 방법론을 당연한 것으로 받아들이는 분위기지만 이를 우려하는 사람들도 적지 않다. 특히 정치철학자 마이클 샌델Michael Sandel은 이에 대해 비판적인 대표적인 사람이다. 그의 기본적인 입장은 시장원리를 확대 · 적용하다 보면 사회공동

31. 게리 베커는 전통적으로 사회학의 영역이라고 간주되었던 가족관계, 결혼과 이혼, 출산, 인종차별, 마약, 범죄와 같은 분야에 비용-편익 분석을 적용함으로써 경제학의 영역을 확대시키는 데 선도적인 역할을 했다. 이런 공로로 1992년 노벨 경제학상을 수상했지만 그의 업적에 대해서는 지금도 평가가 엇갈리고 있다.

체를 유지하는 데 필요한 도덕적 가치를 훼손하게 된다는 것이다. 다음과 같은 그의 지적은 우리 모두 유념할 필요가 있다.

> 어떤 사람들은 시장지상주의의 핵심에 담긴 도덕적 결점은 탐욕이고, 이 때문에 무책임하게 위험을 무릅쓰는 사태가 발생했다고 주장한다. …… 하지만 이는 기껏해야 부분적인 진단에 불과하다. 금융위기가 발생하는 데 분명 탐욕이 큰 역할을 했지만 무언가 더 큰 원인이 도사리고 있다. 지난 30여 년 동안 발생한 가장 치명적인 변화는 탐욕의 증가가 아니었다. 그것은 바로 시장과 시장가치가 원래는 속하지 않았던 삶의 영역으로 팽창한 것이다.[32]

샌델은 시장경제와 시장사회를 구분하면서 시장경제는 생산활동을 조직하는 소중하고 효과적인 도구인 반면, 시장사회는 시장가치가 인간 활동의 모든 영역에 스며들어 간 일종의 생활방식임을 지적했다. 그는 시장원리가 사회 전반으로 확산된 것이 시장사회인데 이로 인해 도덕적인 차원에서는 적지 않은 심각한 문제들이 발생하고 있다고 주장했다. 이런 점을 감안한다면 시장원리를 무분별하게 확대 · 적용하는 것은 결코 바람직하지 않다는 것이다.[33] 이 문제는 주류 경제학에서 인간을 오로지 합리

---

32. 마이클 샌델, 『돈으로 살 수 없는 것들』(2012), 24쪽.

33. 이와 관련해 마이클 샌델(2012)은 다음과 같이 지적했다. "최근 수십 년 동안 전통적으로 비시장규범이 지배했던 삶의 영역에까지 시장과 시장 지향적인 사고가 확대되고 있다. 비경제적 재화에 가격을 매기는 경향이 더욱 뚜렷해지고 있다. …… 과거와는 달리 경제학자들은 더욱 야심찬 계획을 세우고 있다. …… 삶의 모든 영역에서, 사람은 눈앞에 놓인 선택사항에 대해 비용과 이익을 저울질하고 자신에게 최대의 행복이나 효용을 안겨주리라 생각되는 것을 선택한다고 가정함으로써 인간의 행동을 설명하는 것이다."(77~78쪽) 이 문제와 관련해 찰스 린드블롬(2001)도 다음과 같이 지적했다. "시장을 제대로 이해한다는 것은 쉬운 일이 아니다. 주류 경제학은 여전히 갈피를 못 잡고 있다. 시장의 장점에 눈이 부셔서 시장이 안고 있는 결점에 대해서는 반쯤 눈감고 있기 때문이다. 반면에 시장체제의

성을 추구하는 존재로 간주하고 있는 것과 무관하지 않다. 이 경우 합리성은 도구적 합리성instrumental rationalism으로 이미 여러 사람들의 비판을 받아왔다.[34]

여기서 다음과 같은 문제를 제기할 수 있다. 제대로만 작동한다면 시장원리는 물질적 풍요를 달성하는 가장 효율적인 방법임이 이론적으로뿐만 아니라 역사적으로도 입증되었다. 그런데 이 원리를 무분별하게 적용하면 공동체를 유지하는 데 절실한 가치들—예컨대 공정, 정의 등—을 구축驅逐할 수 있다. 시장경제는 사람들의 행복을 위해 존재하는 것이지 사람들이 시장경제의 효율성을 위해 존재하는 것이 아니다. 효율성을 지나치게 강조하는 것은 사람들의 보편적인 정서나 도덕 감정과 상충될 수 있다. 실제로 다양한 실험을 통해 사람들은 효율성 못지않게 공정성 또는 공평성에도 의미를 부여한다는 것이 입증되었다.[35] 이에 해당하는 대표적인 사례는 최후통첩게임ultimatum game이라고 알려진 것이다.

이것은 실험경제학에서 종종 사용되는 게임 방식으로 주어진 게임의 규칙에 사람들이 어떻게 반응하는가를 관찰함으로써 실제 행동을 지배하는 원리를 확인할 수 있다는 장점이 있다. 이 게임에서 심판은 두 명을 선

비판자들은 불타는 적대감이 뿜어내는 연기에 가려 시장의 장점을 제대로 보지 못한다. …… 따라서 사회철학자 위르겐 하버마스처럼 자유와 이성, 도덕성 같은 가치의 관점에서 시장체제가 미친 영향에 주목하려는 역사 · 문화 · 철학 분야 학자들과, 다른 한편 시장체제를 찬양하는 데 몰입하고 있는 대부분의 경제학자 사이에서 지적인 토론을 찾아보기 어려운 것은 당연한 일이다."(14쪽) 경제학자들은 이런 경고를 무시하면 안 된다.

34. 도구적 합리성(이성)에 대해 철학적 관점에서 체계적으로 비판한 사람은 막스 호르크하이머(Max Horkheimer, 1895~1973)다. 그는 『도구적 이성 비판』(1947), 1장에서 객관적 이성과 주관적 이성을 구분한 뒤 주관적 이성을 전면화함으로써 오로지 자기 이익이나 유용성만을 강조하게 되었다고 비판했다. 그의 지적은 지금도 유효하다.

35. 공정성, 형평성, 공평성 및 평등은 미묘한 차이가 있는 용어들이다. 그런데 여기서는 이를 무시하고 같은 의미로 사용할 것이다.

정해 배분자allocator로 지정된 사람에게 일정 금액을 준다. 편의상 이 금액이 10만원이라 하자. 그러면 배분자는 수취자receiver로 분류된 다른 사람에게 10만원 가운데 일정 금액을 줄 수 있다. 수취자는 배분자가 제시한 금액을 수용할 수도 있고 거절할 수도 있다. 수취자가 거절하면 두 사람 모두 한푼도 받지 못한다. 수취자가 배분자가 제시한 금액을 수용하면 그것으로 게임은 종료된다. 주류 경제학의 효율성 논리에 의하면 배분자가 아무리 작은 금액, 예컨대 1원을 제시하더라도 수취자는 이를 수용하는 것이 유리하다. 이 경우 두 사람 모두 종전에 비해 더 많은 돈을 갖게 되었으므로 효율적인 결과가 달성된 것이다.

그렇지만 수많은 실험을 통해 수취자들은 자신에게 제공되는 금액이 전체 금액의 일정 비율 이하인 경우에는 이를 거절했다.[36] 수취자들이 효율성보다는 공정성에 더 많은 비중을 두었기 때문이다. 그 후 이 게임의 규칙을 일부 변경한 여러 가지 변형된 최후통첩게임을 통해서도 사람들이 공정성에 상당한 의미를 부여한다는 사실이 확인되었다.[37] 모든 일에

---

36. 이 게임을 창안한 사람은 독일 훔볼트대학의 베르너 구스(Werner Güth) 교수와 그의 동료들로 알려져 있다. 1982년 이들이 이 게임을 실험한 이래 전 세계적으로 수없이 반복 실시되었는데 대부분의 결과는 유사했다. 예컨대 수취자들은 자신에게 제시되는 금액이 전체의 20퍼센트 미만이면 이 제안을 거절했다. 효율성 관점에서는 이를 수락하는 것이 유리하지만 그렇지 않았던 이유는 이들이 공정성에 비중을 두었기 때문이다. 실제로 많은 실험에서 배분자들은 수취자들에게 대략 전체 금액의 40퍼센트 정도를 제안했으며 수취자들은 이를 수락한 것으로 알려졌다. 이 게임을 변형시킨 독재자 게임이나 다른 유형의 게임에서도 배분자들은 수취자들에게 일정 비율 이상의 금액을 제안하는 경우가 많았다. 사람들이 공정성을 고려한다는 명백한 증거라 할 수 있다. 우리나라에서도 이 게임을 실험한 사례가 있다. 이와 관련해서는 KBS제작팀의 『사회적 자본』(2011), 252~264쪽을 참조하라. 우리나라의 경우에도 마찬가지 결과를 얻었다.

37. 어느 사회에서나 사람들이 공정성에 높은 가치를 부여하는 이유는 이것이 진화 과정을 통해 인간의 본성의 일부로 자리 잡았기 때문이다. 즉, 공정성은 단지 부당한 것을 참지 못하는 일시적인 감정에 근거를 두고 있는 것이 아니라 오랜 기간 진화 과정을 통해 공동체의

시장논리를 적용하는 경우 공정성을 위반할 가능성이 높다. 따라서 공정성을 침해하면서 시장논리를 무분별하게 확대하는 것은 결코 바람직한 현상이라 할 수 없다.

시장원리를 확대 적용하는 과정에서는 이와 같이 공정성을 비롯해 여러 가지 도덕적 가치를 위반하는 사례들이 자주 발생한다. 샌델이 지적했듯이 '시장 대 줄서기'는 이런 상황을 상징적으로 묘사한다.[38] 어떤 경우에는 시장을 활용하는 것이 바람직하고 어떤 경우에는 줄서기가 바람직한지 판단해야 한다. 이런 상충관계를 고려한다면 시장원리가 적용되어야 하는 영역을 어떻게 구획할 수 있는가? 이에 대해서는 누구도 단정적으로 대답할 수 없다. 시장이라는 시스템은 '자기조직화의 원리'에 따라 어떤 방향으로 전개될지 예측하기 어려운 속성을 갖고 있기 때문이다. 여기에 자유시장을 신봉하는 사람들에게 가장 중요한 '개인적 선택의 자유' 문제가 등장한다. 이런 자유를 침해하지 않는 가운데 시장원리가 적

요구에 부응하면서 형성된 가치라 할 수 있다. 이와 관련해 에릭 바인하커(2006)는 다음과 같이 말했다. "우리가 조건부 협력자이고 이타적인 징벌자라는 사실은 놀라운 게 아니다. 우리의 원시 조상들은 협력적 행동과 생존이 결코 분리될 수 없는 소규모 무리로 살면서 약 200만 년간이나 존재했다. 오늘날 사람들은 여전히 상호주의가 중요한 사회적 상호작용의 네트워크 속에서 살아간다."(211쪽) 이와 같이 공정성은 오랜 진화 과정을 통해 습득한 인간 본성의 일부다. 이런 이유로 효율성 못지않게 공정성도 중요한 것이다.

38. 마이클 샌델(2012)은 셰익스피어 공연을 예로 들면서 시장논리에 의하면 최고 가격을 지불하는 사람이 입장권을 갖도록 하는 것이 셰익스피어 공연의 가치를 가장 높게 평가하는 사람을 결정하는 최고의 방법이라는 점을 지적했다. 그런데 그는 이런 방법은 설득력이 없다면서 다음과 같이 말했다. "자유시장이 줄서기보다 믿음직스럽지 않을 수도 있다. 어떤 재화에 가격을 기꺼이 지불하려는 것이 꼭 해당 재화의 가치를 높게 평가한다는 뜻은 아니기 때문이다."(55쪽) 셰익스피어를 전공하는 학생의 경우 공연의 가치를 높게 평가하지만 비싼 입장권을 구입할 형편이 안 된다면 이런 경우 자유시장은 효율적이라고 할 수 있는가 하는 의문을 제기할 수 있다. 이와 같이 도덕적 가치가 시장원리와 상충되는 경우는 의외로 많이 발생할 수 있다.

용되는 영역을 여하히 경계 짓는가가 관건이다. 이것은 결코 쉽지 않은 과제로 일반적인 규칙을 수립하기란 사실상 불가능하다. 이와 관련해서는 각 사회에서 형성된 관습과 규범에 따라 결정되도록 하는 것이 가장 바람직하다.[39]

그런데 시장원리를 확대 적용했을 때 이로 인해 사회가 잃을지도 모르는 가치가 무엇인지 분명히 이해할 필요가 있다. 더 정확하게 말하면 시장원리가 구축하는 도덕적 가치에 대해서는 조금도 의문의 여지가 없는가 하는 것이다. 이에 대해 샌델이 다음과 같이 주장한 것은 주목할 필요가 있다. "전통적으로 비시장규범이 지배하던 삶의 영역으로 시장이 확대되면서, 시장이 교환되는 재화를 건드리거나 훼손하지 않는다는 개념은 점점 타당성을 잃고 있다. 더욱 많은 연구가 진행되면서 재정적 인센티브와 기타 시장 메커니즘이 비시장규범을 밀어냄으로써 역효과를 낼 수 있다는 상식을 뒷받침하고 있다."[40]

이것은 시장과 사회를 일정 부분 대립적인 조직으로 해석해야 한다는 것을 의미한다. 시장과 사회는 별개의 조직이다. 엄밀히 말하면 시장은 사회의 일부로 존속해야 한다. 시장이 사회 자체가 된다면 이것이 바로 샌델이 말한 시장사회다. 나아가 시장이 사회를 압도하려 한다면 사회는 사라지고 오직 시장만 남게 된다. 그러면 시장원리는 사회 구성원들이 따라야 하는 유일한 원리가 된다. 이것은 역으로 시장의 몰락을 의미할 수도 있기 때문에 이런 상황을 계속 용인容認하는 것은 사실상 무모한 일이다. 인간은 천성적으로 사회적 동물이지 시장적 동물이 아니기 때문이다.

---

39. 예를 들어 개인의 선택의 자유보다는 공정성이 더 중요한 가치인 사회에서는 대리 줄서기라든가 전용도로 통행권 같은 제도가 대중의 환영을 받지 못할 수 있다.

40. 마이클 샌델(2012), 160쪽.

이와 관련해 협동조합이론의 권위자인 스테파노 자마니Stefano Zamagni는 경제사학자 칼 폴라니의 말을 빌려 다음과 같이 말했다. "폴라니의 표현을 빌리면, 시장이 사회를 위협하면서 발전하는 이러한 상황은 '사회의 사막화'라 할 수 있다. 시장논리가 우정, 조건 없는 상호성, 사랑과 같은 인간 본연의 특성을 완전히 파괴해 버리기 전에 시민사회는 시장으로부터 스스로를 보호하고 행동에 나서야 한다는 책무를 진다."[41] 샌델이 주장한 바와 대동소이하다.

자마니는 시장경제라는 용어 대신에 시민경제라는 용어를 사용하면서 시민경제는 효율성, 공정성, 그리고 상호성이라는 세 가지 가치를 바탕으로 존립할 수 있다고 주장했다. 그가 특히 강조한 것은 상호성인데 이와 관련해 다음과 같이 말했다. "시민경제는 중세 기독교 사상에서 시장과 사회의 관계에 대한 이해를 형성하기 시작했다. 요약하면, 시민경제의 핵심적 아이디어는 인간의 사회성과 상호성을 정상적인 경제생활의 중심 요소로 보는 것이다. 사회성과 상호성은 정상적인 경제활동과 동등한 것도, 그에 앞선 것도, 뒤에 오는 것도 아니다. 시민경제는 이익 추구와 도구적 교환 이외의 원칙이 경제활동 자체 안에서 자리를 찾을 수 있음을 보여준다."[42] 여기서 그가 사회성과 상호성을 구분한 것은 나름 의

41. 스테파노 자마니, 『21세기 시민경제학의 탄생』(2004), 26쪽. 자마니에 의하면 시장과 사회는 엄격하게 구분되어야 한다. 자마니는 시민경제와 시민사회를 구분하는데, 이는 마이클 샌델이 말한 시장경제와 시장사회의 구분과 유사하다. 여기서 자마니는 의미는 조금 다르지만 시장 대신에 시민이라는 용어를 사용했다. 시민은 시장과 사회를 모두 아우르는 개념이다. 따라서 자마니는 시장과 사회를 하나의 실체의 다른 면으로 해석했다. 그러면서 이것이 영국의 전통과 다른 이탈리아 고유의 전통임을 강조했다. 비록 그의 주장이 우리에게는 생소하게 느껴지지만 그동안 사회와 시장을 대극적으로 접근한 것에 문제가 있음을 시사한다. 시민은 사회의 구성원이면서 동시에 시장에 참여하는 주체이기도 하다.

42. 앞의 책, 27쪽.

미가 있다. 사회성이 곧 상호성을 의미하는 것은 아니기 때문이다. 이는 사회를 구성한 사람들이 상호성이라는 가치를 의식하는 경우에만 가능하며, 단순히 사회가 존재하다는 이유로 이런 가치가 실현되는 것은 아니다. 그에게 상호성은 신자유주의에 입각한 자유시장의 이데올로기를 극복할 수 있는 중요한 개념이다.[43] 이것은 개별 주체가 어느 정도 분리의식의 한계를 극복하는 경우에만 가능하다. 모두가 연결되어 있는 사회에서 상호성은 결코 낯선 개념이 아니다.

대부분의 사람들은 시장경제가 인간의 물질적 욕구를 충족시키는 데 효과적인 시스템이라는 사실을 인정한다. 그렇지만 인간은 오로지 물질적 욕구의 충족만을 목적으로 하는 존재가 아니다. 그렇기 때문에 경제활동을 하면서도 도덕적 가치를 외면하기 힘든 것이다. 최후통첩게임은 이를 극명하게 보여주는 사례다. 이런 유형의 실험을 통해서뿐만 아니라 실제 현실에서 사람들은 여러 가지 도덕적 가치를 의식하면서 행동한다. 사람들이 사회규범을 의식하면서 행동하는 것은 이를 보여주는 전형적인 경우라 할 수 있다. 따라서 공정성이나 사회성, 그리고 상호성 같은 가치를 배제하는 가운데 시장경제의 미덕을 논하는 것은 지나치게 좁은 사고를 반영할 뿐이다. 이런 태도는 우리가 분리된 존재임을 확인함으로써 비인격적인 차원에서 상호 이익의 추구는 확대될지 몰라도 상호성에 입각

43. 상호성과 관련해 스테파노 자마니(2004)의 입장은 다음에 잘 표현되어 있다. "이 세 가지 조정 원칙이 같은 사회체제 안에서 공존하도록 하는 것이 시민경제가 안고 있는 도전이다. 방법은 분명히 존재한다. 효율성은 반드시 필요하지만 공정성이 함께해야만 한다. 그리고 감히 단언컨대 다른 무엇보다도 상호성이 없어서는 안 된다."(34쪽) 필자는 그가 강조한 상호성이 문화적으로 다른 사회에서는 다른 방법으로 실현될 수밖에 없다고 본다. 예컨대 중세 기독교 문화가 지배하던 사회와 현재 한국사회는 확연히 다른 문화적 배경을 갖고 있으므로 상호성을 달리 해석될 수 있는 여지가 분명 존재한다. 이 문제는 사회규범과 밀접하게 연관되어 있다.

한 공동체의 기반은 점점 취약해질 수 있다. 따라서 우리는, 시장경제는 발달하지만 사회공동체의 기반이 무너지는 상황은 결코 바람직하지 않을 뿐만 아니라 궁극적으로는 시장경제 자체의 붕괴로 이어질 수 있다는 사실을 유념해야 한다. 이런 의미에서 사회가 먼저이고 시장이 나중이라는 인식이 널리 확산되어야 한다.

4. 금융자본의 부상과 시장경제의 위기

오늘날 자본주의 시장경제를 선도하는 분야는 금융자본이 지배하는 금융시장이다. 여기서 금융시장은 직접 및 간접 금융시장, 그리고 외환시장까지 아우르는 넓은 의미로 해석된다. 지금의 자본주의는 고전적인 산업자본주의와는 확연히 구분되는 금융자본주의로 불린다. 경제학자 로버트 쉴러에 의하면 금융자본주의라는 용어는 1930년대부터 사용되기 시작했다.[44] 그러나 이 용어가 널리 보급된 것은 1980년대 미국과 영국을 중심으로 신자유주의 정책이 실시되면서부터라고 할 수 있다. 이전에는 금융자본이 산업자본을 크게 압도하지 않았지만 이 시기를 전후해 금융자본이 전면으로 부상하면서 산업자본을 압도하고 글로벌 경기순환에 지대한 영향을 미치기 시작했기 때문이다.

여기서 한 가지 주목할 것은 금융자본이 언제부터 무슨 이유로 산업자본을 압도하게 되었는가 하는 점이다. 이에 대해서는 정설이 없다. 그

44. 로버트 쉴러는 『새로운 금융시대』(2012)에서 다음과 같이 말했다. "금융자본주의는 1930년대 조지 에드워드의 『금융자본주의의 진화』에서 소개되어 널리 알려졌을 때부터 이미 부정적인 뜻을 내포하고 있었다. 에드워드는 J. P. 모건을 필두로 한 대형 금융기관의 사기와 음모를 목격하고 '팍스 모르가나(모건 왕국)'라고 부르기도 했다."(28쪽) 이와 같이 금융자본주의는 출발부터 일반 대중에게 부정적인 인상을 심어주었다.

렇지만 국제금융질서의 흐름과 패권국인 미국의 대외정책을 감안할 때 대강의 윤곽은 그릴 수 있다. 이에 대한 논의에 앞서 먼저 금융자본의 형성 과정을 간단히 살펴볼 필요가 있다. 자본의 속성은 항상 더 높은 자본수익률을 추구한다는 원칙에서 한 치도 벗어난 적이 없다.[45] 따라서 현재 맹위를 떨치는 금융자본이 어떤 역사적 과정을 거쳐 형성되었는지 이해하는 것은 향후 시장경제의 진로를 예측하는 데도 중요한 의미가 있다. 금융자본을 지배하는 세력은 향후에도 일정한 자본수익률을 유지하기 위해 정치와 산업 전반을 통제하려 할 것이기 때문이다. 이것은 더 나은 시장경제를 모색하는 데 커다란 장애요인으로 작용할 것이다.

금융의 역사는 일차적으로 1492년 콜럼버스가 아메리카 대륙을 발견한 데까지 소급할 수 있다. 왜냐하면 이 역사적 발견은 금융과 관련해서도 중요한 의미가 있기 때문이다. 그래서 일부 역사가들은 진정한 의미에서 세계사는 1500년에 시작되었다고 말하는데, 이는 이 무렵이 스페인이 세계를 바꾸고 제1대 서유럽 강국으로 부상한 시기였기 때문이다.[46] 그리고 아메리카 대륙의 발견을 기점으로 유럽은 비로소 기나긴 봉건 시스템의 정체 상태에서 벗어날 수 있었다. 남미에서 막대한 양의 금과 은이 유입되기 시작했기 때문이었다.

남미의 맹주였던 스페인은 1545~1560년까지 매년 남미로부터 24만 6,000톤의 은과 5,500톤의 금을 들여왔다.[47] 이로 인해 실크로드가

45. 토마 피케티(2013)는 방대한 실증자료를 이용해 자본수익률은 지난 수백 년 동안 연평균 4~5퍼센트를 유지했는데 이는 연평균 경제성장률 1~2퍼센트를 크게 상회하는 것이었다는 점을 밝혔다. 오랜 기간 동안 이런 수익률을 유지할 수 있었던 것은 상대적으로 금융자본의 위력이 강했기 때문이다.

46. 천위루, 『금융으로 본 세계사』(2011), 125쪽을 참조하라.

47. 앞의 책, 131쪽을 참조하라. 천위루에 의하면 이와 같이 막대한 금과 은이 유입됨에 따라

개통된 이래 중국과의 교역에서 일방적인 은과 금의 유출로 극심한 부족에 시달리던 유럽에서 '가격혁명'이라 불리는 커다란 변화가 발생했다. 이것은 은의 대량 유입에 따라 은화 유통이 폭발적으로 늘어나 인플레이션이 발생한 현상을 말하는 것이지 진정한 의미의 혁명과는 거리가 멀었다. 이후 스페인에서 네덜란드로, 다시 네덜란드에서 영국으로 해상무역의 패권이 넘어가는 과정에서 은 대신 금을 가치의 원천으로 하는 화폐제도, 즉 금본위제가 확립되었다. 금본위제는 영국이 최초로 1819년에 채택했으며, 뒤를 이어 네덜란드, 독일, 프랑스, 일본, 미국 등 대부분의 서방국가에서 이 제도를 채택해 상당 기간 국제적으로 안정된 통화시스템을 유지할 수 있었다.[48]

그런데 비교적 오랫동안 국제통화 시스템으로 역할을 하던 금본위제는 제1차 세계대전을 계기로 폐기되었다가 일시적으로 일부 국가에서 다시 채택했으나 결국 세계 대공황과 제2차 세계대전으로 역사의 무대에서 완전히 사라졌다.[49] 제2차 세계대전 이후 국제통화질서를 구축하기 위해 1944년 미국 뉴햄프셔주 브레튼우즈Bretton Woods에 44개국 대표들이 모여 브레튼우즈 협정을 체결했으며, 이로부터 국제통화기금IMF과 세계은행IBRD이 탄생했다는 것은 주지의 사실이다. 이 협정으로 미 달러화는 명실공히 영국 파운드화를 제치고 국제결제통화 및 기축통화로서의 위

6세기 후반에 이르러 스페인이 보유한 금과 은의 양은 전 세계의 83%를 차지할 정도였다. 그런데 생산력이 뒷받침되지 않은 채 막대한 금과 은이 유입되었기 때문에 오히려 스페인은 물가상승의 압력에 시달리게 되었다.

48. 영국에서 은을 대신해 금본위제가 정착하는 데 혁혁한 공을 세운 사람은 당시 왕립 조폐국장이었던 물리학자 아이작 뉴턴이었다.

49. 자유시장을 강력하게 비판했던 칼 폴라니(1944)는 금본위제 및 국제통화 시스템을 둘러싼 열강 간의 갈등으로 인해 제1, 2차 세계대전이 발발하게 되었다는 논리를 전개했다. 이런 이유로 폴라니는 시장경제의 발흥 자체를 비판적인 관점에서 보았던 것이다.

상을 확고히 했다. 당시 협의된 내용에 의하면 금 1온스는 35달러와 교환 가능했으며 다른 나라 통화는 달러에 고정시켰다. 이것은 기본적으로 고정환율제로 브레튼우즈 협정의 핵심 사항이었다. 따라서 브레튼우즈 체제는 금본위제를 완전히 벗어난 것은 아니었기 때문에 금환본위제라고도 불렸다.

비교적 안정적으로 유지되던 국제통화질서는 1971년에 위기를 맞이했다. 이 해 8월 15일 당시 미국 대통령 리처드 닉슨은 달러의 금태환兌換 정지를 선언했다. 이것은 브레튼우즈 체제의 종언을 알리는 신호이며, 고정환율제의 폐기를 의미했다. 이로부터 2년 후 1973년 사실상 브레튼우즈 체제는 붕괴했다. 국제금융질서의 위기는 곧 환율 변동성의 급격한 증가로 이어져 이후 국제금융시장에 엄청난 후폭풍을 야기했다.

국제금융시장의 불안정과 이를 틈타 등장한 신자유주의 정책이 상호작용을 하는 가운데 파생금융상품을 대량 거래하던 투자은행들이 급성장하고 대규모 헤지펀드들이 금융시장에서 영향력을 확대하면서 국제금융질서에 커다란 변화가 발생했다. 또한 미국의 지속적인 재정적자와 무역적자로 인해 달러 가치 하락에 대한 국제사회의 우려가 점점 가시화되었다.[50] 이런 국제금융질서의 변화를 살펴보면 한 가지 특징을 발견할 수 있다. 그것은 다름 아니라 달러가 국제결제통화로 부상한 이후 금융자본의 위력이 더욱 강력해졌으며, 이를 바탕으로 산업자본을 압도하고 글로벌 경제에 대한 영향력을 강화해 왔다는 사실이다. 즉, 미국은 달러의 가치

---

50. 이것은 트리핀 딜레마(Triffin Dilemma)로 알려진 문제와 관련되어 있다. 미국 달러가 국제결제통화로서 제 역할을 하기 위해서는 해외로 충분한 달러가 유출되어 일정한 수준 이상 유동성이 유지되어야 한다. 그런데 해외에 달러가 많다는 것은 곧 달러의 가치를 약화시키는 작용을 한다. 이와 같이 국제결제통화로서의 위상과 가치 유지라는 과제는 서로 상충된다는 것이 이 딜레마의 핵심이다.

를 유지하고 자국의 이익을 지키기 위해 비교우위가 있는 금융자본을 전략적으로 활용하는 정책을 강력하게 추진했다고 할 수 있다.

이에 대한 본격적인 논의는 본서의 범위를 벗어나는 것이지만 대강의 줄거리는 짚고 넘어갈 필요가 있다. 제2차 세계대전의 승전국이 된 미국은 공산주의 진영으로부터 서방세계를 보호하고 자국 상품의 수출을 확대하기 위한 두 가지 목적을 갖고 전후 유럽 복구를 위한 마셜 플랜을 시행했다.[51] 이 과정에서 상당한 규모의 달러가 해외로 빠져나가기 시작했다. 그런데 패전국이었던 독일과 일본을 중심으로 서구 경제가 미국의 예상보다 빠른 속도로 회복되었다. 그 결과 1960년대에 들어와서는 여러 분야에서 미국과 경쟁할 수 있는 정도로 발전했으며 이로 인해 미국의 경상수지는 흑자에서 적자로 돌아서게 되었다. 이 과정에서 해외로 달러가 대량으로 유출됨으로써 달러 가치는 예상 외로 빠르게 하락했고, 미국이 보유하던 상당량의 금이 해외로 유출되기 시작했다.[52] 이런 상태가 지속되면 기축통화로서 달러의 위상이 흔들릴 뿐만 아니라 미국의 패권을 유

---

51. 이와 관련해 천위루(2011)는 다음과 같이 말했다. "미국이 서유럽을 지지하는 것이 결코 세계 평화를 위해서가 아니었다. 당시 미국에서는 제2차 세계대전이 종결되면서 무기시장이 사라졌고 국내시장도 위축되어 있었다. 미국에게는 경제에 활기를 불어넣어 줄 새로운 시장이 필요했다. …… 미국이 경제적 번영을 누리려면 서유럽에 상품을 팔아야 하고, 서유럽에서 미국 상품을 사려면 돈이 필요했다. 서유럽에서 필요한 돈을 미국이 빌려주면 이것이야말로 일거양득이 아닌가? 유럽 부흥계획(마셜 플랜을 말함)은 미국의 번영을 위한 계획이었다."(392쪽) 이런 미국의 대외정책은 지금도 변함이 없다. 역사적으로 슈퍼파워는 항상 이런 방식으로 세계를 지배했다는 사실을 유념해야 한다.

52. 천위루(2011)는 이에 대해 다음과 같이 평가했다. "냉전이라는 시대적 환경 때문에 당시 미국은 경제보다는 군사 방면에 더 비중을 두었다. …… 그 결과 계속 금이 유출되면서 미국은 금 부족에 시달리게 되었다. 1956년부터 미국의 금 준비금은 단기외채를 상환하기에도 부족했고, 1958년에는 미국의 모든 금 준비금을 모아도 단기외채를 갚을 수 없는 지경에 이르렀다."(404쪽) 이런 역사적 배경으로부터 금융자본의 부상이라는 역사적 사건의 단초가 마련되었던 것이다.

지하는 데도 심각한 문제가 될 수밖에 없는 상황이었다.[53]

이런 상황을 타개하기 위해 고육지책으로 등장한 것이 바로 닉슨 대통령의 금태환 정지 선언이었다. 이것은 금융자본의 부상을 예고하는 상징적인 사건이었다. 그럼에도 1970년대 들어와 달러 가치는 지속적으로 하락했다. 이런 상황에서 1973년 1차 오일쇼크가 발생했다. 이것은 오일달러에 의존하던 중동의 산유국들이 1차 중동전쟁을 계기로 달러 가치 하락으로 인한 손실을 메우기 위한 대응책이었다. 1970년대 스태그플레이션을 초래해 전 세계가 인플레이션과 경기침체의 이중고에 시달리게 된 이면에는 달러 가치의 하락이라는 현상이 있었던 것이다. 이런 일련의 사건들이 발생하면서 국제금융질서의 근간을 이루던 브레튼우즈 체제가 붕괴했고 제한적이지만 변동환율제가 채택되었다. 그동안 1온스에 35달러로 고정되었던 사실상 금환본위제 하에서 비교적 안정된 환율을 바탕으로 안정적으로 유지되던 국제금융시장은 단기간에 불확실성과 변동성이 극심한 시장으로 돌변했다.[54] 이것은 향후 발생할 각종 금융위기의 전조

53. 예일대학 경제학 교수였던 로버트 트리핀(Robert Triffin)은 1960년대 미 의회 연설에서 미국이 경상적자를 허용하지 않고 국제 유동성 공급을 중단하면 세계경제는 크게 위축될 것이라고 지적하는 한편, 적자 상태가 지속돼 미 달러화가 과잉 공급되면 달러화 가치가 하락해 준비자산으로서 신뢰도가 저하되고 고정환율제도 붕괴될 것이라고 증언했다.

54. 이와 관련해 천위루(2011)는 다음과 같이 평가했다. “1976년 국제통화기금의 임시 위원회는 자메이카의 킹스턴에서 회의를 열고 ‘킹스턴 체제’에 합의했다. 킹스턴 체제의 가장 큰 특징은 각국에 환율제도의 재량권을 부여하여 변동환율 제도를 인정한 점이다. …… 자유자재로 변동하는 환율은 경제를 조정하는 효과도 있었지만 이로 인해 각국은 심각한 경제위기를 겪어야 했다. 가령 라틴 아메리카의 채무위기, 멕시코의 금융위기, 브라질의 채무위기, 동남아시아의 금융위기 등이 있다. 이때부터 세계 금융은 더 이상 평화를 찾아볼 수 없게 되었다.”(406쪽) 이런 일련의 사건들이 2008년 금융위기를 예고했지만 주류 경제학은 이런 징후를 전혀 예측하지 못하는 실수를 범했다. 지적 오만과 편견은 가공할 피해를 초래한다는 사실을 잊지 말아야 한다.

前兆였다.

이런 불안정한 상황에서 미국이 채택한 것이 신자유주의 정책이었다. 금융시장에서 각종 규제를 철폐함으로써 자본시장을 자유화하고, 환율은 외환시장에서 자율적으로 결정되는 변동환율제를 채택하도록 압박했다. 미국의 반격이 시작되었던 것이다. 1950년대부터 1970년대 초까지는 자본주의 역사에서 최고의 황금기였다. 이 시기에 전 세계적으로 높은 경제성장을 이룩했을 뿐만 아니라 분배의 불평등도 상당히 완화되었기 때문이다.[55] 그럼에도 미국은 달러 가치의 하락을 방지하고 기축통화로서의 위상을 유지함으로써 미국의 이익을 고수하기 위해 신자유주의 정책으로 선회했던 것이다. 이와 관련해 경제학자 세바스티안 둘리엔이 『자본주의 고쳐쓰기』에서 다음과 같이 지적한 것은 중요한 의미가 있다.

> 1930년대 대공황의 와중에 출현하여 제2차 세계대전 이후 서방세계에서 그 구성을 확고히 굳힌 경제모델은 현재의 상황과 여러 점에서 큰 대비를 보여준다. 경제성장률은 높았고 실업률은 낮았음은 물론이고, 소득분배 또한 공정하였다. …… 이런 점에서 "자본주의의 황금시대"라고 묘사할 수 있는 이 모델은 1970년대에 들어서면 깊은 위기에 빠져들고 이 때문에 시장자유주의의 세계화 프로젝트로 가는 길이 열리게 된다.[56]

이것은 무엇을 의미하는가? 자본주의의 황금시대를 끝냈던 1970년대 스태그플레이션을 해결하기 위한 대안으로 등장한 것이 신자유주의였다. 1950년대부터 1970년대 초에 이르는 20여 년의 기간은 인류 역사상

55. 이 기간 동안 사상 유례 없이 분배의 불평등이 완화되었기 때문에 이 시기를 대압착기(Great Compression)라고 한다.

56. 세바스티안 둘리엔(2011), 45쪽.

최대의 번영을 누렸던 시기로 가히 자본주의의 절정기라 부를만 했다. 그러던 것이 1973년 1차 오일쇼크를 시발로 스태그플레이션이라는 괴물의 지배를 받게 되었다. 높은 인플레이션과 실업 증가를 동반하는 경제적 위기 앞에서 어떤 이론과 정책적 처방도 무력했다.

이런 공백기를 이용해 기다렸다는 듯이 등장한 것이 신자유주의 정책이었고, 레이건과 대처가 주도한 보수혁명이었다. 그리고 이런 정책변화와 함께 주류 경제학에서도 이를 뒷받침하는 이론적 근거를 마련하기 위한 체계적인 시도가 이루어졌다. 효율적 시장 가설은 금융시장의 규제완화를 뒷받침하는 이론적 근거를 마련해 주었으며, 시장이 스스로 알아서 모든 경제 문제를 치유한다는 생각이 널리 수용되는 데 결정적인 역할을 했다. 경제학자 존 퀴긴John Quiggin은 『경제학의 5가지 유령들』에서 이런 상황을 다음과 같이 묘사했다.

> 애덤 스미스 이후 경제학자들은 대체로 시장의 장점들을 언급해 왔다. 그중에서도 금융시장에 초점을 둔 효율적 시장 가설은 1970년대 케인스의 브레튼우즈 체제 붕괴 이후 발생한 금융 주도 자본주의의 특징이다. 효율적 시장 가설은 금융 규제 철폐, 세계 자본흐름에 대한 제한 철폐, 금융부문의 엄청난 확장을 정당화했고 이를 요구했다. 이런 발전 과정에 결국에는 금융위기를 낳았고, 지금도 전 세계 경제가 그 여파로 어려움을 겪고 있다.[57]

이런 과정을 거쳐 글로벌 경제의 중심으로 부상한 금융자본은 세계화와 정보화라는 메가트렌드에 편승해 그야말로 전 세계를 상대로 수익률 게임을 실시할 수 있는 발판을 마련했던 것이다. 자본의 논리가 수익률을

57. 존 퀴긴, 『경제학의 5가지 유령들』(2010), 56쪽.

추구하는 것임은 명백하다. 그런데 산업자본과 같이 경제적 번영을 위한 물적 기반을 확충하고 대중의 삶의 질을 높이는 가운데 수익률을 추구하는 것이 아니라 오로지 수익률에만 집착하는 금융자본의 논리는 더 이상 건전한 시장경제의 발전과는 양립하기 어려운 문제들을 만들어내기 시작했다. 그중 대표적인 것이 글로벌 차원에서 불평등이 확대된 것이고, 단기 성과에 집착하는 단기주의short-termism가 경제 전반에 만연하게 된 것이다. 전자는 물질적 차원에서 갈등을 유발하고 후자는 정신적 차원에서 조급함을 조장했다.

금융자본의 부상과 지배는 이원론적 · 기계적 세계관의 절정을 상징하는 사건임과 동시에 대극의 반전을 알리는 신호이기도 하다. 시장경제는 수많은 '분리된' 개별 주체들이 자신의 책임 하에 경제활동을 영위하는 시스템이다. 이런 의미에서 시장경제는 분리의식을 전제로 하는 시스템이다. 반면 공산주의와 같이 중앙집권적 계획에 의존하는 경제시스템은 단일한 의사결정 주체의 명령에 의해 경제활동이 이루어지므로 얼핏 보기에는 전체를 통합하고 있는 하나의 의식에 의해 모든 것이 통제되는 것으로 보인다. 그러나 실상은 정반대다. 외관상 분리의식이 좌우하는 것처럼 보이는 시장경제는 실질적으로는 보이지 않는 협력의 네트워크에 의해 마치 하나의 거대한 유기체처럼 움직인다. 그래야만 시장경제의 진정한 가치를 유지 · 발전시킬 수 있기 때문이다. 반면 중앙집권적 계획 시스템에서는 전체의식이 모든 것을 결정하는 것 같지만 사실은 소수가 지배하고 다수는 소외되어 있다는 의미에서 철저하게 분리의식을 반영할 뿐이다. 이런 시스템에서 다수는 단지 소수의 목적을 위한 도구로 전락하게 된다.

그런데 금융자본주의는 이런 속성을 역전시킴으로써 시장경제의 본질을 왜곡시키고 사람들에게 분리의식을 강요하는 지경에 이르게 되었다. 여기서 자본주의와 시장경제 간의 간극이 확대되기 시작했다. 앞에서 언급했듯이 자본주의는 부정적인 의미와 연결되고 시장경제는 긍정적인 의미와 연결되는 것도 이런 이유에서다. 금융자본주의가 시장경제를 지배하게 되면서 기계적인 금융거래 알고리즘이 시장경제의 고유한 특성인 사람들 간의 관계 및 협력을 대체하기 시작했던 것도 한 가지 이유다. 이로 인해 금융시장은 예측할 수도 없고 통제할 수도 없는 크고 작은 위기가 반복되는 시스템으로 변질되었다.[58] 특히 정보기술의 발전으로 인해 대부분의 금융거래가 프로그램화된 알고리즘에 따라 빛의 속도로 이루어지는 금융시장에서는 사람이 사라지고, 관계도 사라지며, 오직 수익률만이 의미 있는 상황이 벌어지게 된 것이다. 이것은 시장경제의 발전이 아니라 금융자본의 횡포일 뿐이다.

이런 상황에서 한 가지 고무적인 것은 이제 시장경제가 스스로를 치유할 수 있는 자생력을 바탕으로 금융자본의 위력을 줄이고 인간 중심의

58. 이런 상황을 잘 드러낸 사건이 이른바 플래시 크래시(Flash Crash)다. 브랫 킹(Brett King)은 『증강현실』(2016)에서 다음과 같이 묘사했다. "2009년에서 2013년 사이 기계지능의 일종인 HFT 알고리즘은 미국 주식거래량의 49~73퍼센트를 담당했고, 2014년에는 유럽연합 주식거래의 38퍼센트를 차지했다. 2010년 5월 6일 다우지수는 장중 최고 하락치를 기록했고 1분도 안 되어 그 손실분을 메꿨다. 미 증권거래위원회와 상품거래위원회는 5개월간의 연구 끝에 HFT가 이른바 플래시 크래시(갑작스러운 붕괴라는 뜻으로, 다우지수가 거래 종료를 15분 남기고 순간적으로 폭락한 사건을 가리킨다)에 영향을 미쳤다는 보고서를 내놓았다."(114~115쪽). 그렇지만 당시 이들 위원회는 이것은 매우 예외적인 사건이며 금융시장이 불안정하다는 증거가 될 수는 없다는 식으로 무마했다. 그렇지만 이것은 현재 금융시장이 어느 정도 예측 불가능한 위험을 가진 시장으로 전락했는지 보여주는 중요한 사건이다. 특히 향후 금융거래를 위한 슈퍼 인공지능 알고리즘이 개발되면 이런 위험은 더욱 증가할 것이며, 이로 인해 시장경제가 끔찍한 재앙을 피하기 어려울 수도 있다. 2010년 플래시 크래시의 원인과 진행 상황에 대한 상세한 설명은 마크 뷰캐넌의 『내일의 경제』(2013), 1장을 참조하라.

경제를 준비하는 작업을 시작했다는 사실이다. 인터넷 혁명으로 인해 인간과 인간, 사물과 사물, 나아가 모든 것들이 연결되는 초연결사회는 시장경제의 새로운 가능성을 보여주기 시작했다. 특히 사물인터넷은 이런 가능성을 실현시키는 기술적 기반으로서의 역할을 할 것으로 예상된다. 우리는 여기서 더 나은 시장경제의 가능성을 발견할 수 있다. 시장경제는 이제 더 이상 분리된 상태에서 독자적으로 행동하는 사람들이 근시안적으로 사적인 이익만을 추구하는 시스템이 아니다. 시장경제는 모든 사람들이 연결된 가운데 사적인 이익과 공적인 이익의 조화를 추구함으로써 진정한 의미에서 보이지 않는 손이 작동할 수 있는 경제시스템으로 환골탈태하는 과정의 초입에 있다. 이것이 우리가 지향해야 하는 방향이기도 하다.

Understanding the Market Economy

part two

시장경제이론의 주요 쟁점들에 대하여

오늘날 자본주의 시장경제가 글로벌 차원에서 여러 가지 심각한 문제들을 드러내고 있다는 점은 의심할 여지가 없다. 대표적으로는 소득과 부의 불평등 악화, 성장지상주의로 인한 생태계 파괴, 화석연료의 과다 사용으로 인한 기후변화, 독과점의 강화, 인구절벽으로 인한 총수요 감소, 그리고 금융자본의 지배 등 시장경제의 근간을 위태롭게 하는 부정적인 요인들이 동시에 부각되고 있다. 한편 인터넷과 모바일 혁명으로 인해 사람들이 연결되고 있으며 여러 분야에서 한계비용이 거의 제로 수준으로 하락하면서 산업 생태계에 획기적인 변화가 일어나고 있는 것은 시장경제의 미래에 긍정적인 요인들로 작용할 것으로 예상된다.

그런데 이와 같이 부정적 · 긍정적 요인들이 공존하고 있는 경제 현실과 현재 주류 경제학의 위상을 차지하고 있는 신고전학파 경제이론 간에는 커다란 간극이 존재한다. 한마디로 신고전학파 경제이론은 현실 경제를 분석하고 미래를 예측하는 이론 모형으로서의 기능을 대부분 상실했다는 비판을 면할 길이 없다. 2008년의 금융위기가 이것을 명확하게 보여주었지만 신고전학파 경제이론의 위상에는 여전히 별다른 변화가 없다. 이제는 토머스 쿤이 말한 패러다임의 전환paradigm shift이라는 관점에서 이 문제를 진지하게 고민해야 할 시점이다.[1]

쿤은 『과학혁명의 구조』에서 기존의 패러다임에 대항하는 다른 패러다임이 등장해 서로 다투는 상황을 통약불가능성incommensurability이라는 개념을 이용해 설명했다. 이것은 대립하고 있는 이론들이 양립할 수 없을

1. 토머스 쿤이 『과학혁명의 구조』(1970)에서 소개한 패러다임은 엄밀하게 말하면 자연과학과 같은 경성 과학에 적용되는 용어다. 쿤 자신도 이런 관점에서 패러다임의 전환을 논했다. 이런 의미에서 보면 패러다임이란 용어를 남용하고 있는 셈이다. 따라서 여기서는 패러다임의 전환과 관련해 쿤이 전하려고 했던 의미를 공유한다는 관점에서 이 용어를 사용한 것으로 이해해 주기 바란다.

뿐만 아니라 서로 비교할 수 없기 때문에 한쪽이 다른 쪽보다 객관적으로 더 옳거나 그르다고 말할 수 없는 경우를 지칭하는 개념이다.[2] 통약불가능성을 상징적으로 보여주는 사례로는 한쪽에서 보면 노파의 옆모습이지만 다른 쪽에서 보면 젊은 여인의 뒷모습처럼 보이는 유명한 그림을 들 수 있다.[3] 이 그림에서 노파와 젊은 여인 중 어느 하나가 맞다고 할 수 없다. 이것이 통약불가능성에 해당한다.

통약불가능성은 기존의 패러다임에서 새로운 패러다임으로 전환하는 과정에서 경험하게 되는 불가피한 현상이다. 그렇지만 기존 패러다임의 저항이 상당하기 때문에 새로운 패러다임으로의 전환은 쉽게 일어나지 않는다. 이와 관련해 쿤은 다음과 같이 평가했다. "패러다임으로부터 패러다임으로의 이행은 강제될 수 없는 개종改宗 경험이다. 특히 정상과학의 옛 전통을 신봉하는 이들이 일생에 걸쳐 벌리는 저항은 과학적 기준의 위반이 아니라 과학적 연구의 성격 자체에 대한 지표가 된다. 저항의 근원은 결국 옛 패러다임이 모든 문제를 풀어주리라는 확신, 자연이 패러다임에 의해 제공되는 틀 속으로 맞춰진다는 확신에 있다."[4] 패러다임의 전환은 이처럼 어려운 과정이다.

쿤의 패러다임 개념을 이용해 경제학의 위기를 진단하고 대안을 모색했던 금융전문가 조지 쿠퍼George Cooper는 『돈, 피, 혁명』이라는 다분히

2. 통약불가능성을 보여준 상징적인 사건으로 시카고대학의 유진 파머 교수와 예일대학의 로버트 쉴러 교수가 2013년 노벨 경제학상을 공동 수상한 사례를 들 수 있다. 파머 교수는 효율적 시장 가설의 대부로 알려져 있는 데 반해 쉴러 교수는 금융시장에서 비이성적 행동을 분석하는 행동재무학의 대가로 알려져 있다. 이와 같이 상반된 학문적 견해를 가진 두 사람을 같은 해 공동 수상자로 선정했다는 것은 통약불가능성을 상징하는 사건이라 할 수 있다.

3. 구글 검색창에 "노파와 처녀 관련 이미지"를 치면 이 그림을 찾을 수 있다.

4. 토머스 쿤(1970), 216쪽.

자극적인 제목의 책에서 오늘날 다양한 경제이론들이 통약불가능한 상태에서 공존하고 있다고 진단하면서 패러다임의 전환 가능성을 쿤의 통찰에서 찾아야 한다고 주장했다. 쿤의 통찰이란 다름 아니라 이론이 관찰을 좌우한다는 사실이다. 쿠퍼는 우리가 갖고 있는 세계관이 세계에 대한 관찰을 지배하고 정의한다는 것을 쿤이 밝혀냈다면서 쿤의 입장은 다음과 같다고 주장했다. "쿤에 따르면, 과학적 위기에서 빠져나오는 방법은 직관과 상상력에 의존하는 접근법과 맥을 같이 한다. 패러다임의 전환, 즉 관찰을 다른 방향으로 이끌 새로운 모델로의 직관적인 도약이 필수적이라는 것이다. …… 쿤의 연구 결과로 우리는 이러한 사고의 전환을 이제 패러다임 전환이라 부른다."[5]

이와 같이 어느 분야에서나 패러다임의 전환은 쉽게 일어나지 않는다. 그래서 쿤도 기존 패러다임을 지지하던 세대가 사라진 후에야 비로소 새로운 패러다임이 정착할 수 있다고 말했던 것이다. 패러다임의 전환이 쉽지 않은 가장 큰 이유는 기존 이론이 신뢰성을 잃어도 더 나은 이론이 등장하지 않는 이상 기존 이론은 절대 사라지지 않기 때문이다. 그동안 주류 경제학에 대해 여러 가지 비판이 제기되었던 것은 사실이다. 유감스럽게도 이런 비판은 주류 경제학의 내부에서가 아니라 주로 외부에서 제기되었다. 이 가운데 특히 심리학과 접목된 행동경제학과 복잡계 이론을 전공한 사람들이 제시한 대안은 주목할 가치가 있다. 이들 비판의 핵심은 경제활동은 독립적이고 분리된 주체에 의해 항상 합리적으로 이루어지는 것이 아니라는 점이다. 사람들은 때로는 과거의 기억이나 현재의 감정에 휘둘려 서로 영향을 주고받는 가운데 비합리적으로 행동하기도 한다는

5. 조지 쿠퍼, 『돈, 피, 혁명』(2014), 44쪽.

것이다. 신고전학파 경제이론에 오랫동안 경도傾倒되었던 사람들도 이제는 이들의 비판을 진지하게 받아들여야 할 시점이라고 생각한다. 이것은 필자에게도 해당되는 메시지이기도 하다.

이런 자기비판을 언급하는 이유는 현재 시장경제가 안고 있는 문제들과 향후 예상되는 문제들을 감안할 때 그간의 경제학 패러다임에 상당한 변화가 필요하다는 생각을 떨칠 수 없기 때문이다. 더 나은 시장경제를 위한 경제이론은 기존의 환원주의적인 방법론의 한계를 극복하고 그동안 여러 분야에서 축적한 지식을 바탕으로 통합적인 관점에서 시장경제를 분석하고 문제의 해결방안을 찾는 데 주력해야 한다. 필자는 특히 심리학, 생물학, 그리고 복잡계 이론에서 축적된 지식을 경제 현실을 이해하고 분석하는 데 접목시킬 필요가 있다고 생각한다. 이것은 단순히 여러 분야의 지식을 잡다하게 나열하자는 의도가 아니라 에드워드 윌슨이 제창한 통섭consilience의 진정한 의미를 살려 기존의 경제이론을 보완해야 한다는 뜻이다.[6] 이런 통섭적인 자세가 시장경제에서 인간 존재의 의미를 재정립하고 이를 바탕으로 더 나은 시장경제를 모색하기 위한 출발점이 되어야 할 것이다.

---

6. 에드워드 윌슨이 『통섭』(1998)에서 지식의 통일이라는 관점에서 다음과 같이 한 말은 음미할 가치가 있다. "인간 지성의 가장 위대한 과업은 예전에도 그랬고 앞으로도 그럴 것이지만 과학과 인문학을 연결해 보려는 노력이다. 지식의 계속적인 파편화와 그것으로 인한 철학의 혼란은 실제 세계의 반영이라기보다는 학자들이 만든 인공물일 뿐이다."(39쪽) 필자는 이 말에 전적으로 공감한다. 윌슨의 통섭이 적지 않은 비판을 받은 이유는 그가 은연중에 자연과학을 중심으로 하는 지식의 통합을 강조했다는 인상을 주었기 때문이라고 생각한다. 이 책 이후 윌슨이 쓴 일련의 책에서도 이런 경향을 엿볼 수 있다. 이 점만 보완한다면 통섭은 반드시 필요한 과제라고 생각한다. 나아가 필자는 여기에 연역적 방법론과 귀납적 방법론의 통합을 추가하고자 한다. 연역적으로 확립된 이론은 실제로 관찰된 실증 데이터를 이용한 검증을 통과한 경우에 한해 진정한 이론으로 간주되어야 한다. 그 전까지는 하나의 가설로 남아 있어야 할 것이다.

신고전학파 경제이론이 탄생하게 된 배경을 살펴보면 19세기 후반 당대의 몇몇 뛰어난 경제학자들이 뉴턴의 고전물리학 방법을 도입해 경제학을 정교한 이론 모형을 가진 과학의 한 분야로 격상시키려 했던 것을 알 수 있다. 그러나 이것은 현실 경제와의 괴리라는 커다란 대가를 지불하고 성취한 것이었다. 당시 한계혁명을 주도했던 윌리엄 스탠리 제번스William Stanley Jevons와 레옹 왈라스Leon Walras, 그리고 빌프레도 파레토Vilfredo Pareto는 물리학의 수리적 방법론을 도입해 경제학에 정교한 과학의 색채를 부여하고자 했다. 그런데 유감스러운 점은 당시 이미 고전물리학의 한계가 드러나고 있었으나 이를 간파하지 못한 채 고전물리학의 환원주의적이고 기계론적인 세계관을 바탕으로 하는 경제이론을 구축하게 되었다는 사실이다. 여기서 환원주의란 전체는 부분을 분석함으로써 파악할 수 있으므로 작은 단위로 쪼개서 보면 전체의 특성을 알 수 있다는 과학적 방법론을 지칭한다. 그리고 기계론적 세계관이란, 상징적으로 말하면, 우주란 거대한 시계와 같이 움직이는 것으로 보는 견해다. 즉, 우주를 구성하는 모든 부분들이 마치 시계의 톱니바퀴처럼 일사분란하게 주어진 규칙에 따라 제 역할을 함으로써 전체의 작동에 기여한다는 것이다. 이것이 신고전학파 경제이론의 핵심적인 경제관이자 방법론이다.

복잡계 전문가인 데이비드 오렐은 『경제학 혁명』에서 여기서부터 경제학이 잘못된 길로 들어섰다면서 다음과 같이 논평했다. "뉴턴 역학이 물리학이나 공학 등의 분야에서 그토록 성공적으로 입증되었다면, 돈의 흐름에도 마찬가지로 적용할 수 있으리라 믿는 이들이었다. 그들이 발전시킨 '신고전파 경제학' 이론은 오늘날 여전히 주류 경제이론의 기초를 이루며 세계 유수의 대학교 및 비즈니스 스쿨에서 미래의 경제학자들과 재계 지도자들을 교육시키는 핵심적인 커리큘럼을 구성하고 있다."[7] 이것은 다분히 냉소적인 표현이지만 진실을 담고 있다. 이 구절을 인용한 이유는 이것이 주류 경제학에 대한 반성의 출발점이기 때문이다.

그렇지만 신고전학파 경제이론을 대신할 새로운 경제학의 패러다임을 확립하는 작업은 특정 개인이나 집단이 수행할 수 있는 과제가 아니다. 오랜 세월 탁월한 경제학자들이 만든 이론 모형을 간단히 일축하는 것은 사실상 불가능하다. 병이 깊으면 회복에도 오랜 시간이 필요하듯이 새로운 경제이론을 모색하는 것도 길고도 고된 작업이 될 것이다. 이것은 필자와 같이 말석에 있는 일개 경제학자가 감히 도전할 수 있는 과제가 아니다. 그럼에도 더 나은 시장경제를 위한 이론적 기반을 모색하기 위해서는 기존의 주류 경제학의 문제점에 대해 진지하게 고민해야 한다는 생각에는 변함이 없다. 이런 취지에서 여기서는 신고전학파 경제이론에서 주요 쟁점이라고 생각되는 주제를 몇 개 선정해 간략하게 논의하고자 한다. 이 주제들은 어디까지나 필자가 자의적으로 선정한 것이며, 앞으로 더 진지한 논의를 위한 발제 정도로 생각하면 될 것이다. 여기서의 작은 논의가 향후 더 진지하고 활발한 논의를 위한 기폭제가 되었으면 하는 바람이다.

---

7. 데이비드 오렐(2011), 35쪽.

1. 시장경제와 선택의 자유

2. 합리적 선택의 의의와 한계

3. 행동경제학과 선택 문제

4. 선택의 다양한 측면

5. 군집행동과 선택 문제

시장경제와 선택 문제

Understanding the Market Economy
ch. three

3

1. 시장경제와 선택의 자유

시장경제에서 개인의 선택과 관련된 문제는 크게 두 가지 관점에서 접근할 수 있다. 하나는 시장경제의 진화 과정을 통해 개인의 선택의 자유가 어떻게 확대되어 왔는지 살펴보는 것이고, 다른 하나는 개인의 선택을 좌우하는 요인들에 관한 것이다. 전자는 개인의 선택의 자유가 확대되는 과정에서 어떤 대가를 지불했는가 하는 문제와 관련되어 있으며, 후자는 선택 과정에서 합리적 요소와 비합리적 요소 가운데 어떤 것이 더 결정적인 역할을 하는가에 관한 것이다.

시장경제의 가장 큰 장점은 개인적 차원에서 선택의 범위와 자유를 확대시켜 준 데서 찾을 수 있다. 이것은 시장경제가 태동한 이래 시장경제를 지지하는 사람들이나 비판하는 사람들 모두 인정하는 사실이다. 단, 이들이 의견의 불일치를 보이는 부분은 확대된 선택의 기회의 이면에 놓인 여러 가지 도덕적 · 문화적 부작용과 관련된 것이다. 자본주의 시장경제에 대해 비판적이었던 사상가들은 모두 시장경제가 인간성을 타락시키는 원인을 제공할 뿐만 아니라 사회 전반에서 저급한 문화가 득세하도록 만든다고 주장했다. 애덤 스미스 이래 시장경제를 옹호했던 사상가들도 어느 정도 이런 부분을 언급했지만 마르크스, 루카치, 마르쿠제와 같이 반시장적인 사상가들은 매우 심하게 비판했다. 이들에 의하면 시장경제에는 모든 장점을 상쇄하고도 남을 정도로 인간적 · 문화적 측면에서 부정적인 요소가 만연해 있다.[1]

1. 문화적 · 사회적 관점에서 자본주의 시장경제를 강하게 비판한 여러 사람들의 사상을 개관하기 위해서는 제리 멀러의 『자본주의의 매혹』(2002)을 참조하라. 멀러는 자본주의 시장경제에 호의적이었던 헤겔과 베버를 비롯한 여러 사상가들과 이에 비판적이었던 마르크스,

여기서 선택의 자유를 확대해 주었음에도 불구하고 시장경제에 대해 이처럼 부정적으로 평가하는 이유가 무엇인지 생각해 볼 필요가 있다. 물론 이것은 간단히 대답할 수 있는 문제는 아니다. 시장경제가 인간성과 문화에 미친 영향을 단순히 흑백논리로 접근한다는 것 자체가 어불성설이다. 여기에는 수많은 요인들이 관련되어 있기 때문이다. 이와 관련해 정치경제학자 찰스 린드블롬이 다음과 같이 지적한 것을 유념할 필요가 있다. "우리는 시장체제가 인성이나 문화를 타락시킨다거나 타락시키지 않는다고 결론지을 만큼 충분히 알지 못한다. 그러나 비판론자들의 주장에 몇 가지 잘못된 오해가 뒤섞여 있다는 것을 설명할 수는 있다."[2] 필자도 린드블롬의 견해에 동의한다. 시장경제의 문화적 측면을 흑백논리로 평가해서는 안 될 것이다.

시장경제의 초기 단계라 할 수 있는 18세기 영국의 상황에 대해 역사학자 제리 멀러Jerry Muller는 다음과 같이 평가했다. "시간당 임금은 18세기 내내 조금씩 올라갔는데, 특히 애덤 스미스가 『국부론』을 쓰고 있었던 1760~1770년대에 가파른 상승을 보였다. …… 그 결과 전체 가계의 수입이 증가하여 많은 노동자 가정이 그 전에는 꿈도 꿀 수 없었던 물건을 구입할 수 있을 만큼 넉넉해졌다. 임금은 오르고 농산물과 의복 등 필수품 생산비용은 낮아졌다. 생활 수준이 전반적으로 향상된 것이다."[3] 여기

아널드, 지멜, 루카치, 마르쿠제 등의 사상을 비교하면서 이들의 차이점과 공통점을 잘 정리해 주었다.

2. 찰스 린드블롬(2001), 227쪽.

3. 제리 멀러(2002), 98~99쪽. 이어서 멀러는 18세기 동안 1인당 소비가 열다섯 배로 증가하면서, 18세기 초에 상류층의 사치음료였던 차가 18세기 중반에는 길에서 일하는 노동자들의 일상음료가 되었으며, 부자의 전유물이었던 담요, 린넨, 베개, 깔개, 커튼, 유리, 도자기, 놋쇠, 구리, 철제 등이 서민 가정으로 쏟아져 들어갔다고 설명했다. 당시로서는 대단한 소비혁명이었음에 틀림없다.

에 시장경제가 어떻게 개인의 선택의 자유를 확대시켜 주었는가에 대한 핵심적인 내용이 담겨 있다. 그리고 이런 추세는 지금까지 이어지고 있다. 즉, 전반적으로 소득이 증가했으며 동시에 필수품의 가격이 낮아졌으므로 소비자로서 개인의 선택의 폭이 확대되었고 삶의 질은 개선되었다. 시장경제가 아니고는 기대할 수 없는 혜택이다. 그렇다고 이것이 시장경제의 진화 과정에서 개인의 선택의 자유가 보편적으로, 그리고 지속적으로 확대되었다는 것을 의미하지는 않는다.

시장경제에서 개인은 다른 사람에게 피해를 주지 않는 한도 내에서는 무엇이든 선택할 자유가 있다. 여기에는 비단 재화나 서비스 외에도 직업, 종교, 정당, 세계관 등 자신이 원하는 것이면 무엇이든—물질적인 것과 정신적인 것 모두—포함된다. 여기서 한 가지 유의할 점은 시장경제는 단지 물질적인 측면에서 선택의 자유를 확대했는가 하는 것이다. 이와 관련해 린드블롬은 다음과 같이 적절하게 지적했다. "많은 사람들이 '물질' 또는 '물질적'이라는 용어가 물리적 대상만을 배타적으로 가리키는 것이 아니라, 돈과 시장을 통해 추구되는 목적이나 목표를 가리키는 것으로 이해한다. 이런 의미에 따르면, 사람들이 연주회 입장권을 사는 것도 '물질' 또는 물질주의적 목표를 추구하는 것이다. 이 말이 맞는다면, 수도승에게 상담료를 내고 열반에 이르는 조언을 구하는 것도 물질적 욕망을 추구하는 것이다."[4] 이것은 역설적인 내용을 담고 있다. 시장경제는 물질적 욕구만이 아니라 정신적 욕구를 충족시키는 다양한 기회를 제공해 왔기 때문이다.

이런 것들이 시장이 제공하는 자유의 중요한 측면이다. 모든 면에서

4. 찰스 린드블롬(2001), 108쪽.

자신의 고유한 개성과 추구하는 가치를 실현시키려는 노력을 방해하지 않는 물질적·정신적 기회를 제공해 주는 것이 시장경제의 장점이다. 이 가운데 어떤 것을 선호하는가는 전적으로 개인의 결정에 달려 있다. 이런 의미에서 자유시장을 지지했던 밀턴 프리드먼이 다음과 같이 말한 것은 지금도 유효하다.

> 경제체제는 자유사회를 진흥하는 데 있어 두 가지 역할을 한다. 첫 번째로 경제체제에서의 자유는 그 자체가 넓은 의미로 이해한 자유의 한 구성요소이기 때문에 경제적 자유 자체가 하나의 목적이 된다. 두 번째로 경제적 자유는 정치적 자유를 성취하기 위한 필요불가결한 수단이 되기도 한다. 경제적 자유의 첫 번째 역할은 각별히 강조할 필요가 있다. 특히 지식인들 사이에서 자유의 경제적 측면은 중요하지 않다는 편견이 있기 때문이다.[5]

경제적 자유의 두 가지 역할에 대한 프리드먼의 견해에 대해서는 기본적으로 반박할 소지가 없다. 그런데 그가 말한 두 번째 역할과 관련해서는 반대 해석도 가능하다. 즉, 정치적 자유가 확보되어야 제대로 된 민주주의가 가능하고 그래야만 경제적 자유를 보장하는 각종 법과 제도, 즉 규칙을 제정할 수 있다는 의미다. 경제학자 조지프 스티글리츠는 『불평등의 대가』에서 바로 이런 관점에서 민주주의의 회복이 경제적 불평등의 완화를 위한 선결과제라고 주장했다. 그에 의하면 불평등의 완화는 진정한 의미에서 선택의 자유의 확대를 의미한다.

스티글리츠는 미국은 이미 1퍼센트의 이익을 위해 99퍼센트의 희생을 강요하는 경제체제로 전락하고 말았다고 주장했다. 이런 표현이 다소

---

5. 밀턴 프리드먼(2002), 35쪽.

극적인 효과를 위해 과장된 면이 없는 것은 아니지만 현실을 반영하고 있는 것 또한 사실이다. 그는 미국의 경우 상위 1퍼센트에 속하는 사람들이 모든 수단과 방법을 동원해 자신들에게 유리하게 언론을 조작하고 정치를 조정함으로써 지속적으로 지대를 추구할 수 있는 기반을 형성해 놓은 상태라고 진단했다. 이들의 경우에는 선택의 자유가 확대되어 왔지만, 나머지 99퍼센트의 사람들의 경우에는 그 반대 현상이 일어났다고 볼 수밖에 없다. 그렇다면 이 경우 시장경제는 과연 개인의 선택의 자유를 확대해 왔는지 의문이 든다. 이런 의미에서 불평등은 선택의 자유와 밀접하게 관련되어 있다.[6]

게다가 상대적 관점에서 볼 때 불평등 문제는 선택의 자유가 확대되었다는 고정관념을 무력화시킨다. 스티글리츠의 표현대로 1퍼센트는 선택의 폭이 열 배로 증가하고 나머지 99퍼센트는 고작 두 배 증가했다면 이것을 과연 보편적인 의미에서 선택의 자유가 확대된 것으로 해석할 수 있을지 의문이다. 인간은 사회적 동물이기 때문에 다른 사람들과의 비교가 불가피한 경우가 대부분이다. 이런 경우 상대적 박탈감으로 인해 99퍼센트의 효용 또는 행복감이 하락한다면 선택의 자유가 확대된 것을 무조건 긍정적으로 평가하기는 어려울 것이다. 이것은 단지 사고실험 차원

---

6. 이런 관점에서 우리가 주목해야 하는 것은 지대추구행위가 개인의 선택에 미치는 부정적 영향이다. 조지프 스티글리츠가 일관되게 강조하는 것은 상위 1퍼센트의 집요한 지대추구행위이다. 지대추구행위란 각종 로비를 통해 불로소득을 보장받으려는 행위로 시장경제의 근간을 위협하는 요인이다. 그런데 미국과 같이 상대적으로 공정한 사회에서조차 지대추구행위가 심각한 사회문제가 되고 있다는 것은 우리나라를 비롯해 아직 민주주의가 성숙하지 못했으며 공정성에 대한 인식이 약한 나라에서는 지대추구행위가 더욱 만연하다는 것을 시사한다. 특히 우리나라의 경우 이런 지대추구행위의 정점에는 재벌이 있으며 미국보다 훨씬 더 심각한 상황이다. 우리나라에서 행해지는 각종 지대추구행위에 대한 상세한 논의는 박창기(2012), 2장을 참조하라.

의 문제가 아니라 미국과 우리나라를 비롯한 불평등이 극심한 모든 나라에 적용되는 현실적인 문제다. 시장경제에서 선택의 문제는 결코 단순하지 않다.

선택의 자유가 확대되어 온 것의 가치를 잠식하는 다른 요인으로는 사람들이 상대적으로 물질적인 가치에 더 큰 비중을 두게 된 것을 지적할 수 있다. 일찍이 애덤 스미스도 언급했듯이 시장경제의 초기부터 지금에 이르기까지 가장 괄목할 만한 변화는 사람들의 물질적 여건이 획기적으로 개선된 것이다.[7] 시장경제는 사람들의 욕구에 부응하는 수많은 다양한 상품들을 제공하는 방향으로 진화해 왔기 때문이다. 이것은 인간의 본성에 비추어 자연스러운 과정이라 할 수 있다. 문제는 이로 인해 사람들이 비시장적 가치와 정신적 가치를 극도로 폄하하는 경향이 만연하게 되었다는 데 있다. 이런 현실은 우리가 추구하는 행복과 무관하지 않기 때문에 무시할 수 없다. 이런 이유로 선택의 자유의 확대가 개인의 삶에서 갖는 진정한 의미에 대해 진지하게 생각해 볼 필요가 있는 것이다.

물질을 구성하는 기본 단위가 원자이듯이 사회를 구성하는 기본 단위는 사회적 원자social atom라고 할 수 있다.[8] 사회적 원자는 단순한 원자와는 상당히 다르다. 그럼에도 주류 경제학에서는 이들 간에 차이가 없는

---

7. 제리 멀러(2002)는 애덤 스미스가 『국부론』 서두에서 '문명국가의 평범한 노동자'의 물질적 환경에 주목할 것을 요구했다고 말하면서 다음과 같이 그의 말을 인용했다. "사치스러운 귀족에 비하면 그(평범한 노동자)의 보금자리는 분명히 소박하다. 그러나 유럽 왕자의 집이 오늘날 근면한 영국 농부보다 못했던 시절이 있었다. 오늘날 영국 농부의 생활환경은 벌거벗은 수만 명의 인간을 살리고 죽이는 아프리카의 왕보다 훨씬 낫다." 그의 책 101쪽을 참조하라. 같은 얘기가 우리에게도 적용된다. 조선시대의 왕보다 현재 서울에 사는 중산층이 훨씬 더 물질적으로 풍요로운 생활을 하고 있음은 명백하다.
8. 사회적 원자라는 표현은 마크 뷰캐넌의 『사회적 원자』(2007)에서 차용했다. 뷰캐넌이 처음 이 표현을 사용했는지는 불분명하나 이것을 널리 확산시키는 데 기여한 것은 분명하다.

것처럼 가정한다. 이 말은 개별 주체는 다른 주체와는 독립적인 상태에서 합리적으로 목적을 추구하는 존재로 간주된다는 의미로 여기에는 어떤 상호작용도 배제되어 있다. 소비자는 주어진 제약조건 하에서 효용극대화를 추구하며 기업은 이윤극대화를 추구하는 주체로 간주될 뿐이다. 그리고 이들의 선택을 모두 집계하면 자연스럽게 시장수요와 시장공급으로 귀결된다. 또한 시장수요와 시장공급 간의 격차는 가격의 신축적인 조정을 통해 신속하게 해소된다. 이것이 전형적인 환원주의적 방법론이다. 개별 주체의 선택과는 무관한 어떤 요인도 시장의 결과에 영향을 미치지 않는다는 것이다.

그런데 개별 주체의 행동을 이와는 반대로 해석하는 것이 훨씬 더 설득력이 있다는 사실을 주목해야 한다. 시장에서 개별 주체는 독립적으로 행동하는 것이 아니라 서로 연결되어 있으면서 상호 영향을 주고받는 존재다. 이것이 사회적 원자에 대한 올바른 해석이며 시장경제를 분석하는 기초가 되어야 함에도 불구하고 주류 경제학에서는 의도적으로 이 점을 무시해 왔다. 이와 관련해 복잡계 전문가인 마크 뷰캐넌Mark Buchanan은 『내일의 경제』에서 다음과 같이 지적했다. "정치학자 로버트 액설로드가 제안했듯이, '합리적 선택 연구 방법이 지배적인 이유는 그 방법이 현실적이라고 학자들이 생각해서가 아니다. 비현실적인 가정은 조언을 위한 기반으로서의 가치 대부분을 훼손한다. 합리적 선택 연구 방법의 진정한 이점은 그 방법이 연역법을 허용한다는 것이다.' 경제이론은 현실의 지저분한 세부 사항들로 더러워질 필요가 없다."[9] 이것은 오로지 합리적 선택만을 강조하는 주류 경제학의 한계를 극명하게 드러내는 냉소적인 표

9. 마크 뷰캐넌, 『내일의 경제』(2013), 167쪽.

현이다. 이제 이런 비판을 더 이상 무시해서는 안 된다. 전통적인 선택이론에 대한 대안을 찾는 것은 중요한 과제다.

2. 합리적 선택의 의의와 한계

시장경제는 다양한 개별 시장들로 구성된 복잡한 시스템이다. 또한 개별 시장에서는 수많은 개별 주체들이 각자의 계산에 따라 끊임없이 선택choice을 한다.[10] 선택은 모든 분야에 적용되는 보편적인 개념이지만 특히 경제학에서는 여러 대안들 가운데 하나를 선정하는 행위로서 중요한 의미를 갖는다. 그래서 경제학이 선택행위를 연구하는 학문이라고 정의되었던 것이다.[11]

주류 경제학에서는 전통적으로 소비자는 효용을 극대화하기 위해 상품묶음을 선택하고 기업은 이윤을 극대화하기 위해 생산 및 투자 결정을 하는 주체로 간주되어 왔으며, 지금도 여전히 그렇게 해석한다. 그렇다고 선택의 대상이 물질적인 것에 한정된 것은 아니며 점차 비물질적인 선택, 예를 들면 결혼이나 이혼, 그리고 출산과 관련된 문제로 영역을 확대해 왔

10. 선택과 관련된 영어 단어로는 choice와 selection이 있다. 그런데 이 둘의 사용법에 상당한 차이가 있는 듯하다. 예컨대 다음과 같은 경우에는 selection이 사용된다 : 자연선택(natural selection), 성선택(sexual selection), 역선택(adverse selection), 자기선택(self-selection). 반면 다음과 같은 경우에는 choice가 사용된다 : 소비자선택(consumer's choice), 기업선택(firm's choice), 사회적 선택(social choice), 대중선택(people's choice). 이런 관행으로 미루어 보건대 choice는 능동적이고 일상적인 선택을, selection은 주어진 조건이나 환경에서 수동적으로 선택하는 경우에 적용되는 것으로 보인다.

11. 예를 들어 영국의 경제학자 라이오넬 로빈스(Lionel Robbins, 1898~1984)는 "경제학이란 여러 가지 용도를 가진 희소한 수단들과 목적들 간의 관계로서 인간 행동을 연구하는 학문이다"라고 정의했다. 여러 학자들이 다양하게 경제학을 정의했는데 선택의 관점에서 한 정의로는 이것이 가장 유명하다.

다. 선택의 대상이 무엇이든 개별 주체는 독자적으로 행동하는 것으로 간주한다. 이같이 당연한 얘기를 하는 이유는 환원주의적인 한계는 있지만 개별 주체의 선택이 시장경제의 작동을 이해하기 위한 출발점인 것은 분명하다는 점을 다시 한 번 확인하기 위해서다.

주류 경제학에서 말하는 선택의 기본 원리는 한마디로 '비용-편익분석'으로 요약된다. 즉, 편익이 비용보다 큰 선택은 항상 바람직하다는 것이다. 따라서 이 조건을 만족하는 대안들 가운데 편익과 비용의 격차가 가장 큰 대안을 선택하는 것이 합리적이다. 이것이 바로 도구적 합리성을 만족하는 선택이다. 효용극대화와 이윤극대화 논리는 모두 도구적 합리성에 따른 결과다. 만약 모든 선택 문제가 이같이 간단한 원리에 의해 해결된다면 경제학을 둘러싼 쟁점들 대부분이 해소될 것이다. 그런데 실제로는 비용과 편익을 정확하게 측정하기가 어려운 경우가 비일비재하다. 특히 미래의 불확실성을 감안하는 경우 더욱 그러하다. 또한 합리적인 선택에서는 기회비용opportunity cost을 고려하고 매몰비용sunk cost은 무시하는 것을 원칙으로 한다. 그런데 실제로는 이와 반대로 기회비용은 무시하고 매몰비용은 고려하는 경우가 흔하다. 이런 이유로 인간은 과연 합리적인 선택을 하는 존재인가 하는 근본적인 의문이 제기되어 왔다.

전통적으로 경제학에서 개별 주체는 항상 합리적인 선택을 한다고 가정해 왔다. 그래야만 연역적 방법론을 사용해 일반적인 이론 모형을 구축할 수 있기 때문이다. 여기에는 이론의 정합성과 논리적 일관성을 유지하기 위해 불가피한 면이 있다. 합리적인 선택을 한다는 것은 엄격한 조건을 충족하는 가운데 일관성 있게 선택한다는 것을 의미하기 때문이다.[12] 이

12. 선택 문제는 미시경제학의 가장 기본적인 주제다. 이 문제를 다루기 위해 미시경제학에서

런 조건 가운데는 상당히 비현실적인 것들도 포함되어 있다. 그렇지만 경제학은 합리성 가정에 오랫동안 경도傾倒되어 있어서 경제학 내부에서는 이에 대한 비판이 제기될 수 없었다.

이와 관련해 데이비드 오렐은 다음과 같이 정곡을 찌르는 비판을 했다. "신고전파 경제이론은 나름의 합리성을 내세운 일련의 작업에 기초한다. 사람들이 논리적이고 합리적인 방법으로 행동한다고 가정하고 행동과 동기를 수학적 방정식으로 환원시키는 것은 유리수가 정수들의 비로 표현되는 것과 같다. 하지만 겉보기에 단단해 보이는 이 기초들이 실은 모래 위에 세워진 것이라는 사실을 보여주는 증거들이 있다."[13] 이런 증거들은 행동경제학behavioral economics과 심리학 분야에서 제시되었다. 여기서 유리수를 언급한 이유는 실수의 대부분은 무리수이고 유리수는 극히 적은 일부라는 사실을 통해 합리적인 행동은 극히 예외적이고 비합리적인 행동이 대부분임을 강조하려는 의도에서였다.

경제학에서 합리적인 선택의 개념은 미래가 불확실한 가운데 선택해야 하는 경우에도 적용되었다. 이때 개별 주체는 미래의 상태에 대한 기대expectation를 형성해 이것을 현재의 의사결정에 반영한다고 가정한다. 문제는 기대라는 요소를 어떤 방식으로 현재의 의사결정에 반영하는가에 있다. 경제학에서는 이것을 합리적 기대rational expectation라는 가정을 통해

는 합리적인 개인의 선호(preference)가 만족해야 하는 몇 가지 기본 공리를 가정한다. 여기에는 완비성(completeness), 이행성(transitivity), 단조성(monotonicity), 연속성(continuity), 그리고 볼록성(convexity)이 포함된다. 이 가운데 특히 문제가 되는 것은 완비성과 이행성이다. 완비성은 선택 가능한 모든 대상들을 항상 비교할 수 있다는 공리이며, 이행성은 여러 선택 대상들의 우선순위를 정하는 과정에서 항상 일관성이 충족된다는 공리다. 특히 이행성 공리는 도구적 합리성의 핵심 요소로 이것을 배제하면 모든 논의가 무의미해진다.

13. 데이비드 오렐(2011), 153쪽.

해결했다. 한마디로 개별 주체는 항상 입수 가능한 모든 정보를 의사결정에 반영함으로써 체계적인 실수를 반복하지 않도록 최선을 다한다는 것이다. 합리적 기대 가설에 의하면 개별 주체는 그야말로 초합리성hyper-rationality을 소유한 존재가 되어야 한다. 이로써 일관된 의사결정이라는 정당성은 획득했지만 비현실적인 의사결정이라는 비판은 면하기 어려워졌다. 이것이 주류 경제학에서 말하는 선택 문제의 본질이다.

인간이 항상 합리적일 수 없다는 것은 분명하다. 이론 모형에서는 인간이 합리적으로 행동한다고 가정하지만 이것은 어디까지 이론을 위한 편의적인 가정에 불과하다. 합리성을 가정하지 않으면 의미 있는 결론이나 인간의 행동에 대한 일반적인 예측이 불가능하기 때문이다. 그렇다고 해서 인간이 늘 비합리적이라고 단정하는 것도 지나친 편견이다. 인간이 비합리적으로 행동하는 경우가 자주 있지만 이것이 본질적으로 비합리적이라는 증거가 될 수는 없다. 인간은 합리성과 비합리성을 적절하게 절충해 선택을 하고 행동하는 존재로 해석하는 것이 적절하다. 단지 개인의 선천적 성향과 특성, 후천적인 교육 내용 등에 따라서 합리적인 측면과 비합리적인 측면의 조합이 달라질 것으로 예상된다. 그리고 단기적으로는 비합리성이 우세하더라도 장기적으로는 어느 정도 합리성으로 수렴하리라 기대할 수 있다.

사실 이것은 인간이 뇌를 이용해 정보를 처리하는 존재라는 사실을 인정한다면 자명하다. 즉, 더 이상 합리성과 비합리성 간의 양자택일적인 문제로 간주할 필요가 없다는 뜻이다. 인간의 좌뇌는 언어, 분석, 계산 및 논리적 추론과 같은 합리적 사고를 담당하고 우뇌는 직관, 감정 및 열정 같은 감성적 측면을 담당한다. 따라서 좌뇌와 우뇌 중 어느 것을 우선적으로 사용하는가에 따라 인간의 선택과 행동이 영향을 받을 수밖에 없다.

행동경제학의 창시자라 할 수 있는 대니얼 카너먼Daniel Kahneman은 이런 사실을 바탕으로 우뇌는 시스템 1, 좌뇌는 시스템 2라 명명한 후 다음과 같이 정리했다.[14]

시스템 1 : 거의 혹은 전혀 힘들이지 않고 자발적인 통제에 대한 감각 없이 자동적으로 빠르게 작동한다.

시스템 2 : 복잡한 계산을 포함해서 관심이 요구되는 노력이 필요한 정신 활동에 관심을 할당한다. 활동 주체, 선택, 집중에 대한 주관적인 경험과 연관되어 작용하는 경우도 잦다.

여기서 시스템 1은 특정 상황에서 발생하는 오류를 갖고 있는데, 카너먼은 이것을 편향bias이라고 불렀다. 그래서 시스템 2가 하는 일들 중 하나는 시스템 1의 충동을 억누르고 극복하는 것이다. 시스템 2가 자제력을 책임진다는 의미다. 이와 같이 시스템 1은 비합리적인 선택에 관여하고, 시스템 2는 훗날 이를 교정해 합리적인 선택으로 유도한다. 이런 이유로 인간은 두 가지 측면을 동시에 보유한 존재인 것이다. 이것은 인간은 본래 선한가, 아니면 악한가 하는 양자택일적인 질문이 무의미하다고 말하는 것과 유사하다. 인간은 선함과 동시에 악하기도 한 존재이기 때문이다. 양자역학의 용어를 빌리자면 선과 악은 중첩superposition되어 있는 것이다. 마찬가지로 인간은 합리적인 동시에 비합리적인 행동을 하는 존재인 것이다. 이것이 선택 문제와 관련해 인간을 해석하는 올바른

14. 이에 관해서는 대니얼 카너먼의 『생각에 관한 생각』(2011), 33쪽을 참조하라. 한편 리처드 탈러 · 캐스 선스타인은 『넛지』(2008)에서 이것을 자동시스템과 숙고시스템으로 구분했는데 자동시스템은 시스템 1, 숙고시스템은 시스템 2와 동일하다. 각 시스템의 특성에 대해서는 이들의 책 41쪽을 참조하라.

방법이다.

행동경제학뿐만 아니라 심리학에서도 인간의 합리성에 대해 다양한 반론이 제기되었다.[15] 여러 심리학자들이 다양한 실험을 통해 발견한 것은, 인간은 효용의 극대화자maximizer로 행동하지 않으며 허버트 사이먼Herbert Simon이 주장했던 대로 적당한 수준의 만족자satisficer로서 행동한다는 사실이다. 이들이 공통적으로 제시한 사례는 선택의 대안들이 많아지면 대체로 소비자들은 무엇을 선택할지 몰라 어쩔줄 모른다는 것이다. 따라서 선택의 대안을 좁히는 경우 오히려 안도하면서 더 즐겁게 선택하게 된다는 것이다. 이것은 선택의 대안이 많을수록 좋다는 경제학의 기본 원리를 정면으로 반박하는 것이다. 합리적 선택의 원리를 유지하려면 이런 문제에 대해 적절한 해명이 필요하다.

3. 행동경제학과 선택 문제

인간이 항상 합리적일 수는 없다는 사실을 단적으로 드러낸 표현은 행동경제학자 리처드 탈러Richard Thaler가 주류 경제학에서 말하는 선택의 주체를 이콘Econ이라 하고 실제 현실에서 선택 행위를 하는 주체를 인간

15. 이런 관점에서 다양한 사례를 통해 합리적인 선택이론에 반론을 제기한 대표적인 저서로는 배리 슈워츠(Barry Schwartz)의 『선택의 심리학』(2004), 쉬나 아이엔가(Sheena Iyengar)의 『선택의 심리학』(2012), 샘 소머스(Sam Sommers)의 『무엇이 우리의 선택을 좌우하는가』(2011), 레나타 살레츨(Renata Salecl)의 『선택이라는 이데올로기』(2010)를 들 수 있다. 또한 TED사이트(www.ted.com)에서 배리 슈워츠의 〈The Paradox of Choice〉, 쉬나 아이엔가의 〈The Art of Choosing〉, 레나타 살레츨의 〈Our Unhealthy Obsession with Choice〉, 그리고 Ruth Chung의 〈How to Make Hard Choices〉라는 제목의 동영상들은 감상해 볼 가치가 있다. 이 외에도 유튜브에서 선택과 관련된 다수의 좋은 동영상을 감상할 수 있다.

Human이라 칭한 데서 찾을 수 있다. 탈러는 다음과 같이 말했다. "경제학 서적을 들춰보면, 호모 이코노미쿠스는 알베르트 아인슈타인처럼 사고하고 IBM 컴퓨터처럼 뛰어난 기억용량을 갖고 있으며 마하트마 간디와 같은 의지력을 발휘할 수 있는 존재처럼 느껴진다. …… 그러한 가상의 존재와 실제의 존재를 각각 '이콘'과 '인간'이라고 부르겠다."[16] 이것은 매우 냉소적인 표현으로 사실상 합리적 인간의 종언終焉을 선언한 것이다.

행동경제학은 심리학 이론을 다양한 경제적 상황, 특히 의사결정과 선택의 상황에 적용하고 있다. 이를 통해 좁은 의미의 합리성—도구적 합리성을 말한다—에 근거한 경제이론이 현실적으로 타당하지 않다는 것을 다양한 실험 사례를 통해 보여주었다. 행동경제학자들은 다양한 실험을 설계하는데, 이것은 심리학 일반, 특히 행동심리학에서는 전형적인 방법론이다. 이렇게 설계된 실험 모형을 이용해 사람들의 반응을 통계적으로 분석한다. 비록 개별 실험에 동원된 샘플의 크기는 작지만 샘플을 달리해 동일한 실험을 여러 번 반복함으로써 결과의 객관성을 확보해 왔다고 할 수 있다.[17]

행동경제학의 전망에 관해서는 경제학자들 사이에도 의견이 분분하다. 그렇지만 행동경제학이 많은 실험을 통해 합리적인 인간에게서는 찾아볼 수 없는 다양한 편향과 일관성 없는 행동 사례를 지속적으로 제시해

---

16. 탈러는 캐스 선스타인과 공저한 『넛지』(2008), 24쪽에서 이런 표현을 처음 사용했는데 이후 두 가지 타입의 선택 주체를 가리키는 용어로 정착되었다.

17. 이 분야의 선구자로는 인지심리학자 대니얼 카너먼과 아모스 트버스키(Amos Tversky), 실험경제학을 제창한 버논 스미스(Vernon Smith), 그리고 경제학자로는 리처드 탈러와 로버트 프랭크(Robert Frank) 등을 꼽을 수 있다. 2015년 영국의 경제전문지인 《이코노미스트(The Economist)》는 카너먼을 세계에서 일곱 번째로 영향력 있는 경제학자로 선정했다. 이것은 주류 경제학에 대한 대안을 제시해 온 그의 노력이 현실에서도 인정받고 있다는 증거라 할 수 있다.

왔다는 점에는 동의한다. 현재 행동경제학이 주류 경제학을 대체할 수 있을 정도의 위상을 차지했다고는 볼 수 없지만 행동경제학에 대한 관심은 계속 커질 것으로 예상된다. 특히 2008년 금융위기를 경험하면서 주류 경제학이 실제 시장에서 벌어지고 있는 경제현상을 설명하고 예측하는 데 실패했다는 것이 백일하에 드러났으므로 어떤 의미에서든 행동경제학의 아이디어가 주류 경제학에 접목되어야 할 당위성은 충분하다.

행동경제학과 관련해 유념해야 할 것은 행동경제학은 연역적인 방법론에 입각한 일반이론 모형을 추구하지 않는다는 점이다. 행동경제학은 소수의 피실험자들을 대상으로 한 다양한 실험을 통해 인간이 항상 합리적으로 행동하는 것은 아님을 보여주었다. 이런 의미에서 행동경제학은 주류 경제학에 대한 반증反證을 축적해 왔다고 할 수 있다. 나아가 이와 같은 다양한 실험을 통해 얻은 결과에 대해 적절한 정의와 명칭을 부여함으로써 하나의 학문체계로 정착해 가는 과정에 있다고 할 수 있다.

행동경제학의 창시자라 할 수 있는 대니얼 카너먼이 동료 아모스 트버스키와 공동으로 제시한 새로운 개념과 사고의 틀 가운데 점화 효과, 닻 내림 효과, 프레이밍 효과, 그리고 전망이론 등은 학계에서 주목을 받았던 것들이다. 특히 이들이 위험 하의 행동을 설명하는 이론으로 오랫동안 핵심적인 위치를 차지해 온 대니얼 베르누이의 주장이나 폰 노이만과 모르겐슈테른의 이론에 포함된 일부 오류를 지적한 것은 주목할 만하다. 주류 경제학이 이들이 제시한 개념들을 모두 수용하지는 않았지만 그중 일부는 많은 경제학자들의 지지를 받고 있다. 여기서는 이런 개념들 가운데 선택 문제와 관련해 중요한 의미를 갖는 프레이밍 효과, 즉 구조화 효과를 중심으로 몇 가지 개념을 논의하고자 한다.

■ 프레이밍 효과framing effect

이것은 표현방식이 사람들의 믿음과 선호에 영향을 미치는 효과를 말한다. 보통 우리말로 구조화라고 번역하는데, 프레이밍이라고 원어를 사용하는 것이 종종 의미 전달에 더 효과적이다. 일상에서 동일한 문제가 두 가지 다른 방식으로 표현되는 경우 사람들은 이것을 간파하지 못하고 달리 반응하는 경우가 종종 있다. 카너먼이 즐겨 사용한 다음과 같은 사례를 살펴보자.

〈1안〉 95달러를 딸 확률이 10%이고 5달러를 잃을 확률이 90%인 도박을 하겠는가?

〈2안〉 100달러가 당첨될 확률이 10%이고 아무것도 당첨되지 않을 확률이 90%인 복권을 5달러에 사겠는가?

조금만 생각해 보면 1안과 2안은 동일한 내용을 표현하고 있다는 것을 알 수 있다. 모두 95달러를 벌게 해주거나 5달러를 잃게 만드는 불확실한 전망을 표현하고 있기 때문이다. 그런데 사람들은 1안에 대해서 도박이라는 이유로 부정적인 반응을 보이는 반면 2안은 큰 거부감 없이 받아들인다. 이와 같이 실질적으로 동일한 내용이라도 손실의 관점에서 표현하는가, 아니면 이익의 관점에서 표현하는가에 따라 사람들의 반응에 큰 차이가 있다. 이런 점에서 프레이밍 효과는 일상에서 가장 자주 접할 수 있는 편향을 보여준다. 이제 다른 사례로 운전 중 사고로 인한 사망 시 장기 기증 여부를 묻는 안내문의 내용을 살펴보자. 여기에는 옵트 인opt-in과 옵트 아웃opt-out이라는 두 가지 표현방식이 있다.

〈옵트 아웃 방식〉 장기 기증을 원하지 않는 사람들은 그 뜻을 직접 표시해야 한다. 따라서 옵트 아웃은 선택적 거부 방식이다.

〈옵트 인 방식〉 장기 기증을 하고 싶다면 직접 의사를 표시해야 한다. 따라서 옵트 인은 선택적 동의 방식이다.

두 가지 방식은 모두 장기 기증 여부를 묻는다는 점에서는 동일하다. 그렇지만 묻는 프레임은 정반대이다. 여러 나라의 경험을 비교한 결과 옵트 아웃 방식을 채택한 오스트레일리아에서 장기 기증률은 100%에 가깝고 스웨덴은 86%였는 데 비해 옵트 인 방식을 채택했던 독일은 12%, 덴마크는 4%에 불과했다. 문화적으로 유사한 나라들임에도 프레이밍의 차이에 따라 장기 기증률에 큰 차이를 보인 것은 현실적으로 프레이밍 효과가 얼마나 크게 작용하는지 말해 준다.

이와 관련해 카너먼은 다음과 같이 말했다. "장기 기증률이 높은 국가에서 기증을 원하지 않는 사람들은 그 뜻을 직접 표시해야 하는 옵트 아웃 양식을 사용한다. 이 단순한 행동을 하지 않는 사람들은 거부 의사가 있다고 간주된다. 반면 장기 기증률이 낮은 국가는 옵트 인 양식을 쓴다. 즉, 장기 기증을 하고 싶으면 직접 상자에 표시해야 한다. 이 차이가 전부다. 따라서 장기 기증률을 끌어올리는 최상의 방법은 귀찮게 굳이 표기하지 않아도 자동으로 채택되는 디폴트 옵션을 정하는 것이다."[18]

프레이밍 효과는 매우 광범위하며 대체로 각종 언론을 통해서 작용한다. 특히 기득권층은 자신들이 원하는 방향으로 대중을 유도하기 위한 수단으로 언론을 통해 프레이밍 효과를 극대화하려 한다. 예컨대 세계적인 통신사인 AP나 로이터[Reuter]가 기득권층에게 유리한 방향으로 각종 뉴

---

18. 대니얼 카너먼(2011), 454쪽.

스를 전달하고 있다고 주장하는 사람들도 있다. 이들 통신사는 전 세계를 대상으로 프레이밍하고 있는 셈이다. 실제로 미국과 우리나라를 비롯한 많은 나라에서 프레이밍은 대중을 조작하는 주요 수단으로 활용되고 있으며, 인터넷이 발달한 현재 더욱 심해지고 있다. 이런 이유로 프레이밍은 민주주의의 기본 원칙을 저해하는 심각한 문제를 제기할 수 있다. 조지프 스티글리츠가 『불평등의 대가』에서 프레이밍의 부정적 영향에 대해 크게 우려한 것도 바로 이런 이유에서다.

■ 닻 내림 효과anchoring effect

이것은 닻이 내린 곳에 배가 머물듯 처음 입력된 정보가 정신적인 닻으로 작용해 이후 판단에 영향을 미치는 효과를 의미한다. 카너먼이 행한 실험에 의하면 피실험자들이 어떤 문제에 대한 답을 하기 전에 문제와 전혀 관계없는 자료를 보게 되는 경우 이들이 제시하는 답이 관계없는 자료의 내용에 의해 영향을 받는다.

예를 들어 카너먼은 미국의 인기 TV 프로그램 중 하나였던 〈행운의 수레바퀴Wheel of Fortune〉를 이용해 한 가지 실험을 했다. 수레바퀴를 조작해 돌다가 오직 10이나 65에만 멈추게 했다. 그리고 학생들에게 "UN 회원국들 가운데 아프리카 국가들이 차지하는 비중이 여러분이 방금 본 숫자보다 클까요, 작을까요?" 라는 질문을 했을 때 10이라는 숫자를 본 학생들의 평균 추정치는 25퍼센트였고, 65라는 숫자를 본 학생들의 평균 추정치는 45퍼센트였다. 문제와 전혀 관계없는 수레바퀴의 숫자가 추정치에 영향을 미친 것이다.

이것은 합리적인 판단이라고 할 수 없다. 그렇지만 인간의 시스템 1은 이렇게 반응하는 경향이 있다는 것이다. 이런 현상에 대해 카너먼은 다음과 같이 평가했다. "많은 심리학적인 현상들이 실험을 통해 입증 가능하지만 실제로 측정 가능한 것은 거의 없다. 그러나 닻 내림 효과는 예외이다. 이 효과는 측정이 가능하며, 인상적이라 할 만큼 그 영향력이 크다."[19] 그러고 나서 여기에는 어느 정도 합리적인 요소가 포함되어 있다면서 "닻 내림이 합리적으로 보이는 상황들이 존재한다. 어려운 질문들을 접한 사람들이 지푸라기라도 잡으려는 시도는 당연하며, 닻은 그럴듯한 지푸라기이다"라고 말했다.[20] 이런 의미에서 사람들이 정확한 정보가 없는 상황에서 그나마 선택에 도움을 얻기 위해 닻 내림 효과에 의존하려는 것을 비합리적이라고 매도할 수 없다. 일상생활에서 이런 사례를 빈번하게 접할 수 있다는 사실은 우리가 나름 제한된 의미에서나마 합리적으로 행동하려 노력한다는 증거로 해석할 수 있다.

■ **대표성 휴리스틱**representativeness heuristic

이것은 어떤 집합에 속하는 사건이 그 집합의 특성을 그대로 나타낸다는 뜻에서 '대표한다'고 간주해 빈도와 확률을 판단하는 방법을 말한다. 달리 말하면, 이것은 "대상 A가 B집단에 속할 가능성은 얼마일까?"와 같은 질문에 답할 때 발생하는 편향과 관련되어 있다. 예를 들어 갑이라는 사람이 수줍음을 많이 타는 사람이라고 할 때 그의 직업이 도서관 사서 아니면 판매원일 가능성을 추정해 보자. 이 경우 많은 사람들이 수줍음을 많이 타는 것은 판매원에게는 보기 드문 경우이고 도서관 사서의 대표적인 특성이라고 생각하기 때문에 갑은 도서관 사서일 가능성이 높다고 판단한다. 이것은 대표성 휴리스틱의 사례에 해당한다.

---

19. 앞의 책, 181쪽.
20. 앞의 책, 184쪽.

그런데 실제로는 전체 인구에서 도서관 사서보다 판매원의 비율이 훨씬 높다. 이것을 기저율base rate이라고 하는데, 대표성 휴리스틱은 이런 기저율을 무시하기 때문에 발생한다. 구체적인 수치 예로 도서관 사서는 80퍼센트가 수줍음을 타고 판매원은 20퍼센트만 수줍음을 탄다고 하자. 그리고 전체 인구가 100명이고, 그중 90명이 판매원이고 10명이 도서관 사서라고 하자. 그러면 판매원 가운데 수줍음을 타는 사람은 18명이고 도서관 사서 가운데 수줍음을 타는 사람은 8명이다. 그러면 수줍음을 타는 사람 총 26명 가운데 도서관 사서의 비율은 8/26이다. 따라서 갑이 판매원일 확률이 더 높다.

그럼에도 사람들은 대표성 휴리스틱으로 인해 여전히 갑이 도서관 사서일 가능성이 높다는 편향을 쉽게 극복하지 못한다. 이와 유사한 사례를 현실에서 자주 접할 수 있다. 예를 들어 어떤 사람이 교활하게 자신의 이익을 추구하는 성향이 강할 경우 그가 특정 지역 출신일 것으로 단정하는 경향이 있다. 그런데 이 예에서와 같이 특정 지역 출신이 전체 인구에서 차지하는 비율이 매우 낮은 경우 그 교활한 사람은 다른 지역 출신일 가능성이 더 높은 것이다.

■ 심리계좌mental accounts

경제학에서 소비자로서 개인은 예산제약이라는 통합된 하나의 제약하에서 적절한 방법으로 개별 상품에 대한 지출을 결정한다고 가정한다. 그런데 카너만은 사람들은 대체로 지출 용도에 따라 여러 개의 계좌를 갖고 있으면서 별도로 계산하고 선택한다고 보았다. 즉, 사람들은 다양한 심리계좌를 갖고 지출에 대한 결정을 한다고 하면서 다음과 같이 지적했다. "우리가 생활하면서 사용하는 심리계좌에는 몇 가지 종류가 있다.

…… 인간에게 심리계좌는 편협한 범주화의 한 형식이다. 심리계좌는 제한적 사고에 의해 상황이 계속 통제·관리되도록 만든다."[21] 이와 같이 범주화는 피할 수 없는 인간의 속성이라는 것이다. 이와 관련해 카너먼이 두 집단 A, B에 속한 사람들에게 다음과 같은 두 가지 상황을 제시한 후 그들의 반응을 물어보았던 사례를 살펴보자.

〈A집단의 상황〉

10달러의 극장표를 구입한 후 극장 앞에 도착해 보니 극장표를 잃어버린 것을 발견했다. 이제 당신은 다시 10달러를 지불하고 극장표를 구입해 영화를 보겠는가?

〈B집단의 상황〉

영화를 보려고 극장 앞에 도착해 지갑을 보니 10달러를 잃어버린 것을 알았다. 이제 당신은 10달러를 지불하고 극장표를 구입해 영화를 보겠는가?

카너먼에 의하면 A집단에 속한 사람들은 대부분 영화 보는 것을 포기한 반면 B집단에 속한 사람들은 대부분 다시 10달러를 지불하고 영화를 보기로 결심했다고 한다. 합리적 선택의 관점에서 보면 모두 10달러의 손실이 발생한 것이므로 동일한 선택을 해야 한다. 그러나 실제로 사람들의 반응은 전혀 달랐는데, 카너먼은 그 이유를 사람들이 분리된 여러 개의 심리계좌에 근거해 결정하기 때문이라고 설명했다. 사람들은 음식계좌, 주거계좌, 문화계좌, 일반 지출계좌 등으로 분류해 지출을 결정한다는 것이다. A집단 사람들의 경우 문화계좌에서 10달러의 지출이 발생한 반면 B집단 사람들의 경우 일반 지출계좌에서 10달러의 지출이 발생

---

21. 앞의 책, 421쪽.

한 것으로 볼 수 있다. 따라서 A집단 사람들에게는 영화를 감상하는 비용이 20달러로 상승한 반면 B집단 사람들에게는 단지 10달러의 지출이 발생했을 뿐이다. 이와 같은 심리계좌를 통해서 사람들의 행동을 이해할 수 있다는 것이 카너먼의 주장이다.

카너먼의 심리계좌는 주류 경제학의 의사결정에서 중요한 매몰비용 원칙을 위반하는 결과를 보여준다. 매몰비용이란 이미 지출된 비용으로 지금 결정을 번복하더라도 회수할 수 없는 비용이다. 따라서 의사결정을 내리는 경우 이미 발생한 매몰비용은 무시하는 것이 합리적이다. 예를 들어 극장표를 구입할 때 지불한 비용은 매몰비용이다. 그러나 앞의 사례가 보여주듯이 일반적으로 사람들은 매몰비용을 무시하지 않는다. 카너먼은 이런 유형의 실수를 매몰비용 오류sunk cost fallacy라고 불렀다.

행동경제학은 지금까지 언급한 주제들 외에도 인간의 비합리적인 판단이나 선택과 관련된 다양한 사례들을 다루었다. 예컨대 자신의 신념과 일치하는 정보는 받아들이고 신념과 일치하지 않는 정보는 무시하는 확증편향confirmation bias, 미처 발견하지 못했던 어떤 사람에 대한 모든 것을 좋아하거나 싫어하는 후광효과halo effect, 특정 사건의 결과를 보고 난 후 자신은 진작부터 그런 결과를 확실히 예견하고 있었다고 믿는 현상인 사후확신편향hindsight bias, 예전에 내린 결정을 과정이 아닌 최종 결과로 판단하려는 결과편향outcome bias, 어떤 물건을 소유하게 되면 전에 비해 특별히 더 많은 가치를 부여하게 되는 소유효과endowment effect 등 우리가 일상적으로 행하는 거의 모든 행위에서 다양한 편향을 발견할 수 있다. 이런 사례들이 모두 인간은 합리적으로 행동하지 않는다는 사실을 뒷받침한다. 앞으로 연구가 계속 진행됨에 따라 이런 사례들이 점점 더 많이 축적될 것이다.

그런데 한편으로 행동경제학은 인간의 단편적인 행동이나 일시적인 사고에 지나치게 초점을 맞추고 있다는 비판으로부터 자유롭지 않다. 인간은 본질적으로 비합리적인 면을 갖고 있다. 비합리적이라도 본능에 따라 행동하는 것이 생존과 번식에 유리했기 때문에 인간은 그렇게 진화해 왔던 것이다. 따라서 지금까지 행동경제학이 밝힌 다양한 비합리적인 행동이나 편향 외에도 앞으로 더 많은 것들이 드러날 것이다. 그러나 그때마다 새로운 용어를 만들어 마치 인간의 새로운 측면을 발견한 것처럼 과장하는 것은 바람직하지 않다. 이런 점에서 행동경제학은 인간의 비합리적인 측면에 지나치게 비중을 두는 경향이 있다. 그리고 개별적인 관찰에 집중하다 보니 이 모든 내용을 관통하는 일반적인 이론 모형을 구축하지 못하고 있는 것이 행동경제학의 가장 큰 약점이다.

오늘날 많은 사람들이 행동경제학에서 제시하는 다양한 증거와 주장들을 인정하고 있다. 그렇지만 행동경제학에서도 인간이 항상 비합리적이라고 주장하는 것은 아니므로 인간의 합리적인 측면을 지나치게 경시해서도 안 된다. 인간은 단기적으로는 비합리적으로 행동하지만 장기적으로는 합리적으로 행동하는 경향이 있다고 보는 것이 타당하다. 또한 부분적으로는 비합리적으로 행동하지만 총체적으로는 합리적인 행동을 지향한다고 보아야 할 것이다. 그렇지 않으면 지금까지 인류가 이룩한 위대한 정신적 · 물질적 성취를 설명할 수 없기 때문이다. 우리가 어느 정도 합리적으로 행동할지 여부는 전적으로 우리의 선택에 달려 있다.

4. 선택의 다양한 측면

시장에 참여한 개별 주체가 독자적으로만 행동한다면 단순한 사회적 원자일 뿐이다. 그런데 물리학에서 말하는 원자와 다른 점은 현실의 사회적 원자는 서로 무시할 수 없는 영향을 주고받는다는 사실이다. 주류 경제학에서는 이런 측면을 의도적으로 무시해 왔다. 왜냐하면 개별 주체는 이기심에 입각해 독자적으로 자신이 설정한 목적을 합리적인 방법으로 달성하려는 존재라고 가정해야만 선택의 일반이론을 구축할 수 있기 때문이다. 한마디로 이론 모형을 위해 선택의 다양한 측면을 의도적으로 무시한 것이다. 경제학자 밀턴 프리드먼이 이론의 타당성을 평가하는 데 가정은 중요하지 않고 미래에 대한 예측력이 중요하다고 주장했지만 이것은 궤변에 불과하다.[22] 이미 앞에서 지적했듯이 선택 문제에 관한 신고전학파 경제이론에는 간과할 수 없는 약점이 존재한다. 더 나은 시장경제를 모색하기 위해서는 이 문제에 대한 진지한 검토가 필요하다.

일찍이 대표적인 실존주의 철학자인 장 폴 사르트르Jean P. Sartre가 "삶의 본질은 선택의 연속이다"라고 한 말은 진실을 담고 있다.[23] 우리는 살아 있는 동안 끊임없이 크고 작은 다양한 선택을 한다. 선택을 멈춘다는 것은 사실상 삶을 마감한다는 말이나 다름없다. 이와 같이 중요한 의미가 있는 선택 문제를 주류 경제학에서와 같이 환원주의적인 관점에서 간단하게 다루는 데는 분명 한계가 있다. 그렇다고 삶의 모든 측면을 망라해

22. 밀턴 프리드먼의 이런 주장을 F-twist라고 부른다. 여기서 F는 Friedman의 첫 알파벳을 의미한다.

23. 이 말은 인터넷에 "인생은 B(birth)와 D(death) 사이의 C(choice)다"라는 경구로 널리 소개되어 있다.

선택 문제를 다루는 것 또한 문제의 핵심을 모호하게 할 수 있다. 따라서 여기서는 시장경제의 맥락에서 선택 문제의 다양한 측면을 살펴보고자 한다. 이것은 앞에서 합리적 또는 비합리적 관점에서 선택 문제를 다루었던 것을 보완하는 의미를 갖고 있다.

우선 개인적인 차원에서 정체성identity의 선택 문제를 살펴보자. 여기서 정체성은 곧 "나는 누구인가?" 하는 질문과 관련되어 있으므로 이것은 철학적 · 종교적 차원의 문제이기도 하다. 또한 이것은 이기심에 의해 추동되는 인간의 본성과 관련된 문제이기도 하다. 예를 들어 선택의 자유를 강조했던 프리드먼은 인간의 이기심과 관련해 다음과 같이 말했다.

> 내가 말하는 이익은 그저 자기 자신만 챙기는 좁은 의미의 이익이 아니다. 그와는 반대로 그 이익에는 사람들이 소중히 여기며, 그것을 위해서라면 자기 재산을 기꺼이 바치고 목숨까지도 희생하고자 하는 온갖 가치들이 모두 포함된다. 아돌프 히틀러에 저항하다가 목숨을 잃은 독일인들은 그들이 생각하는 바대로 자신들의 이익을 추구한 것이다. 엄청난 노력과 시간을 자선, 교육, 종교활동에 바치는 사람들 역시 마찬가지다. …… 그럼에도 이러한 이익을 최대한 허용하면서도 이를 대부분의 인류를 사로잡은 협애한 물질적 이익에 종속시키지 않은 것이 자유사회의 미덕이다. 자본주의 사회가 집산주의 사회보다 덜 물질주의적인 이유가 바로 여기에 있다.[24]

프리드먼과 같이 선택의 자유를 시장경제의 금과옥조金科玉條로 생각하는 경제학자가 사적 이익을 추구하는 이기심을 이와 같이 넓은 의미로 해석한 것은 의외다. 그 또한 개인의 정체성을 확장할 가능성을 배제하지

24. 밀턴 프리드먼(2002), 312쪽.

않았던 것으로 해석할 수 있다. 오늘날 시장에는 좁은 의미의 이익에 집착하지 않고 공공의 이익을 고려하면서 행동하는 사람들이 적지 않다. 예컨대 금전적 보상을 기대하지 않으면서 인터넷을 이용해 온라인상에서 다른 사람들과 협력하는 사람들이 여기에 해당한다. 위키피디아는 이런 자발적인 협력을 통해 탄생하고 유지되는 대표적인 사례다. 이런 행동은 주류 경제학의 선택이론으로는 설명할 수 없다. 이제는 이런 행동까지도 포괄하는 선택이론을 모색해야 할 것이다. 왜냐하면 정체성의 선택은 개별 주체의 행동, 나아가 시장경제의 작동과도 밀접하게 관련되어 있기 때문이다.

철학적인 관점에서 보면 선택 문제는 또한 "인간에게 자유의지free will가 있는가?" 하는 문제와도 직결된다. 인간은 자유의지를 갖고 있기 때문에 어떤 상황에서도 스스로 선택을 할 수 있다고 보는 견해가 있는 반면, 자유의지는 환상이므로 실질적으로 선택을 하는 것이 아니라 주어진 여건에 기계적으로 순응하는 것일 뿐이라고 주장하는 사람도 있다. 만약 일부 철학자나 생물학자 및 뇌과학자들이 주장하듯이 인간은 자유의지가 없는 생물적 로봇bio-robot에 불과하다면 선택이란 자신을 둘러싸고 있는 여건에 수동적으로 반응하는 행위에 불과하므로 어떤 책임도 묻기 어렵다.[25] 반면 인간에게 자유의지가 있다면 선택은 곧 이런 자유의지의 실천이므로 결과에 대한 책임을 면할 수 없다. 이와 같이 선택 문제는 철학적인 관점에서도 중요한 쟁점이 되고 있다. 따라서 주류 경제학에서와 같이 오로지 도구적 합리성에 입각해 선택 문제를 다루는 것은 어떤 의미에서

25. 이런 입장을 대표하는 사람으로는 인지철학자 대니얼 데닛(Daniel Dennett)과 미국의 대표적인 논객이자 저술가인 샘 해리스(Sam Harris)를 들 수 있다. 데닛은 『마음의 진화』(1996) 등 일련의 저서에서, 해리스는 『자유의지는 없다』(2012)에서 이런 견해를 피력했다.

도 바람직하지 않다.

이제 인간에게는 자유의지가 있다고 하자. 그러면 다음 문제는 바로 정체성으로 귀착된다. 나의 정체성은 곧 나의 몸과 마음이라고 가정해 보자. 이 경우 이기심에 기초한 선택은 지극히 합목적적이다. 나의 정체성을 이렇게 이해하는 한 내가 추구하는 목적에 부합하기 때문이다. 그런데 이런 편협한 경계를 넘어 정체성을 확장한다면 문제가 달라진다. 만약 나의 경계를 확장해 이웃, 나아가 사회의 이익까지 고려한다면 나의 선택 행위는 달라질 것이다.[26] 이런 경우에는 개인적 합리성뿐만 아니라 사회적 합리성도 고려하는 가운데 선택을 하게 될 것이며 이런 사람이 많아진다면 사회 전반에 미치는 영향이 달라질 것이다. 이것은 곧 시장경제에서 활동하는 사람들이 어떤 정체성을 갖고 행동하는가에 따라 시장경제의 성과에 영향을 미칠 수 있다는 것을 의미한다. 예컨대 오픈소스 소프트웨어를 공급하는 데 자발적으로 참여하는 사람들은 좁은 의미의 에고에 국한된 정체성을 넘어선 사람들이다. 이 문제는 특히 신뢰 및 자발적 협력 가능성과 밀접하게 연관되어 있으며 시장경제의 작동에 영향을 미칠 수 있다.

이 문제와 관련해 죄수의 딜레마prisoner's dilemma 게임을 생각해 보자.

---

26. 인간의 정체성 문제는 심리학에서 중요한 문제다. 예를 들어 통합심리학자 켄 윌버는 '의식의 스펙트럼'을 논하면서 인간의 정체성을 의식 수준에 따라 다섯 가지로 구분했다. 페르소나 수준 → 자아 수준 → 켄타우로스 수준 → 초개아 수준 → 합일의식 수준이 그것이다. 이에 대한 상세한 논의는 『무경계』(2011)를 참조하라. 한편 정신과의사이자 영성운동가인 데이비드 호킨스는 행동신체운동학의 방법론을 이용해 인간의 의식지도(consciousness map)을 만들었는데, 『의식혁명』(2004)에서 의식 수준을 구체적으로 수치화된 에너지 수준으로 측정한 후 17단계로 나눌 수 있다고 주장했다. 이들의 주장을 언급하는 이유는, 인간의 정체성은 결국 의식 수준에 의해 결정되며, 정체성에 대한 인식이 선택에 지대한 영향을 미친다는 점을 강조하기 위해서다.

주지하다시피 이 게임에서 경기자들은 '협력과 배신'이라는 두 전략 가운데 하나를 선택하게 되어 있다. 이 게임을 한 번만 실행하는 경우 게임의 구조적 특성으로 인해 각자 배신이라는 전략을 택하는 것이 개인적으로는 최선이다. 사회적으로는 모두 협력이라는 전략을 택하는 것이 최선이지만 상대방이 배신할 경우 예상되는 손실을 감안한다면 자신도 배신을 선택하는 것 외에 다른 방도가 없다. 이 게임에서는 배신의 늪에서 빠져나올 방법이 없다. 그래서 딜레마인 것이다.

이에 대해 정치학자 로버트 액설로드Robert Axelrod는 여러 분야의 전문가들에게 유한하게 반복되는 죄수의 딜레마 게임에서 최선의 전략이 무엇인지 의뢰한 후 이들이 제시한 전략들끼리 경합을 시킨 결과를 분석해 『협력의 진화』에 수록했다. 그의 연구 결과에 의하면 여러 전략들 가운데 팃포탯tit-for-tat 전략이 가장 우수했다.[27] 이것은 게임의 1회전에서는 무조건 협력을 선택한 후 상대방의 전략을 따라하는 전략이다. 즉, 상대방이 1회전에 배신을 선택하면 자신도 2회전에는 배신을 선택해 보복하고 상대방이 다시 협력으로 돌아오면 다음 단계에서는 다시 협력으로 복귀한다는 간단한 전략이다. 그런데 이 전략이 경합했던 다른 전략들을 물리치고

27. 로버트 액설로드는 여러 분야의 전문가들에게 200회 정도 반복되는 죄수의 딜레마 게임에서 사용할 전략들을 제출하도록 부탁했다. 그런 후 이들이 제공한 수십 개의 전략 프로그램들을 라운드 로빈 방식으로 맞붙게 한 결과 팃포탯 전략이 가장 높은 점수를 얻어 우승을 차지했다. 이어 규칙을 조금 수정한 후 벌어진 제2차 대회에서도 팃포탯 전략이 다시 우승했다. 이런 게임을 통해 경기자들 간의 신뢰보다는 관계의 지속성이 중요하다는 사실이 밝혀졌다. 이기적으로 행동하는 개인들도 관계가 지속적이기 때문에 반복해서 게임을 해야 한다는 사실을 알면 협력이 창발하게 된다는 것이다. 진화생물학자 리처드 도킨스도 서문에서 이 책을 높이 평가했다. 협력은 특별히 도덕적 마음을 갖지 않은 사람들 사이에서도 나타날 수 있는 창발적인 현상이라는 것을 과학적으로 입증했기 때문이다. 상세한 내용은 『협력의 진화』(2006)를 참조하라.

가장 우수한 성적을 올렸다. 이 게임에서 핵심은 경기에 참여한 사람들이 반복해서 만나게 된다는 사실에 있다. 즉, 관계의 지속성으로 인해 협력하는 것이 각자에게 최선이라는 사실을 인식하고 그렇게 행동하게 된다는 것이다. 순전히 이기심에 입각해 합리적으로 행동하는 개인들의 집단에서도 이런 결과를 기대할 수 있다.

그런데 만일 이런 게임에 참여한 사람들의 정체성이 이기적인 에고를 넘어선 상태라면 어떻겠는가? 이 경우에는 처음부터 협력을 선택할 가능성이 높다. 즉, 반복적인 게임이 아니더라도 이런 정체성을 가진 사람들은 처음부터 협력을 선택할 가능성이 크다. 엄격한 논리에 기반을 둔 것은 아니지만 이런 논의를 통해 정체성의 선택이 어떤 의미를 갖는지 알 수 있다. 정체성 문제는 철학적 · 종교적 차원의 문제에 그치는 것이 아니라 시장경제의 차원에서도 중요한 문제인 것이다.

선택 문제와 관련해 간과할 수 없는 또 다른 부분은 선택의 사회적 측면에 관한 것이다. 오늘날 우리는 선택을 강요하는 사회에 살고 있다. 시장경제가 진화함에 따라 대다수의 사람들이 더 넓은 선택의 기회를 향유하고 있음은 분명하다. 그런데 선택의 기회가 확대되는 것이 반드시 삶의 질을 높이는 것은 아니라는 데 문제가 있다. 이와 관련해 부정적인 견해를 피력하는 사람들이 적지 않다. 철학자 레나타 살레츨Renata Salecl은 『선택이라는 이데올로기』에서 오늘날 선택은 우리에게 중압감을 주는 행위로서 하나의 이데올로기의 위치로 격상되어 우리의 삶을 압박하고 있다고 진단하면서 다음과 같이 말했다. "선택은 압도적인 책임감을 느끼게 하고, 이는 실패에 대한 두려움, 그리고 선택을 잘못했을 때 발생할 죄책감과 불안, 후회와 밀접하게 관련이 있다. 이 모든 것이 선택의 독재적인 측면에 기여한다. 지난 수십 년간 합리적 선택이론에서 제시된 선택이란 관념은 선진국에서 그런 단일한 독재적 관념이 되었다."[28]

그러면서 살레츨은, 선택 이데올로기의 역설은 현실에서 선택의 여지가 점점 더 줄어든다 할지라도 성공하지 못하는 것은 자기 잘못이라고 믿어버리게 된다는 것이라고 진단했다. 예컨대 빈곤의 원인을 개인의 게으름이나 능력 부족에서만 찾는다면 이런 자기학대적인 상황을 피하기 어렵다. 문제는 어디까지가 시스템의 잘못이고, 어디까지가 개인의 책임인지 구분하기 어렵다는 데 있다. 나아가 '80/20법칙' 으로 불리는 파레토 법칙이 시사하듯이 시장경제의 복잡성이라는 고유한 특성으로 인해 불평등이 불가피하다면 상황은 더욱 복잡해진다. 이런 상황에서 오로지 개인의 책임 하에서 이루어지는 선택은 하나의 이데올로기로서 소비사회에서 소외된 개인을 양산하게 된다. 이것은 주류 경제학의 선택이론에서는 전혀 고려하지 않는 측면이다. 이런 이유로 경제학의 선택이론은 비현실적일 뿐만 아니라 불충분하다는 비판을 면하기 어렵다.

살레츨은 개인의 선택이 사회적 측면에서 갖는 의미에 대해 다음과 같이 말했는데 주목할 가치가 있다. "우리 스스로 내린 선택에 수치심을 느낄 때 전체 사회를 응시하지 못하고 자신에게 초점을 맞춘다. 또한 사회의 부정의 앞에서는 시선을 떨구고, 적절한 선택을 내리지 못한 것에 수치를 느낀다. 우리는 사회질서의 결함을 보는 대신 자신의 결함을 보고, 우리가 누리거나 성취하는 것이 적을 때 자신이 열심히 하지 못했다고 생각한다. 이는 특히 가난한 사람들에게 힘든 일이다."[29] 이것은 사회 또는 여론이 부과하는 중압감으로 인해 개인은 늘 자신에게 문제가 있다는 죄의식에서 벗어나지 못하게 된다는 의미로 해석할 수 있다. 특히 가

28. 레나타 살레츨, 『선택이라는 이데올로기』(2010), 23쪽.

29. 앞의 책(2010), 200쪽.

난한 사람들의 경우 가난의 원인이 오직 자신의 무능력과 게으름 때문이라고 생각하게 만드는 경향이 있다. 그럼으로써 사회제도의 모순이 가난의 원인이 될 수 있다는 사실을 은폐하는 데 기여한다. 이와 같이 개인의 합리적 선택에 국한해서는 선택의 사회적 측면을 이해하기 어렵다.

그러면서도 살레츨은 우리가 선택할 수 있다는 사실 자체에 사회적인 의미를 부여하면서 다음과 같이 말했다. "선택은 아무리 힘들고 고통스럽다 하더라도 인간에게 필수적인 능력이다. 개인이 선택을 내릴 수 있다는 사실은 곧 변화할 수 있다는 의미이다. 오늘날 문제는, 우리가 선택을 오로지 합리적인 행위로 간주하고, 그래서 경제이론과 소비자의 관점에서 선택을 사고한다는 것이다. 우리는 그런 견해에 의해 지배되고 있다. 사실 우리에게는 선택을 인간의 정신 및 심리에 초점을 맞추고 파악하는 더 폭넓은 이해방식이 필요하다."[30] 우리가 선택의 진정한 의미를 이해한다면 선택은 사회변화의 원동력으로 작용할 수 있다.

5. 군집행동과 선택 문제

사회적 동물인 인간의 본성 가운데 하나는 남을 모방하는 것이다. 그 이유는 이것이 생존과 번식에 유리하다는 것이 오랜 진화 과정을 통해 검증되었기 때문이다. 따라서 시장에서 개별 주체의 선택은 이로부터 자유로울 수 없다. 이것만으로도 독자적으로 선택한다는 가정은 매우 비현실적이다. 모방하고자 하는 본성은 우리의 문화 유전자, 즉 밈[meme]에 각인되어 있으며 대를 이어 전해진다. 이런 본성이 극명하게 드러나는 현상

30. 앞의 책(2010), 210쪽.

이 바로 군집행동herd behavior이다. 이것은 "일단의 사람들이 사전에 계획한 바가 없음에도 불구하고 집단적으로 특정한 행동을 선택하는 것"을 의미하는데, 쏠림 현상으로 불리기도 한다. 예를 들어 주식시장에서 빈번하게 발생하는 거품bubble은 투자자들의 군집행동으로 인해 발생하는 현상이다.

군집행동을 무조건 비난할 객관적인 근거는 없다. 왜냐하면 경우에 따라서는 사회적으로 바람직한 군집행동도 가능하기 때문이다. 예를 들면 우리나라의 경우 1997년 외환위기 시절 금모으기 운동이 여기에 해당한다. 그러나 단순히 은행 지점 앞에 긴 줄이 형성되어 있다는 이유만으로 고객들이 불안감을 느껴 예금을 인출하는 바람에 발생하는 뱅크런bank run은 좋지 않은 군집행동에 해당한다. 군집행동을 유발하는 원인으로는 여러 가지를 지적할 수 있다. 만일 사람들이 동일한 선호選好를 갖고 있다면 이로 인해 군집행동이 발생할 수 있다. 또는 사람들이 유행에 매우 민감하거나 정보가 불완전한 경우 이로 인해 군집행동이 발생할 수 있다. 아니면 복잡계 이론에서 말하듯이 사회 구성원 다수들 간의 상호작용으로 군중의 창발, 즉 군집행동이 발생할 수 있다.[31]

이와 같이 군집행동은 여러 가지 이론적 관점에서 설명할 수 있는데,

---

31. 복잡계 이론에 의하면 유한한 자원을 놓고 다수가 경쟁하는 상황에서는 군중의 창발이 항상 일어난다. 즉, 군집행동은 복잡계에서는 양의 되먹임으로 인한 자연스러운 현상이다. 이와 관련해 복잡계 전문가 닐 존슨(Neil Johnson)이 『복잡한 세계, 숨겨진 패턴』(2007)에서 다음과 같이 지적한 것은 주목할 만하다. "현실 세계에서의 복잡성 사례 대부분은, 여러 존재들이 식량, 공간, 에너지, 권력, 부 등 한정된 자원을 놓고 경쟁하는 상황이 핵심을 이루고 있다. 이런 상황에서 군중의 창발은 매우 중요한 실질적인 결과를 낳는다."(19쪽) 여기서 말하는 군중의 창발은 곧 군집행동의 결과다. 이 경우 정보의 되먹임이 군중의 창발을 초래하는 주요 원인이다. 어떤 관점에서 접근하든 군집행동은 정보와 관련되어 있다는 사실이 중요하다.

여기서는 정보경제학에서 사용하는 정보폭포information cascade라는 개념을 이용해 설명하고자 한다.[32] 중요한 것은 이런 행동이 개별 주체의 선택과 어떻게 관련되어 있는지를 이해하는 것이다. 우리는 종종 자신이 보유한 정보보다 다른 사람들의 행동에 더 의미를 부여하는 가운데 이를 모방하는 경향이 있다. 이런 모방의 원인을 분석함으로써 개별 주체의 차원에서는 합리적으로 행동하지만 결국 사회적으로는 바람직하지 않은 결과가 발생하는 이유를 이해할 수 있다.

불확실한 경제 여건에서 개별 주체는 처음에는 자신이 보유한 사적 정보에 의존해 의사결정을 하려 한다. 잘 모르는 주식에 투자하는 경우나 처음 여행한 관광지에서 식당을 고르는 경우를 생각해 보라. 이런 경우 개별 주체가 자신의 사적 정보 외에 다른 사람들의 행동을 관찰해서 얻는 정보를 자신의 행동에 반영하고자 하는 충동을 느낄 수 있다. 물론 다른 사람의 행동으로부터 얻은 정보보다 자신의 사적 정보가 더 가치가 있다고 생각하면 원래 계획대로 행동할 것이고, 그렇지 않으면 다른 사람의 행동으로부터 얻은 정보에 입각해 행동할 것이다.

정보폭포란 처음에는 자신의 사적 정보에 입각해 행동하다가 일정 시점이 지난 후에는 사적 정보를 무시하고 오로지 다른 사람들의 행동을 관찰해 얻는 정보에 입각해 행동하는 현상을 말한다. 이 경우 일정한 임계치를 넘는 다수가 특정 행동을 선택하면, 사람들은 그런 행동의 의미와는 관계없이 일방적으로 모방하는 경향이 있다. 그 결과 거품이나 뱅크런의 경우와 같이 사회적으로 바람직하지 않은 결과를 초래하는 경우가 대부분이다. 거품이 붕괴되는 경우도 마찬가지로 정보폭포 개념을 이용

32. 정보폭포에 대한 상세한 설명은 Urs Birchler & Monika Butler, *Information Economics*(2007), 10장을 참조하라.

해 설명할 수 있다.

정보폭포 현상에서 중요한 점은, 개개인은 나름 합리적으로 정보를 이용하려 하므로 누구도 자신에게 불리한 행동을 하지 않지만 사회적으로는 바람직하지 않은 결과를 초래하는 경우가 흔하다는 사실이다. 주식시장이나 부동산시장에서 가격 폭등이나 폭락은 대표적인 사례에 해당한다. 처음에는 평화적으로 시작한 시위가 어떤 돌발적인 사건으로 인해 군집행동으로 이어져 불행한 폭력 사태를 초래하는 경우도 있다. 2008년 글로벌 금융위기는 군집행동의 엄청난 파괴력을 보여준 대표적인 사례다. 주식시장에서 투자자들이 불안감에 휩싸여 모두 매도행렬에 동참함으로써 주가는 예상보다 훨씬 더 큰 폭으로 하락했다. 나아가 한 분야에서의 군집행동이 다른 분야로 파급되어 군집행동이 경제 전반으로 확산되면 국민경제, 나아가 글로벌 경제 전체가 위태로울 수 있다는 것도 경험했다.

인간의 본성에는 다수의 행동을 모방하는 것이 안전하다는 믿음이 각인되어 있다. 이것은 험난한 환경에서 오랜 진화 과정을 통해 인간이 터득한 생존전략 중 하나다. 그래서 많은 사람들이 가급적이면 유행을 따라가려고 노력하는 것이다. 이와 같이 우리를 둘러싸고 있는 여건이나 우리의 본성이 군집행동을 유발하도록 되어 있다. 이런 점에서 주류 경제학에서 말하는 선택 행위는 지극히 예외적인 상황에서만 기대할 수 있다.

이상에서 논의한 바와 같이 경제학 외에 다른 분야에서 선택에 관한 대안 이론을 제시하는 것은 환영할 만한 일이다. 왜냐하면 합리적인 인간이라면 이론이 현실을 설명하거나 미래를 예측하는 데 실패할 경우 이론을 수정하려 노력하는 것이 정상이기 때문이다. 따라서 합리성에 기초한 전통적인 선택이론을 신봉해 온 사람들일수록 한계를 인정하고 새로운 선택이론을 모색하는 노력에 동참하는 것이 자기모순을 피하는 유일한 길이다. 이런 의미에서도 주류 경제학에서 주장하는 선택이론은 상당히 수정되어야 한다.

1. 가격체계의 기본적 기능

2. 가격체계의 다른 측면 : 경쟁과 협력의 조화

3. 가격체계와 균형 · 불균형의 의의

4. 가격체계와 효율적 시장 가설 · 합리적 기대 가설

시장경제와 가격체계 문제

Understanding the Market Economy
ch. four

4

1. 가격체계의 기본적 기능

시장경제는 가격체계price system가 제공하는 신호를 바탕으로 여러 가지 용도에 각종 자원이 배분되고, 소득이 분배되며, 소비가 이루어지는 경제시스템이다. 가격체계란 시장경제에서 거래되는 모든 상품가격들의 집합체를 말한다. 시장경제에서는 절대가격이 아니라 상대가격이 중요한 역할을 한다. 가격체계에 포함된 수많은 가격들 중 일부 가격이 바뀌어도 상대가격은 변하게 되어 있다. 이런 가격체계의 움직임을 통해 개별 시장들 간 상호 의존의 정도를 파악할 수 있다.

전통적으로 경제학은 상대가격의 관점에서 가격체계가 자원배분과 소득분배에 미치는 영향을 분석해 왔다. 이것은 이론적으로만이 아니라 현실적으로도 그러하다. 예컨대 대미환율은 미국 달러 대 한국의 원화라는 두 화폐의 교환비율, 즉 상대가격을 나타낸다. 환율이 변하면 수출과 수입을 비롯한 전반적인 경제활동이 영향을 받으며 이로 인해 자원배분과 소득분배가 영향을 받는다. 이자율과 임금률 또한 국민경제에서 중요한 두 개의 가격이다. 이자율은 고정되어 있는 상태에서 임금률이 상승한다면 상대가격에 변화가 발생할 것이고 이로 인해 노동을 절약하고 자본에 더 투자하는 방향으로 경제활동이 조정될 것으로 예상할 수 있다.

이와 같이 가격체계는 개별 시장, 나아가 시장경제 전반에서 다양한 기능을 수행하는데, 기본적 기능으로는 배분기능allocative function, 할당기능rationing function 및 정보전달기능information transmitting function을 들 수 있다.[1] 이 가운데 전통적으로는 배분기능이 가장 중요시되었으나 최근에는

1. 할당기능이란 소비자의 지불의사에 따라 소비할 수 있는 재화를 배정하는 기능을 말한다.

정보전달기능에 더 초점을 맞추는 경향이 있다. 그 이유는 정보가 가장 중요한 역할을 하는 금융시장이 시장경제에서 차지하는 위상이 높아졌기 때문이다. 게다가 정보전달기능이 전제되지 않으면 배분기능을 논하는 것 자체가 무의미하다.

신자유주의의 대부로 알려진 프리드리히 하이에크는 일찍이 가격체계의 정보전달기능과 관련해 선구적인 업적을 남겼다. 그는 1945년에 쓴 논문에서 지식을 두 가지로 구분했다.[2] 여기서 지식은 정보로 해석해도 무방하다. 그가 지식을 강조한 이유는 계획의 타당성과 관련해서였다. 계획에는 중앙집권적 계획centralized planning과 분권화된 계획decentralized planning이 있다. 전자는 계획당국, 즉 정부에 의해 실행되며 후자는 경쟁하고 있는 많은 개별 주체들에 의해 실행된다. 하이에크는 이 가운데 어떤 계획이 효율적인지 판단하기 위해서는 사회 전반에 있는 지식의 특성을 제대로 알아야 한다고 주장했다. 그에 의하면 지식에는 두 가지가 있다.

첫째는 과학적 지식으로, 이것은 소수의 전문가들이 더 잘 활용할 수 있는 것이다. 이런 경우에는 중앙집권적인 계획이 더 적합할 수도 있다. 둘째는 시간과 장소의 특별한 상황에 관한 지식으로 과학적 지식과는 전혀 무관한 것이다. 그리고 이것은 사람에 따라 다르기 때문에 본인이 가

예를 들어 내가 어떤 재화에 최대 10,000원을 지불할 의사가 있는데 현재 시장가격이 11,000원이라면 이 재화는 나에게 할당, 즉 배급되지 않는다. 이런 할당이 자발적으로 이루어진다는 것이 시장의 본질이다.

2. 이 논문 제목은 "The Use of Knowledge in Society"로 *American Economic Review*(1945, Vol.4)에 발표되었고, *Individualism and Economic Order*(1948)에 재수록되었다. 두 가지 지식의 특성에 관해서는 이 책 79~80쪽을 참조하라. 미국경제학회(A.E.A.)가 이 논문을 미국 경제학회지 100년의 역사에서 가장 주목할 만한 논문 20편 중 하나로 선정했다는 사실에서 이 논문이 갖는 중요성을 짐작할 수 있다.

장 잘 알고 있는 지식이다. 하이에크의 통찰은, 시장은 두 번째 지식이 자유롭게 교환되는 과정을 허용함으로써 결과적으로 자원이 적절하게 배분되도록 한다는 점을 지적한 것이다. 당시 누구도 이 점을 언급하지 않았다. 하이에크는 누구보다도 가격체계의 기능을 더 잘 이해하고 있었던 것이다.

가격체계는 우리가 의식하든 안 하든 일상생활에서 늘 작동하고 있는 현실적인 개념이다. 예컨대 주식시장이나 외환시장에서는 매일 실시간으로 주가와 환율이 변동한다. 물론 비교적 안정적인 가격도 있다. 금융상품의 가격은 끊임없이 변동하는 반면 소비재나 서비스 가격은 대체로 안정적이다. 그렇지만 가격체계 전체를 고려하는 경우 항상 변하고 있다는 관점에서 접근하는 것이 올바른 태도다. 상대가격에 변동이 있기 때문이다.

그런데 여기서 한 가지 유의할 점은 가격체계의 역할에 관한 논의는 반드시 시장조직의 특성을 고려하는 가운데 이루어져야 한다는 사실이다. 이때 가장 중요한 요소가 시장에서 작동하고 있는 '경쟁의 정도'다.[3] 전통적으로 경제학에서는 경쟁의 정도에 따라 시장조직을 네 가지로 분류하고 있는데, 이 가운데 가격체계의 기능이라는 관점에서 가장 이상적인 것이 완전경쟁이 지배하는 시장, 즉 완전경쟁시장이다. 가격체계는 보통 신축적인 경우와 경직적인 경우로 구분하는데, 전자는 이상적이지만 후자는 그렇지 않다. 신축적인 가격체계는 오직 완전경쟁이 지배하는 시장경제에서만 가능하다. 반면 시장이 독과점인 상태에 있거나 강성 노조의 영향 하에 있는 경우 일부 가격은 하방下方 경직성을 보인다. 경직적인

3. 경쟁의 정도에 따라 시장은 완전경쟁시장, 독점적 경쟁시장, 과점시장, 그리고 독점시장으로 구분된다. 이것은 경제학의 오랜 전통으로 시장구조를 분류하는 대표적인 방법이다.

가격체계는 시장의 자원배분 기능을 약화시켜 사회적으로 비효율을 초래하는 원천이다. 따라서 모든 개별 시장에서 완전경쟁이 지배하고 그 결과 신축적인 가격체계를 기대한다는 것은 비현실적임을 알 수 있다. 그럼에도 주류 경제학은 암묵적으로 이런 가격체계를 전제해 왔다. 현실에 대한 설명력보다는 이론의 정합성을 선택한 것이다.

신축적인 가격체계의 역할을 가장 잘 표현한 것으로는 애덤 스미스의 '보이지 않는 손'의 은유를 들 수 있다.[4] 이것은 그의 저서 『국부론』과 『도덕감정론』에 각각 한 번씩 등장한다. 그럼에도 이 은유는 강력한 영향력을 발휘해 시장경제에서는 보이지 않는 손이 작동해 모든 것이 자동적으로, 그리고 효율적으로 조정되는 것 같은 착각을 유발해 왔다. 그래서 이것은 시장지상주의자들이 즐겨 사용하는 용어가 되었다. 이를 검토하기 위해서는 스미스가 각 저서에서 보이지 않는 손을 어떤 맥락에서 사용

4. 스미스의 보이지 않는 손의 진정한 의미를 이해하기 위해서는 전제조건을 이해해야 한다. 이에 관해서 스테파노 자마니는 『인류 최악의 미덕, 탐욕』(2009b)에서 다음과 같이 논평했다. "한편 스미스는 '보이지 않는 손'이라는 정리로, 개인은 자기 이익을 추구하기 때문에 공공의 이익에 봉사한다는 점을 증명한다. 다만, 이 정리가 성립하기 위한 한 가지 조건이 있다. '자아'를 향한 감정이 다른 감정과 균형을 이루어야 한다는 점이다. 특히나 부에 대한 탐욕은 선함과 공감 같은 감정에 의해 어느 정도 상쇄되어야 한다. 감정의 균형이 이루어지지 않는다면 탐욕가는 호시탐탐 남을 이용하려는 의도로 타인에게 접근할 것이고, 결국 시장 메커니즘은 혼란에 빠질 것이다. …… 따라서 보이지 않는 손이란 탐욕스러운 구두쇠의 손이 아니라 공정한 감시자의 손이다."(150쪽) 한편 역사학자 제리 멀러도 『자본주의의 매혹』(2002)에서 다음과 같이 논평했다. "시장은 이윤 추구의 동기와 가격 메커니즘을 통해 개인적인 이기심을 집단 이익으로 이끌어낸다. 스미스는 의도적으로 집단 이익을 앞세우는 경우가 있음을 부정하지 않았다. 그는 의도하지 않은 나쁜 결과라는 말을 믿지 않았다. 그러나 이기적인 욕구가 항상 필연적으로 사회에 긍정적인 영향을 미친다고는 보지 않았다. 스미스가 단언했던 바는 적절한 제도가 마련되었을 때 이기심은 사회에 긍정적일 수 있다는 것이었다."(109쪽) 두 사람의 평가가 엇갈리는 부분이 있는 것은 사실이지만 한 가지 명백한 것은 보이지 않는 손이 아무런 조건 없이 작동하는 것은 아니라는 사실이다.

했는지 살펴볼 필요가 있다. 먼저 『국부론』에서 다음과 같이 말했다.

> 각 개인이 최선을 다해 자기 자본을 본국 노동의 유지에 사용하고 노동생산물이 최대의 가치를 갖도록 노동을 이끈다면, 각 개인은 필연적으로 사회의 연간수입이 가능한 최대의 가치를 갖도록 노력하는 것이 된다. 사실 그는, 일반적으로 말해서, 공공의 이익을 증진시키고자 의도하지도 않고, 공공의 이익을 그가 얼마나 촉진하는지도 모른다. …… 이 경우 그는, 다른 많은 경우에서처럼, 보이지 않는 손invisible hand에 이끌려서 그가 전혀 의도하지 않았던 목적을 달성하게 된다. 그가 의도하지 않았던 것이라고 해서 반드시 사회에 좋지 않은 것은 아니다. 그가 자기 자신의 이익을 추구함으로써 흔히, 그 자신이 진실로 사회의 이익을 증진시키려고 의도하는 경우보다, 더욱 효과적으로 그것을 증진시킨다. 나는 공공의 이익을 위해 사업한다고 떠드는 사람들이 좋은 일을 많이 하는 것을 본 적이 없다."[5]

이 구절에 의하면 보이지 않는 손은 주어진 시장 조건을 감안해 기업이 이익을 극대화하는 방향으로 자원을 활용하도록 유도한다는 의미를 갖고 있다. 이 말은 곧 기업은 시장에서 형성된 생산물가격과 요소가격을 고려하는 가운데 이익을 극대화하려 한다는 것으로 해석할 수 있다. 즉, 가격이 이끄는 대로 행동하는 것이 개별 기업의 입장에서는 최선이라는 것을 암시하고 있다. 그런데 이런 근시안적인 행동이 의도하지는 않았지만 사회적으로 최선의 결과를 달성할 수 있다는 것이다. 이 구절에 구체적으로 언급되지는 않았지만 스미스는 사적인 이익의 추구가 공적인 이익으로 연결되기 위해서는 일정한 조건이 충족되어야 한다는 점을 인지하고 있었다. 즉, 보이지 않는 손은 진공 상태에서 작동하는 것이 아니다.

---

5. 애덤 스미스, 『국부론』(1776), 552~553쪽.

그 조건은 다름 아니라 경쟁이었다. 한편 스미스는 『도덕감정론』에서 다음과 같이 말했다.

거만하고 냉혹한 지주가 자신의 넓은 들판을 바라보면서 그의 동포 형제들의 궁핍에 대해 전혀 생각하지 않고, 그곳에서 재배된 수확물 전부를 자기 혼자 소비하겠다고 상상하는 것은 헛일이다. …… 이런 사람들(농민, 지주의 하인, 물품을 대는 사람 등)은 자신들의 생활필수품 몫을 이렇게 지주의 사치와 변덕으로부터 얻어내는데, 만약 이들이 그것을 지주의 인간애나 정의의 감정에서 얻을 것으로 기대한다면, 그것은 헛일이다. 토지의 생산물은 언제나 그것이 먹여 살릴 수 있는 만큼의 주민을 유지할 뿐이다. 부자는 단지 큰 덩어리의 생산물 중에서 가장 값나가고 가장 기분 좋은 것을 선택할 뿐이다. …… 그리고 그들의 천성의 이기심과 탐욕에도 불구하고, 비록 그들이 자신만의 편의를 생각한다고 하더라도, 또한 그들이 수천 명의 노동자를 고용해서 추구하는 유일한 목적이 그들 자신의 허영심과 만족될 수 없는 욕망의 충족임에도 불구하고, 그들은 자신들의 모든 개량의 성과를 가난한 사람들과 나누어 가진다. 그들은 보이지 않는 손invisible hand에 이끌려서 토지가 모든 주민들에게 똑같이 나누어졌을 경우에 있을 수 있는 것과 같은 생활필수품의 분배를 하게 된다.[6]

여기서 확인할 수 있는 것은 두 경우의 보이지 않는 손이 의미하는 바가 같지 않다는 사실이다. 『국부론』에서는 보이지 않는 손으로 인해 사적 이익의 추구가 의도하지 않은 공적 이익을 달성할 수 있다는 점을 강조했다. 이것은 경쟁시장에서 신축적인 가격체계를 통해 달성할 수 있는 효율적인 자원배분을 상징한다. 반면 『도덕감정론』에서 보이지 않는 손은 가격체계의 역할보다는 최근 자주 논란의 대상이 되고 있는 낙수효과trickle-

6. 애덤 스미스, 『도덕감정론』(1759), 345~346쪽.

down effect를 지칭한 것으로 보인다.[7] 지금까지 누구도 이런 차이점에 대해 언급하지 않았다는 사실이 의아스러울 정도다. 더구나 맨 마지막 구절 "토지가 모든 주민들에게 똑같이 나누어졌을 경우에 있을 수 있는 것과 같은 생활필수품의 분배를 하게 된다"는 표현은 납득하기 어렵다. 이것은 『국부론』에서 언급한 보이지 않는 손의 기능과는 전혀 무관한 분배기능에 해당한다.

이와 관련해 한 가지 더 지적하고 싶은 것은 『국부론』에서 언급한 보이지 않는 손의 은유에는 당시로서는 기대하기 어려운 시장경제에 대한 통찰이 담겨 있다는 점이다. 스미스가 말한 대로 각 개인은 오직 자신의 이기심에 따라 행동하지만 결과적으로는 누구도 의도하지 않았던 바람직한 결과를 달성하게 된다는 것은 복잡계 이론complex system theory에서 말하는 창발성emergent property에 해당한다. 스미스는 공장제 생산이 막 도입되

7. 애덤 스미스에 앞서 『도덕감정론』에 등장하는 보이지 않는 손과 유사한 의미를 강조한 사람으로 버나드 맨더빌(Bernard Mandeville, 1670~1733)을 들 수 있다. 그는 『꿀벌의 우화』(1714)에서 부자들의 사치에 따른 낙수효과로 사회가 풍요로워진다고 주장했다. 이와 관련해 스테파노 자마니(2009b)는 다음과 같이 해석했다. "그렇다면 맨더빌은 탐욕을 옹호했다고 볼 수 있을까? 맨더빌은 탐욕이라는 악덕이 '공공의 이익'을 창출하며, 거의 미덕에 가깝다는 관점을 지지하고 있는가? 그렇지 않다. 흥청망청 사치품 소비에 탐닉하는 것이 근검절약하는 태도보다 일자리를 더 많이 창출하는 것은 사실이다. …… 그런데 탐욕가는 소비하기는커녕, 오히려 재산을 쌓기만 하는 사람이다. 탐욕가가 공공의 이익에 반하는 사람인 이유다. 탐욕가에게 돈이란 수단이 아니라 목적이고, 돈이 목적이 되면 시장은 발전하지 않는다. 그런 경우 화폐 유통속도가 확연히 감소하기 때문이다."(147쪽) 따라서 탐욕가는 낙수효과를 유발하지 못하지만 사치스러운 소비를 추구하는 인간의 탐욕은 낙수효과를 촉진한다는 것이다. 여기서 두 경우의 차이점을 언급한 이유는 애덤 스미스가 보이지 않는 손이라는 은유를 사용한 것은 시장경제의 장점에 대해 이론적으로 확신했다기보다는 당대에 널리 쓰이는 은유를 이용해 다소 모호하게 시장의 장점을 묘사하려 했던 것이 아닌가 하는 생각이 들었기 때문이다. 그렇지 않다면 두 경우가 다른 의미를 갖는 것으로 해석할 여지가 없을 것이다.

었던 자본주의의 초창기에 이 책을 썼다. 그럼에도 개별 주체의 행동에서는 전혀 예상할 수 없는 사회적 이익을 실현할 수 있다는 결론에 도달했다. 이것은 "전체는 부분의 합이 아니다"라는 복잡계 이론의 기본 메시지와 같은 맥락이다. 당시 스미스는 복잡계 이론에 대해 아는 바가 없었겠지만 놀라운 통찰에 의해 시장경제가 복잡계의 성질을 갖고 있다는 점을 인식했던 것으로 해석할 수 있다.

시장경제를 논하면서 가격체계의 다양한 측면을 다루지 않는다는 것은 시장경제의 본질을 무시하는 것이다. 이런 관점에서 보면 애덤 스미스를 필두로 자유시장을 옹호하는 입장에서 시장경제를 논한 사람들은 모두 가격체계의 중요성을 인지하고 있었다. 하이에크와 프리드먼이 대표적이다. 반면 자유시장에 비판적인 사람들은 대부분 가격체계의 역할에 대해 별다른 논의가 없었다. 이런 관점에서 볼 때 경제학자 세바스티안 둘리엔이 다음과 같이 지적한 것은 중요한 의미를 갖는다. "오늘날 우리는 시장 메커니즘이 경제성장과 생태적 필요를 결합하는 일에서 엄청난 실패를 경험하고 있으며, 치명적인 결과가 생겨나고 있음을 목도하고 있다. 이는 단순히 현재의 생산 및 소비 방법만의 문제가 아니다. 이는 또 지난 두 세기 동안 이루어져 왔던 기술발전의 유형의 문제이기도 하다. 이러한 기술발전은 개별 기업과 소비자들의 잘못이 아니다. 이는 지난 몇 세기 동안 기술발전, 생산, 소비에 잘못된 신호를 발생시켜 온 가격체제의 잘못이다."[8] 이것은 지극히 타당한 지적이다.

시장경제에서 발생하는 대부분의 문제들은 가격체계가 잘못된 신호, 즉 틀린 정보를 전달하기 때문에 발생한다는 점을 인식하는 것이 중요하

8. 세바스티안 둘리엔(2011), 192쪽.

다. 예를 들어 경제활동으로 인해 환경이 오염되고 생태계가 파괴되는 이유는 가격체계가 외부효과externality로 인한 사회적 비용을 제대로 반영하지 않기 때문이다. 구체적인 사례로는 세계적으로 널리 소비되고 있는 맥도널드 햄버거 빅맥Big Mac의 시장가격과 사회적 비용을 감안한 가격이 현저하게 차이가 난다는 점을 들 수 있다. 만약 사회적 비용을 포함한 가격에 빅맥을 판매한다면 높은 가격으로 인해 빅맥의 소비가 감소할 것이고 이로 인한 환경오염이 줄어들 것이다. 이것이 바로 가격체계의 진정한 기능이다. 따라서 가격체계의 기능을 이해하는 것은 곧 시장경제의 본질을 제대로 이해하는 첩경이다.

이런 관점에서 보면 시장경제에 대한 비판은 대부분 제한적인 의미를 갖게 된다. 특히 마르크스주의의 관점에서 자본주의 시장경제를 비판하는 경우에는 가격체계와 관련된 내용을 찾아보기 어렵다. 이것은 자신에게 유리한 부분만 거론하는 편향된 태도와 다를 바가 없다. 필자는 자유시장에 대한 찬반 태도와는 관계없이 시장경제에 대한 논의에는 반드시 가격체계의 역할에 대한 분석이 중심에 있어야 한다고 생각한다. 이를 배제한 채 시장경제를 논하는 것은 마치 중력을 고려하지 않는 가운데 자연 현상을 분석하려는 것과 다를 바가 없다.

2. 가격체계의 다른 측면 : 경쟁과 협력의 조화

이론적으로나 현실적으로 경쟁은 시장경제를 지지하는 가장 중요한 덕목이다. 경제학에서 가장 이상적인 시장조직이 완전경쟁시장인 것도 이런 이유에서다. 경쟁이 미약하거나 아예 사라진 시장은 자원배분의 관점에서 볼 때 무능한 정부보다도 못한 결과를 초래할 수 있다. 그런데 여기서 한 가지 주의할 점은 경제학에서 말하는 경쟁은 현실에서 이해하는 것과는 정반대인 경우가 많다는 사실이다. 이와 관련해 자유시장의 옹호자인 밀턴 프리드먼은 『자본주의와 자유』에서 다음과 같이 지적했다.

> 경쟁이라는 말에는 두 가지 매우 다른 의미가 있다. 일상적 대화에서 경쟁이란 자기가 알고 있는 경쟁자를 꺾는다는 뜻에서 개인적 대항관계를 의미한다. 그러나 경제에서의 경쟁은 거의 정반대를 의미한다. 경쟁적 시장에서 개인적 대항관계는 존재하지 않는다. 경쟁시장의 본질은 비인격적인 특성에 있다. …… 어떤 의미로는 독점이야말로 개인적인 대항관계를 포함하고 있다는 점에서 통상적인 경쟁 개념에 더 가깝다고 할 수 있다.[9]

이와 같이 비인격적으로 진행되는 경쟁은 한편으로는 간접적인 방식으로 협력을 유도한다. 이런 이유로 경쟁과 협력은 얼핏 보기에는 상충적이지만 실제로는 상보적인 것이다. 이것이 바로 시장이 갖고 있는 특별한 장점이다. 시장은 경쟁을 필요로 하지만 한편으로는 광범위한 협력을 촉진하는 시스템이기도 한 것이다. 분업과 전문화는 이런 간접적인 협력을 상징하며 인격적인 접촉을 통해서가 아니라 비인격적인 가격을 이용해서 이루어진다. 그 결과 시장의 진화에 따라 협력의 범위는 상상을 초월할 정도로 확대될 수 있었으며, 지금은 글로벌 차원에서 협력이 이루어지고 있다. 이런 협력을 효과적으로 활용하는 기업은 글로벌 경쟁에서 우위를

9. 밀턴 프리드먼(2002), 196쪽. 프리드먼이 지적했듯이 경쟁이라는 용어는 역설적인 의미를 갖고 있다. 경쟁이 치열해질수록 경쟁을 의식하지 않게 되는 반면 독점을 지향할수록 더욱 치열하게 경쟁한다는 의미에서 그러하다. 이런 점에서 다윈주의적 경쟁, 즉 유한한 자원을 놓고 생존을 위해 투쟁하는 것이 현실에서 말하는 경쟁의 의미에 더 부합한다. 따라서 경제학에서 말하는 경쟁과 다윈주의적 경쟁을 혼동하지 않아야 한다.

점할 수 있게 되었다. 시장은 경쟁과 협력이 상보적으로 작용하도록 하는 유일한 시스템이다. 공산주의 시스템이나 전체주의 시스템에서는 이런 협력을 기대할 수 없다. 이런 면에서 시장경제는 유지 · 발전시킬 가치가 있는 시스템임에는 틀림없다.

그러면 시장에서 경쟁이 어떤 역할을 하는지 검토해 보자. 이것은 자명한 것 같지만 사실은 그렇지 않다. 그렇기 때문에 경쟁이 갖는 이중성二重性을 제대로 이해할 필요가 있다. 경쟁은 인간 본성의 일부라 할 수 있다. 인류는 기나긴 진화 과정에서 생존을 위해서는 유한한 자원을 놓고 경쟁하지 않을 수 없다는 사실을 인지했다. 이때 경쟁은 경제학에서 말하는 경쟁의 의미와는 상당히 다르다. 경제학에서 경쟁이란 기본적으로 완전경쟁을 의미하며 나머지는 모두 불완전경쟁으로 간주한다. 독점은 극단적인 불완전경쟁의 유형에 해당한다. 따라서 이 두 개의 극단 사이에 다양한 불완전경쟁 상태가 존재하는데 과점적 경쟁과 독점적 경쟁이 여기에 해당한다.

진화론에서 말하는 다윈주의적 경쟁은 유한한 자원을 놓고 여러 종이 생존과 번식을 위해 투쟁하는 것을 의미한다. 이런 점에서 과점적 경쟁과 독점적 경쟁이 다윈주의적 경쟁에 비유될 수 있다. 특히 불특정다수가 경쟁 과정에 참여한다는 의미에서는 독점적 경쟁이 다윈주의적 경쟁과 더 유사해 보이지만, 상대를 의식하고 행동한다는 점을 감안한다면 과점적 경쟁이 더 유사한 면이 있다. 이런 미묘한 차이를 인식하는 가운데 경쟁의 의미를 이해할 필요가 있다. 한 가지 분명한 점은 경쟁이 약해질수록, 즉 독점에 가까워질수록 협력의 기회는 적어진다는 사실이다. 경쟁과 협력의 상보적인 관계를 유지하는 데는 일종의 임계 수준이 있다는 의미다.

여기서 한 가지 분명히 할 것은 경제학에서 말하는 완전경쟁은 순전히 이론적인 개념으로 현실에서는 사실상 불가능하다는 점이다. 그렇기 때문에 시장에서는 일정 수준의 경쟁을 유지하는 것이 매우 중요하다. 한때 완전경쟁을 대신해 유효경쟁effective competition이란 개념이 경제학자들의 주목을 받은 적이 있었는데 실행 가능한 경쟁workable competition이라고 불리기도 했다. 이 개념이 등장한 이유는 완전경쟁이 사실상 불가능해 적절한 경쟁의 정도를 나타내는 개념이 필요했기 때문이었다. 그런데 유효경쟁의 의미를 둘러싸고 전문가들 사이에 견해가 분분했고, 그 여파로 더 이상 사용되지 않고 있는 실정이다.[10] 이와 같이 경쟁을 둘러싼 개념적 논의는 간단하지 않다.

그렇다고 해서 경쟁 개념이 더 이상 쓸모없어진 것은 아니다. 시장경제의 장점은 어떤 경우에도 경쟁과 밀접하게 연관되어 있기 때문이다. 경쟁이 사라진 시장은 시장으로서의 장점을 상실할 수밖에 없다. 시장경제에서 독점은 정치에서 독재와 같은 의미를 갖는다. 시장경제에서는 어떤 이유에서든 경쟁 압력이 작용하고 있다는 사실이 중요하다.

일반적으로 시장경제에서 대규모 투자가 필요한 산업은 소수의 기업들이 장악하고 있는 반면, 그 밖의 산업에서는 다수의 중소기업들이 치열하게 경쟁을 하고 있다. 그리고 수많은 자영업자들은 거의 완전경쟁에 가까운 정도의 경쟁 압력에 직면해 있다. 크고 작은 차이는 있지만 잠재적

10. 위키피디아에 의하면 유효경쟁, 또는 실행 가능한 경쟁에 대해서는 제시 마크햄(Jesse W. Markham)이 제시한 다음과 같은 정의가 주목을 받았다고 한다. "시장의 구조적 특성과 이를 형성한 동태적인 힘들을 철저하게 분석한 후에 사회적 비용을 능가하는 사회적 편익을 달성하는 공공정책을 통해 실현될 수 있는 명백하게 드러난 변화가 없다면 그 산업은 실행 가능하게 경쟁적이라고 판단할 수 있다." 이 정의에서 알 수 있듯이 유효경쟁 내지 실행 가능한 경쟁은 다분히 모호한 개념임을 알 수 있다.

인 시장 진입까지 고려한다면 경쟁 압력은 시장에 상존하는 특징이라 할 수 있다. 이런 의미에서 현실은 과점적 경쟁과 독점적 경쟁이 혼합된 상태에 있다고 볼 수 있다. 대기업들은 과점적 경쟁을 하고 있고 중소기업들과 자영업자들은 독점적 경쟁의 압력을 받고 있다. 이들은 다원주의적 경쟁을 하고 있는 것이다.

오늘날 이런 경쟁 압력은 인터넷 혁명으로 인해 더욱 강화되고 있다. 미래학자 제러미 리프킨은 『한계비용 제로 사회』에서 이러한 추세를 적절하게 표현했다. 그는 이러한 경쟁 압력으로 인해 기업들이 한계비용을 거의 제로 수준으로까지 낮추지 않을 수 없게 되었으며, 이로 인해 이윤 기회가 사라짐으로써 자본주의의 붕괴를 초래할지도 모른다면서 다음과 같이 주장했다. 그가 말하는 경쟁은 다원주의적 경쟁으로 해석해야 한다.

> 만약 자본주의 경제이론의 이런 표준적 가정이 그 논리적 귀결에 이른다면 어떻게 될까? 자본주의 운용 논리가 그 어떤 희한한 예상도 뛰어넘는 수준으로 성공해서 경쟁 과정이 '극단적 생산성'으로 이어지고 경제학자들이 말하는 이른바 "전반적인 최적의 복지"가 이루어지는 시나리오를 상상해 보자는 이야기다. …… 치열한 경쟁으로 기술은 계속 발전하고 그에 따라 생산성이 최고점에 달해 판매를 위해 생산하는 각각의 추가 단위가 '제로에 가까운' 한계비용으로 생산되는 상황이 발생한다.[11]

---

11. 제러미 리프킨(2014), 11쪽. 얼마 전까지만 해도 한계비용이 거의 제로 수준으로 하락한다는 것은 상상하기 어려웠다. 그런데 인터넷 혁명 이후 이런 산업분야가 꾸준히 증가하고 있는 것은 사실이다. 우리는 음반, 도서, 교육 및 각종 엔터테인먼트 산업에서 이런 변화를 목격하고 있다. 리프킨은 조만간 실현될 사물인터넷(IoT)으로 인해 혁신적인 생산성의 향상이 실현될 것이고 그 결과 한계비용이 거의 제로 수준으로 떨어지게 될 것이라고 주장했다. 모든 산업에서 이런 현상이 일어나지는 않겠지만 이미 여러 분야에서 이런 현상을 목격하고 있는 것은 사실이다. 리프킨은 대표적인 사례로 이미 전 세계적으로 수백만의 프로

그런데 시장경제에서 경쟁이 갖는 의미는 단순히 한계비용을 낮춘다는 것 이상이다. 왜냐하면 경쟁은 한편으로는 협력을 유발하기 때문이다. 얼핏 보기에는 양립하기 어려운 두 가지 현상이 사실은 동전의 양면처럼 서로 연결되어 있다. 즉, 경쟁과 협력은 두 개의 대극으로서 궁극적으로 대극의 조화를 지향한다고 할 수 있다. 여기서 협력은 직접적인 의미의 협력이라기보다는 간접적인 의미의 협력으로 이해하는 편이 적절하다. 즉, 적극적으로 협력하겠다는 의사표시를 한 후에 이루어지는 협력이 아니라 분업과 전문화를 통해 이루어진다는 의미에서의 협력이다. 글로벌 차원에서 이루어지는 이런 협력이 생산성 향상의 주요 원천으로 작용하고 있다.[12]

협력의 관점에서 시장경제를 접근하는 경우 인터넷 혁명이 가져온 변화를 주목하지 않으면 안 된다. 인터넷은 단지 커뮤니케이션과 정보 교류의 새 장을 연 것에 그치지 않고 문자 그대로 실시간으로 글로벌 차원에서의 협력을 가능하게 해주었다. 이와 관련해 네트워트 전문가인 요차이 벤클러Yochai Benkler는 다음과 같이 말했다.

> 20세기 마지막 10년 동안 일어난 일련의 변화는 인간은 이기적이라는 이론으로부터 근본적인 이탈을 야기했다. 우선 기업들이 달라졌다. …… 더욱 급진적으로는, 자유 오픈소스 소프트웨어인 위키피디아부터 데일리 코스Daily Kos나 뉴스바

슈머(prosumer)들이 직접 자신이 쓸 녹색 전기(태양광이나 풍력을 이용한 전기)를 제로에 가까운 한계비용으로 생산하고 있으며 수십만에 달하는 사람들이 3D프린팅을 이용해 자신들이 필요한 재화를 제로에 가까운 한계비용으로 만들고 있다고 말한다. 자세한 내용은 그의 책 1장을 참조하라.

12. 협력의 중요성을 강조하는 대표적인 저서로는 로버트 액설로드의 『협력의 진화』(2006)와 요차이 벤클러의 『펭귄과 리바이어던』(2011)을 들 수 있다. 액설로드는 관계의 지속성을, 벤클러는 학습효과를 협력의 주요 원천으로 보았다.

인Newsvine 같은 협력적인 시민 언론 사이트, 페이스북이나 트위터 같은 소셜 네트워크에 이르기까지 인터넷에 등장한 동료 생산peer production이 불과 5년, 10년 전에는 불가능하다고 생각했던 협력문화를 탄생시켰다.[13]

벤클러는 이와 같이 협력이 창발할 수 있는 이유를 인간의 고유한 본성에서 찾았다. 이와 관련해 그는 다음과 같이 지적했다. "이기심과 협력은 서로 배타적인 개념이 아니라 그 반대다. 독립과 자율성, 자본주의, 개인주의를 소중하게 생각하는 사람이 자동적으로 자기중심적이고 이기적이고 무정한 사람인 것은 아니다. 협력과 이익은 공존할 수 있다. 이 이중성을 받아들이는 것, 그 바탕 위에 사회를 재구성하는 것, 그리고 개인적 · 사회적 목표를 위해 그것을 이용하는 방법을 배우는 일은 가능한 동시에 반드시 해야 하는 일이다."[14] 인터넷 혁명은 우리에게 이것이 가능하다는 것을 보여주고 있다.

이런 협력의 추세는 최근 더욱 강화되고 있으며 앞으로도 더욱 그러할 것이다. 인류는 협력의 새로운 시대를 열어가고 있다고 해도 과언이 아니다. 이렇게 말할 수 있는 근거는 진화생물학에서도 발견할 수 있다. 인간은 기나긴 진화 과정을 거치면서 이기심과 이타심을 동시에 발전시켰기 때문에 오늘날 지구를 지배하는 위치에 오르게 되었다는 것이다. 이 문제와 관련해 사회생물학자 에드워드 윌슨은 다음과 같이 말했다.

동맹을 형성하려면 서로를 자세히 평가할 능력을 갖추어야 하며, 그것은 선행 인류 조상들이 본능에 이끌리는 곤충들과는 전혀 다른 방식으로 진사회성

13. 요차이 벤클러(2011), 19쪽.
14. 앞의 책, 34쪽.

eusociality을 획득했어야 한다는 의미이다. 진사회성으로 향하는 경로는 "집단 내 개인들의 상대적인 성공을 토대로 한 선택" 대 "집단들 사이의 상대적인 성공을 토대로 한 선택" 사이의 경쟁을 통해 도출되었다. 이 게임의 전략들은 세밀하게 조정되는 이타성, 협력, 경쟁, 지배, 호혜성, 변절, 기만의 복잡한 혼합물이었다.[15]

윌슨이 지적한 대로 진사회성은 영장류에 속하는 인간의 특유한 속성으로 이기심과 이타심이 상호작용했기 때문에 획득할 수 있었다. 이 말은, 인간이 시장에서 경쟁하는 것은 이기심과, 협력하는 것은 이타심과 밀접하게 관련되어 있음을 시사한다. 단, 시대와 사회의 특성에 따라 이 둘이 조화를 이루는 방법에는 현저한 차이가 있을 수 있으며, 이로 인해 시장경제의 진화 과정이 다른 경로를 택하게 된다. 이런 의미에서 선진국의 경우에는 경쟁과 협력의 조화가 적절하게 이루어졌다고 볼 수 있으며 그렇지 못한 국가에서는 이들 간의 조화가 제대로 이루어지지 않았다고 할 수 있다. 유감스럽게도 우리나라의 경우는 후자에 속한다.

여기서 잠깐 우리나라의 사례를 생각해 보자. 1960년대 초 경제개발 정책이 실시된 이래 누구나 가장 자주 접했던 단어가 경쟁인데, 이것은 다윈주의적 경쟁을 의미했다. 신구세대를 막론하고 한국인 대부분은 어려서부터 좋은 학교에 진학하기 위해 치열하게 학우들과 경쟁해야 했으며, 이런 풍토는 대학진학을 위한 입시경쟁에서 절정을 이루었다. 대학을 졸업한 이후에는 각종 공채시험을 통해 직장을 구하는 과정에서 또래의

15. 에드워드 윌슨, 『지구의 정복자』(2012), 28쪽. 여기서 진사회성은 안전한 보금자리를 만들고 여러 세대가 같이 생활하면서 다른 개체를 돌보는 사회적 성향을 말한다. 윌슨에 의하면 진화의 역사에서 진사회성을 획득한 종은 인류를 포함해 고작 20개에 불과하다. 그나마도 벌과 개미 종이 대부분이다. 진사회성이 극히 드물다는 것은 인류가 여기까지 오게 된 과정이 다분히 우연이었다는 것을 시사한다.

다른 사람들과 치열하게 경쟁해야 했으며, 이런 추세는 직장을 구한 후에도 승진을 위한 경쟁으로 이어졌다. 한국인들에게 경쟁은 지극히 자연스러운 행위로 자리 잡았다.

개인적 차원에서만이 아니라 사회적 차원에서도 경쟁은 도처에서 발견할 수 있는 자연스러운 현상이 되었다. 무엇보다도 기업들 간 경쟁은 시장점유율을 높이고 이익을 내기 위해 감수해야 하는 불가피한 현상이 되었다. 나아가 글로벌 시대에 경쟁은 국제적으로 확장되어 국내 기업들이 세계 여러 나라의 기업들과 경쟁하는 것은 이제 일상적인 일이 되었다. 그리고 경제분야만큼은 아니지만, 지방자치제가 실시된 이후 정치분야에서도 경쟁은 일상의 일부가 되었다.

그런데 유감스럽게도 한국사회에서 경쟁은 그동안 긍정적인 면보다는 부정적인 면을 더 많이 보여주었다. 보통 바람직한 경쟁이라면 공정한 경쟁 또는 선의의 경쟁을 말한다. 사람들이 이런 정신에 입각해 서로 경쟁한다면, 비록 한정된 자원이나 지위를 놓고 경쟁하더라도, 이런 과정을 통해 새로운 자각自覺을 경험할 수 있을 뿐만 아니라 개인적인 능력을 함양할 수도 있다. 이것이 경제학에서 말하는 경쟁의 진정한 의의다. 이런 경쟁은 시장경제의 효율성을 제고하고 사회적 잉여를 극대화하는 데 기여한다.

그러나 우리는 이와 반대되는 의미의 경쟁에 익숙해 있다. 과거 조선시대에는 양반의 자제에게 특혜를 주어 관직에 중용했던 음서蔭敍제도가 공공연하게 실시되어 진정한 경쟁의 의미를 훼손시켰다. 또한 경제개발계획이 추진된 이후 정경유착을 이용해 부당한 특혜를 받은 기업들이 승승장구하는 등 경쟁의 근본 정신을 해치는 사례들이 끊이지 않았다. 그 결과 사람들의 뇌리에는 경쟁의 부정적인 면이 깊이 각인되었으며 공정한 경쟁에 대한 기대는 부질없는 것으로 간주되었다. 이로 인한 치명적인 부작용은 우리의 의식이 더욱 파편화되고 에고 중심적으로 전락함으로써 진정한 경쟁의 정신을 구축驅逐해버린 것이다.

시장경제와 민주주의를 지향하는 한 경쟁은 불가피하다. 역사적으로 보아도 경쟁이 국가 발전의 주요 원동력이었음을 알 수 있다. 경제사학자 니얼 퍼거슨은 『시빌라이제이션』에서 15세기 이래 서양이 동양을 압도하게 된 여섯 가지 요인을 제시했는데, 이 가운데 첫째가 경쟁이다. 15세기 유럽에서는 1,000여 개가 넘는 소규모 도시국가들이 치열하게 경쟁하는 과정에서 대항해술을 개발했으며, 이 과정에서 살아남은 소수의 국가들은 근대적인 제도를 갖춘 후 해외의 많은 나라들을 식민지로 경영하게 되었다. 이렇게 획득한 자원을 바탕으로 그들은 세계를 제패할 수 있었던 것이다. 스페인에서 네덜란드로, 다시 영국으로 바뀌었던 세계 경영의 계보가 지금은 미국으로 이어져 있다.[16]

반면 당시 세계에서 경제규모가 가장 컸으며 소득 수준도 제일 높았던 중국 명나라는 중앙집권적인 관료제 하에서 환관宦官들이 권력을 장악한 가운데 일체의 변화를 거부했다. 이런 전통을 고수한 결과 19세기 중반 아편전쟁에 패함으로써 서구 열강의 지배를 받게 되었던 것이다. 경쟁이 초래한 이런 극적인 변화를 퍼거슨은 거대한 분기great divergence라고 불렀다. 이 말에는 다분히 서양의 오만함이 배어 있음을 느낄 수 있다.

우리는 경쟁에 집착한 나머지 이것과 대극적인 관계에 있는 협력의 중요성을 간과하는 경향이 있다. 진정한 협력이란 구성원들이 조직의 목

16. 니얼 퍼거슨은 『시빌라이제이션』(2012)에서 15세기 이후 서양이 동양을 압도하게 된 여섯 가지 요인으로 경쟁, 과학, 의학, 재산권, 소비, 직업을 들었다. 이 가운데 특히 경쟁과 재산권에 큰 비중을 두었다. 경쟁은 시장의 본질을, 재산권은 좋은 제도의 속성을 대변한다.

적을 달성하는 과정에서 자발적으로 서로 돕는 현상을 말한다. 협력의 기본 전제는 보통 진화생물학의 용어를 빌리면, '직접적 상호 호혜'의 원칙이다. 이것은 생물학자 로버트 트리버스Robert Trivers가 제안한 용어다.[17] 진화론의 관점에서 보면 모든 종種은 자신의 유전자를 복제해 널리 확산시키기 위해 경쟁과 협력이라는 두 가지 상반된 전략을 모두 사용한다는 것이다. 과거에는 경쟁이 가장 중요한 동인動因이었으나 최근에는 '친족선택'이나 '집단선택'이 주목을 받으면서 협력의 중요성이 부각되고 있다. 이와 관련된 수많은 사례들이 확인되었기 때문에 협력의 보편성과 중요성은 생물학적 근거를 확보한 셈이다. 한마디로 "네가 내 등을 긁어주면, 나도 네 등을 긁어주겠다"는 상호 호혜의 원칙은 종의 진화 과정에서 중요한 역할을 해왔다는 것이다.

생물학적 증거를 확인해 주듯이 우리는 현실의 경쟁적인 상황에서도 협력을 선호하는 다양한 사례들을 경험하고 있다. 앞에서도 언급했듯이 인터넷이 발달하면서 이런 현상을 자주 목격하게 되었다. 이와 관련된 대표적인 사례로 위키피디아의 성공과 리눅스와 같은 오픈소스 소프트웨어의 활성화를 지적할 수 있다. 사람들은 아무런 보상을 원치 않는 가운데 오로지 자신이 뭔가 기여할 수 있다는 이유만으로 위키피디아의 내용을 개정하는 과정에 자발적으로 참여하고 있다.[18] 또한 더 나은 소프트웨어

17. 호혜적 이타주의(reciprocal altruism)라고도 불리는 그의 아이디어는 『이기적 유전자』로 널리 알려진 리처드 도킨스(Richard Dawkins)와 『빈서판』의 저자인 심리학자 스티븐 핑커(Steven Pinker)를 비롯한 많은 학자들에게 영감을 주었다.

18. 대니얼 핑크(Daniel Pink)는 『드라이브』(2009)에서 다음과 같이 지적했다. "2009년 10월 31일, 마이크로소프트는 16년을 공들였던 MSN 엔카르타와 디스크, 인터넷 백과사전을 완전히 포기하고 손을 뗐다. 반면 두 번째 모델인 위키피디아는 세계 최대 규모의 가장 인기 있는 백과사전으로 급성장했다. 위키피디아는 생성된 지 겨우 8년 만에 약 260개의 언어로 1,300만 개 이상의 표제어를 수록했으며, 그중에서 영어 표제어가 300만 개가 넘는

를 개발한다는 즐거움만으로 아무런 대가 없이 리눅스와 같은 소프트웨어를 업그레이드하는 데 참여한다. 이런 현상들은 오직 이기심에 근거해 행동한다는 신고전학파 경제이론으로는 설명할 수 없는 현상이다. 인간은 이기적 유전자뿐만 아니라 협력하고자 하는 유전자도 함께 보유하고 있는 것이다.

이런 의미에서 애덤 스미스가 『국부론』에서는 이기심self-interest을 강조하는 한편, 『도덕감정론』에서는 공감sympathy을 강조한 것은 놀라운 통찰이다. 그는 이기심에 기초한 사람들이 보이지 않는 손에 이끌려 사회적 이익에 기여한다는 주장을 전개하는 한편, 사람들에게는 다른 사람의 고통을 느끼면서 공감하는 능력이 있음을 강조했다. 이기심은 경쟁의 원천이고, 공감은 협력의 기반이다. 우리는, 경쟁은 인간의 타고난 본성에 기초하고 있는 반면 협력은 다분히 교육의 산물인 것으로 생각하는 경향이 있다. 그러나 애덤 스미스의 통찰이나 진화생물학의 증거에 의하면 협력 또한 인간의 고유한 본성의 일부다. 그리고 시장에서 이 모든 것을 조율하는 파라미터는 바로 가격체계이다.

3. 가격체계와 균형 · 불균형의 의의

시장경제를 뒷받침하는 세 가지 특성은 효율성, 안정성, 그리고 합리성이다. 그런데 이런 특성들은 모두 시장이 균형 상태로 수렴하는 강력한 내재적 성질을 갖고 있는 경우에만 실질적으로 의미를 갖는다. 만약 균형equilibrium 상태로 수렴하지 않고 불균형disequilibrium 상태에서 변동하는 것

다."(25쪽) 자발적 협력이 금전적 인센티브와 위계질서에 기반을 둔 기업의 힘을 이긴 것이다.

이 시장의 고유한 특성이라면 시장의 장점인 효율성이나 안정성에 관한 논의는 무의미해진다. 이것은 이론적으로나 현실적으로 매우 중요한 쟁점이다. 그런데 지금까지 대부분의 논의는 이론적인 차원에 국한되어 왔는데 그 이유는 이 문제를 검증하기 위한 실험이 사실상 쉽지 않았기 때문이다. 그래서 일부 사람들은 시장의 장점을 지속적으로 변호했던 반면 다른 사람들은 시장의 취약점을 비판하는 상황이 반복되었던 것이다.

이와 같이 시장경제를 논할 때 가장 중요한 사항은 개별 시장, 나아가 시장경제 전체가 균형 상태로 수렴하려는 성향이 있는가, 아니면 사실상 불균형 상태를 벗어날 수 없는 내재적인 특성을 갖고 있는가 확인하는 것이다.[19] 시장경제에 대해 비판적인 사람들이 어떤 논리에 입각해 부정적인 측면을 부각시키더라도 균형과 불균형에 관한 논의가 배제되어 있다면 결코 충분한 논의라 할 수 없다. 예컨대 철학이나 정치학 또는 사회학의 관점에서 시장경제를 논하는 경우 우호적이든 비판적이든 균형 및 불균형과 관련된 논의가 거의 이루어지지 않는 경우가 일반적이다.[20] 시장

19. 여기서 한 가지 언급할 점은 equilibrium과 balance의 차이에 관한 것이다. 이 두 개념을 번역할 때 균형과 평형이라는 개념이 무분별하게 사용되고 있는 실정이다. 일부에서는 equilibrium은 평형, balance는 균형이라고 번역하는데 이는 적절하지 않다. 시장경제에 존재하는 다양한 주체들의 욕구가 상호 조정을 통해 안정된 상태에 도달한다면 이것이 균형이고 여기에 해당하는 영어는 equilibrium이다. 반면 평형은 마치 저울의 양쪽 무게가 같아 수평을 이룬 경우를 지칭하는 개념으로 balance가 이에 해당한다. 물론 이것이 절대적인 것은 아니지만 여기서는 이 기준을 따를 것이다.

20. 예를 들어 칼 폴라니의 『거대한 전환』(1944), 찰스 린드블롬의 『시장체제』(2001), 그리고 윤평중의 『시장의 철학』(2016)에서 시장에 대한 논의는 이런 점에서 제한적인 의미를 가질 수밖에 없다. 이들의 논의는 주류 경제학자들의 논의와 공통분모가 거의 없기 때문에 시장경제에 대한 논의의 지평을 확대하는 데는 실질적으로 기여하기 어렵다는 점에서 그러하다. 반면 존 케이의 『시장의 진실』(2003), 데이비드 오렐의 『경제학 혁명』(2011), 마크 뷰캐넌의 『내일의 경제』(2013), 존 퀴긴의 『경제학의 5가지 유령들』(2010), 그리고 에릭 바인하커의 『부는 어디에서 오는가』(2006)는 균형 개념에 대한 비판적인 논의를 전개

에 대한 진지한 논의에는 반드시 균형과 불균형에 대한 논의가 포함되어야 한다. 이때 균형을 지지하는가 아니면 불균형을 지지하는가는 별개의 문제다. 어느 쪽을 지지하든 시장경제의 역사적 전개 과정, 그리고 현재 진행되고 있는 시장의 진실을 보다 잘 설명해 주는 개념을 중심으로 시장을 논하는 것이 진정 과학적 태도이기 때문이다. 시장경제에서 균형과 불균형 개념은 그만큼 중요하다.

이 점은 불확실성과 위험을 고려하는 경우 더욱 분명해진다. 현실의 시장경제는 다양한 불확실성과 위험 하에서 작동하기 때문이다.[21] 이런 여건에서 시장경제가 어떻게 작동하고 시간의 경과에 따라 어떻게 변화해 가는지를 분석하는 이론 모형이 없다면 어떤 논의도 이념적 논쟁의 한계를 벗어날 수 없다. 이런 의미에서 주류 경제학인 신고전학파 경제이론은 시장경제를 이해하는 데 일정 부분 기여했다고 할 수 있다.[22] 왜냐하면

하고 있다는 점에서 주류 경제학자들이 참고할 가치가 있다. 주류 경제학에 대한 비판은 핵심 개념들에 대한 비판적 고찰로부터 시작하는 것이 올바른 태도라고 생각한다.

21. 여기서 불확실성과 위험의 구분은 미국 시카고대학 경제학 교수였던 프랭크 나이트(Frank Knight)가 제시한 기준에 따른 것이다. 그는 불확실성을 측정 불가능한 불확실성(unmeasurable uncertainty)과 측정 가능한 불확실성(measurable uncertainty)으로 구분했고, 측정 가능한 불확실성이 곧 위험이라고 정의했다. 이것은 미래의 불확실한 상태에 대해 객관적 또는 주관적 확률을 부여할 수 있다면 위험으로 간주하고 분석할 수 있다는 것을 의미한다. 이에 대해서는 프랭크 나이트의 *Risk, Uncertainty, and Profit*(1921), 1장을 참조하라.

22. 19세기 말 레옹 왈라스와 윌리엄 스탠리 제번스 등에 의해 신고전학파 이론의 초석이 마련되었을 때는 불확실성을 고려하지 않았다. 물론 이전에 애덤 스미스나 칼 마르크스의 시장경제에 대한 논의에서도 불확실성을 고려한 대목은 거의 찾아볼 수 없다. 그런데 1950년대 케네스 애로(Kenneth Arrow)와 제라르 드브뢰(Gerard Debreu)는 엄격한 수리모형을 통해 불확실성에 대한 논의를 포함하는 일반균형이론을 확립했다. 이들이 신고전학파 경제이론에 기여한 바는 절대적이었다. 그래서 불확실성 하의 일반균형을 애로-드브뢰 균형(Arrow-Debreu Equilibrium)이라고 부름으로써 이들의 업적을 기념하고 있다.

신고전학파 경제이론만이 불확실성과 위험에 대한 체계적인 이론 모형을 제시했기 때문이다. 그렇지만 이 이론 모형이 현실을 제대로 반영하고 있는지는 별개의 문제다.

여기서 중요한 점은 신고전학파 경제이론은 시장의 균형, 나아가 시장경제 전체의 균형을 전제로 하는 경우에만 의미가 있다는 것이다. 신고전학파 경제이론의 핵심은 일반균형이론general equilibrium theory에 있기 때문이다. 이 이론에 의하면 균형 상태로 수렴하지 않는 경제는 불안정할 뿐만 아니라 경제적 성과를 제대로 평가할 수 없으므로 경제시스템으로서 근본적인 문제가 있다. 각종 자원이 효율적으로 배분되고 있는지 여부는 오직 균형 상태에서만 평가할 수 있기 때문이다. 불균형 상태에서는 자원배분의 효율성 여부를 평가할 수 없다고 본다. 이것은 논리적인 측면에서 충분히 수긍할 수 있는 주장이다.

반면 주류 경제학에 비판적인 사람들은 시장을 균형의 관점이 아니라 불균형과 탈균형out of equilibrium의 관점에서 접근해야 한다고 주장한다. 세부적으로는 차이가 있지만 이런 관점은 반균형론자들에게 공통적이다. 이것은 시장의 본질과 관련된 중요한 문제다. 이와 관련해서는 특히 복잡계 이론을 지지하는 사람들이 불균형의 관점에서 주류 경제학을 강력하게 비판하고 있다. 지금은 무시하고 있으나 주류 경제학자들은 이들의 주장을 진지하게 검토해야 할 것이다. 그 이유는 무엇보다도 시장경제는 수많은 개별 시장들의 단순한 집합체가 아니라 이들 간의 상호작용을 바탕으로 작동하는 복잡한 시스템이기 때문이다.

시장경제를 구성하는 개별 시장에서 개별 주체들은 독자적으로 의사결정을 내리고 있지만 이들의 결정은 상호 되먹임feedback을 통해 서로 영향을 주고받는다.[23] 다음 단계로 개별 시장들은 상호 되먹임을 통해 서로 영향을 주고받는다. 개별 시장의 특성을 모두 다 안다고 해도 이들 간의 상호작용이 어떤 결과를 초래할지 예측하기란 사실상 불가능하다. 이와 같이 시장경제는 여러 수준의 위계로 나누어 분석할 수 있을 뿐만 아니라 각 수준의 위계에서는 "전체는 부분의 합이 아니다"라는 명제가 성립한다. 이것이 바로 복잡계의 특성이다. 복잡계 전문가들은 시장경제를 복잡계로 이해하는 것이 현재를 이해하고 미래를 예측하는 데 훨씬 더 유익하다고 주장한다.[24] 이것은 충분히 수긍할 수 있는 주장이다. 복잡계 전문가 닐 존슨은 시장경제에 복잡계 이론을 적용해야 하는 이유를 다음과 같이 설명했다.

> 현실 세계에서의 복잡성 사례 대부분은, 여러 존재들이 식량, 공간, 에너지, 권력, 부 등 한정된 자원을 놓고 경쟁하는 상황이 핵심을 이루고 있다. 이런 상황에서 군중의 창발은 매우 중요한 실질적인 결과를 낳는다. …… 복잡성 과학의 궁극적 목표는 이러한 창발 현상을 이해하고, 예측하고, 제어하는 것이다. 특히 시장붕괴, 교통체증, 전염병 유행, 암과 같은 질병, 분쟁, 환경변화와 같은 파국적 결과를

23. 주류 경제학에서는 이런 되먹임을 파급효과(spillover effect)라고 부른다. 그런데 주류 경제학에서는 이런 파급효과를 단지 개별 시장들의 상호 의존적인 특성을 나타내는 정도로 이해하는 것으로 그쳤기 때문에 복잡계 이론과는 다른 결론에 도달하게 된 것이다.

24. 닐 존슨은 『복잡한 세계, 숨겨진 패턴』(2007)에서 복잡성에 대해 다음과 같이 솔직하게 말했다. "불행하게도 복잡성은 정의하기가 그리 쉽지 않다. 더 나쁜 점은, 저마다 다른 의미로 쓰일 수도 있다는 점이다. 심지어 과학자들 사이에서도 복잡성에 대한 통일된 정의가 존재하지 않는다. …… 복잡성은 '둘만은 좋아도, 셋이면 너무 많다'는 속담으로 요약할 수 있다. 다른 말로 하자면, 복잡성 과학은 '상호작용하는 개체들의 집합에서 창발하는 현상에 대한 연구'라고 볼 수 있다. 그리고 군중이야말로 이른바 창발 현상의 완벽한 예시이다."(18쪽) 복잡성에 대해 이보다 더 간단명료하게 정의한 것을 본 적이 없다. 그 외에도 데이비드 오렐(2011)과 마크 뷰캐넌(2013)의 논의를 참조하라. 시장의 복잡계로서의 특성은 특히 금융시장의 경우에 두드러진다. 이 점을 간과하면 금융시장을 제대로 이해하기 어렵다.

빛을 우려가 큰 군중효과 같은 것이 핵심 대상이다. 이런 창발 현상들의 놀라운 점은, 이것이 어떤 중앙의 통제자나 조정자 없이도 일어날 수 있다는 것이다.[25]

여기서 균형 및 불균형 개념과 관련해 복잡계 이론이 시사하는 바를 살펴볼 필요가 있다. 이 부분에서 주류 경제학과 복잡계 이론이 크게 갈리기 때문이다. 이 문제와 관련해 중요한 개념이 음의 되먹임negative feedback과 양의 되먹임positive feedback이다.[26] 복잡계란 바로 이 두 가지 되먹임 간의 상호작용에 의해 자기조직화self-organization가 이루어지고 이 과정에서 부분에서는 찾아볼 수 없는 창발 현상이 나타나는 시스템을 말한다. 전혀 예상할 수 없었던 현상이 발생한다는 점에서 시장이나 군중은 복잡계의 대표적인 사례다. 시장경제가 수많은 개별 시장들로 구성되어 있으면서 이들 간에 되먹임이 작용한다는 것은 명백한 사실이다. 그런데 이런 되먹임을 양과 음의 되먹임으로 구분한 후 시장과 같은 복잡계에 적용하려는 시도가 이루어진 것은 최근의 일이다.

복잡계 이론에서 핵심은 양의 되먹임과 음의 되먹임 간의 관계에 있다. 이에 따라 복잡계는 완벽한 질서와 완벽한 무질서 사이에서 자유롭게 움직일 수 있기 때문이다.[27] 즉, 외부의 도움 없이도 교통체증이나 시장붕

---

25. 닐 존슨(2007), 20쪽.

26. 데이비드 오렐(2011)은 양과 음의 되먹임이라는 아이디어를 처음 정교하게 다듬은 사람은 물리학자 제임스 맥스웰(James C. Maxwell)이라면서 다음과 같이 말했다. "맥스웰은 조속기(調速機)가 달린 증기기관이 이토록 복잡한 양상을 나타내는 이유가 바로 되먹임 고리(feedback loop) 때문이라는 것을 발견했다. 양성 되먹임 고리는 작은 섭동을 증가시킨다. 반면 음성 되먹임 고리는 조속기처럼 변화에 저항한다. …… 제어이론 및 공학에서 나온 개념이지만 되먹임 고리는 유기체적 복잡계 어디에나 존재한다."(94~95쪽)

27. 이와 같이 두 극단적인 상태의 중간에 해당하는 상태를 나타내는 용어가 바로 프랙털(fractal)이다. 그래서 복잡계에서는 프랙털 현상이 중요한 의미를 갖는 것이다. 많은 사회

괴처럼 질서 잡힌 상태와 전형적인 일상의 무질서한 상태 사이를 자발적으로 오갈 수 있는 것이다. 이것이 복잡계의 전형적인 특성이다. 양의 되먹임은 과학에서는 오래된 개념으로, 주어진 시스템에서 생긴 작은 변동을 점점 더 커지게 하는 과정을 말한다.[28] 예컨대 양의 되먹임은 지구온난화에 대한 논의에서 자주 언급된다. 반면 음의 되먹임은 이와 정반대로 시스템에 생긴 변동이 점점 잦아들게 만드는 과정을 의미한다.

이제 이 두 가지 되먹임이 시장경제에서 어떻게 작용할 것인가에 관한 문제는 분명해졌다. 이 두 가지 되먹임의 상호작용에 의해 시장이 점점 균형 상태로 수렴할 것인가, 아니면 불균형 상태로 남아 있을 것인가가 결정된다. 그런데 이것은 논리적 · 연역적으로 결론을 내릴 수 있는 문제가 아니다. 설사 이론 모형이 어느 한쪽을 지지하더라도 반드시 현실의 경험을 통해 검증되어야 하는 문제이기도 하다.

이 문제와 관련해 복잡계 이론이 시사하는 바는 분명하다. 복잡계 이론에서는 주류 경제학과는 반대의 관점에서 시장을 해석한다. 한마디로 시장은 열린 시스템open system으로서 자기조직화와 양의 되먹임이라는 특유의 속성으로 인해 대부분 불균형 상태에 있으며 예외적인 경우에만 일

현상들, 예컨대 주가의 움직임도 프랙털의 특징을 보인다. 주가의 하루 움직임과 일주일 움직임, 한 달 움직임, 나아가 일 년 움직임은 시간축을 무시하는 경우 거의 동일한 패턴을 보이기 때문이다.

28. 마크 뷰캐넌(2013)은 양의 되먹임의 중요성에 대해 다음과 같이 설득력 있게 설명했다. "양의 되먹임은 어떤 형태로든 우리 세상을 풍부하고 놀랍고, 변화무쌍하고, 활기 넘치고 예측할 수 없게 만드는, 거의 모든 것의 배후에 있기 때문에, 우리가 생각하는 것보다 훨씬 더 중요하다. 그것은 씨가 싹이 터서 나무로 자라게 하며, 성냥이 타오르게 하고, 세포 1개를 분열시켜 생명력을 지닌 인간으로 증식하게 한다. …… 우리의 뇌는 이 모든 것에 대한 직관이 부족하다. 기상학 등 거의 모든 과학에서, 양의 되먹임이 아니라면 달리 예상조차 할 수 없는 사건들을 일으키는 데 양의 되먹임이 어떻게, 그리고 왜 결정적인 역할을 하는지 알아내기까지 수년이 걸렸다."(18쪽)

시적으로 균형 상태에 도달한다고 본다.[29] 그렇지만 비선형 동역학의 논리에 따라 결국 다시 불균형 상태로 복귀한다고 본다. 그러면서 시장은 질서(안정적 균형 상태)와 무질서(완전한 혼돈 상태) 사이에서 끊임없이 움직인다고 해석한다.[30] 이와 같이 복잡계 이론은 주류 경제학과는 반대 시각에서 시장을 해석하고 있으므로 시장에 대한 예측 또한 상당히 다를 수밖에 없다. 복잡계 이론은 주류 경제학에 강력한 도전장을 내민 것이다. 그리고 복잡계 이론에 의하면 이러한 특성을 잘 보여주는 대표적인 사례가 바로 금융시장이다. 이와 관련해 닐 존슨은 다음과 같이 말했다.

> 금융시장은 되먹임으로 가득 차 있다. 이 되먹임은 새로운 매수/매도 의사결정을 낳고, 이는 다시 새로운 가격을 낳고, 이는 다시 새로운 되먹임을 낳고, 이는 다시 새로운 의사결정을 낳고, 이는 다시 새로운 가격을 낳는 식으로 계속 이어진다. …… 이러한 내재적인 되먹임은 룰렛 도박이나 동전 던지기를 할 때는 일어나지 않는다. 그러나 주식시장은 그렇지 않다. 모든 사람들이 완벽한 예측 모형을 갖고 있다면, 강력한 되먹임 효과에 의해 그 모형은 즉시 완벽한 예측 모형이 아니게 되어 버린다. 모든 사람들은 그 다음 거래를 어떻게 할지 결정하는 데 이 예측

29. 복잡계 이론에서는 초기 조건이 중요하다. 즉, 파라미터들의 초기값에 따라 시간이 경과하면서 예측할 수 없었던 다양한 현상이 발생한다. 그런데 초기값이 특정하게 주어진 경우에는 시간이 경과하면서 복잡계가 일정한 상태로 수렴하는 경우가 있다. 이것을 고정점 끌개(fixed-point attractor)라고 하는데 경제학에서 말하는 균형 상태에 해당한다. 그런데 초기값에 조금만 변화가 있어도 다시는 이런 상태로 되돌아가지 않는다. 이런 의미에서 균형 상태는 지극히 예외적인 현상이다.

30. 마크 뷰캐넌(2013), 1장을 참조하라. 그런데 뷰캐넌을 위시해 복잡계 이론의 관점에서 균형 개념을 비판하는 사람들은 모두 금융시장을 예로 든다. 금융시장이 전형적인 복잡계라는 데는 전적으로 동의한다. 그러나 다른 시장, 예컨대 소비재 시장의 경우에도 금융시장과 같의 관점에서 분석하는 것이 올바른 방법은 아닐 것이다. 이런 점에서 시장경제에 복잡계 이론을 적용하는 데는 신중해야 할 것이다.

모형을 사용할 것이고, 이로 인해 시장은 극적으로 뒤틀려 버리고 이 시점에서 예측 모형은 작동을 멈춰 버리게 된다.[31]

여기에는 균형의 관점이 아니라 불균형의 관점에서 금융시장을 분석해야 한다는 복잡계 이론의 주장이 잘 드러나 있다. 이것은 시장의 움직임을 예측하고자 하는 경우 적절한 기대 모형은 무엇인가 하는 문제와 직결된다. 복잡계 이론에 의하면 주류 경제학의 합리적 기대 모형을 비롯해 어떤 기대 모형도 실패할 수밖에 없다. 왜냐하면 여기에는 복잡계의 특성이 전혀 고려되지 않았기 때문이다. 이와 같이 양의 되먹임의 영향을 강조하는 복잡계 이론은 최근 금융시장의 행태를 통해 검증되었다 할 수 있다. 예컨대 거품 형성과 붕괴는 전형적으로 양의 되먹임에 의해 발생하는 과정이다. 그렇지만 경제학자들은 균형 개념에 너무 익숙한 나머지 시장의 일반적인 상황으로서 불균형 상태나 탈균형 상태를 수용하는데 어려움을 겪고 있다. 이것이 바로 패러다임의 전환에 따른 어려움이다. 이와 관련해 마크 뷰캐넌이 다음과 같이 지적한 것은 주목할 필요가 있다.

균형 상태에 대한 믿음은 안정감과 예측 가능성을 주며, 자연을 넘어선 인간 논리의 승리를 확신하고 있음을 나타낸다. 균형 상태에 대한 가정은 경제학자들이 세상에서 일어난다고 상상할 수 있는 일의 종류를 확실히 제한한다. 예외적인 경우만 제외하고는 균형 상태 이론을 적용하면 된다는 것이다. 그런데 이 관점의 가장 곤란한 문제는, 우리가 여기서 이야기한 예외적인 현상이 자주 일어난다는 것이다. 또한 양의 되먹임으로 발생했던 최근의 경제위기나 지난 수백 년에 걸쳐 시

31. 닐 존슨(2007), 177쪽.

장과 경제를 덮쳤던 크고 작은 금융위기에 대해서도 같은 얘기를 할 수 있다. 경제학의 역사는 대체로 양의 되먹임에서 발생한 놀라움의 역사이다.[32]

이와 같이 복잡계 이론에서는 주류 경제학의 균형 개념보다는 불균형의 관점에서 시장을 분석해야 한다고 주장한다. 그리고 이것은 이미 여러 차례의 금융위기를 통해 확인되었다는 것이다. 경제학자들은 이에 대해 제대로 반박하지 못하고 있다. 주류 경제학은 2008년의 금융위기의 원인을 설명하지 못했을 뿐만 아니라 지금도 근본적인 처방을 제시하지 못하고 있는 실정이기 때문이다. 그렇지만 복잡계 이론이 주장하는 것과 같이 시장을 반드시 불균형이나 탈균형의 관점에서 분석하는 것만이 타당한가 하는 의문은 여전히 남는다. 왜냐하면 시장의 특성에 따라 균형 개념을 적용할 수 있는 경우도 충분히 예상할 수 있기 때문이다. 예를 들어 가격이 매우 안정적인 소비재시장은 균형의 관점에서 해석하는 데 무리가 없다.

균형은 경제학뿐만 아니라 여러 학문 분야에서 중요한 개념으로 사용되고 있다. 물리학이나 화학, 그리고 생물학에서는 균형보다는 평형이라는 용어가 사용되는데 본질적으로는 경제학에서와 같은 의미로 사용된다. 또한 균형은 텍스트에만 등장하는 개념이 아니라 우리의 일상생활에서 광범위하게 발견할 수 있는 개념이기도 하다. 따라서 일상생활에 균형 개념이 어느 정도 침투해 있는지 확인하는 차원에서 다음과 같은 몇 가지 사례를 살펴보고자 한다.

---

32. 마크 뷰캐넌(2013), 27쪽.

- 매스미디어를 통해 아파트 매매가나 전세가가 보합세 또는 강보합세나 약보합세를 보이고 있다는 표현을 종종 접할 수 있다. 이것은 아파트시장에서 가격 변동이 거의 없다는 것을 의미하는데, 그 이유는 수요와 공급이 일정 수준에서 균형을 이루고 있어 안정적인 가격을 유지하고 있기 때문이다. 이런 경우, 즉 가격이 안정적인 상태에 있는 시장은 대체로 균형 상태에 있다고 할 수 있다. 즉, 시간의 경과에 따라 가격이 안정적인가, 아니면 상하로 크게 변동하는가에 따라 시장의 균형 또는 불균형 상태를 판단할 수 있다.
- 천체물리학자들에 의하면 우주는 빅뱅으로 시작된 이후 끊임없는 팽창을 하고 있다고 한다. 이런 우주에 수천억 개의 은하가 있으며 하나의 은하에는 수천억 개의 별들이 있다. 그리고 별들 간에는 서로 끌어당기는 힘, 즉 중력과 서로 밀치는 힘, 즉 척력이 동시에 작용하고 있다고 한다. 중력이 일정 수준 이상 척력을 압도한다면 우주는 결국 대붕괴를 맞이할 것이며 반대의 경우에는 모든 물질이 원자 단위로 산산이 분해되어 흔적조차 남지 않게 된다고 한다. 우주에서 이 두 가지 극단적인 상황이 발생하지 않고 현재와 같은 상태를 유지하고 있다는 것은 우주적 차원에서 힘의 균형이 이루어지고 있다고 해석할 수 있다. 태양계에 국한하더라도 마찬가지이다. 우주가 균형 상태에 있기 때문에 생명체들이 살아 있는 것이다.
- 생태계는 동물과 식물 및 이들의 생존 기반인 토양으로 구성되어 있다. 이들 가운데 어느 하나라도 일정 수준을 초과하면 생태계에는 재앙이 발생할 수 있다. 미국의 옐로스톤 공원에는 늑대와 사슴이 공생하고 있었다. 그런데 늑대가 지나치게 번식했다고 생각해 공원 관리자들은 의도적으로 늑대를 사살해 그 수를 인위적으로 줄였다. 그랬더니 이번에는 사슴이 지나치게 번식해 공원의 녹지가 남아나지 않을 지경이 되었다. 그래서 다른 지역에서 늑대를 가져다 풀어놓아 다시 늑대와 사슴 간의 균형이 회복되자 더 이상 녹지가 훼손되지 않게 되었다. 자연은 스스로 생태계의 균형을 회복하는 힘을 갖고 있다. 인간이 섣불리 개입하면 상황을 악화시킬 뿐이다.
- 우리 몸은 수십조 개의 세포들로 구성되어 있다. 신체의 부위에 따라 세포의 형

태는 다르지만 모든 세포는 세포핵을 포함해 동일한 구조를 갖고 있으면서 주어진 역할을 하고 있다. 외부에서 세균이 침투한다거나 온도가 갑자기 내려가는 경우 우리 몸은 이런 변화에 즉각적으로 대응하는 체제를 갖고 있기 때문에 건강을 유지할 수 있다. 이것을 항상성homeostasis이라고 부른다. 우리가 건강하다는 것은 몸의 균형을 유지하고 있다는 것을 의미한다. 반대로 병에 걸렸다든가 허약해졌다는 것은 몸의 균형이 깨졌다는 것을 의미한다. 또한 몸과 마음이 적절한 조화를 이루지 못하는 경우에도 병에 걸리기 쉽다. 이런 경우에도 몸과 마음의 균형이 깨졌다고 할 수 있다.

이런 사례를 보면 균형이 단지 텍스트에만 등장하는 개념이 아니라 우리의 일상생활과도 밀접하게 관련된 개념이라는 것을 알 수 있다. 그리고 시스템의 안정이라는 관점에서 볼 때 균형은 바람직한 상태를, 불균형은 바람직하지 않은 상태를 의미한다는 것을 알 수 있다. 그런데 불균형 상태에 있다가 반드시 균형 상태로 수렴한다는 철칙은 없다는 점을 유념할 필요가 있다. 지금까지 간략하게 살펴본 바와 같이 주류 경제학에서 주장하듯이 시장경제가 안정적인 균형 상태로 수렴하는 내재적인 성향을 갖고 있는지, 아니면 복잡계 이론에서 주장하듯이 양의 되먹임으로 인해 균형 상태와 불균형 상태 사이를 왔다 갔다 하지만 결국 균형 상태를 벗어나 불균형 상태에 머무는 성향이 있는지 여부는 전적으로 가격체계의 움직임에 달려 있다.

한편 복잡계 이론과는 관계없이 가격체계의 자기조정적인 기능, 즉 균형 상태로 수렴하는 경향에 대한 비판도 적지 않았다. 이런 입장을 대표하는 사람으로는 경제사학자 칼 폴라니를 들 수 있는데, 『거대한 전환』에서 다음과 같은 견해를 피력했다.

> 19세기 체제가 나오게 된 원천이자 모태였던 것은 자기조정 시장이었다. 19세기라는 독특한 문명이 발흥하게 된 것은 바로 이 자기조정 시장의 출현이라는 혁신이 있었기 때문이었다. 금본위제란 이 국내의 시장경제 체제를 국제적 영역으로 확장하기 위한 노력에 불과한 것이다. …… 결국 19세기 문명의 제도 체제를 이해하는 열쇠는 시장체제를 통제하는 여러 법칙에 있었던 것이다. 우리가 이 책에서 주장하려는 명제는 다음과 같다. 이 자기조정 시장이라는 아이디어는 한마디로 완전히 유토피아다.[33]

폴라니는 제1, 2차 세계대전을 통해 금본위제도에 기반을 둔 국제경제질서가 와해되는 과정을 목격하면서 이런 평가를 내리게 된 것으로 보인다. 그렇지만 그의 평가를 일반화하는 데는 한계가 있다. 어쨌든 시장경제에 대한 그의 견해와 애덤 스미스의 견해는 대극적인 관계에 있다. 이것은 이들이 진단한 시장경제가 모두 가능하다는 의미다. 이 가운데 어떤 시장경제가 실현될지는 미리 정해져 있는 것이 아니다. 모든 것이 가격체계의 역할에 달려 있다고 해도 과언이 아니다. 여기서 중요한 것은 시장경제는 역사적으로 진화해 온 경제시스템으로서 가격체계가 다양한 자원의 배분을 조정하고 사람들의 욕망을 조정하는 역할을 해왔다는 것은 부인할 수 없다는 사실이다. 가격체계가 작동하지 않는다면 자원배분 자체가 가능할지조차 의문이다. 자유시장을 옹호했던 밀턴 프리드먼도 이 점을 강조하면서 다음과 같이 말했다.

---

33. 칼 폴라니(1944), 94쪽. 폴라니가 이 책을 처음 출간한 것은 제2차 세계대전 말인 1944년이었다. 같은 해에 자유시장을 옹호한 프리드리히 하에에크의 『노예에의 길』이 출간된 것은 기막힌 우연이다. 그는 제1차 및 제2차 세계대전이 당시 제국주의를 표방하던 국가들 간의 경제적 갈등이 악화되어 발발한 것으로 진단하면서 배후에는 시장을 지배하려는 경제권력들 간의 국제적인 암투가 있었다고 주장했다. 이런 시각에서 보면 가격체계의 작용으로 인한 자기조정적인 시장경제는 허구에 불과했을 것이다.

> 근본적으로, 수백만 명의 경제행위를 조정해 나갈 수 있는 방법은 단 두 가지뿐이다. 하나는 군대에서나 현대 전체주의 국가에서 하듯이 강제력을 동원하여 중앙에서 지시하는 것이다. 다른 하나는 개인들의 자발적 협력인데, 이것이 바로 시장의 방식이다. 자발적인 협력을 통한 조정의 가능성은, 종종 부정되곤 하는 기본적인 명제, 즉 경제적 거래가 '쌍방 당사자 모두에 의해 자발적으로 이루어지고 동시에 쌍방에게 똑같이 충분한 정보가 주어져 있다면' 쌍방 당사자 모두가 이득을 본다는 명제에 기반을 두고 있다.[34]

여기서 프리드먼은 하이에크가 중앙집권적 계획과 분권화된 계획을 대비한 것과 같은 내용을 언급하고 있다. 현실에서 확인할 수 있는 분명한 사실은 대부분의 국가에서는 시장경제를 채택해 경제 문제들을 해결해 왔다는 점이다. 시장경제를 채택한 국가에서 종종 경제위기가 발생한 적은 있었지만 시스템 전체가 붕괴되어 원시적인 자급자족 경제로 회귀하거나 아니면 과거 소련식의 중앙집권적인 계획경제로 전환한 사례는 없었다. 오히려 중앙집권적 계획경제에서 분권화된 계획을 기반으로 하는 시장경제로 전환한 사례는 많았다. 이런 역사적 경험을 통해 시장경제는 단기적으로는 불균형 상태에서 불안정하게 작동하지만 결국 균형 상태로 수렴하는 내재적인 힘을 갖고 있다는 것을 알 수 있다.

이때 문제가 되는 것은 조정의 속도다. 과거 1929년 대공황과 2008년 금융위기를 통해 경험했듯이 조정 과정이 오래 걸릴 수도 있고 상당한 경제적 고통과 비효율을 감수해야 하는 경우도 있다. 따라서 시장경제를 균형의 관점과 불균형의 관점 어느 하나만을 갖고 접근하는 것은 현실을 이해하고 미래를 예측하는 데 도움이 되지 않는다. 시장경제에는 안정적

---

34. 밀턴 프리드먼(2002), 42쪽

인 균형 상태로 수렴하는 내재적인 성향을 가진 부분도 있고 그렇지 않은 부분도 있다. 전자의 대표적인 예로는 전통적인 시장, 예컨대 식품이나 의류시장 등을 들 수 있으며, 후자의 대표적인 예로는 금융시장 및 상품시장을 들 수 있다.[35] 이런 관점에서 볼 때 시장경제에서 정말 중요한 것은 금융시장과 같이 불균형 상태에서 작동하는 성향이 강한 시장으로 인한 부정적인 영향이 다른 시장으로 파급되는 것을 최소화하는 것이다. 이런 이유로 금융시장은 적절한 규제를 필요로 한다. 이때 규제의 기준은 시장경제에 필요한 최소한의 안정성을 확보하는 데서 찾아야 할 것이다.

4. 가격체계와 효율적 시장 가설 · 합리적 기대 가설

시장경제에서 가격체계의 역할을 극단적으로 보여주는 이론이 효율적 시장 가설Efficient Market Hypothesis과 합리적 기대 가설Rational Expectations Hypothesis이다. 1970년대 이후 등장한 두 이론이 주류 경제학에서 차지하는 위상은 압도적이었기 때문에 누구도 이의를 제기하거나 대안을 제시하지 못할 정도였다. 그런데 2008년 금융위기가 발발하면서 두 이론에 대한 신화적 믿음이 붕괴되기 시작했다. 적어도 현실의 금융시장이 두 이론에서 주장한 대로 움직이지 않는다는 것이 확실하게 입증되었기 때문이다. 그럼에도 불구하고 두 이론의 위상에는 여전히 큰 변화가 없다. 이것은 패러다임의 전환이 어려운 이유를 보여주는 사례이기도 하다.[36]

---

35. 여기서 상품시장(commodity market)이란 밀, 대두, 콩 등과 같은 1차 상품들의 선물(futures)이 거래되는 시장을 말한다. 이런 시장에서는 투기적인 세력으로 인해 가격이 심하게 요동치는 경우가 종종 발생한다.

36. 이와 관련해 조지 쿠퍼(2014)는 토머스 쿤의 패러다임 개념을 이용해 다음과 같이 평가했는데 현재 주류 경제학의 상황을 잘 묘사하고 있다. "과학혁명에 대한 쿤의 분석은 여러모

효율적 시장 가설과 합리적 기대 가설은 이란성 쌍둥이라 할 수 있다. 같은 유전자를 갖고 있지만 일란성 쌍둥이만큼 일치하지는 않는다.[37] 그렇지만 이 두 가설은 정보를 전달하는 신축적인 가격체계의 역할에 관한 부분에서는 공통적이다. 시장경제에서 유독 금융시장, 특히 주식시장과 채권시장을 망라하는 자본시장, 그리고 외환시장은 시장 상황에 따라 가격이 신축적으로 변동하는 대표적인 시장이다. 물론 조직적·체계적인 거래를 위해 가격 변동 방식에 일정한 규칙을 부여하지만 이로 인해 가격의 신축적인 변동에 제약을 받는 것은 아니다. 이런 의미에서 시장의 본질을 가장 잘 보여주는 시장이라 할 수 있는 반면, 최근에는 인공지능 알고리즘으로 무장한 컴퓨터 프로그램을 이용해 대량 거래가 이루어진다는 점에서 안정성이라는 시장의 특성이 훼손되고 있는 대표적인 시장이기도 하다.

어쨌든 이런 의미에서 금융시장은 가격체계의 역할이 강조되고 있는 시장임에는 틀림없으며 이에 비견할 만한 실물시장은 사실상 존재하지 않는다.[38] 그러면 효율적 시장 가설이나 합리적 기대 가설에서 가격체계

로 경제학에도 타당하게 적용할 수 있다. 기존 이론의 실패에도 불구하고 그 이론을 버리지 못하는 현실을 지적한 점은 특히 정곡을 찌른다. …… 아무리 기존 이론이 신뢰성을 잃어도 더 나은 이론이 등장하지 않는 이상 기존 이론은 절대 사라지지 않는다. 다시 말해 경제학이 실패하고 있다고 지적하는 것으로는 아무것도 변하지 않는다는 것이다."(49쪽) 현재 경제학이 직면한 상황에 대해 정곡을 찌르는 표현이다.

37. 효율적 시장 가설을 전파한 유진 파머(Eugene Fama) 교수와 합리적 기대 가설의 이론적 토대를 구축한 로버트 루카스(Robert Lucas, Jr.) 교수 모두 시카고대학에 재직했다는 사실은 우연이 아니다. 이들은 1920년대 프랭크 나이트에서 시작되어 프리드리히 하이에크, 밀턴 프리드먼, 조지 스티글러, 개리 베커로 이어져 온 시장자유주의의 계승자들이었기 때문에 극단적인 형태의 자유시장이론을 만들어낼 수 있었던 것이다.

38. 원유나 각종 원자재 및 농산물 등의 선물시장(futures market)에서도 가격이 매우 급격히 변동하는 것은 사실이다. 그런데 이것은 선물시장의 특성으로 인한 것이지 상품 자체의 특성으로 인한 것이 아니다. 선물시장은 파생상품시장으로서 자본시장의 일부를 구성한다.

의 역할을 해석하는 방식에서 무엇이 문제인가? 이것은 시장에서 기대가 형성되고 정보가 처리되는 방식과 밀접하게 관련되어 있다. 효율적 시장 가설은 기본적으로 금융시장에서 거래되는 각종 금융자산, 특히 주식, 채권 및 파생상품의 가격 변동에 관한 이론이다. 이 가설에 의하면 가격 변동, 즉 수익률은 정규분포normal distribution를 하면서 무작위적으로 결정된다. 또한 이 과정에서 가격에 영향을 미치는 모든 이용 가능한 정보는 즉각적으로 가격에 반영되므로 누군가 정보를 이용해 다른 사람들보다 지속적으로 높은 수익률을 얻을 수 없다는 것이다. 그리고 이용 가능한 정보의 범위에 따라 이 가설은 다시 세 가지 범주로 구분된다.[39]

여기서 한 가지 주목할 점은 효율적 시장 가설에서 말하는 "가격이 정보를 즉각적으로 반영한다"는 것은 유동성이 풍부한 자산의 경우에만 해당된다는 사실이다. 누구도 효율적 시장 가설이 일반적인 소비재의 경우에도 적용된다고 주장하지 않았을 뿐만 아니라 이를 뒷받침하는 어떤 연구도 없다. 그런데 이때 가격이 정보를 반영해 변동하는 방식에 대해서는 끊임없이 의문이 제기되었다. 무엇보다도 이 가설에 의하면 가격은 경제의 기본 요소fundamentals에 변동이 있는 경우 이에 관한 정보를 반영해 변동하므로 기본 요소, 예컨대 기업의 실적에 변화가 없으면 가격은 변동하지 않아야 한다. 그리고 기본 요소를 반영한 것 이상으로 상승하거나 이하로 하락하면 차익거래arbitrage를 하는 사람들에 의해 비정상적인 가격 변동은 즉각 사라지게 되므로 거품이 형성되거나 붕괴되는 것과 같은 이

39. 유진 파머는 1970년 논문에서 효율적 시장 가설에 의한 정보 효율성을 이용 가능한 정보의 범위에 따라 약형 효율성(weak-form efficiency), 준강형 효율성(semi strong-form efficiency), 강형 효율성(strong-form efficiency)으로 구분했다. 그 후 1991년 논문에서 이를 다시 약형 효율성 검증은 수익예측력 검증, 준강형 효율성 검증은 사건 연구, 강형 효율성 검증은 사적 정보의 검증으로 정의했는데 본질적으로 달라진 것은 없었다.

상 현상은 결코 발생할 수 없다.

이런 입장에 대해 경제학자 세바스티안 둘리엔이 다음과 같이 적절하게 평가했다. "효율적 시장 가설에 의하면 모든 투자자들이 새로운 정보에 즉각 반응하게 되기 때문에 자산시장에서는 투기적 이익도, 또 자산가격에 거품이 끼는 일도 벌어질 리가 없다. 물론 이러한 상황은 경제학 이론가들의 동아리 밖에서는 다소 터무니없는 것으로 간주될 것이다. 효율적 시장 가설과 합리적 기대 가설은 모두 현실과는 거의 무관하다. …… 그럼에도 불구하고 수많은 경제학자들은 이 합리적 기대 가설과 효율적 시장 가설을 오랫동안 강력하게 옹호하였고, 심지어 오늘날에도 많은 이들이 계속 그 입장을 견지하고 있다."[40] 앞서 패러다임의 전환 문제에서 논했듯이 새로운 강력한 이론이 등장하지 않는 한 이전의 틀린 이론이라도 좀비zombie처럼 살아 있으면서 위력을 발휘하는 것이 일반적인 현상이다. 행동경제학, 행동재무학 및 복잡계 이론 등이 대안으로 거론되고 있지만 이 가설을 대체하기에는 아직 역부족인 셈이다.

그런데 금융시장에서 주기적으로 거품이 형성되고 붕괴되어 왔다는 것은 명백한 역사적 사실이다. 2008년 서브프라임 사태가 주택가격 거품이 붕괴해서 발생한 금융위기라는 것은 누구나 다 알고 있는 사실이다. 그런데도 효율적 시장 가설에 의하면 이런 사태는 결코 발생할 수 없다. 이것은 이론 모형의 타당성을 견지하기 위해 실제로 관찰된 결과를 부정하려는 것이나 다름없다.[41] 이런 방식으로 가격 변동을 설명하는 것은 시

---

40. 세바스티안 둘리엔(2011), 95쪽.

41. 조지 쿠퍼(2014)는 쿤의 관점을 빌려 다음과 같이 지적했다. "쿤은 바로 이 부분에서 한 가지 통찰력 있는 관찰을 해냈다. 바로 이론이 관찰 결과를 좌우한다는 사실이다. 즉, 우리가 기존에 갖고 있는 세계관이 세계에 대한 관찰을 지배하고 정의한다는 것을 밝혀냈다.

장에 대한 과학적 접근이라 할 수 없다. 그렇기 때문에 금융시장은 주류 경제학에서와 같이 균형이론의 관점에서 분석하기보다는 복잡계 이론에서와 같이 불균형이론의 관점에서 분석해야 한다는 주장이 설득력을 얻고 있는 것이다.

복잡계 이론에 의하면 효율적 시장 가설은 양의 되먹임이라는 금융시장에서 흔히 발생하는 현상을 고려하지 않았다. 이와 관련해 복잡계 전문가 데이비드 오렐은 다음과 같이 비판했다. "주택이나 주식 등 자산의 가격이 상승하면 이것은 모멘텀 투자자라고 불리는 일련의 투자자들을 끌어들인다. 이들은 누가 돈을 버는지 파악하고 재빨리 합류하려는 사람들로 양성 되먹임 고리로 작용하여 상승하는 가격을 더 치솟게 한다. 반대로 가격이 하락할 때에는 자산을 팔고 하락의 폭을 더 크게 만든다."[42] 그는 효율적 시장 가설이 가격 변동을 설명하는 방식에 내재한 문제점을 정확하게 지적했다.

또한 오렐을 비롯한 복잡계 이론을 지지하는 전문가들은 효율적 시장 가설에서 가격 변동, 즉 수익률이 정규분포를 따르며 무작위적으로 움직인다는 가정을 정면으로 반박했다. 이들은, 가격 변동은 정규분포가 아니라 멱함수분포power law distribution를 따르며 무작위적으로 움직이는 것이 아니라 프랙털 방식으로 움직인다고 주장하면서 실증적인 데이터를 바탕으로 반론을 폈다.[43] 이와 관련해 오렐은 다음과 같이 주장했는데, 이 주

스토리, 혹은 이론의 중요성을 깨달은 쿤은 어떻게 위기에 봉착한 과학이 그 위기를 극복해 낼 수 있는지도 설명했다."(44쪽) 이 말은 패러다임, 즉 이론 모형이 현실에 대한 해석을 지배한다는 것이다.

42. 데이비드 오렐(2011), 97쪽.

43. 이런 대표적인 인물로는 프랙털 개념을 창안한 브누아 망델브로(Benoit Mandelbrot)를 들 수 있다. 이와 관련된 그의 생각은 브누아 망델브로 · 리처드 허드슨의 『프랙털 이론과 금

장은 복잡계 이론을 지지하는 사람들의 견해를 대변한다. "정통적인 리스크 평가기법은 1997년 아시아 위기, 2000년 닷컴버블, 그리고 당연히 2007년부터 2008년에 이르는 신용위기를 포함한 지난 수십 년간 모든 금융위기의 리스크를 평가하는 데 번번이 실패했다. 이 이론은 어떤 경험적 자료로도 뒷받침되지 않는다. 그 이유는 명백한 매력과 편의성에도 불구하고 한 가지 치명적인 결함이 있기 때문이다. 가격변화가 실제로는 정규분포를 따르지 않는다는 점이다."[44] 효율적 시장 가설이 이런 리스크 평가기법을 고안하는 데 이론적인 근거를 제공했으므로 이것은 결국 이 가설이 현실을 설명하지 못한다는 증거인 셈이다.

그러면서 오렐은 어떤 자료로도 뒷받침되지 않는 정규분포의 환상을 버리고 복잡계의 특성인 프랙털 패턴을 적용한다면 미래에 대해 더 나은 예측을 할 수 있다고 주장했다. 현실은 복잡계 이론과 네트워크 이론에 의해 더 잘 설명되기 때문이라는 것이다. 정규분포는 이상적인 상황에서만 가능한 극단적인 분포일 뿐이다. 예컨대 현실에서 자주 관찰되는 '80/20법칙' 도 프랙털 현상의 일종이므로 복잡계 이론의 관점에서 금융시장에 대한 규제를 실행한다면 더 안정된 방식으로 작동하도록 할 수 있다는 것이다. 이와 관련해 마크 뷰캐넌도 다음과 같이 지적했다. "금융의 가격 요동도 프랙털의 성질을 갖고 있다. 도표의 들쭉날쭉한 선은 모든 시간 크기에 대하여 비슷하기 때문에, 가격 도표에서 가로축의 이름을 제거하면 그 도표의 들쭉날쭉한 패턴이 시간별인지, 일별인지, 주별인지, 월별인지 구분할 방법이 없다. 사실 시장 요동은 일반적인 프랙털보다 훨

융시장』(2006)에 잘 소개되어 있다. 그 외 나심 탈레브(Nassim Taleb)도 『블랙 스완』(2008)에서 2008년 금융위기를 이런 관점에서 설명했다.

44. 데이비드 오렐(2011), 125쪽.

씬 더 풍부하다. 즉, 시장 요동은 많은 프랙털이 겹쳐 놓여 있는 '멀티 프랙털' 이다.[45] 기본적으로 오렐과 같은 지적이다.

이와 같이 복잡계 이론에 따르면 정규분포 대신에 멱함수분포를, 무작위적인 움직임 대신에 프랙털 패턴을 적용하는 것이 현실의 금융시장의 움직임을 설명하는 데 더 적합하다. 필자도 원칙적으로는 이에 공감하지만 복잡계 이론을 금융시장에 적용하는 방법에 대해서는 더 많은 연구가 필요하다고 본다. 무엇보다도 이론 모형으로서 복잡계 이론의 타당성에 대한 철저한 검증이 선행되어야 할 것이다.

한편 합리적 기대 가설은 효율적 시장 가설보다 훨씬 폭넓게 모든 시장에 적용되어 온 이론이다. 이 가설에서는 미래에 대한 기대형성 과정에서 개별 주체는 결코 체계적으로 실수를 범하지 않는다는 것이 핵심이다. 그렇기 위해 개별 주체는 시장 상황에 대한 사적 정보뿐만 아니라 시장가격의 변동을 관찰함으로써 몰랐던 정보를 추론해 자신의 결정 과정에 반영한다고 가정한다. 즉, 사적 정보와 시장가격을 통해 추론한 정보라는 두 가지 정보를 바탕으로 합리적으로 행동한 결과 성립하는 시장균형은 개별 주체가 초기에 예상했던 것과 한 치도 어긋나지 않는 상태에 도달하게 되므로 자신의 결정을 변경할 이유가 없다는 것이다. 그리고 이런 논리가 모든 주체들에게 동시에 적용된다는 의미에서 합리적 기대는 자기충족적 기대에 해당한다.

불확실성이 지배하는 시장에서 개별 주체가 미래에 대해 기대를 형성하는 방식은 시장균형의 성립과 자원배분의 효율성에 결정적인 영향을 미친다. 합리적 기대 가설은 기존의 다른 기대 가설들과는 달리 시장균형

---

45. 마크 뷰캐넌(2013), 164쪽.

의 성립 근거를 외부에서 찾는 것이 아니라 기대형성 과정 자체에서 찾을 수 있도록 고안된 것이다. 왜냐하면 이 가설에 의하면 개별 주체는 관찰 가능한 가격체계를 통해 추론한 정보를 반영하면서 행동함으로써 궁극적으로 예상했던 가격체계와 균형가격체계가 일치하는 상태에 도달할 수 있기 때문이다. 이것이 이론 모형으로서 합리적 기대 가설이 갖고 있는 최대 장점이다. 이 가설에 의하면 개별 주체는 시장 전반의 정보를 집계해서 전달한다는, 하이에크 이래 자유시장 옹호자들이 강조해 온 가격체계의 기능을 최대한 활용하면서 합리적으로 행동하므로 항상 시장균형이 성립한다. 이런 면에서 이 가설은 신고전학파 경제이론 가운데 가장 탁월한 논리적 일관성과 이론적 정합성을 가진 것으로 평가받아 왔으며 주류 경제학의 핵심 원리로서의 위상을 확고하게 유지해 왔다.

그런데 합리적 기대 가설에 대한 반론은 상당히 설득력이 있다. 왜냐하면 현실의 경험은 합리적 기대 가설이 주장하는 것과 전혀 맞지 않을 뿐만 아니라 드러난 문제를 해결할 수 있는 방안도 제시하지도 못했기 때문이다. 복잡계 이론 전문가들과 금융시장 전문가들의 합리적 기대 가설에 대한 평가는 사실상 독설에 가깝다. 예컨대 세계적 헤지펀드 메니저인 조지 소로스George Soros는 자신이 고안한 재귀성reflexivity 이론을 주장하면서 합리적 기대 가설은 금융시장에서 벌어지는 일들을 전혀 설명하지 못한다고 원색적으로 비난했다.[46] 재귀성이란 복잡계에서 말하는 양

46. 조지 소로스의 『금융시장의 새로운 패러다임』(2008)은 합리적 기대 가설에 대한 금융전문가의 냉혹한 비판서다. 이 책에서 소로스는 경멸적인 어투로 합리적 기대 이론을 비판하면서 금융시장은 본질적으로 불균형할 수밖에 없다고 주장했다. 그리고 그 이유는 인지적 기능과 조작적 기능이라는 두 가지 기능 간의 되먹임 효과로 인해 발생하는 재귀성 때문이라고 주장했다. 소로스는 복잡계 이론에 정통하지는 않았지만 이 이론에서 주장하는 내용을 언급한 것이다.

의 되먹임과 유사한 개념으로, 한마디로 금융시장은 불균형의 관점에서 파악해야 한다는 것이다. 그런데 합리적 기대 가설은 철저하게 균형의 관점에 집착하고 있기 때문에 현실과는 무관한 우아한 이론이 되고 말았던 것이다.

이상에서 논의한 것과 같이 이론 모형이 제시하는 기대형성 및 가격결정 과정이 비현실적이라면 현실을 반영할 수 있도록 수정하는 것이 과학적인 태도다. 그러나 합리적 기대 가설을 신봉하는 사람들은 그렇게 행동하지 않았으며, 그래서 합리적 기대 가설이 여전히 학문적으로는 견고한 지위를 유지하고 있는 실정이다. 이것 또한 토머스 쿤이 지적했던 패러다임의 전환에 따르는 어려움을 보여주는 사례다. 기존의 패러다임을 대체할 새로운 이론 모형이 등장해 다수의 지지를 받기 전까지는 기존의 패러다임이 여전히 강력한 힘을 발휘하는 것이다.

합리적 기대 가설에 관심을 가져왔던 연구자들 중 한 사람으로서 필자 또한 모든 개별 주체들이 독립적으로 기대를 형성한다는 가정에 의문을 제기하고 싶었다. 실제로 사람들은 다른 사람들의 행동을 모방하는 경우가 흔할 뿐만 아니라 미래를 설명해 주는 모형을 이용할 수 있는 경우에는 이를 통해 행동을 변경하게 되므로 결국 모형이 예측하는 것과는 다른 결과를 얻을 수밖에 없다. 이와 관련해 마크 뷰캐넌이 다음과 같이 지적한 것을 유념할 필요가 있다. "유럽 경제에 앞으로 어떤 일이 벌어질지 알 수 있는 컴퓨터 모델은 존재하지 않으며 이것을 만들겠다는 생각조차도 실은 다소 터무니없다. 그런 모델이 있다 하더라도 그 존재 자체는 사람들의 행동을 바꾸게 하며, 이것은 그 모델의 예측을 부정확하게 만든다. 이것은 분명한 사실이며 바로 이것이 사회과학의 문제다. 사회과학 이론은 사람들이 그 이론을 배운 뒤에 이전과는 다른 행동을 하게 만듦으로써 현실을 바꾸게 되며, 결국 그 이론의 예측을 틀린 것으로 만들게 된다."[47] 합리적 기대 가설은 기대와 관련된 이런 측면을 고려하지 않았다.

합리적 기대 가설에 대한 비판은 대부분 반박하기 어려운 것들이다. 주류 경제학의 당면 과제는 이 가설을 대체할 더 나은 기대형성 모형을 고안하는 것이다. 이런 모형이 등장해 폭넓은 지지를 받지 못하는 한 합리적 기대 가설이 계속 영향력을 유지할 것이다. 복잡계 이론에서는 이와 관련해 몇 가지 대안을 제시해 왔지만 아직 주류 경제학계에서는 이에 대해 특별히 관심을 두고 있지 않은 실정이다.[48] 이 문제에 대한 돌파구를 마련하기 위해서는 균형이론을 포기해야 하는데 주류 경제학은 그럴 의향이 전혀 없기 때문에 상당한 진통이 예상된다. 그럼에도 이 문제는 매우 중요하기 때문에 균형이론과 조화를 유지하는 가운데 적절한 기대형성 모형을 모색해야 한다. 이것은 가격체계의 역할에 대한 이해를 높이는 유일한 방법이기도 하다. 가격체계는 과거와 미래의 경제적 상황을 현재에 통합시켜 주는 유일한 경제적 파라미터다. 이 사실은 더 나은 시장경제를 모색하는 과정에서 중요한 기준으로 고려되어야 할 것이다.

---

47. 마크 뷰캐넌(2013), 365쪽.

48. 예를 들면 행위자 기반 모형(agent-based model)이나 소수자 모형(minority model)은 합리적 기대에 대한 대안으로 제시된 모형들이다. 전자와 관련해서는 데이비드 오렐(2011)을, 후자와 관련해서는 마크 뷰캐넌(2013)을 참조하라. 현실적인 상황에 대한 시뮬레이션을 시도했을 때 더 나은 예측력을 보여주는 모형을 고안하는 것이 관건이다.

1. 시장경제와 효율성 문제

2. 금융시장과 효율성 문제

3. 시장실패와 효율성 문제

4. 효율성과 공평성의 관계

시장경제와 효율성 · 공평성 문제

Understanding the Market Economy
ch. five

5

1. 시장경제와 효율성 문제

다른 경제시스템과 비교해 시장경제의 가장 큰 장점은 자원의 효율적인 배분이 가능하다는 것이다. 국민경제에는 다양한 자원이 부존되어 있으며, 사람들은 이를 이용해 수많은 재화와 서비스를 생산하고 소비한다. 물론 이것은 다른 경제시스템도 마찬가지지만 시장경제에는 시장원리에 따라 다양한 자원을 효율적으로 배분하는 메커니즘이 내장되어 있다는 점에서 차별화된다. 이것은 그동안 시장경제를 채택했던 나라들이 이룩한 괄목할 만한 경제적 성과를 통해 확인할 수 있다. 이런 점에서 우리나라는 대표적인 사례로 간주되고 있다. 또한 과거 공산주의를 채택했던 대부분의 국가들이 시장경제로 전환했다는 사실이 이것을 뒷받침한다. 그렇다고 이런 사실이 시장경제에서는 항상 자원이 효율적으로 배분된다는 것을 의미하지는 않는다.

시장경제와 관련된 문제들을 제대로 파악하려면 우선 효율성efficiency을 둘러싼 쟁점들을 정확히 이해할 필요가 있다. 그래야만 시장경제를 개선해 나아갈 방향을 설정할 수 있기 때문이다. 주류 경제학인 신고전학파 경제이론에서는 효율적인 자원배분의 기준으로 파레토 효율Pareto efficiency 또는 파레토 최적Pareto optimum이라는 개념을 사용해 왔는데 앞으로도 그러할 것이다.[1] 그 이유는 완벽하지는 않지만 이 개념이 누구나 수용할 수

1. 이 개념을 최초로 고안한 사람은 '80/20법칙'으로 잘 알려진 이탈리아 경제학자 빌프레도 파레토(1848~1923)다. 파레토 효율과 파레토 최적은 흔히 동일한 개념으로 사용되고 있지만 엄밀하게 말하면 다르다. 파레토 효율의 기준은 수량이며, 파레토 최적의 기준은 효용이기 때문이다. 따라서 생산의 측면에서 효율을 논하는 경우에는 파레토 효율이 적절한 개념이지만, 여기에 소비를 포함시키는 경우에는 파레토 최적이 적절한 개념이다. 그렇지만 보통 이 둘은 동일하게 간주되므로 여기서도 이 전통을 유지할 것이다.

있는 객관적인 기준으로서의 조건을 갖추고 있기 때문이다. 파레토 효율은 다음과 같이 정의된다.

> 한 사람의 효용을 감소시키지 않고서는 다른 사람의 효용을 증가시킬 수 없는 자원배분의 상태에 있으면 파레토 효율을 만족한다.

경제학에서는 임의의 자원배분이 이 조건을 만족하면 효율적이라고 하고 그렇지 않은 경우에는 비효율적이라고 판단한다. 이것은 일반적인 정의이므로 어떤 시장경제에도 적용할 수 있다는 장점이 있는 반면, 현실에서 갖는 의미를 직관적으로 이해하기 어렵다는 단점도 있다. 여기서는 간단한 사례를 이용해 이 개념의 의미를 검토하고자 한다. 편의상 두 재화를 X, Y라 하고 두 사람 갑과 을이 이 두 재화를 각각 (100, 0), (0, 100)단위씩 보유하고 있다고 하자. 이것을 초기부존initial endowment이라고 하는데, 부모로부터 현물로 상속받은 것으로 생각하면 된다. 이 자료에 의하면 갑은 X재만을, 을은 Y재만을 보유하고 있는 셈이며 사회 전체로는 각 재화가 100단위 부존되어 있다.

이제 두 사람 사이에 자발적인 교환이 가능하다고 하자. 만약 두 사람 사이에 자발적인 교환이 일어나지 않는다면 그 이유는 분명하다. 두 사람 모두에게 유리한 거래의 기회가 없기 때문이다. 그렇다면 초기의 (100, 0)과 (0, 100)의 자원배분 상태는 파레토 효율을 만족한다. 왜냐하면 여기서 강제로 거래가 이루어진다면 적어도 둘 중 한 명의 효용이 감소할 것이기 때문이다. 따라서 앞의 정의에 의하면 현재 상태는 파레토 효율을 만족한다.

다음, 조건을 조금 바꾸어 두 사람 모두 거래를 원한다고 하자. 둘이 합의해 거래한 결과 갑의 상태는 (100, 0)에서 (80, 20)으로, 을의 상태는 (0, 100)에서 (20, 80)으로 바뀌었다고 하자. 그러고는 더 이상 모두에게 유리한 거래의 기회를 발견하지 못해 여기서 자원배분 상태가 확정되었다고 하자. 그러면 원래의 자원배분 상태는 파레토 효율을 만족하지 못한 반면, 새로운 자원배분 상태는 파레토 효율을 만족한다. 이때 원래의 상태에서 새로운 상태로의 변화를 파레토 개선Pareto improvement이라고 부른다. 갑과 을 모두 종전에 비해 좋아졌기 때문이다. 그런데 이것이 끝이 아니고 두 사람은 자발적인 거래를 통해 더 나은 상태를 발견할 수 있다고 하자. 가능한 모든 거래 기회를 활용한 결과 갑은 (80, 20)에서 (60, 40)으로, 을은 (20, 80)에서 (40, 60)으로 변했다고 하자. 그러면 이전 상태는 파레토 효율을 만족하지 않지만 새로운 상태는 파레토 효율을 만족한다. 왜냐하면 더 이상 파레토 개선의 가능성이 없기 때문이다. 이런 의미에서 파레토 효율은 더 이상 파레토 개선의 여지가 없는 자원배분의 상태에 해당한다.

이와 같이 다소 장황하게 파레토 효율의 의미를 논하는 이유는 경제학에서는 시장에서 이루어지는 모든 거래가 여기서 언급한 가상적인 거래의 특성을 공유하고 있는 것으로 간주하기 때문이다. 시장에서 개별 주체가 어떤 조건 하에서 거래를 하는지, 겉으로는 자유롭게 거래하는 것으로 보이지만 실질적으로는 강압에 의해 마지못해 거래하는 것은 아닌지 등의 문제가 전혀 없다고 본다. 예컨대 노동을 하지 않으면 생계를 유지할 수 없는 사람이 형편없는 근로조건을 수용하면서 노동을 해야 하는 문제 따위는 파레토 효율 여부를 평가할 때 고려되지 않는다. 모든 거래는 자발적으로 이루어진다고 보기 때문이다.

시장경제에서는 수많은 사람들이 다양한 자원들을 거래한다. 경제학에서는 이런 실제 상황에 파레토 효율이라는 개념을 적용해 시장경제 전반에 자원이 효율적으로 배분되었는지 평가한다. 사실 이런 복잡한 상황에서 다양한 자원을 어떻게 배분하는 것이 효율적인지 판단하는 것은 결코 쉬운 일이 아니다. 더구나 사람마다 다른 기준을 갖고 효율성을 판단할 수 있기 때문에 문제는 더욱 복잡해진다. 파레토 효율은 누구나 동의할 수 있는 효율성 기준을 제공한다는 점에서 의미가 있다. 아직까지 더 나은 효율성 기준이 제시되지 않고 있기 때문에 이 기준은 앞으로도 계속 사용될 것이다.

시장경제에서 효율성은 중요한 가치다. 효율적인 자원배분이 가능하다는 것이 중앙집권적 계획경제와 근본적인 차이점이기 때문이다. 프리드리히 하이에크가 그토록 중앙집권적 계획경제를 반대한 것도 결국 이런 차이점을 분명히 인식했기 때문이다.[2] 따라서 시장경제가 효율적인 자원배분을 달성하는 데 어려움이 있다면 시장경제의 장점은 상당히 훼손될 수밖에 없다. 그럼에도 많은 사람들이 자유시장 옹호자들의 주장에 세뇌되어 '시장경제 = 효율적인 자원배분' 이라는 등식이 늘 성립하는 것으로 오해하고 있는 실정이다. 여기서 분명히 할 점은 파레토 효율을 만족하는 자원배분은 매우 엄격한 조건들이 충족되는 경우에만 성립하므로 시장경제의 효율성을 논하는 경우 이 점을 간과해서는 안 된다는 사실이다. 이런 의미에서 파레토 효율과 관련해 다음과 같은 문제점들을 유념

2. 프리드리히 하이에크는 1930년대 독일에서 나치즘 같은 국가사회주의가 득세해 인간의 자유를 위협하고 경제 전반에 엄청난 비효율을 초래했음에도 불구하고 자신이 머물던 영국의 지식인들 사이에 계획경제를 호의적으로 생각하는 경향이 증가하는 상황을 목격하고 『노예에의 길』(1944)을 썼다. 중앙집권적 계획경제의 결정적인 단점은 이 방식으로는 결코 효율적인 자원배분을 달성할 수 없다는 것이다. 특히 경제 전반에 산재한 다양한 정보를 반영할 수 없다는 것이 치명적인 약점이다. 하이에크는 이 점을 특별히 강조했다.

할 필요가 있다.

첫째, 시장경제에서 효율적인 자원배분은 모든 개별 시장이 완전경쟁적인 경우에만 가능하다. 만일 수많은 개별 시장들 가운데 하나라도 불완전경쟁이 지배한다면 시장경제는 파레토 효율을 달성하지 못한다.[3] 이런 이유로 파레토 효율 기준을 현실에 적용하는 데는 분명 한계가 있다. 그렇기 때문에 차선의 기준에 입각해 현실적인 관점에서 자원배분의 효율성을 평가할 필요가 있다. 그런데 이것 또한 쉬운 작업이 아니다. 파레토 효율 기준을 만족하지 못하는 수많은 자원배분 상태들을 비교한다는 자체가 사실상 불가능하기 때문이다. 이와 같이 시장경제에서 자원배분의 효율성을 검증하는 작업은 지극히 어렵다. 그나마 파레토 개선의 가능성을 모색할 수 있다는 것이 유일한 희망이다. 이런 이유로 경제정책을 시행하는 경우 우선적으로 고려해야 할 사항이 파레토 개선이 가능한지 여부다.

둘째, 시장경제에서 정부는 일정 부분을 차지한다. 즉, '시장경제 = 시장 + 정부'로 해석해야 한다. 시대에 따라 시장부문과 정부부문의 비중에 변화가 있었지만 역사적으로 두 부문의 상호작용을 통해 자본주의 시장경제가 진화해 온 것은 명백한 역사적 사실이다.[4] 그리고 오늘날 시장경제를 채택한 대부분의 국가에서 정부 규모는 GDP 대비 대략 3분의

3. 후생경제학의 제1정리는 "경쟁시장의 일반균형은 파레토 효율을 만족한다"이고, 후생경제학의 제2정리는 "임의의 파레토 효율적인 자원배분도 조세와 보조금을 이용한 조정을 바탕으로 경쟁시장의 균형을 통해 달성할 수 있다"는 것이다. 이 두 원리는 시장경제와 자원배분의 효율성에 관한 이상적인 관계를 묘사한다. 그렇지만 이것은 이상적인 상황에서만 가능하다는 한계를 갖고 있는 원리들이다.
4. 아나톨 칼레츠키(2010)가 자본주의 1.0에서 자본주의 4.0까지 구분한 것도 시장과 정부 간의 관계에 근거하고 있다.

1 안팎을 차지한다. 이와 같이 큰 비중을 차지하는 정부는 본질적으로 시장원리에 따라 작동하지 않을 뿐더러 시장에서는 생산 및 거래가 불가능한 각종 공공재를 공급하고 관리한다. 그런데 이와 관련해 정부실패government failure는 불가피하다는 것이 일반적인 견해다. 공공재의 효율적인 공급은 사실상 불가능할 뿐만 아니라 관료제의 비효율과 도덕적 해이를 피하기 어렵기 때문이다. 이 점을 감안한다면 시장경제에서 효율적인 자원배분을 달성한다는 목표는 더욱더 비현실적임을 알 수 있다.[5]

셋째, 어떤 시장경제든 시장실패market failure는 피할 수 없다. 이것은 시장경제가 갖는 근본적인 제약이다. 시장실패란 "시장을 통한 자원배분이 파레토 효율을 달성하지 못하는 상태"를 의미한다. 따라서 시장실패와 파레토 효율은 양립할 수 없다. 이와 관련해서 명백한 한 가지 사실을 언급하면 대부분의 경제학 텍스트에서 시장실패를 초래하는 다양한 원인들이 마치 이례적인 것들인 양 항상 말미에서 간단하게 취급해 왔다는 점이다. 시장실패가 피할 수 없는 시장경제의 한계를 보여준다면 이를 전제로 자원배분의 효율성을 논하는 것이 객관적이고 과학적인 태도다. 그런데 주류 경제학에서 효율적인 자원배분이라는 측면에서 시장경제의 우월성을 강조하려다 보니 이런 관행이 사라지지 않고 있다. 이런 사고방식을 극복해야만 더 나은 시장경제를 위한 대안을 모색할 수 있다.

넷째, 시장경제에서 불확실성과 위험, 그리고 이에 대처하는 수단으로서 정보의 역할은 중요하다. 역사상 어떤 시장경제도 불확실성을 피할 수 없었으며 다양한 위험에 직면해야 했다. 이 점은 시장경제를 채택하지

5. 경제학에서는 시장에서 공급하는 재화인 사용재(私用財)와 정부가 공급하는 공공재를 망라한 가운데 파레토 효율성을 달성하기 위한 조건을 제시하고 있다. 그런데 이런 조건을 충족하는 사용재와 공공재의 조합을 달성하는 것이 현실적으로는 사실상 불가능하다.

않은 경우도 마찬가지다. 이 문제와 관련해 시장경제가 다른 경제시스템보다 상대적으로 더 나은 대응방안을 제공해 온 것은 분명하지만 여기에는 명백한 한계가 있다. 이 점을 간과해서는 안 된다.

예를 들면 시장경제에 만연한 다양한 위험에 대처하기 위해서는 여러 가지 금융수단이 요구된다. 금융수단은 곧 금융자산을 의미하는데 여기에는 주식이나 채권과 같은 본원증권primary security 외에 이로부터 파생된 선물이나 옵션 등 다양한 파생증권derivative security이 포함된다. 주류 경제학에서는 이런 금융자산들을 이용해 이론적으로는 파레토 효율적인 자원배분에 해당하는 최적 위험분담optimal risk-sharing이 가능하다는 점을 입증했다. 그러나 이것은 어디까지나 이론적 차원에서만 성립할 뿐 현실에서는 오히려 주기적으로 금융위기가 발생해 왔다. 이것만으로도 위험이라는 요인이 효율적인 자원배분에 중대한 장애요인임을 알 수 있다. 여기에 비대칭정보로 인한 문제까지 고려한다면 효율적인 자원배분은 더욱 어려워진다. 금융시장의 현황은 효율성의 측면에서 현실과 이론의 차이를 극명하게 보여주는 사례에 해당한다.

다섯째, 사회 전반의 자원배분이 파레토 효율을 충족하는지 여부는 오직 부존자원 제약만을 고려하는 가운데 평가한다. 여기에는 제도적 제약과 같은 다른 제약조건들은 고려대상이 아니다. 그런데 현실적으로는 자원배분에 영향을 미치는 여러 가지 제도적 제약들이 다수 존재한다. 이런 제약들을 무시하고 자원배분의 효율성 여부를 따지는 것은 자칫 공허한 논의가 될 수 있다. 이와 같이 추가적인 제약을 고려하는 경우 원래의 파레토 효율 개념에는 일정한 변형이 불가피하다. 주류 경제학에서는 이런 제약들을 고려하는 경우 효율성 개념을 제한적 파레토 효율constrained Pareto efficiency이라고 부른다. 이때 문제는 이상적인 시장경제라도 제한적 파레토 효율을 충족하는 자원배분을 달성하는 것이 쉽지 않다는 것이다. 완전경쟁적인 시장이 존재하더라도 제도적 제약으로 인해 제한적 파레토 효율을 충족하는 자원배분을 달성하기 어렵다는 것이 이론적으로 입증되었다.[6] 이것은 효율성 기준으로서의 파레토 효율 개념에 심각한 한계가 있다는 것을 의미한다.

여섯째, 파레토 효율 기준을 충족하는 자원배분이 현실적으로 가능하다고 하더라도 여전히 문제가 남는다. 이것은 파레토 효율 개념 자체의 고유한 문제다. 무엇보다도 이론적으로 파레토 효율을 충족하는 자원배분 상태는 무한히 많다. 적당히 많은 것이 아니라 무한히 많다. 그리고 무한히 많은 파레토 효율적인 자원배분 상태들은 서로 비교 불가능하다. 예컨대 A와 B가 파레토 효율적인 자원배분이라면 이 가운데 어느 것이 사회적으로 더 바람직한지 판단할 수 없다. 또한 파레토 효율은 소득분배 문제와 관련해 아무런 역할을 할 수 없다. 극단적으로 불평등한 소득분배라 할지라도 파레토 효율을 충족할 수 있기 때문이다. 이런 이유로 파레토 효율에만 초점을 맞추는 데는 근본적으로 한계가 있다.

이상 시장경제에서 효율적인 자원배분을 실현하는 데 따르는 몇 가지 이론적인 문제점들을 간략하게 살펴보았다. 이런 점들은 모두 주류경제학의 관점에서도 무시할 수 없는 것들이다. 그런데 이 외에도 또 다른 문제가 존재한다. 우선 최근 부상하고 있는 공유경제의 관점에서 시

---

6. 이 문제를 처음 다룬 사람은 2010년 노벨 경제학상을 수상한 피터 다이아몬드(Peter Diamond)다. 그는 "The Role of a Stock Market in a General Equilibrium Model with Technological Uncertainty"(1967, *American Economic Review*, Vol. 57, pp.759~776)에서 제한적 파레토 효율이라는 개념을 소개했다. 이어서 조지프 스티글리츠도 "The Inefficiency of Stock Market Equilibrium"(1972, *Review of Economic Studies*, Vol. 49, pp.241~261)에서 다이아몬드와 같은 결과를 제시했다.

장경제의 효율성 문제를 논할 수 있다. 주류 경제학에서는 다양한 생산 요소들을 투입해 생산이 이루어진 후 생산 과정에 기여한 정도에 따라 소득이 발생하고 이를 바탕으로 소비가 이루어지는 전 과정에 파레토 효율의 기준을 적용해 자원배분의 효율성 여부를 판정할 수 있다고 본다. 이론적으로는 맞는 말이다.

그런데 조금 생각해 보면 이런 논리가 내구소비재의 경우에는 적용되지 않는다는 것을 알 수 있다. 예컨대 승용차를 생각해 보자. 어떤 사람이 합리적으로 판단해 승용차를 구입했다고 하자. 이런 종류의 소비 행위에 파레토 효율 기준을 적용해 판단하는 데는 별 문제가 없다. 그런데 그 사람이 구입한 승용차를 사실상 거의 이용하지 않는다면 문제는 달라진다. 그리고 이것이 특정 개인에 국한된 문제가 아니라 누구나 다 그렇게 행동한다면 효율성의 관점에서 문제가 심각해진다. 예컨대 승용차를 구입한 후 평균적으로 이용 가능한 시간의 5퍼센트만 사용한다고 하자. 이것은 명백히 자원낭비에 해당한다. 만약 이런 승용차 이용률을 몇십 퍼센트대로 올릴 수 있다면 자원을 효율적으로 사용하는 것이 된다.[7] 이런 생각이 차량 공유라는 비즈니스 모델을 탄생시켰던 것이다. 차량 공유를 통해 관련 당사자들 모두의 효용을 증가시킨다는 점에서 공유 이전의 상태는 파레토 효율을 달성하지 못한다. 내구소비재와 관련된 이런 종류의 효

---

7. 이와 관련해 제러미 리프킨(2014)은 다음과 같은 자료를 이용해 공유경제가 효율성에 기여한다는 점을 부각시켰다. "미국에서 자동차가 차고에서 잠자는 시간의 비율이 평균적으로 92퍼센트에 달한다는 조사 결과도 있다. 즉, 도로 위를 달리는 운행 시간은 자동차 수명의 8퍼센트에 불과하다. 자동차가 극도로 비효율적인 고정자산이라는 의미다. 이런 이유 때문에 젊은이들은 자동차를 소유하는 것보다 시간 단위로 이동 비용을 지불하는 것을 훨씬 편하게 느낀다."(369쪽) 주류 경제학에서 고정자산의 효율적 사용에 관한 문제는 전혀 거론되지 않았다. 그렇지만 효율성 논의에 있어 이것을 고려하는 것이 적절한 관점이다.

율성 문제는 주류 경제학에서는 다루지 않았다.

이 밖에 정치경제학자 찰스 린드블롬이 『시장체제』에서 자원배분의 효율성과 관련해 제기한 문제도 생각해 볼 필요가 있다. 그가 제시한 쟁점은 주류 경제학에서는 전혀 고려하지 않는 것이지만 장기적인 관점에서 효율성 문제를 다룬다면 간과할 수 없는 문제다. 그는 시장경제의 효율성과 관련해 몇 가지 독특한 견해를 제시했는데 특별히 관심을 가질 만한 것은 선행 결정prior determination과 관련된 문제다. 그는 다음과 같이 말했다.

> 시장체제는 두 범주의 결정을 필요로 한다. 한 범주는 시장 교환으로 이루어진다. 다른 범주는 '선행' 결정이다. 그것은 사람들 사이에서 자산과 기술의 분배가 미리 결정되는 것을 말하는데, 시장 교환은 선행 결정이 있고 나서야 이루어진다. 이런 선행 결정은 관습과 법, 역사적 사건으로 말미암아 이루어지며 대체로 강제적이다. …… 시장 교환은 이런 선행 결정이 이루어지고 난 다음에야 비로소 이루어질 수 있다. 시장 교환은 무의 상태에서 시작하는 것이 아니다.[8]

린드블롬은 이런 선행 결정으로 인해 시장경제의 효율성이 제약을 받는다는 점을 지적하고자 했던 것이다. 그러고는 선행 결정이 이후의 자원배분에 미치는 영향을 보여주는 대표적인 사례로 러시아의 경우를 언급했다. 1991년 구소련이 붕괴되고 러시아가 시장체제로 전환하는 과정에서 각종 국가자산이 부당한 방법으로 소수의 수중에 들어갔다. 이런 선행 결정으로 그 이후 러시아의 시장경제는 엄청난 비효율을 경험했다는 것이다.[9] 이런 의미에서 선행 결정이 효율성에 미치는 영향을 무시할 수 없

8. 찰스 린드블롬(2001), 199쪽.

9. 찰스 린드블롬(2001)은 이 문제와 관련해 다음과 같이 말했다. "러시아의 사례를 통해 이런

지만 주류 경제학에서는 이 문제를 전혀 고려하지 않는다. 왜냐하면 주류 경제학은 자원의 초기부존 상태는 주어진 여건으로 간주하고 그 다음 단계에서의 효율성 문제만을 다루기 때문이다.

어쨌든 효율성과 관련해 린드블롬이 주장하는 바는 전통적으로 강조되어 온 시장경제의 효율성이 매우 제한된 범위에서만 성립하는 개념이라는 것이다. 그는 자신의 입장을 다음과 같이 요약했다. "내가 말하고자 하는 요점은 제한된 시장체제 영역만으로는 그 체계가 효율적으로 배분할 수 있는 역량을 발휘할 수 없다는 것이다. …… 시장체제가 갖는 효율성의 특징은 자발적 선택에 따른 효율성이지만, 각각의 자발적 선택은 대체로 광범위한 차원에서 강제적인 '선택'이 사전에 먼저 선행될 것을 요구한다. 시장체제의 효율을 달성하는 데에는 사회가 선행 결정의 비효율을 감당하는 것이 전제되어야 한다."[10] 이 대목은 중요한 메시지를 담고 있다.

이상 간단히 검토한 바와 같이 시장경제에서 자원의 효율적인 배분을 평가하는 경우에는 신중해야 한다. 무엇보다도 주류 경제학에서 말하는 파레토 효율적인 자원배분을 달성할 수 있는 시장경제는 과거에도 없었고 현재에도 없으며 앞으로도 없을 것이라는 사실을 인식할 필요가 있다. 이것은 오로지 이상적인 자유시장이 존재한다는 가정 하에서만 성립

선택 과정은 분명하고 극단적으로 표출되었다. 시장체제로 전환해 가는 과정에서 한때 국가 소유였던 자산을 누가 가져야 하는가에 관한 선행 결정을 두고 보기 드문 거친 투쟁이 벌어졌다. 권력, 탐욕과 부패로 말미암아 자산은 극도로 불평등하게 배분되었는데, 이로 인해 앞으로 어떤 시장체제가 형성될지는 미지수다."(204쪽) 그가 지적한 대로 러시아는 지금도 극심한 불평등으로 성장 동력을 상실하고 있다. 사실 러시아가 진정한 의미에서 시장경제를 채택했는지도 의문이다. 이 문제와 관련해 조지프 스티글리츠는 러시아가 시장경제로 전환하는 과정에서 IMF를 비롯한 국제기구들이 이런 전환을 신속하게 진행하도록 권유하는 바람에 사실상 실패한 사례라고 평가했다.

10. 찰스 린드블롬(2001), 205쪽.

하는 것이기 때문이다. 나아가 설사 파레토 효율을 달성할 수 있는 시장경제가 가능하다고 해도 여기서 언급한 또 다른 이유로 인해 진정한 의미에서 효율적인 자원배분을 달성하지 못한다는 사실을 유념해야 한다. 시장경제가 보여줄 수 있는 최고의 미덕으로 간주되어 온 자원배분의 효율성은 상대적인 개념이다. 이런 의미에서 중앙집권적인 경제시스템의 자원배분과 시장경제를 이용한 자원배분을 효율성의 관점에서 비교하는 것으로는 부족하다. 오히려 시간의 경과에 따라 시장경제가 진화하는 과정에서 자원배분의 효율성이 개선되어 왔는지를 평가하는 것이 더 중요하다. 이에 적합한 효율성 기준을 마련할 필요가 있다.

2. 금융시장과 효율성 문제

시장경제에서 금융부문이 차지하는 위상이 지금처럼 높았던 적은 없었다. 금융부문과 실물부문을 대극의 관점에서 해석하면 이렇게 된 이유를 이해하기 수월하다. 자본은 수익률을 따라 움직이는 유기체와 같다. 산업자본의 형태를 취하는 것이 유리하면 실물자본으로 전환될 것이며 금융자본의 형태를 취하는 것이 유리하면 금융자산에 투입될 것이다. 따라서 이 두 부문 사이에 끊임없는 대극의 반전이 예상되며, 현재는 금융부문이 득세한 상황이다. 이렇게 된 배경에는 자본을 장악한 세력들의 치밀한 전략이 있었던 것으로 추측된다.

1980년대 미국과 영국을 중심으로 신자유주의 정책이 강력하게 추진된 배경에는 효율적 시장 가설이 있었음은 주지의 사실이다. 효율적 시장 가설의 원조는 시카고대학의 유진 파머 교수다. 파머에 앞서 무작위적인 가격 변동의 경제적 의미를 연구했던 사람으로는 프랑스의 루이 바슐리에

Louis Bachelier와 미국의 폴 새뮤엘슨Paul Samuelson을 들 수 있다. 바슐리에는 1900년 투기이론에 관한 박사학위 논문에서 주식시장에서 가격은 무작위적으로 변동하므로, 즉 랜덤워크random walk를 하므로 현재의 가격을 가지고 미래의 가격을 예측할 수 없다는 주장을 전개했으나 시대를 앞섰기 때문에 사람들의 관심을 끌지 못했다. 그러다가 1950년대 MIT의 저명한 경제학자 폴 새무엘슨 교수는 바슐리에가 논문에서 제시한 아이디어에 감탄해 이를 현대적으로 발전시키려 했지만 그다지 주목할 만한 결과를 제시하지 못했다.

이런 상황에서 시카고대학에서 밀턴 프리드먼의 제자였던 유진 파머는 1970년 본질적으로 바슐리에가 제시한 것과 동일한 아이디어를 「효율적 자본시장」이라 명명한 논문을 통해 정교한 이론으로 가다듬어 발표하면서 일약 이 분야의 선구적 인물로 부상했다.[11] 파머는 논문에서 효율적 시장을 다음과 같이 간단하게 정의했다.

> 가격이 이용 가능한 정보를 항상 "완전히 반영하는" 시장은 "효율적"이다.[12]

11. 주류 경제학에서 개인은 시장에서 다른 개인들과 모든 면에서 무관하게 독립적으로 행동한다고 가정한다. 데이비드 오렐(2011)은 개인에 대한 이런 가정에 입각해 유진 파머는 이 가설을 그럴듯하게 포장했다면서 다음과 같이 지적한다. "경제에 대한 원자론은 1965년 시카고대학교의 유진 파머가 박사논문을 통해 효율적 시장 가설을 제안했을 때 그 영광의 정점에 다다랐다. …… 생전에 별다른 반향을 일으키지 못한 바슐리에의 연구 업적과는 달리, 파머는 경제학자들 사이에서 단번에 유명인사가 되었다. 그가 같은 아이디어—시장의 움직임이 무작위적이다—를 받아들이면서 새로운 이야기를 덧붙였기 때문이다."(59쪽) 그 후 파머는 박사논문을 가다듬어 다음 제목으로 발표했다. Eugene Fama, "Efficient Capital Markets : A Review of Theory and Empirical Work," *The Journal of Finance*, Vol 25, No. 2(1970)
12. 이에 해당하는 영어 원문은 다음과 같다 : A market in which prices always "fully reflect" available information is called "efficient".

이 간단한 정의가 이후 글로벌 금융시장, 나아가 글로벌 경제에 지대한 영향을 미쳤다. 특히 세계화와 정보화로 세계경제가 단일 경제의 구조를 갖추게 된 이후 그 영향력은 더욱 강화되었다. 이론이 현실을 어떻게 변화시킬 수 있는지 보여주는 대표적인 사례라 할 수 있다.[13] 여기서 중요한 것은 '효율적'이라는 표현이 의미하는 바다. 신고전학파 경제이론에서 효율성은 균형과 함께 가장 중요한 개념이다. 경쟁적인 시장경제가 효율적인 자원배분을 달성할 수 있다는 사실이 일반균형이론을 통해 확인되었기 때문에 자유시장경제는 다른 어떤 시스템보다 우월한 경제시스템이라고 주장할 수 있었던 것이다. 일반적으로 효율성이라고 할 때는 이런 의미의 효율성, 즉 배분 효율성allocational efficiency을 의미한다.

그런데 효율적 시장 가설에서 말하는 효율성은 이런 전통적인 의미의 효율성과는 별개의 개념이라는 사실을 유념해야 한다. 파머의 효율성은 모든 정보는 즉각적으로 각종 증권가격(주식 · 채권 · 선물 · 옵션 가격 등)에 반영되므로 누구도 정보를 이용해 지속적으로 초과이득을 얻을 수 없다는 의미에서 '효율적'이다. 이것은 정보 효율성informational efficiency에 해당되며 배분 효율성과는 본질적으로 다른 개념이다. 그런데 대부분의 경제학자들이 이 두 개념을 혼동해 왔다는 데 문제가 있다. 지금도 이런 혼란스러운 상태가 지속되고 있다. 누구도 이 두 개념이 어떻게 관련되어 있는지 명확하게 밝히지 못했기 때문이다. 필자 또한 이 문제를 가지고 오랫동안 고민했음에도 불구하고 뚜렷한 결론을 얻지 못했다.

이 두 가지 효율성 개념이 실질적으로 무관하다는 점은 어느 정도 직

---

13. 루이 바슐리에로부터 파머에 이르는 효율적 시장 개념의 발전에 관해서는 데이비드 오렐의 『경제학 혁명』(2011)이나 브누아 망델브로의 『프랙털이론과 금융시장』(2010)을 참고하라.

관적으로 이해할 수 있다. 예를 들어 금융시장에서 소수의 시장지배력이 있는 주체들이 자산가격에 영향력을 행사하고 있다고 가정하자. 그러면 우선 이 경우 자원배분이 파레토 효율을 달성할 수 없다는 것은 자명하다. 왜냐하면 시장이 경쟁적이지 않기 때문이다. 그런데 이 경우에도 금융시장은 파머가 정의한 의미에서 효율적일 수 있다. 모든 이용 가능한 정보가 즉각적으로 가격에 반영되면 되기 때문이다. 이런 간단한 예를 통해서 알 수 있듯이 배분 효율성과 정보 효율성은 별개의 개념으로 이해해야 한다. 이 두 개념 간의 관계에 대한 엄밀한 이론 모형이 아직 고안되지 않았지만 직관적인 설명으로도 충분하다고 생각한다.

현실적으로는 이런 이론적 복잡성으로 인해 사람들이 두 개념을 혼동하게 되었기 때문에 효율적 시장 가설이 성립하도록 시장이 형성되기만 하면 이상적인 결과, 즉 효율적인 자원배분이 실현된다고 잘못 생각했던 것이다. 그 결과 효율적 시장 가설이 성립하도록 시장을 형성한다는 것은 선물futures, 옵션option, 스왑swap 등 다양한 파생상품을 개발한 후 이들을 이용한 거래를 활성화시키기 위해 각종 금융규제를 완화하고 증권화를 통해 풍부한 유동성을 공급한다는 것을 의미하게 되었다. 한마디로 금융시장을 중심으로 자본이 배분되고 기업의 경영활동이 조율된다면 효율적인 방법으로 각종 자원이 배분됨으로써 시장경제는 지속적으로 성장할 수 있을 뿐만 아니라 국민 복지를 향상시킬 수 있다는 것이다. 그러나 2008년 금융위기는 이 모든 것이 허구요 환상에 불과하다는 것을 분명히 보여주었다. 이와 관련해 경제학자 존 퀴긴의 다음과 같은 논평은 주목할 필요가 있다.

> 애덤 스미스 이후 경제학자들은 대체로 시장의 장점들을 언급해 왔다. 그중에서도 금융시장에 초점을 둔 효율적 시장 가설은 1970년대 케인스의 브레튼우즈 체제 붕괴 이후 발생한 금융 주도 자본주의의 특징이다. 효율적 시장 가설은 금융규제 철폐, 세계 자본흐름에 대한 제한 철폐, 금융부문의 엄청난 확장을 정당화했고 이를 요구했다. 이런 발전 과정이 결국에는 금융위기를 낳았고, 지금도 전 세계 경제가 그 여파로 어려움을 겪고 있다.[14]

파머의 효율적 시장 가설이 금융시장 전반에 미친 영향은 실로 지대했다. 미국을 비롯한 전 세계의 유수한 MBA 과정에서는 그의 이론에 기반을 두고 학생들을 가르쳐 왔다. 그리고 이들은 졸업 후 상업은행, 투자은행, 그리고 헤지펀드를 비롯해 금융시장 전반에서 중요한 역할을 수행하는 지위를 차지했기 때문에 글로벌 금융시장은 효율적 시장 가설을 중심축으로 하면서 작동해 왔다. 이 가설에 의하면 거품은 생길 수 없으며, 따라서 금융위기와 같은 극단적인 현상은 발생할 수 없다. 이 가설에 의하면 주가를 비롯한 금융자산의 가격은 항상 경제의 기본 요소를 반영하는 가운데 형성될 것이므로 이 가격에서 크게 벗어난 상태는 결코 오랫동안 지속될 수 없기 때문이다. 만약 어떤 주식의 가격이 사람들이 예상하는 것보다 높게 형성되면 이를 즉각 알아차려 주식을 매도할 것이며 또한 역도 성립한다. 따라서 모든 정보가 즉각적으로 가격에 반영되는 효율적인 시장에서는 거품이 형성될 수 없으며, 더더구나 2008년의 금융위기와 같은 파국은 발생할 수 없다.

그러나 거품은 주기적으로 형성되었고 금융위기는 반복되었다. 따라서 현실에서 발생하는 중요한 금융현상을 예측하고 설명할 수 없는 효율

14. 존 퀴긴(2010), 56쪽.

적 시장 가설은 퇴출되어야 한다는 것이 중론이었다. 그런데도 효율적 시장 가설의 위력은 여전하다. 이것은 토머스 쿤이 지적했듯이 새로운 패러다임이 등장해 기존 패러다임을 완전히 대체하기 전까지는 여전히 기존 패러다임이 죽지 않고 영향을 미치기 때문이다. 이와 관련해 조지 쿠퍼는 다음과 같이 신랄하게 논평했다. "과학혁명에 대한 쿤의 분석은 여러모로 경제학에도 타당하게 적용할 수 있다. 기존 이론의 실패에도 불구하고 그 이론을 버리지 못하는 현실을 지적한 점은 특히 정곡을 찌른다. 아무리 기존 이론이 신뢰성을 잃어도 더 나은 이론이 등장하지 않는 이상 기존 이론은 절대 사라지지 않는다."[15] 다시 말해 경제학이 실패했다고 지적하는 것으로는 아무것도 변하지 않는다는 것이다. 심지어 어떻게 실패하고 있는지 정확하게 지적한다 해도 말이다. 상황이 나아지기 바란다면 구舊 패러다임을 대체할 더 나은 모델을 찾아야 한다.

이런 지적처럼 효율적 시장 가설은 좀비처럼 죽지 않고 살아 있는 데 그치지 않고 금융시장을 넘어 시장의 전 영역에서 맹위를 떨쳐 왔다는 데 문제의 심각성이 있다. 이와 관련해 퀴긴은 다음과 같이 지적했다. "효율적 시장 가설의 영향은 금융시장 밖으로 확대되어 사회기반시설에 대한 공공투자를 반대하는 입장에 힘을 실어주었다. 또한 그들(효율적 시장 가설을 신봉하는 사람들)은 경제수지 적자와 같은 거시경제적 불균형을 걱정할 필요가 없으며 오히려 그런 불균형이 민간부문의 금융거래에서 나온

---

15. 조지 쿠퍼(2014), 49쪽. 그러면서 쿠퍼는 쿤의 사상을 연극의 5막으로 재구성해 설명했다(45~48쪽 참조). 1막 : 불일치의 등장, 2막 : 분열의 시작, 3막 : 혁명, 4막 : 거부, 5막 : 수용. 쿠퍼는 특히 4막 거부 과정에서 주류 과학자들이 거세게 저항할 것임을 강조했다. 2008년 금융위기 이후에도 경제학 패러다임에는 달라진 것이 없다. 이를 보여주는 대표적인 사례로 효율적 시장 가설의 대부인 유진 파머 교수가 2013년 노벨 경제학상을 공동 수상한 것을 들 수 있다. 노벨 위원회는 이 가설이 아직도 유효하다고 인증해 준 셈이다.

것이라면 유익하고 바람직한 일이라고 주장했다."[16] 그는 금융시장뿐만 아니라 시장경제 전체로 효율적 시장 가설이 확대 적용되었다는 것을 비판한 것이다. 예컨대 공공투자보다는 민간투자를 선호하는 것도 이런 사례에 해당한다. 즉, 같은 규모의 투자라도 공공부문보다는 민간부문이 투자의 주체가 되는 것이 국민경제의 관점에서도 훨씬 효율적이라는 것이다.[17] 이런 논리로 무분별한 민영화가 진행되어 소수에게 막대한 이권을 안겨주었을 뿐만 아니라 시장에서의 경쟁 압력을 완화시키는 실수를 저질렀던 것이다.

파머는 밀턴 프리드먼의 제자였다. 프리드먼은 경제이론에서 가정假定이 현실적인지 아닌지는 중요하지 않으며 미래를 정확하게 예측하는지 여부만이 중요하다고 주장했다. 이런 관점에서 보면 파머는 의도한 것은 아니었지만 프리드먼의 주장에 반하는 이론을 주장한 셈이다. 왜냐하면 효율적 시장 가설은 빈번한 거품 형성과 붕괴 및 반복되는 금융위기를 전혀 예측하지 못했기 때문이다. 그렇다고 개별 자산의 가격 추이를 정확하게 예측한 것도 아니다. 그럼에도 효율적 시장 가설은 금융위기 이후 상

16. 존 퀴긴(2010), 63쪽.

17. 이와 관련해 존 퀴긴(2010)은 다음과 같이 논평했다. "민영화 이데올로기의 핵심 교리는 간단하다. 생산, 투자, 고용에 대한 주요 결정을 전부 사기업에 맡긴 경제가 혼합경제보다 더 나은 성과를 낼 것이라는 생각이다. 즉, 사기업들이 '공평한 경쟁의 장'에서 자유롭게 경쟁하는 한 이들은 국가 소유일 때보다 항상 더 나은 가치를 가질 것이란 얘기다."(244쪽) 바로 여기에 민영화의 함정이 숨어 있다. 여러 나라에서 민영화의 대상은 전기, 철도, 가스, 통신 등 공익사업의 성격을 갖는 것으로 대부분 독과점을 형성하고 있었기 때문이다. 즉, 경쟁을 통해 효율적인 성과를 달성한다는 것을 기대하기 어려운 사업 부문들이 민영화의 대상이었던 것이다. 이들이 민영화되는 경우 예상할 수 있는 것은 독점 이윤을 극대화하기 위해 가격을 인상해 물가불안을 야기하고, 종업원을 해고해 고용불안을 가중시키는 일이었다. 실제로 이런 일들이 세계 도처에서 발생했다. 이런 일이 벌어진 이면에는 효율적 시장 가설의 논리가 작동하고 있었던 것이다.

당히 시간이 지난 지금도 학계와 금융계에서 여전히 높은 위상을 차지하고 있다는 점에서 진정 좀비라 할 수 있다.

다음으로 효율적 시장 가설이 주류 경제학에서 가장 중요한 이론인 합리적 기대 가설과 어떻게 연관되어 있는지 검토할 필요가 있다. 효율적 시장 가설이 재무이론에서 중심적인 위치를 차지하고 있다면, 합리적 기대 가설은 거시경제학과 미시경제학을 망라해 주류 경제학 전반에서 핵심적인 이론으로 부동의 위치를 점하고 있다.[18] 그러면서 두 가설 모두 가격체계가 정보를 집계해 시장참여자들에게 전달해 주는 역할을 수행한다는 점에서는 같은 입장을 공유한다. 특히 시장참여자들이 서로 다른 정보를 보유하고 있는 경우에도 이를 모두 집계해 전달해 주는 데 전혀 문제가 없다는 것이다. 단지 한 가지 차이가 있다면 효율적 시장 가설은 특별히 균형이론을 전제로 하지 않지만 합리적 기대 가설은 균형이론의 관점에서도 성립한다는 점이 다르다. 이런 의미에서 합리적 기대 가설은 효율적 시장 가설을 일반화한 이론이라고 할 수 있다.

이 두 가설의 공통점은 이론적 정합성과 논리적 일관성에 집착한 나머지 현실을 설명하는 데 실패했다는 것이다. 특히 정보화와 세계화로 인해 빛의 속도로 거래가 이루어지고 있는 금융시장의 현실을 감안할 때 더욱 그러하다. 두 가설이 현실을 설명하는 데 실패한 이유는 무엇보다도 극단적으로 합리적인 개인을 가정했기 때문이다. 인간은 실제로는 그다지 합리적으로 행동하지 않는다는 것이 많은 실험을 통해 확인되었다. 또

18. 합리적 기대 가설은 기존의 적응적 기대 가설(adaptative expectations hypothesis)의 문제점을 해결하기 위해 등장했다. 이 가설의 출발점은 존 무스(John Muth)의 1961년 논문 "Rational Expectations and the Theory of Price Movements"에서 찾는다. 그 후 로버트 루카스, 토머스 사전트(Thomas Sargent)를 비롯한 많은 경제학자들이 이 개념을 거시경제정책에 반영해 널리 알려졌으며 새고전학파(New Classics)의 이론적 토대가 되었다.

한 효율적 시장 가설의 경우에는 수익률이 무작위적이면서 정규분포를 한다는 가정에 지나치게 의존했다는 것도 문제점으로 지적되어 왔다.[19]

효율적 시장 가설은 역사적으로 빈번하게 발생했던 거품 형성과 거품 붕괴 현상이나 금융위기와 같은 극단적인 상황은 결코 있을 수 없다는 주장을 정당화해 왔다. 왜냐하면 합리적으로 이익을 추구하는 개별 주체들의 행동으로 인해 그런 현상은 원천적으로 일어날 수 없기 때문이다. 예컨대 주가가 기본 요소들에 의해 설명할 수 있는 이상 상승한다면 합리적인 개인은 그 주식을 매도할 것이며, 반대의 경우에는 매수할 것이므로 가격은 늘 적절한 균형 수준으로 수렴하게 되어 있기 때문이다. 그러나 실제로 금융시장에서는 그런 극단적인 현상들이 빈번하게 발생했다. 이것은 효율적 시장 가설이 금융시장을 제대로 설명하는 데 실패했다는 명백한 증거인 셈이다.

같은 논리가 합리적 기대 가설에도 그대로 적용된다. 이 이론은 균형이론의 관점에서 효율적 시장 가설을 정교하게 다듬은 이론이라 할 수 있기 때문이다. 나아가 효율적 시장 가설에서 말하는 정보 효율성을 배분 효율성과 연결시켜 주는 연결 고리를 제공하고 있다는 점에서 두 이론은 밀접하게 관련되어 있다. 요약하면, 합리적 기대 가설은 균형이론의 관점에서 정보의 역할을 해석함으로써 신고전학파 경제이론의 정수를 대변하고 있다. 그런데 이 이론 또한 극단적인 합리성 가정에 기반을 둔 지극히 비현실적인 이론이라는 한계를 갖고 있다. 이 이론으로는 금융시장에서 빈번하게 발생하는 극단적인 현상을 설명할 수 없다는 사실이 이를 뒷받침한다. 이것은 곧 합리성 가정과 이를 바탕으로 성립하는 균형이론에 근

---

19. 많은 금융시장 전문가들은 금융자산의 수익률은 이상적인 정규분포를 따르지 않고 두꺼운 꼬리(fat tail)를 가지면서 멱함수법칙을 따른다는 것이 실증적으로 입증되었다고 주장한다.

본적으로 문제가 있다는 것을 의미한다.

여기서 금융시장의 효율성이라는 관점에서 파생상품의 역할을 생각해 볼 필요가 있다. 효율적 시장 가설이든 합리적 기대 가설이든 모두 자원배분의 효율성과 관련해서 의미를 갖는다. 이론적인 관점에서 파생금융상품이 시장참여자들에게 위험에 대비할 수 있는 추가적인 금융수단을 제공한다는 점에는 의심의 여지가 없다. 따라서 파생금융상품이 시장참여자들 간에 효율적인 방법으로 위험을 분담分擔하는 데 기여할 수 있는 것은 사실이다. 그런데 현실은 그렇지 않았다. 파생금융상품은 위험분담의 수단보다는 투기적 목적에 더 적절한 수단으로 이용되었기 때문이다. 그리고 이것은 2008년 금융위기를 통해 그 진면목을 드러냈다. 이와 관련해 마크 뷰캐넌이 『내일의 경제』에서 다음과 같이 논평한 것은 주목할 필요가 있다.

> 지난 20년 동안 파생금융상품의 확산이 시장을 단지 좀 더 '완전'하게, 따라서 좀 더 효율적이고 안정하게 만들 것이라는 믿음이 금융계를 지배했다. 금융이론의 이러한 기본적인 부분은 '균형이론'의 관점에 기초해 확립되었다. 하지만 탈균형 사고방식은 그 반대가 옳다는 것을 보여준다. 파생금융상품은 흔히 불안정성을 높이고 시장을 벼랑 끝으로 내몬다. 따라서 탈균형 이론은 모든 사람의 공공재인 시장 기능을 보호하기 위해서는 파생금융상품을 규제해야 한다는 정책을 함의한다.[20]

주류 경제학에서는 옵션이나 선물과 같은 파생금융상품은 미래의 불

20. 마크 뷰캐넌(2013), 46쪽. 파생금융상품이 시장을 '완전하게' 만들 수 있다는 것이 주류 경제학의 기본 논리였다. 필자도 이 이론을 신봉해 온 사람으로서 뷰캐넌의 지적에 전적으로 공감한다. 돌이켜 보면 1980년대 학계에서 파생금융상품으로 인한 시장 효율성의 증대에 그토록 큰 의미를 부여했던 이유를 이제야 알 것 같다.

확실성에 대비할 수 있는 금융수단들로 불완비된 시장incomplete markets을 완비된 시장complete markets으로 전환시킴으로써 효율적인 자원배분을 달성하는 데 기여한다고 평가해 왔다.[21] 따라서 효율적 시장 가설과 파생금융상품의 결합은 시장을 더욱더 효율적으로 만드는 묘약으로 간주되었다.

그렇지만 복잡계 이론에서는 파생금융상품의 역할을 반대로 해석한다. 예컨대 마크 뷰캐넌은 파생상품이야말로 양의 되먹임을 강화하는 대표적인 금융수단이라고 주장했다. 복잡계 이론에서는 양의 되먹임으로 인해 시스템이 불안정해지는데 파생상품은 이를 더욱 악화시킨다고 본 것이다. 그러면서 몇 년 전 아무런 이유 없이 발생한 퀀트 붕괴quant meltdown는 이를 보여준 대표적인 사례라고 말했다.[22] 주식시장을 비롯해 자본시장에서 갑작스럽게 붐이나 붕괴가 일어나는 일은 충분히 예상할 수 있다. 그리고 이런 현상은 금융시장에서는 파레토 효율이 시사하는 바와 같은 자원배분의 효율성을 달성할 수 없다는 것을 의미한다. 효율적 시장 가설과 합리적 기대 가설은 자원배분의 효율성이라는 측면에서 아무것도 정당화시키지 못한다는 점을 유념해야 한다. 그래야만 효율성의 망령에서 벗어날 수 있다.

---

21. 이런 사고를 확립하는 데 결정적으로 기여한 사람은 경제학자 스티븐 로스(Stephen Ross)다. 그의 논문 "Options and Efficiency"(1976, *The Quarterly Journal of Economics*, Vol. 90, pp.75~89)는 옵션이 배분 효율성을 증가시킨다는 것을 이론적으로 뒷받침했다. 불완비된 시장에서는 자원배분이 비효율적이지만 완비된 시장에서는 효율적이기 때문에 파생금융상품은 시장경제의 효율성에 기여한다는 것이다.

22. 퀀트 붕괴는 금융공학으로 무장하고 공격적인 투자를 즐기는 헤지펀드들이 수익률을 높이기 위해 레버리지를 활용하는 과정에서 양의 되먹임으로 인해 무슨 일이 있었는지 예측하지도 못하는 사이에 막대한 손실을 보게 된 사건을 지칭한다. 실제로 미국의 월가에서는 이런 일이 종종 발생한다. 이에 관한 구체적인 사례에 대해서는 마크 뷰캐넌(2013), 28~32쪽을 참조하라.

효율적 시장 가설을 더 강력하게 비판하는 사람들은 이론적인 측면과 현실적인 측면에서 다양한 반박 근거를 제시하면서 효율적 시장 가설은 반드시 폐기되어야 한다고 역설하고 있다. 예를 들면 퀴긴은 다음과 같은 대안을 제시했다. "금융시장과 관련하여 효율적 시장 가설을 대신할 대책의 핵심은 사회적으로 반드시 필요한 금융시스템의 기능(이는 공적으로 보장되어야 한다)과 투기자들의 기대에 찬 모험(이는 스스로 갖고 있는 가치에 의해 살아남거나 실패해야 한다)을 날카롭게 분리하는 것이어야 한다." [23]

이것은 곧 과거 1930년대 대공황 이후 시행되었던 '글래스-스티걸 법'의 기본 정신, 그리고 이를 회복하기 위한 '도드-프랭크 법'의 기본 정신을 반영하는 가운데 새로운 금융이론을 모색해야 한다는 의미로 해석할 수 있다. 특히 행동경제학과 행동재무학에서 발견한 사실들을 반영한 새로운 금융이론을 모색하는 것은 의미 있는 작업이다. 이것은 그동안 지나치게 이론적 정합성과 논리적 일관성에 집착했던 효율적 시장 가설과 합리적 기대 가설의 패러다임을 극복하려는 시도다. 물론 기존 이론을 대체할 수 있는 금융이론을 새롭게 정립하는 것이 쉬운 작업은 아니다. 그렇지만 이미 이를 대체하기 위한 많은 연구가 진행되고 있다는 사실은 고무적이다. 금융이론의 새로운 패러다임은 더 나은 시장경제를 구축하기 위해서도 절실하다.

23. 존 퀴긴(2010), 95쪽.

3. 시장실패와 효율성 문제

시장경제의 치명적인 약점은 시장실패를 피할 수 없다는 것이다. 이것은 이상적인 시장경제라 할지라도 예외가 아니다. 국민경제에는 시장이 형성되기 어려운 분야가 반드시 존재하기 때문이다. 그럼에도 주류 경제학에서는 의도적으로 시장실패가 예외적인 현상인 것처럼 취급해 왔다. 경제학 텍스트에서 시장실패에 관한 논의는 항상 뒷부분에 간단하게 다루어졌다는 사실이 이를 뒷받침한다. 그러나 시장실패는 현실의 시장경제에 만연한 현상이다.

시장실패를 초래하는 원인은 크게 두 가지로 분류할 수 있다. 시장 불완전성market imperfection과 시장 불완비성market incompleteness이 그것이다. 시장 불완전성은 가격 경직성price rigidity과 밀접하게 관련되어 있다. 예컨대 독과점이나 정부의 시장개입—최고가격제와 최저가격제 등—은 가격 경직성의 원인이 된다. 시장에서 가격이 일정 수준에 고정되어 있다는 것은 곧 시장을 통한 사회잉여social surplus를 극대화할 수 없다는 것을 의미한다. 그렇다면 파레토 효율적인 자원배분은 불가능해진다.

한편 시장 불완비성은 다양한 요인들로 인해 발생한다. 이런 점에서 시장 불완전성보다 시장실패를 초래하는 데 더 큰 영향을 미친다. 외부효과, 공공재, 그리고 불확실성과 비대칭정보는 시장 불완비성을 초래하는 대표적인 요인들이다. 이들의 공통점은 사람들이 필요로 하는 시장을 개설할 수 없게 만든다는 것이다. 모두에게 유리한 시장이 존재하지 않는다는 것은 실현 가능한 사회잉여의 일부를 포기해야 한다는 것을 의미한다. 이런 경우 파레토 효율적인 자원배분은 불가능하다.

여기서 특별히 강조하려는 것은 이런 요인들로 인한 시장실패는 쉽게 해결될 수 없다는 사실이다. 즉, 경쟁과 같은 이상적인 요건이 충족되더라도 시장경제는 효율적인 자원배분을 달성할 수 없다. 예를 들어 기후변화에 대처하기 위한 수단으로 시행되고 있는 배출권 제도를 생각해 보자. 이것은 이산화탄소를 배출하는 생산자들에게 일정한 규모의 배출 권리를 허용한 후 배출권시장에서 거래하게 함으로써 강제로 배출을 감축하는 방식보다 저렴한 비용으로 이산화탄소의 농도를 낮추려는 정책이다. 그렇지만 이 경우에도 어느 정도 이산화탄소를 감축하는 것이 진정 효율적인지는 누구도 알 수 없다. 단지 일정 수준을 목표로 설정한 후 이에 맞춰 배출권을 허용할 뿐이다. 이것은 이상과 현실의 명백한 괴리를 보여주는 대표적인 사례라 할 수 있다. 외부효과와 관련된 모든 경우에 이런 현상이 발생한다고 예상되며 공공재의 경우도 마찬가지다. 이론적으로는 사용재와 더불어 공공재의 효율적인 수준을 계산할 수 있지만 사실상 실현 불가능하다. 단지 사람들의 필요에 의해 정치적 과정을 거쳐 일정 수준의 공공재가 공급되기 때문이다. 이 경우 효율적인 공급이 이루어진다는 보장은 없다.

한편 불확실성은 그 자체로 시장실패의 요인은 아니다. 그렇지만 어떤 종류의 불확실성이든 간에 이로 인해 시장실패를 피하기 어렵다는 것이 문제다. 이때 두 가지 경우를 생각할 수 있다. 하나는 불확실성에 대비할 수 있는 수단이 일반적으로 부족한 경우다. 이런 경우 시장은 불완비되었다고 한다. 다른 하나는 시장이 비대칭정보의 상황에 처해 있는 경우다. 이런 상황에서는 어떤 대응방안을 강구하더라도 일정 수준의 비효율은 피할 수 없다는 것이 입증되었다. 사실 이 문제는 현실 경험을 통해서도 쉽게 이해할 수 있다. 비대칭정보로 인해 거래가 활발하지 않은 경우가 비일비재하기 때문이다. 이와 같은 거래의 위축은 곧 잠재적인 사회잉여를 실현하지 못한다는 것을 의미한다. 따라서 파레토 효율적인 자원배분은 불가능해진다.

여기서 특별히 시장실패를 언급하는 이유는 이것이 예외적인 현상이 아니라 시장경제에서 피할 수 없는 보편적인 현상임을 강조하기 위해서다. 특히 외부효과와 공공재는 일상적으로 경험할 수 있는 시장실패의 대표적인 요인들이다. 이 모든 사실은 시장경제의 효율성을 찬양하는 데는 상당히 신중해야 한다는 것을 시사한다. 시장경제를 지지해 온 가장 강력한 덕목은 효율성이다. 그리고 이것은 공산주의를 비롯한 다른 경제시스템과 비교해 시장경제가 상대적으로 우월한 성과를 거둘 수 있다는 이유로 정당화되어 왔다. 이것은 원칙적으로 틀린 말이다. 최악의 경우와 비교해 우월하다고 주장하는 논증 방법은 설득력이 없기 때문이다. 따라서 여기서 적절한 질문은 효율성의 관점에서 더 나은 자원배분을 달성하기 위해서 시장경제에 어떤 제도와 경제규칙을 도입해야 하는가에 관한 것이다.

시장경제는 파레토 효율을 충족하는 자원배분을 실현한 적이 없었을 뿐만 아니라 앞으로도 불가능하다. 따라서 시장경제의 우월성을 강조할 때는 조심스럽게 접근해야 한다. 이런 사실을 인정한다면 효율성을 위해서라면 공평성과 같은 가치는 어느 정도 희생할 수밖에 없다는 논리는 근거를 잃게 된다. 시장경제가 파레토 효율적인 자원배분을 달성한 상태에 있다면 공평성을 높이기 위한 일련의 조치는 비효율을 초래할 가능성이 있다. 그렇지만 현재 비효율적인 상태에 있다면 효율성을 훼손시키지 않으면서도 공평성을 높이는 방법이 가능하다. 시장경제의 효율성을 논하는 경우 이 점을 인식하는 것이 중요하다.

4. 효율성과 공평성의 관계

시장경제는 사회의 하위 시스템으로 사람들의 경제적 욕구를 조정하고 충족시키는 데 기여해야 한다. 사회는 시장경제를 포함하는 상위 개념으로 공통의 문화와 사회규범을 바탕으로 형성된 공동체다. 사회가 안정적으로 유지되고 발전하기 위해서는 적절한 법률, 제도, 문화 및 관습이 형성되어야 한다. 초기의 원시사회나 부족사회는 규모가 작았지만 사회생물학자 에드워드 윌슨의 말대로 진사회성을 획득한 인류는 점점 더 큰 사회를 형성하는 방향으로 진화해 왔다. 역사학자 유발 하라리는 이 과정에서 인류가 보여준 놀라운 능력을 간결하게 '상상의 질서'를 만드는 능력이라고 묘사했다. 이 덕분에 몇백 명 단위의 공동체를 형성할 수 있는 수준에서 수백만, 수천만 명으로 구성된 공동체를 형성하고 유지할 수 있게 되었다는 것이다. 진사회성과 상상의 질서, 이 두 가지 요소는 상보적으로 작용해 오늘날 글로벌 차원에서 거대한 규모의 시장경제를 탄생시켰다. 하라리가 말한 상상의 질서는 지금도 유효하다. 인간은 이 개념에서 벗어나기 어렵다.

이런 관점에서 시장경제의 특성을 살펴보면 문제가 명확해진다. 시장경제를 통해 우리가 추구하고자 하는 가치는 효율성과 공평성으로 압축되기 때문이다. 우리는 이 두 개의 가치가 상호작용해 만들어내는 질서에 대해 이런저런 평가를 하면서 사회공동체를 위해 더 나은 질서를 추구한다. 이것도 상상의 질서라는 덫에 갇힌 모습이다. 사실 우리는 무엇이 더 나은 질서인지 판단할 수 있는 객관적인 기준조차 마련하지 못하고 있다.

이제 효율성과 공평성에 대해 누구나 동의할 수 있는 객관적인 기준이 마련되었다고 가정해 보자. 그렇다면 효율성과 공평성의 이상적인 조합을 찾을 수 있다. 그러나 조금만 생각해 봐도 그런 기준을 마련하는 것이 사실상 불가능하다는 것을 알 수 있다. 따라서 시대와 장소를 막론하고 인류에게 공통적으로 적용될 수 있는 효율성과 공평성의 조합은 불가능하다. 그럼에도 우리는 끈질기게 이 문제를 가지고 씨름해 왔으며 앞으로도 그러할 것이다. 이것은 어쩔 수 없는 인간의 본성이다.

시장경제의 효율성과 공평성에 관한 논의에 앞서 한 가지 분명히 할 점은 효율성은 시장경제의 관심사인 반면 공평성은 사회의 관심사라는 것이다. 시장경제를 발전시킨다는 것은 곧 효율성을 높인다는 의미와 대동소이하다. 반면 공평성을 높인다는 것은 더 민주적인 사회를 만든다는 것을 의미한다. 그렇기 때문에 여기서의 공평성에 관한 논의는 정치적·사회적 평등이라는 포괄적 관점보다는 경제적 평등에 초점을 둘 것이다. 그래도 여전히 문제는 남는다. 효율성에 관해서는 경제학에서 일반적으로 수용되고 있는 파레토 효율 개념을 적용할 수 있지만 경제적 평등에 관해서는 일반적인 기준이 정립되어 있지 않기 때문이다. 따라서 여기서는 일반적인 관점에서 효율성과 공평성의 문제를 다루는 대신 역사적으로 시장경제에서 효율성과 공평성 간의 관계가 상보적이었는가, 아니면 상충적이었는가 하는 관점에서 살펴보고자 한다.

그동안 경제학자, 정치가, 관료, 나아가 일반 대중에게 시장경제에서 효율성과 공평성은 양립할 수 없다는 생각이 널리 수용되어 왔다. 그리고 모든 경제학 텍스트에서도 이런 관점에서 두 개념을 다루어 왔다. 경제적 효율성을 위해서는 공평성을 일정 부분 희생하는 것이 불가피하다는 것이었다. 이런 주장을 뒷받침하는 핵심 논리를 제공한 사람은 경제학자 아서 오쿤Arthur Okun이다. 그는 1975년 영향력 있는 저서 *Equality and*

*Efficiency : The Big Tradeoff*를 통해 경제적 효율성을 위해서는 일정 수준 공평성을 희생하지 않을 수 없다는 논리를 전개했다. 효율성과 공평성 간에는 상충관계가 존재한다는 것이다.

이런 그의 주장은 보수주의 경제학자들과 정치가들에 의해 널리 수용되어 미국을 비롯한 여러 나라에서 경제정책의 기조가 되었다. 그렇지만 이런 그의 생각은 전혀 새로운 것이 아니었다. 일찍이 밀턴 프리드먼도 『자본주의와 자유』에서 다음과 같이 주장했다. "개인소득세의 누진율이 지금처럼 높은 이상 그 효과를 피할 방도를 찾으려는 노력이 매우 거셀 것이다. 소득세의 높은 누진율은 그 자체로서뿐만 아니라 이러한 측면에서도 효율적인 자원배분을 크게 방해한다. 이 문제에 대한 적절한 해결책은 법에 규정된 조세회피 수단을 없애는 동시에 누진세율을 획기적으로 낮추는 것이다."[24]

당시 프리드먼이 누진적 소득세를 반대한 것은 효율성을 해친다는 이유에서였다. 심지어 프리드먼은 효율성을 해치지 않으려면 법인세도 폐지해야 한다고 주장했다. 아무튼 누진세에 대한 프리드먼의 반발은 거의 종교적 신념에 가까웠다. 과거 미국의 레이건 행정부에서는 이런 프리드먼과 오쿤의 주장을 수용해 소득세 한계세율과 법인세율을 대폭 낮춤으로써 경제 활성화를 추진했던 적이 있었다. 이런 정책이 일시적으로는 경기를 부양하는 효과를 발휘했지만 결국 부메랑이 되어 소득분배의 불평등을 악화시키고 그럼으로써 경기침체를 유발하는 원인이 되었던 것은

---

24. 밀턴 프리드먼(2002), 214쪽. 오쿤의 저서가 처음 출간된 것은 1975년이고, 프리드먼의 저서는 1962년에 초판이 출간되었다. 따라서 프리드먼의 저서가 먼저 출간된 점에 비추어 오쿤의 주장은 새로운 것이라기보다는 프리드먼과 같은 자유주의 경제학자들의 생각을 보다 논리적으로 표현한 것이라고 생각한다.

역사가 입증한다.

그런데 2008년 금융위기와 글로벌 경기침체를 경험하면서 효율성과 공평성 간의 관계에 대한 사람들의 인식에 변화가 일기 시작했다. 지나친 불평등은 오히려 효율성을 저해한다는 것을 인식하게 된 것이다. 그리고 이런 현상은 이미 현실 경제에서 나타나고 있었다. 이런 주장을 한 대표적인 사람은 경제학자 조지프 스티글리츠였다. 그는 일련의 저서와 대중강연을 통해 일관되게 이런 견해를 피력해 왔는데 새로운 증거들이 오쿤의 견해가 틀렸음을 보여준다고 주장하면서 다음과 같이 지적했다.

> 린든 존슨 대통령 시절 경제자문위원회 의장을 지낸 아서 오쿤은 한때 효율과 평등 간의 명백한 역의 관계를 거대한 상충관계big tradeoff라고 묘사했다. 당시 더 나은 평등을 위한 초점은 재분배(더욱 누진적인 조세와 이전소득)에 맞춰졌다. 이런 조치는 인센티브에 역효과를 일으키는 것으로 간주되었으며, 이로 인해 경제적 성과가 훼손된다는 것이었다. 따라서 경제적 성과를 희생해야만 불평등을 완화할 수 있다는 것이었다. 그러나 새로운 증거에 의하면 경제적 성과에 피해를 주지 않을 뿐 아니라 오히려 진작시키는 가운데 국가는 불평등에 성공적으로 대처할 수 있다는 것이다.[25]

스티글리츠는 이런 문제의식을 가지고 궁극적으로 중산층을 두텁게 육성하는 새로운 규칙들을 만들어 실행해야 한다는 논리를 설득력 있게 전개해 왔다. 그는 현재 미국 경제를 지배하고 있는 규칙들에 대해 비판적으로 평가하면서 두터운 중산층을 육성할 수 있는 새로운 규칙들을 제정해야 한다고 주장했다. 그럼으로써 성장과 불평등의 문제를 동시에 해

---

25. 조지프 스티글리츠, *Rewriting the Rules of the American Economy*(2016), 7쪽.

결해야 한다는 것이다. 그는 이것을 과거의 낙수경제trickle-down economy 논리에 대비해 분수경제trickle-up economy 논리라고 부르면서 다음과 같이 주장했다. "새로운 견해는 분수경제, 즉 중산층에 바탕을 둔 경제를 구축하는 것이 성공을 가져올 가능성이 높다는 것이다. 달리 말하면 평등과 경제적 성과는 대체재가 아니라 보완재인 것이다."[26] 스티글리츠 주장의 핵심은 효율성과 공평성은 상충적이 아니라 상보적이라는 것이다.

이미 언급했듯이 오쿤 주장의 핵심은 공평성을 강조하다 보면 효율성을 저해한다는 것이다. 그리고 종종 공평성을 향상시키기 위해서 포기해야 할 대가, 즉 효율성의 감소가 너무 크다는 것이다. 그는 '새는 물동이 실험leaky-bucket experiment'이라는 사고실험을 제안했다. 그는 고소득자로부터 저소득자로 소득이 이전되는 과정에서 발생하는 누수 현상, 즉 비효율의 크기에 따라 공평성을 추구하는 조세제도가 효과를 발휘할 수도 있고 그렇지 않을 수도 있다고 주장했다. 조세를 이용한 불평등 완화를 무조건 반대한 것이 아니라 이런 정책의 효과에 의문을 제기했던 것이다.[27] 이런 면에서 공평성보다 항상 효율성을 우선시했던 밀턴 프리드먼보다는 덜 극단적인 입장이었다. 오쿤 스스로 밝혔듯이 그는 효율성보다 공평성을 우선시했던 정치철학자 존 롤스John Rawls와 프리드먼의 중간에 해당하는 입장을 취했다고 할 수 있다.

오쿤은 정부가 지나치게 평등 지향적인 정책을 채택하면 이로 인해 경제 전반의 효율성이 하락하고 경제성장이 둔화될 것이며, 그 결과 불평등이 더 악화될 수도 있다고 지적했을 뿐 재분배정책 자체를 반대한 것은 아니었다. 효율성과 공평성 간의 상충관계를 전제로 한 그의 논리는 이후

---

26. 앞의 책, 8쪽.
27. 이 사고실험과 관련해서는 아서 오쿤의 *Equality and Efficiency*(1975), 4장을 참조하라.

오랫동안 학계와 정부에서 지지를 받았다. 그의 주장의 논리적 근거는 대체로 경제적 인센티브에서 찾을 수 있다. 효율성을 위해서는 적절한 경제적 인센티브를 제공해야 하며, 이로 인해 불평등은 불가피하다는 것이다. 시장경제에 빈번한 도덕적 해이를 감안할 때 전혀 근거 없는 주장은 아니다. 불평등을 해결하기 위해 인센티브를 제공하지 않는다면 효율성을 실현할 수 없고, 경제성장률도 낮아진다는 것이었다. 그러면 실업률이 증가할 것이고 불평등은 더욱 악화될 것이라는 주장이었다. 고용 증대가 불평등을 완화하는 데 중요한 요소인 것은 사실이지만 이런 논리는 지나치게 과장되었다는 것이 최근의 일반적인 견해다.

그런데 2008년 금융위기를 겪으면서 이런 상충관계에 대한 강력한 반론이 제기되기 시작했다. 불평등의 악화가 금융위기의 주요 원인으로 거론되었기 때문이다. 앞에서도 언급했듯이 이런 입장을 대변한 대표적인 인물은 스티글리츠로 일찍이 『불평등의 대가』에서 심각한 불평등은 생산성과 효율성을 악화시킨다는 점을 지적했다. 그에 의하면 불평등이 감소하면 오히려 효율성은 증가한다. 예를 들어 각종 로비 활동을 포함한 지대추구행위가 만연하면 불평등이 악화되고 이로 인해 경제 전반의 효율성이 훼손된다. 또한 빈곤으로 인한 인적 자본에 대한 과소투자와 부실한 공교육은 기회균등이라는 원칙을 실현하지 못하고 이로 인해 결국 생산성이 하락하고 효율성이 훼손된다.[28]

---

28. 이와 같이 불평등을 악화시키는 다양한 요인들이 생산성과 효율성을 훼손시키는 과정에 대한 상세한 논의는 조지프 스티글리츠(2012), 4장을 참조하라. 스티글리츠는 특히 지대추구행위에 대해 극단적인 평가를 내리고 있다. 다음 구절은 이에 대한 그의 생각을 잘 드러내고 있다. "지대추구는 대개 국가의 생산력과 국민의 복지를 후퇴시키는 실질적인 자원 낭비를 초래한다. 그것은 자원배분을 왜곡하고 경제를 허약하게 만든다. 파이에서 더 많은 몫을 가져가려는 노력은 전체 파이의 크기를 줄이는 부수적인 효과를 낳는다. 독점력과 특

나아가 그는 사회적 보험—의료보험, 실업보험 등—이 취약하면 위험을 감수하려는 의욕이 감소해 경제의 역동성이 감소하게 되며 이로 인해 효율성이 훼손된다고 주장했다. 그리고 단기적인 금전적 성과 유인 보수로 인해 장기 성장을 훼손시키거나 잘못된 유인을 제공할 가능성이 증가하며 이는 도덕적 해이와는 다른 차원에서 효율성을 훼손한다고 말했다. 또한 누진적 조세제도의 비용을 과대평가하고 편익을 과소평가하는 편향된 인식을 바탕으로 누진적 조세제도를 완화한 결과 정치 및 경제 시스템이 불공정하다는 인식이 확산되었고 시스템에 대한 신뢰가 하락해 결국 경제 전반의 효율성을 훼손했다고 주장했다. 그의 주장은 논리적일 뿐만 아니라 설득력이 있다. 이 외에도 효율임금efficiency wage의 사례를 들면서 시장임금보다 높은 임금을 제공함으로써 불평등 완화에 기여할 뿐만 아니라 근로자들의 생산성 향상을 통해 효율성의 증대에도 기여할 수 있다는 점을 강조했다.[29]

이와 같이 스티글리츠는 일정 수준을 넘는 불평등을 방치하거나 오히려 더 악화시키는 정치 및 경제 시스템은 필연적으로 경제 전반에 비효율을 초래하게 되며 이로 인해 성장의 동력을 상실할 뿐만 아니라 민주주의의 근간을 위태롭게 한다는 점을 강조했다. 또한 불평등 문제의 대가인 경제학자 앤서니 앳킨슨Anthony B. Atkinson도 『불평등을 넘어』에서 시장실패가 보편적인 상황에서 불평등을 완화하면 오히려 효율성이 증가할 수 있다는 점을 강조했다. 이에 관한 그의 입장은 다음에 잘 표현되어 있다.

정 이익에 대한 세금 우대조치는 바로 이런 효과를 낸다."(206쪽)

29. 효율임금은 일찍이 1920년대 헨리 포드가 실시해 효과가 검증되었다. 이 제도는 근로자들이 열심히 일하는지 모니터하기 어려운 상황에서도 열심히 일할 인센티브를 제공함으로써 생산성 향상에 기여한다는 것이 정설이다.

"공평과 효율은 같은 방향을 가리킬 수 있다. 이는 뒤에서 설명하는 것과 같이 수요와 공급이 일치하는 경쟁적인 시장을 상정한 표준적인 경제학 모형에서는 불가능해 보인다. 그러나 우리가 일단 불완전한 경쟁을 고려할 경우, 그리고 수요와 공급은 단지 임금의 범위만 결정하고, 실업이 존재하며, 제도적 특성이 작용할 중요한 공간이 있는 시장들을 고려할 경우에는 그 그림이 달라진다."[30] 오랫동안 불평등 문제를 연구해 온 경제학자로서 그는 이 책에서 불평등과 관련된 이론적 쟁점들을 상세히 논하는 동시에 실증 자료를 바탕으로 각 나라의 불평등 정도를 비교 · 평가한 후 불평등 완화를 위한 15가지 근본 대책을 제시했다.[31]

한편 불평등 문제를 세계적으로 이슈화하는 데 결정적으로 기여한 경제학자 토마 피케티도 『21세기 자본』에서 불평등의 증가가 금융위기를 유발하는 원인으로 작용했다고 지적하면서 다음과 같이 말했다. "불평등이 증가한 결과로 미국의 하류층과 중산층의 구매력이 거의 정체되었고 그리하여 평범한 가구가 빚을 질 가능성이 더 높아졌다. 특히 규제에서 자유로워진, 그리고 부유층이 금융시스템에 투입한 거대한 저축으로부터 높은 수익률을 얻고자 갈망했던 비양심적인 은행과 금융기관들이 점점 더 관대한 조건으로 신용을 제공했기 때문에 더욱 그러했다."[32] 불평등이 용

30. 앤서니 앳킨슨, 『불평등을 넘어』(2015), 339쪽.

31. 앤서니 앳킨슨(2015)은 토마 피케티의 연구에서 부족했던 불평등과 관련된 이론적인 부분을 보완해 주는 장점을 갖고 있다. 물론 그도 불평등과 효율성 간의 관계는 단정적으로 말할 수 없다는 점을 인정했다. 그러나 이상적인 시장경제에서는 불평등을 완화하려는 시도가 효율성을 훼손시킬 가능성이 있지만 시장실패가 만연한 상황에서는 일반적으로 그 반대의 경우가 성립할 가능성이 충분하다는 것이 그의 입장이다. 상세한 내용은 그의 책 9장을 참조하라.

32. 토마 피케티, 『21세기 자본』(2013), 357쪽. 라구람 라잔(Raghuram G. Rajan)도 『폴트라인』(2010)에서 그와 유사한 주장을 펼쳤다. 그는 미국의 정치인들이 불평등 문제를 단기간

인할 수 있는 한계를 넘어서면 금융위기뿐만 아니라 장기적인 경기침체로 이어질 수 있다는 것이다. 특히 현실화되고 있는 글로벌 차원의 인구절벽demographic cliff과 4차 산업혁명 이후 예상되는 일자리 파괴 등의 부정적인 요인을 감안하면 불평등은 더욱 악화될 가능성이 크며, 이로 인해 경제적 비효율은 더욱 증가할 것으로 예상된다.

미래학자 마틴 포드Martin Ford는 『로봇의 부상』에서 앞으로 정보기술에 기반을 둔 인공지능과 로봇공학이 결합함으로써 고용에 커다란 위협이 될 것으로 전망하면서 다음과 같이 주장했다. "로봇 기술과 함께 첨단 셀프서비스 관련 기술이 경제의 거의 모든 분야에 걸쳐 지속적으로 보급됨에 따라 낮은 수준의 교육과 훈련을 필요로 하는 저임금 직종이 먼저 위협을 받을 것이다. …… 새로운 기술의 등장으로 이런 일자리의 수가 실제로 줄어들 가능성은 제쳐두고라도 이들의 증가율만 떨어져도 장기적으로 볼 때 고용에는 심각한 충격을 미칠 수 있다."[33] 이와 같이 경제정책이 효율성과 공평성이라는 두 가지 목표를 동시에 추구하는 방향으로 추진되어야 할 논리적 근거는 충분하다.

그렇지만 이론적인 차원이든 경험적인 차원이든 여전히 효율성과 공

에 해결하기 위한 방안으로 소득이 없는 사람도 모기지 금융 신청을 할 수 있도록 법안을 변경했으며 이로 인해 서브프라임 사태가 촉발되었다고 주장했다. 이와 같이 불평등이 악화되면 정치적 이유에서든 경제적 이유에서든 금융위기와 경기침체로 이어질 가능성이 높아진다는 것이 입증되었다. 불평등이 비효율을 초래한다는 명백한 증거에 해당한다.

33. 마틴 포드, 『로봇의 부상』(2015), 61쪽. 이어서 그는 "여기서 피할 수 없는 결론은 노동을 통해 소득을 얻는 사람은 사실상 없어지리라는 것이다. 자본소득, 그러니까 기계를 소유하는 데서 나오는 소득은 극소수의 엘리트의 수중에 집중될 것이다"(367쪽)라고 주장했다. 금융자본과 거대 기업의 결합은 곧 돈과 기술 독점의 결합을 의미함과 동시에 대다수의 사람들이 이들의 소모품으로 전락할 수 있다는 것을 의미한다. 이와 같이 미래에 불평등이 완화될 소지가 거의 없다는 점에서 미래 전망은 매우 어둡다.

평성의 관계에 적용되는 일반적인 법칙을 찾기는 쉽지 않다. 지나치게 높은 소득세 한계세율이 일할 의욕을 감퇴시키고 이로 인해 생산성이 떨어지고 경제 전반에 비효율이 증가할 가능성을 완전히 배제할 수 없다. 반면 불평등이 악화되면 이 또한 일할 의욕을 감소시킬 뿐만 아니라 경제 전반의 소비 수준을 낮추게 될 것이고 이로 인해 고용 감소, 투자 감소, 나아가 국민소득 감소로 이어질 수 있다. 이것 또한 자원배분의 효율성을 감소시키는 요인으로 작용할 것이다. 이 가운데 어느 요인이 더 영향력이 클 것인가에 대해서는 간단히 대답하기 어렵다.

그럼에도 앞에서 언급했듯이 시장경제에서 파레토 효율을 충족하는 자원배분을 달성하기란 사실상 불가능하다는 점을 인식하는 것이 중요하다. 현재의 자원배분 상태가 비효율적이라는 것은 파레토 개선을 통해 효율성을 증가시킬 수 있음을 의미한다. 이런 과정에서 동시에 분배의 불평등을 개선하는 것이 가능하다. 즉, 파레토 개선과 불평등의 완화는 상충적이지 않다. 부연해서 말하면 일반적으로 파레토 개선의 방법은 무수히 많다. 그리고 이를 실현하는 방법으로 정부의 개입에 의한 개선도 있고 시장참여자들 간의 자발적인 합의에 의한 개선도 생각할 수 있다. 어떤 경우든 종전에 비해 모두에게 더 유리한 자원배분 상태로 이전하는 과정에서 불평등을 완화시킬 가능성이 존재한다. 이러한 이론적 가능성을 바탕으로 재분배를 실시한다면 효율성과 공평성은 상보적인 관계를 유지할 수 있다.

경험적인 관점에서 보면 미국을 비롯한 여러 나라에서 소득세 한계세율을 대폭 인상한 결과 이로 인해 근로 의욕이 감퇴해 생산성이 하락하고 따라서 비효율을 증가시켰다는 증거는 사실상 찾아보기 어렵다. 즉, 아서 오쿤이 주장한 '커다란 상충관계'를 뒷받침하는 경험적 증거는 발견하기 어렵다. 이 문제와 관련해 토마 피케티는 미국의 슈퍼경영자들의 보수가 천정부지로 상승하게 된 배경으로 이들이 이사회를 움직여 높은 보수를 받도록 유도했다면서 다음과 같이 말했다. "구체적으로 말하면 1980년대 이후 영미권 국가들이 소득세 최고한계세율을 대폭 인하한 것이 최고위 경영진의 급여 결정 방식을 완전히 바꿔놓은 것처럼 보인다. 세금 인하로 인해 분명 현재의 최고경영진들은 높은 급여 인상을 추구하려는 유인이 과거보다 훨씬 강해졌기 때문이다."[34] 즉, 전문경영자들은 과거에 비해 한계세율이 상당히 낮아지자 자신들의 보수를 인상하는 노력을 할 인센티브를 발견했고 실행했다는 것이다. 이들의 보수가 크게 인상된 것은 그들의 능력과 사실상 무관했다.[35]

여기서 다시 한 번 경제 현실에서 구조화의 가공할 영향력을 상기하게 된다. 언론을 장악한 소수의 세력이 효율성과 공평성 간에는 상충관계가 존재하기 때문에 효율성을 유지하기 위해서는 불평등을 감수하지 않을 수 없으므로 효율성을 바탕으로 경제성장을 지속해 파이를 키운 후 더 나은 분배를 추진하는 것이 바람직하다는 스토리를 만들고 이를 언론이 반복해서 보도하면 일반 대중은 이런 논리를 수용하게 된다. 나아가 시장지배력이 있는 기업이나 집단은 자신들의 특권적인 지대를 유지하기 위해 막대한 로비 비용을 사용할 것이며 이로 인해 시장구조가 왜곡되고 비효율이 증가하게 된다. 그러나 시장이 불완전경쟁 상태에 있으면 효율성

34. 토마 피케티(2013), 402쪽.

35. 이와 관련해 토마 피케티(2013)는 다음과 같이 지적했다. "경영진의 급여가 한계생산성으로 결정된다면, 기업 성과의 변화는 외부적 요인과 거의 관련이 없어야 하고 오로지 혹은 주로 비외부적 요인에 좌우되어야 한다. 그러나 실제로는 정반대의 상황이 나타나고 있다. 경영진의 급여가 가장 빠른 속도로 상승하는 것은 외부적인 요인들로 매출과 이익이 증가할 때다."(402쪽) 대니얼 카너먼도 기업에 대한 실증연구를 통해 동일한 결론을 얻었다.

과 공평성 간의 상충관계라는 것 자체가 성립하지 않는다는 점을 인식해야 한다.[36]

최근 글로벌 차원에서 악화되고 있는 불평등은 시장경제의 효율성에 부정적인 영향을 미치며 이로 인해 경제 전반에 걸쳐 경기침체가 빈번하게 발생하게 된다는 주장이 설득력을 얻고 있다. 특히 앞으로 전개될 인공지능과 로봇공학 및 나노기술에 기반을 둔 기술발전은 더욱더 많은 일자리를 파괴할 것으로 예상되고 있다. 이런 모든 상황을 고려할 때 효율성과 공평성은 상보적인 관계에 있다는 사실을 바탕으로 시장경제의 새로운 방향을 모색하는 것은 불가피하다.

---

36. 조지프 스티글리츠(2016)는 이런 대표적인 사례로 다음과 같은 경우를 지적했다. "시장지배력의 행사로 인한 시장왜곡은 사회후생을 감소시킨다. 시장에서 얻는 지대는 불평등을 만들어낼 뿐만 아니라 경제와 정치에 다른 왜곡된 영향을 행사한다. 예를 들면 2010년 의료 서비스 산업은 오바마케어법(Affordable Care Act를 지칭함)에 대항해 1억 2백만 달러에 달하는 로비 비용을 사용했으며, 금융업과 부동산업계는 도드-프랭크 법의 통과와 시행을 저지하는 데 수십억 달러를 사용했다."(38쪽)

1. 인센티브의 의의와 한계

2. 인센티브의 종류와 상호작용

3. 내재적 동기와 외재적 동기 간의 상충관계

4. 도덕적 해이와 인센티브

시장경제와 인센티브 문제

Understanding the Market Economy
ch. six

6

1. 인센티브의 의의와 한계

시장경제와 인센티브incentive는 불가분의 관계에 있다. 무엇보다도 시장경제는 기본적으로 경제활동에 인센티브를 제공하는 방향으로 진화해 왔다.[1] 예컨대 어떤 제품의 가격이 하락하면 사람들은 소비를 늘리고 기업은 공급을 줄이는 방향으로 행동한다. 시장이 그렇게 행동하도록 자연스럽게 인센티브를 제공하기 때문이다. 넓은 의미에서 보면 수요·공급법칙 자체가 인센티브를 제공하는 역할을 한다고 해석할 수 있다. 물론 이것은 요즘 기준에 의하면 인센티브라고 하기는 부적절하다. 왜냐하면 이 법칙에는 누군가에 대한 특별한 의도가 내재되어 있는 것이 아니기 때문이다. 예를 들어 한 기업이 가격을 인하하는 경우 다른 기업들이 가격을 인하할 인센티브가 생긴다고 말할 수 있다. 그런데 이것은 그 기업이 다른 기업들이 가격을 인하하도록 의도한 것이 아니다. 단지 시장 여건을 감안해 이 기업들은 가격을 인하하는 것이 유리하기 때문에 그리한 것일 뿐이다. 경쟁에서 살아남기 위해 그런 것이지 누군가 이들에게 인센티브를 제공한 것은 아니다. 그럼에도 시장이 인센티브를 제공한다고 표현하는 데는 별 무리가 없다.[2]

---

1. 리처드 탈러 · 캐스 선스타인은 『넛지』(2008)에서 자유시장의 인센티브 기능을 다음과 같이 명쾌하게 설명했다. "자유시장은 종종 사람들에게 좋은 제품을 만들어 적절한 가격에 판매하도록 자극하는 인센티브를 부여함으로써 모든 핵심 문제들을 해결한다. 예를 들어 운동화 시장이 적절하게 돌아가고 있다면 경쟁이 매우 치열해질 것이다. 질 나쁜 운동화는 시장에서 퇴출당하고 질 좋은 운동화들은 사람들의 기호에 따라 값이 매겨진다. 운동화 생산자들과 운동화 구매자들은 적절한 인센티브를 갖게 된다."(160쪽) 여기에는 인센티브가 내장된 경제시스템으로서 시장경제의 특징이 잘 표현되어 있다.
2. 루스 그랜트(Ruth Grant)는 *String Attached*(2012)에서 이 점에 대해 비교적 상세하게 언급했다. 역사적으로 보면 인센티브는 시장의 자동조정력(automatic forces)과는 대비되는 개

그런데 이것은 어디까지나 소극적인 의미의 인센티브에 해당한다. 왜냐하면 수요 · 공급법칙이 개별 주체의 선택 범위에 영향을 미치는 것은 아니기 때문이다. 일반적으로 인센티브는 개별 주체의 선택 범위에 영향을 미침으로써 효력을 발휘한다.[3] 이런 의미에서 이것은 적극적인 인센티브에 해당한다. 최근 주류 경제학에서 강조하는 것은 적극적인 의미의 인센티브다.[4] 일부 경제학자들이 "경제학은 인센티브를 연구하는 학문이다" 라고 말할 때는 이런 의미의 인센티브를 가리킨다.[5]

념이었지만 오늘날에는 인센티브와 시장은 종종 동의어로 간주된다고 말했다. 이런 의미에서 외재적 보상인 보너스나 성과급 등과 구별해서 시장에 대해서는 구조적 인센티브 또는 제도적 인센티브라는 용어를 사용할 수 있다는 것이다. 이에 대한 상세한 내용은 앞의 책 38~42쪽을 참조하라.

3. 오늘날 인센티브라는 개념은 개별 주체가 선택하는 행동의 범위와 직접 관련되어 있다. 인센티브가 제공되지 않으면 하지 않을 행동을 하도록 유도한다는 점에서 인센티브는 일반적으로 선택의 범위를 확대시키는 역할을 한다. 그런데 그 반대의 경우도 가능하다. 즉, 선택의 범위를 제한함으로써 인센티브를 제공하는 경우도 있다는 말이다. 이와 관련해서는 이언 에어즈(Ian Ayers)의 『당근과 채찍』(2010)을 참조하라. 그는 이 책에서 '약속실천계약'을 이용해 인센티브를 제공하는 방법의 효과에 대해 상세하게 다루었다. 약속실천계약은 기본적으로 행동 선택의 범위에 제한을 가하는 방식이다. 즉, 돌아갈 다리를 불태우는 방식이다.

4. 대니얼 핑크(2009)는 인간에게 동기를 부여한 운영체계를 동기 1.0, 동기 2.0 및 동기 3.0으로 구분했다. 인류 초기에는 오로지 본능에 따라 생존을 위해 최선을 다했으며, 이때의 운영체계는 동기 1.0이라고 불렀다. 그러다가 보상을 추구하고 처벌을 피하려는 인간의 욕구를 반영해 등장한 것을 동기 2.0이라고 했다. 이것은 20세기 초 미국에서 테일러주의가 등장한 이후 외재적 인센티브를 제공하는 전형적인 방법으로 자리 잡았다. 즉, 일을 잘하면 당근을 주고, 일을 못하면 채찍을 주는 고전적인 방법이다. 오늘날 경제학에서 정교하게 제시하고 있는 인센티브 제도는 모두 이와 같은 동기 2.0에 기반을 두고 있다. 동기 3.0은 내재적 동기에 기반을 둔 운영체계를 의미한다. 이와 관련해 핑크가 〈The Puzzle of Motivation〉이라는 제목으로 한 TED 강연은 상당한 반향을 일으켰다.

5. 이런 의미에서 인센티브를 강조하는 대표적인 경제학자로는 하버드대학의 그레고리 맨큐(Gregory Mankiw)와 시카고대학의 스티븐 레빗(Steven Levitt)을 들 수 있다. 맨큐는 『경제학원론』에서, 그리고 레빗은 『괴짜경제학』(2007)을 비롯해 최근의 『괴짜처럼 생각하라』(2014)에서 유난히 인센티브의 중요성을 강조했다.

인센티브는 이제 일상생활에서 자주 접하는 용어가 되었다. 이것은 우리말로는 유인誘因이라고 하며 동기부여motivation를 위한 대표적인 수단이다. 일상적인 용어가 되어버려 의미가 많이 퇴색한 듯 보이지만 사실 인센티브는 개인의 선택, 사회발전 및 국민경제의 안정적 성장을 위해 중요한 요소임은 인류 역사가 증명하고 있다. 적절한 인센티브 시스템incentive system이 갖추어진 국가는 번영했고 그렇지 못한 국가는 쇠락했다. 예컨대 구소련을 비롯해 동구권 국가에서 공산주의가 실패한 가장 큰 이유로 사회 전반에 인센티브를 제공하는 시스템이 결여되어 있었던 점을 지적할 수 있다. 인간은 본능적으로 인센티브에 반응한다는 간단한 원칙을 무시했던 것이다. 이런 이유로 시장경제의 원활한 작동을 위해서는 인센티브 시스템의 성격을 제대로 이해해야 한다. 여기서 인센티브 시스템이란 다양한 개별 인센티브 제도들의 집합체를 의미한다. 경제 전반에 걸쳐 어떤 인센티브 시스템이 형성되어 있는가는 시장경제의 성과를 좌우하는 중차대한 문제다.

인센티브라는 용어가 주류 경제학에서 중요한 개념으로 부상한 것은 비교적 최근의 일이다. 애덤 스미스 이후 고전학파 경제학자들의 글에서는 인센티브란 용어를 찾아보기 어렵다. 이들은 특별히 인센티브를 강조할 필요가 없던 비교적 단순한 시장경제 시대를 살았기 때문이다.[6] 그러

6. 마이클 샌델은 『돈으로 살 수 없는 것들』(2012)에서 다음과 같이 지적했다. "인센티브는 경제학적 사고에서 최근에 등장한 용어로 애덤 스미스나 기타 고전 경제학자의 글에는 등장하지 않는다. 사실 20세기까지도 경제학적 담론에는 출현하지 않았고, 1980년대와 1990년대까지도 두드러지지 않았다. …… 20세기 후반 시장과 시장 중심적 사고가 미치는 영향력이 커지면서 인센티브라는 단어의 사용량이 급격히 증가했다. 구글 검색에 따르면 1940년대부터 1990년대에 이르기까지 인센티브라는 용어의 사용이 400% 넘게 증가했다."(125쪽) 우리가 생각했던 것보다 인센티브라는 개념은 비교적 최근의 산물이다.

던 것이 20세기에 들어와 사회공학social engineering이 각광을 받으면서 인센티브의 중요성이 부각되기 시작했으며, 이와 동시에 새로운 윤리적인 문제가 등장했다.[7] 예컨대 20세기 초 기업 경영에 테일러주의Taylorism가 적용되었던 것이 그런 사례에 해당한다. 일정한 조건, 즉 인센티브를 제공함으로써 구성원들이 기업이 설정한 목표를 달성하는 데 최선을 다하도록 했던 반면 인간을 같은 동작을 반복하는 기계처럼 간주하게 되었던 것이다.[8]

인센티브의 중요성은 기업조직이 비대해지면서, 그리고 시장경제의 규모가 커지고 복잡해지면서 더욱 부각되었다. 사람들이 외부에서 주어진 조건에 반응하거나 아니면 내면의 요구에 자율적으로 반응한다는 것 자체가 인센티브를 의식한다는 것을 의미한다. 이런 추세는 20세기 말 정보통신기술이 비약적으로 발전하고 이를 바탕으로 인터넷 시대가 도래한 후 더욱 강화되어 왔다. 정보통신기술은 경제영역을 넘어서 사회 전체를 복잡한 네트워크로 연결시켜 주었을 뿐만 아니라 빛의 속도로 정보를 교류하고 거래를 실행할 수 있도록 해주었다. 이에 비례해 인센티브가 중요한 요인으로 부각된 것은 지극히 자연스러운 현상이었다. 그 결과 과거

---

7. 이와 관련해서는 루스 그랜트(2012), 1장을 참조하라. 그랜트가 다음과 같이 지적한 것은 유념할 필요가 있다. "현대 사회에서 변화를 원하는 경우 인센티브는 점점 더 우리가 호소하는 수단이 되어 왔다. 정부, 교육, 의료 서비스, 개인적 생활에서, 그리고 온갖 종류의 기관들 안팎에서 사람들의 선택을 일정한 방향으로 조정하기 위해, 그리고 기대하는 정책 효과를 얻기 위해 인센티브가 제공되고 있다. 그래서 어쨌다는 것인가? 우리는 다음과 같이 물을 수 있다. 윤리적 쟁점은 어디에 있는가?"(2쪽) 인센티브를 제공하는 데 따른 윤리적·도덕적 문제를 고려해야 한다는 지적이다.
8. 이런 상황을 극적으로 묘사한 영화가 무성영화 시대의 명배우 찰리 채플린이 주연한 《Modern Times》이다. 테일러주의에 입각해 설계된 공장의 컨베이어 시스템으로 인해 노동자가 겪게 되는 소외 현상을 이보다 더 실감나게 묘사한 영화는 없다.

에는 없었던 'incentivise'란 단어가 등장해 저서나 논문에서 공식적으로 사용되기 시작했다.[9] 이것은 인센티브라는 용어가 사람들의 경제활동에 깊이 침투했다는 사실을 대변해 주고 있다.

이제 인센티브와 개별 조직, 그리고 인센티브 시스템과 시장경제와의 관계를 논하기 전에 인센티브와 인간의 본성 간의 관계를 살펴볼 필요가 있다. 시장경제의 기본 단위는 인간이므로 무엇보다도 인센티브가 인간에게 어떤 영향을 미치는지 살펴보아야 한다. 이것은 다분히 환원주의적이라는 한계가 있지만 어떤 논의도 인간으로부터 출발해야 한다는 점은 의심할 여지가 없다. 우선 지적할 것은 주류 경제학은 인간의 본성을 지나치게 좁게 해석하는 가운데 인센티브를 설계하는 방향으로 발전해 왔다는 점이다. 이른바 도구적 합리성의 덫에 갇혀 오로지 이런 관점에서 인센티브를 제공하는 것이 유일한 해결책인 것으로 간주해 왔다. 이 문제와 관련해서도 구조화의 위력은 대단했다. 그 결과 금전적 인센티브를 제공하는 것이 유일한 방안으로 간주되었으며, 인센티브와 관련된 모든 논의는 이 범주를 벗어나지 않는 가운데 정교한 인센티브를 설계하는 데 초점을 맞추어 왔다.[10]

---

9. 옥스퍼드 영어사전에 의하면 incentivise는 "Motivate or encourage (someone) to do something ; provide with an incentive"라고 정의된다. 문자 그대로 인센티브를 제공한다는 의미를 담은 동사다. 이런 신조어가 생겨났다는 것은 그만큼 사회 전반에서 인센티브가 중요한 의미를 갖게 되었다는 것을 뜻한다. 구글을 검색해 보면 incentivise란 단어가 얼마나 널리 사용되고 있는지 확인할 수 있다.

10. 경제학에서 인센티브와 관련된 정교한 이론을 처음 제시한 사람은 1996년 노벨 경제학상을 수상한 영국의 제임스 멀리스(James Mirrlees)라 할 수 있다. 그의 선구적인 노력으로 인센티브와 관련된 연구는 경제학에서 중요한 분야가 되었으며 방대한 연구 성과가 축적되었다. 그렇지만 대부분의 연구가 최적 인센티브 설계(optimal incentive design)를 위한 수리적 모형을 발전시키는 데 집중되었던 관계로 현실에 응용하는 데는 한계가 있다. 2016년 노벨 경제학상을 수상한 올리버 하트(Oliver Hart)와 벵트 홈스트롬(Bengt

이런 경향에 대한 반론은 주로 행동경제학과 심리학 분야에서 제기되었다. 인간이 비합리적으로 행동하는 성향이 있다는 것은 다양한 실험을 통해서 확인되었다. 또한 인간은 금전적 인센티브와 같은 외재적 요인에 의해서만 동기가 부여되는 존재가 아니라 협동, 공감 및 자아실현과 같은 내재적 요인에 의해서도 동기를 부여받는 존재임을 뒷받침하는 증거가 속속 드러났다. 이런 반론은 실제로 경험적으로 확인된 사례들에 기반을 두고 있기 때문에 어떤 이유로든 반박하기 어렵다. 물론 이런 사례들을 포괄하는 일반이론을 구축하는 데 한계가 있는 것은 사실이지만 이론을 위해 현실을 무시하는 것은 본말이 전도된 것이다. 따라서 여기서는 도구적 합리성의 관점을 벗어나 인간 본성에 대한 총체적인 이해를 바탕으로 시장경제에서 인센티브의 의미를 살펴볼 것이다.

이런 관점에서 볼 때 분명한 사실은 인간은 주변 환경에 적응하는 존재라는 것이다. 여기서 주변 환경에는 기후나 지리적 측면뿐만 아니라 문화적 · 사회적 측면도 포함된다. 이런 환경에 효과적으로 적응하는 경우에는 생존할 수 있었지만 그렇지 못한 경우에는 도태될 수밖에 없었다는 것은 인류 역사가 뒷받침한다. 인간은 언제, 어디서나 인센티브에 반응하는 존재로 진화해 왔다고 할 수 있다. 진화론의 핵심 개념인 자연선택과 성선택sexual selection은 모두 인센티브와 관련되어 있다. 예컨대 자연선택은 자연이 의식적으로 어떤 종이나 개체 또는 유전자를 선택한다는 의미가 아니다. 다양한 종들이 서로 경합하는 가운데 자연환경에 효과적으로 적응한 종은 생존했고 그렇지 못한 종은 절멸했다. 이것을 마치 자연이 능동적으로 선택하는 것처럼 말한 것뿐이다. 이런 의미에서

Holmstrom)도 이와 관련된 연구로 수상했다는 것은 시장경제에서 여전히 이 문제가 중요하다는 것을 말해 준다.

자연은 의도하지는 않았지만 다양한 종들에게 인센티브를 제공한 것으로 해석할 수 있다. 이 경우 자연은 시장과 같은 역할을 해온 것이다. 그리고 이런 경험이 문화적 유전자를 통해 인간의 무의식에 깊이 각인되어 전승되어 왔다고 할 수 있다. 인간은 생물학적으로도 인센티브에 반응하도록 진화해 온 존재다.

여기서 우선 살펴볼 것이 시장에서 경쟁과 정보의 역할이다. 이것은 시장이 제공하는 인센티브의 의미를 폭넓게 이해하는 데 핵심적인 요소들이다. 먼저 경쟁과 인센티브의 관계를 생각해 보자. 시장이 충분히 경쟁적이라면 누구나 최선을 다하려 할 것이다. 그렇지 않으면 소비자는 좋은 상품을 구입하기 어려울 것이고, 기업은 생존하기 힘들기 때문이다. 경쟁이 시장의 효율성을 높일 수 있는 이유는 바로 개별 주체가 최선을 다하도록 유도하기 때문이다. 반면 독과점이 지배하는 경우 기업은 최선을 다해 비용을 절감하려 노력하기보다는 독과점적 지위를 유지하는 데 더 많은 노력을 기울일 것이다. 이른바 지대추구행위rent-seeking behavior에 집중하는 것이 더 큰 이익을 제공하기 때문이다. 이런 상황에서는 인센티브가 왜곡되어 시장은 더 이상 효율적으로 자원을 배분하는 역할을 수행하기 어렵다. 반면 경쟁이 치열해질수록 개별 주체가 최선을 다할 동기를 부여하는 여건이 자연스럽게 형성된다. 이들에게 의도적으로 인센티브를 제공할 필요는 현저하게 감소한다.

정보는 인센티브와 밀접하게 관련된 또 다른 요소다. 시장에는 여러 가지 종류의 정보가 생성 · 유통되고 있다. 이 가운데 인센티브와 관련해 중요한 것은 사람들이 정보를 보유하고 있는 상태다. 즉, 누구나 동일한 정보를 보유하고 있는가, 아니면 일부는 다른 사람보다 우월한 정보를 보유하고 있는가는 인센티브라는 측면에서 중요한 차이를 초래한다. 전자를 대칭정보symmetric information, 후자를 비대칭정보asymmetric information라고 부른다. 특히 비대칭정보의 상황에서 상대방이 어떤 행동을 할지, 또는 얼마만큼 노력할지 알기 어려운 경우에는 인센티브가 중요한 역할을 한다. 이것을 감춰진 행동hidden action 또는 감춰진 노력hidden effort으로 인한 비대칭정보 문제라고 부른다. 이 문제가 적극적인 인센티브와 밀접하게 연관되어 있다는 사실은 시장에서의 정보적 상황이 중요하다는 것을 의미한다. 어떤 면에서 시장경제가 정상적으로 작동하기 위해서는 경쟁보다 정보가 더 중요하다. 예를 들어 충분히 경쟁적인 시장이라고 하더라도 비대칭정보의 상황에 있는 경우 시장이 제대로 작동하지 않을 수 있다. 경제학자 조지프 스티글리츠는 이것을 마비된 손palsied hand이라고 묘사했다.[11] 애덤 스미스의 보이지 않은 손과 대비시킨 탁월한 은유다.

시장에 참여한 개별 주체는 주어진 상황에 맞춰 최선의 선택을 추구한다. 이때 시장에서의 경쟁의 정도와 비대칭정보의 여부에 따라 개별 주체의 선택이 영향을 받는다. 개인적으로는 주어진 여건에서 최선의 행동을 추구하겠지만 조직이나 사회 전반의 관점에서 볼 때 최선이라고 할 수 없는 행동을 하는 경향이 있다. 이런 이유로 인센티브를 설계할 필요성이 제기되는 것이다. 이것이 사회공학의 관점에서 의도적으로 인센티브를 제공하게 된 배경이라고 할 수 있다.

기업은 인센티브를 설계할 필요가 있는 대표적인 조직이다. 그런데 기업을 비롯한 다양한 조직에서 금전적 인센티브 제도를 시행하려는 경

---

11. 조지프 스티글리츠는 "Information and Economics : A perspective," *Economic Journal*(1985), pp.21~41에서 이 용어를 처음 사용했다. 비대칭정보로 인해 시장기능이 마비되는 상황을 묘사하기 위한 용어로 선택했던 것이다. 그가 이 논문에서 제기한 비대칭정보로 인한 경제적 문제들은 지금도 그대로 유효하다.

우 가장 큰 과제는 객관적이고 공정하게 개인 및 집단의 성과를 측정하는 성과지표를 만드는 것이다. 누가 얼마만큼 기여했는지 알려면 성과를 측정하고 평가하는 작업이 불가피하다. 개인적 차원이든 집단적 차원이든, 그리고 절대적 기준이든 상대적 기준이든 계량화할 수 있는 성과지표가 있어야만 이에 근거해 금전적 보상에 차등을 둘 수 있기 때문이다. 그런데 이런 성과지표를 집행하는 과정에서 발생할 수 있는 공정성 문제는 차치하고라도 성과지표 자체로 인해 예기치 않았던 여러 가지 부작용이 발생할 수 있다.

오늘날 기업이 성과지표를 만들어 실행하는 과정에서 여러 가지 문제가 있다는 데 대부분의 전문가들이 동의하고 있다. 그럼에도 기존의 성과지표를 근본적으로 검토하기보다는 대안이 없다는 이유로 이를 그대로 활용하고 있는 실정이다. 이와 관련해 성과지표를 도입하기 전과 비교해 도입 후에 과연 기업의 실적이 확실히 나아졌다는 증거가 있는가 하는 질문을 제기할 수 있다. 이에 대해서는 그런 증거는 없으며 오히려 반대 상황, 즉 실적이 나빠진 경우도 있다는 연구 결과가 제시되기도 했다. 그렇지만 기업의 실적을 좌우하는 변수들이 여럿 있으므로 이 문제에 대해서는 성급하게 결론을 내려서는 안 될 것이다.

물론 이상적인 성과지표를 만들 수 있다면 금전적 인센티브로 인한 부정적인 효과를 상당 부분 제거할 수 있지만 이런 성과지표를 만드는 것은 사실상 불가능하다. 이런 사실을 감안할 때 금전적 인센티브가 기대했던 것과는 달리 부정적인 효과를 초래할 가능성을 고려하지 않을 수 없다. 이 문제와 관련해 경제학자 마야 보발레Maya Beauvallet는 『인센티브와 무임승차』에서 '살라미 전략'이라는 용어를 사용해 사람들이 어떻게 평가지표의 취지와는 달리 행동하는지 설명했다.[12] 보발레에 의하면 이런 전략이 사용되는 대표적인 분야는 교육이다. 예컨대 미국에서는 오래 전부터 학생들의 시험성적에 따라 상벌을 주는 제도를 도입했다. 문제는 이로 인해 학생들의 학업 능력이 상승했다기보다는 이들의 시험 기술이 향상되었기 때문에 좋은 결과를 얻었다는 데 있다. 이것은 살라미 전략이 적용된 대표적인 사례에 해당한다. 학생들을 가르치는 교사들은 이 사실을 알고 있으면서도 주어진 인센티브 제도 하에서는 이렇게 행동하는 게 최선이기 때문에 예상치 않았던 결과를 얻게 되었던 것이다. 이런 상황은 기업이나 공공부문에서도 흔히 찾아볼 수 있다.

보발레는 또한 개인별 성과지표와 집단 성과지표의 한계를 비교하면서 개인별 성과지표를 만드는 데는 적지 않은 문제가 따른다는 점을 지적했다. 무엇보다도 개인별로 업무의 경계를 구분하는 것이 용이하지 않기 때문이다. 그리고 이 경우 집단의 기여도를 배제하기 때문에 직원들 간 협동을 촉진하기 어렵다. 위계질서에 바탕을 둔 커다란 조직일수록 개인별 성과지표를 만드는 작업이 결코 쉽지 않으며 이 문제가 해결되지 않는 한 어떤 금전적 인센티브도 소기의 목적을 달성하기 어렵다. 조직 구성원들의 동의를 얻기 어렵기 때문이다. 극단적인 경우에는 구성원들의 정체성에 문제가 발생할 수 있다.

이와 관련해 경제학자 조지 애커로프와 레이첼 크랜턴Rachel Kranton은

---

12. 마야 보발레는 『인센티브와 무임승차』(2009)에서 이와 관련된 여러 사례를 보여주었는데 특히 살라미 전략이라는 용어를 사용해 사람들이 어떻게 평가지표의 취지와는 달리 행동하는지 다음과 같이 설명했다. 살라미는 이탈리아에서 생산되는 소시지의 일종이다. "살라미 전략(살라미 출하량을 늘리기 위해 편법으로 얇게 자르는 전략)은 인센티브 경영전략이 낳는 많은 부작용 가운데 하나다. …… 살라미 전략의 메커니즘은 항상 같다. 성과지표(자른 살라미의 개수, 통신회사의 회원 유지 수 등)는 올라가지만 처음에 세웠던 궁극적인 목표는 잊어버리는 것이다."(64쪽) 이것은 금전적 인센티브가 초래할 수 있는 여러 가지 부작용 중 하나다.

『아이덴티티 경제학』에서 이 문제를 심도 있게 다루었다. 이들은 다양한 사례를 통해 개인의 정체성이 경제활동의 성과에 지대한 영향을 미친다고 주장했다. 정체성을 강조하는 정체성 경제학은 행동경제학과 유사한 점이 있다. 그런데 행동경제학이 주로 인간의 비합리적인 행동을 규명하는 데 초점을 맞춘 반면 정체성 경제학은 정체성이라는 제3의 요소, 즉 사회적 범주, 규범 및 정체성 효용에 의해 파악할 수 있는 인간의 다른 측면에 초점을 맞추고 있다. 이들의 문제의식은 다음 표현에 잘 드러나 있다. "우리는, 가장 단순한 경우에 개인은 정체성, 규범, 사회적 범주가 주어질 때 자신의 효용을 극대화하는 방향으로 행동할 것이라고 가정했다. …… 그리고 개인은 어느 정도까지는 행동뿐만 아니라 정체성도 선택한다. 사회적 범주는 어느 정도 귀속적이지만, 사람들은 자신의 정체성을 놓고 선택권을 가질 때가 많다. 한 예로, 이민자들은 이민 간 나라에 동화될지 말지 결정할 수 있다."[13]

이들이 말하는 정체성 문제는 기업의 직원들에게도 그대로 적용된다. 기업에서 정체성을 유지하는 직원은 자신이 일하고 있는 기업에 대한 강한 소속감을 갖고 있다는 의미에서 인사이더라 할 수 있는 반면 그렇지 못한 직원은 아웃사이더로 분류된다. 이런 경우 한 가지 명백한 사실은 인사이더는 금전적 보상에 크게 의존하지 않는 반면 아웃사이더는 반대로 행동할 것이라는 점이다. 따라서 인사이더가 많은 기업은 직원들에게 금전적 인센티브를 제공하기 위해 많은 비용을 부담할 필요가 없다. 기업에게 어느 쪽이 더 바람직한지는 자명하다.[14] 정체성을 유지하는 직원들이 많

13. 조지 애커로프 · 레이첼 크랜턴, 『아이덴티티 경제학』(2010), 31쪽.

14. 이와 관련해 조지 애커로프 · 레이첼 크랜턴(2010)은 다음과 같이 지적했다. "만일 직원이 스스로 회사의 아웃사이더가 아닌 인사이더라고 생각한다면, 고도의 노력을 유도해 내는

은 기업이나 조직은 더 적은 비용으로도 더 좋은 성과를 올릴 수 있다. 정체성은 자발적인 동기를 유발하는 효과적인 수단으로 작용할 수 있다.

이제 집단의 문제로 돌아가 이와 관련된 문제를 살펴보기로 하자. 집단 성과지표는 상대적으로 측정이 용이하다. 그런데 이 경우에는 무임승차의 문제가 발생할 수 있다. 이와 관련해 보발레는 "이것은 대체로 이론적인 경우에 그러하며, 실제 현실에서 무임승차는 신속하게 사라진다" 고 말했다. 그러면서 그 이유로 동료 직원들의 압력이 작용하기 때문이라고 주장했다. 이것은 일반적으로 납득하기 어려운 해석이다. 왜냐하면 무임승차는 인간에게 보편적인 성향이므로 누구나 무임승차에 동조할 수 있기 때문이다. 즉, 자신의 무임승차를 위해 다른 사람들의 무임승차를 방임할 가능성을 배제할 수 없다는 의미다.

어쨌든 보발레는 성과지표와 관련해 개인 성과지표와 집단 성과지표를 적절하게 혼합하는 것이 그나마 부작용을 줄일 수 있는 방법이라고 추천했다. 그렇지만 정작 중요한 것은 이 둘을 혼합하는 최선의 방법을 찾는 것인데 이와 관련된 일반적인 원리를 발견하기 쉽지 않다. 조직의 구체적인 상황에 따라 최선의 방법이 달라질 것이기 때문이다. 그렇지만 이것은 매우 중요한 문제이므로 더 깊이 있는 연구가 필요하다.

이상에서 논의한 것 외에도 성과지표와 관련해 발생할 수 있는 다양

데 필요한 급여의 차이는 더욱 낮아질 것이다. 또 직원이 인센티브 시스템을 농락할 때 일어나는 어려움 또한 급격하게 줄어들 것이다. 그러므로 조직과 자신을 동일시하는 직원의 태도는 조직의 성공이나 실패에서 주요한 요소일 뿐만 아니라 아마 지배적인 요소일지도 모른다."(89쪽) 이와 같이 주류 경제학에서는 전혀 고려하지 않는 정체성이라는 요소가 기업, 나아가 사회 전반의 성과에 결정적인 영향을 미칠 수도 있다. 물론 이와 관련해서는 더 광범위한 연구가 필요하다. 그럼에도 이런 주장이 설득력이 있는 이유는 우리나라와 같이 배타적인 사회에서는 조직의 정체성이 성과에 중요하다는 점을 쉽게 확인할 수 있기 때문이다. 정체성과 신뢰, 정체성과 협동 등의 주제를 좀 더 깊이 생각해 볼 필요가 있다.

한 문제들이 존재한다. 예컨대 개인 성과지표의 단점을 보완하기 위해 고안된 것이 상대적 성과지표를 활용하는 것이다. 그런데 기대와는 달리 이 제도에도 치명적인 약점이 있음이 드러났다. 자신이 최선을 다하는 것보다 다른 직원들의 작업을 방해하는 편이 더 수월하기 때문이다. 특히 토너먼트와 같은 경쟁시스템은 협업을 줄이는 것으로 입증되었다.[15] 기업과 같이 위계질서를 가진 조직에서는 토너먼트 방식으로 내부 경쟁을 하는 것이 일반적이므로 이것은 결코 사소한 문제가 아니다. 이와 같이 어떤 경우든 개인적 성과지표에 입각해 인센티브를 제공하는 데는 근본적으로 문제가 있다.[16]

2. 인센티브의 종류와 상호작용

우리는 일상생활에서 다양한 인센티브를 접하며 살아간다. 시장경제의 발달 정도에 따라 차이가 있지만 시장경제 자체가 하나의 거대한 인센

15. 이 문제와 관련해 마야 보발레(2009)는 다음과 같이 말했다. "경쟁이 낳은 가장 큰 문제는 작업에서 상부상조하는 부분을 무시하는 것일 뿐만 아니라 협업을 처벌한다는 점이다. …… 저명한 노동경제학자이자 인사경제학을 창시한 에드워드 레이지어(Edward Lazear)는 이미 20년 전에 상대적 지표를 바탕으로 한 개인 인센티브 제도의 도입은 협업을 감소시키는 효과를 낳는다는 것을 이론적으로 증명했다."(107쪽)

16. 이와 같이 성과지표를 만들어 이를 근거로 보상을 제공하는 방식에는 많은 함정이 있다. 따라서 인센티브 제도의 의의를 제대로 이해하지 못하는 가운데 졸속으로 적용하면 이런 함정에 빠져 오히려 조직이 추구하는 성과를 달성하는 데 부정적인 영향을 줄 수 있다. 그렇기 때문에 마야 보발레는 성과지표에 너무 의존하지 말고, 대신 현장을 중시하고 동료들과 대화를 나누는 것이 중요하다고 충고한 것이다. 그녀는 이런 전통적인 방식이 성과지표를 활용하는 것보다 오히려 조직의 효율을 높이는 데 기여할 것으로 보았다. 그렇지만 그녀가 추천한 방식이 일정 부분 성과평가의 한계를 극복하는 데 도움을 줄 수는 있지만 근본적인 해결책은 아니다. 여기서 우리가 얻을 수 있는 교훈은 성과지표가 불완전할수록 부작용이 더 클 것이라는 사실이다.

티브 시스템으로 작동한다고 해도 과언이 아니다. 가격이라는 파라미터는 개별 주체가 자신에게 가장 유리한 방향으로 행동하도록 인센티브를 제공한다. 시장에서 가격의 움직임과 무관하게 행동하는 사람은 손해를 보게 되어 있다. 그런데 시장경제에는 이런 의미의 포괄적인 인센티브만 존재하는 것이 아니다. 인센티브가 영향을 미치는 범위라든가, 인센티브가 제공하는 이익이 실현되는 시점이라든가, 또는 인센티브의 금전적·비금전적 특징 등에 따라 다양한 인센티브가 존재한다. 그리고 때로는 인센티브들 간에 충돌이 일어나 기대했던 결과를 달성하지 못하는 경우도 있는 반면, 상이한 인센티브들이 보완적으로 작용해 기대 이상의 결과를 달성하는 경우도 있다.

개별 조직의 차원에서 좋은 성과를 얻기 위해서 인센티브가 필요한 것은 사실이지만 이로 인해 경제 전반에 오히려 나쁜 영향을 미칠 수 있다. 즉, 부분에는 바람직한 인센티브가 전체에는 오히려 역효과를 낼 수 있다. 부분의 합이 전체가 아닌 것이다. 이런 대표적인 사례로 금융기관의 임직원에 대한 인센티브를 들 수 있다. 조지프 스티글리츠, 로버트 쉴러, 그리고 누리엘 루비니Nouriel Roubini를 비롯한 많은 전문가들이 2008년 금융위기를 초래한 주요 원인으로 금융기관들이 제공한 단기 금전적 인센티브를 지적했다.[17] 개별 금융기관 차원에서 경쟁적으로 이런 인센티브를 제공했는데 결과적으로 금융위기를 촉발하는 원인이 되었던 것이

17. 조지프 스티글리츠는 *Rewriting the Rules of the American economy*(2016)에서, 누리엘 루비니는 『위기의 경제학』(2009)에서, 로버트 쉴러는 『버블경제학』(2009)에서 금융기관들이 단기 실적에 입각해 금전적 인센티브를 제공하는 관행이 다른 요인들과 겹치면서 금융위기를 초래하는 데 결정적인 영향을 미쳤다고 지적했다. 많은 전문가들이 이들의 견해에 동의했다. 이것은 부분에서는 효과적인 인센티브 제도가 전체적으로는 오히려 부작용을 초래할 수 있음을 보여주는 대표적인 사례라 할 수 있다.

다. 이와 같이 개별 인센티브가 부분적 관점과 전체적 관점에서 서로 상충되는 효과를 초래하는 경우가 종종 발생할 수 있다. 이런 부작용을 줄이기 위해서는 인센티브에는 어떤 종류가 있으며, 서로 어떻게 관련되어 있는지 살펴볼 필요가 있다. 다양한 인센티브들 간의 충돌을 피하는 것은 시장경제 전체를 위해 반드시 필요하다.

1) 소극적 인센티브와 적극적 인센티브

앞에서 언급했듯이 인센티브는 시장 메커니즘과 같이 소극적인 차원에서 모든 사람들에게 동일하게 주어져 있는가 아니면 누군가 의도를 갖고 적극적으로 설계하는가에 따라 구분할 수 있다.[18] 시장 자체가 인센티브를 제공한다는 의미에서 시장경제는 어떤 경제시스템보다 인간의 본성에 적합한 시스템이라 할 수 있다. 자신이 노력한 것에 상응하는 보상을 바라는 것은 인간의 본성이기 때문이다. 그렇지만 시장이 어떤 경우에나 인센티브를 제공하는 것은 아니다. 가격이 신축적으로 움직이고 개별 주체는 이에 맞춰 스스로 최선의 선택을 할 수 있는 경우에만 그러하다. 시장이라고 무조건 인센티브를 제공하는 것은 아니다.

보통 인센티브라 할 때는 적극적 인센티브를 지칭한다. 누군가 특별한 목적을 달성하려는 경우 다른 사람들이 자신이 의도한 대로 행동하도

---

18. 존 맥밀런(2002)은 시장에 일정 부분 설계된 요소가 내재되어 있음을 강조하면서 "시장 설계란 거래 방법, 다시 말해서 모든 거래가 원활하게 이루어질 수 있도록 해주는 장치다"(21쪽)라고 말했다. 이 말에는 자생적인 질서로 불리는 시장이라도 일정 부분 설계된 요소가 있는 경우에만 원활하게 작동한다는 의미가 담겨 있다. 그리고 여기에는 인센티브와 관련해 무시하기 어려운 메시지가 담겨 있다. 시장 설계를 주도하는 세력이 어떤 의도를 갖고 설계하는가에 따라 사람들의 인센티브에 영향을 줄 수 있기 때문이다. 이런 의미에서 시장 자체에도 의도를 갖고 설계된 부분이 존재한다.

록 유도하려면 인센티브가 필요한 경우가 종종 있다. 앞에서 언급했듯이 조직의 구성원이 정체성을 상실한 경우에는 더욱 그렇다. 그렇다고 인센티브가 항상 소기의 목적을 달성하는 것은 아니다. 오히려 역효과를 초래하거나 의도와는 전혀 다른 방향으로 작용할 수도 있다. 예를 들면 학생들이 책을 읽는 습관을 갖도록 돕기 위해 책 한 권을 읽을 때마다 돈을 준다거나 성적이 좋아지면 돈으로 보상하는 경우를 생각할 수 있다. 이런 경우 대부분 의도했던 것과는 전혀 다른 결과를 얻게 된다.[19]

사람들은 날씨가 추워지면 자연스럽게 두툼한 옷으로 갈아입고 날씨가 더워지면 얇은 옷을 입는다. 여름에는 승용차를 가급적 지하에 주차하려 하고 가을에는 지상에 주차하는 것을 선호한다. 이같이 기후조건에 순응해서 행동하는 것은 자연스럽다. 특별히 무언가를 의식하고 하는 행동이 아니기 때문이다. 이와 같이 주어진 제도 자체로 인해 사람들이 자연스럽게 자신에게 최선의 행동을 선택하도록 유도하는 인센티브가 가장 바람직할 것이다. 이런 경우는 도덕경道德經에서 말한 무위無爲의 인센티브에 해당한다고 할 수 있다. 시장경제가 이런 역할을 할 수 있다면 가장 바람직하다. 그러나 이것은 오로지 이상적인 시장, 즉 완전하고 완비된 시장perfect and complete market이 존재하는 경우에만 가능한 일이다.[20]

그런데 현실의 시장은 불완전하고 불완비되어 있으며 정보 면에서 비대칭적인 경우가 일반적이기 때문에 적극적으로 인센티브를 설계해야 하는 상황이 발생하게 된다. 이것은 영리조직인 기업뿐만 아니라 비영리조

---

19. 이런 부작용에 관해서는 마이클 샌델(2012), 2장을 참조하라. 이에 따른 문제점을 비교적 상세히 설명했다.

20. 완전하고 완비된 시장이란 첫째, 시장이 완전경쟁적이고, 둘째, 사람들이 필요로 하는 모든 것을 거래할 수 있는 시장을 말한다. 완비된 시장 개념은 특히 불확실성이 지배하는 상황에서 중요한 의미를 갖는다.

직, 나아가 정부조직을 포함한 거의 모든 조직에서 불가피한 현상이다. 심지어 가정에서도 인센티브가 필요한 경우가 있다.[21] 이 모든 경우에서 가장 중요한 것은 원래 의도했던 대로 인센티브가 효과를 발휘할 수 있는지 점검하는 일이다.

2) 단기 인센티브와 장기 인센티브

인센티브는 단기적인 성과를 전제로 설계할 수도 있고 장기적인 성과를 염두에 두고 설계할 수도 있다. 앞에서 언급했던 것처럼 투자은행을 비롯한 금융회사들이 단기 실적 위주로 금전적 인센티브를 제공하는 것은 여러 가지 부작용을 초래할 수 있다. 그렇다고 장기적 인센티브를 제공하는 데 문제가 없는 것은 아니다. 우선 장기의 기준이 모호하다. 따라서 사람들이 언제, 어떤 방식으로 행동하는 것이 최선인지 결정하기 쉽지 않다. 그러면 사람들은 더 이상 집중하지 못하고 종전과 별반 다르지 않게 행동할 개연성이 높다.

이런 문제점에도 불구하고 오로지 단기적인 관점에서 인센티브를 제공하는 것은 득보다 실이 많은 경우가 종종 있다. 기업의 경우 이는 주주가치 극대화라는 영미식 기업 경영 방식과 밀접하게 연관되어 있다. 이 문제와 관련해 조지프 스티글리츠는 다음과 같이 지적했다. "주주혁명은 경제 전반에 상당한 변화를 초래했다. 주주가치 극대화를 새롭게 강조한 것은 월가와 기업 이사회에서 단기주의를 지향하게 된 핵심적인 조치였

21. 흥미로운 인센티브 사례들을 많이 연구한 시카고대학의 스티븐 레빗은 『괴짜처럼 생각하라』(2014), 6장에서 세 살짜리 딸의 배변 훈련을 시키는 데 인센티브가 얼마나 강력한 작용을 했는지, 그리고 어린 딸이 어떻게 인센티브를 왜곡시켰는지에 관해 재미있는 사례를 보여주었다. 그는 간단한 문제를 해결하기 위해 인센티브를 적용하는 데도 신중해야 한다는 점을 강조하려 했다.

다. 그리고 이것은 기업의 성과와 경제의 생산성에 엄청난 영향을 미쳤다."[22] 간단히 말해 주주가치 극대화를 추구하는 주주혁명으로 인해 미국 기업들은 장기투자를 소홀히 하게 되었으며 이것은 향후 미국 경제의 경쟁력을 크게 약화시킬 것이라는 것이다. 이것은 단기 인센티브와 장기 인센티브 간의 상충관계를 보여주는 대표적인 사례에 해당된다.

한편 클린턴 행정부에서 노동부장관을 역임했던 로버트 라이시도 스티글리츠와 같은 주장을 펼쳤다. 그는 단기 성과 위주의 기업 경영으로 인해 장기적으로는 기업의 경쟁력과 성장 동력이 고갈될 수 있음에도 불구하고 주주가치 극대화라는 근거 없는 목표로 인해 전문경영자에게 상상하기 어려운 보수가 지급되어 왔다고 주장했다. 그러면서 이것은 자유시장의 규칙을 남용한 결과라고 지적했다.[23]

그런데 정작 심각한 문제는 이런 관행이 주주, 전문경영자 및 임직원들의 뇌리에 깊이 각인되어 있는 가운데 기업문화의 핵심을 이루고 있다는 사실에 있다. 문화가 갖고 있는 특성을 감안할 때 단기적인 관점에서

---

22. 조지프 스티글리츠(2016), 50쪽. 그리고 이어서 다음과 같이 지적했다. "단기적으로 주주가치를 증가시킨다는 것은 장기적으로 주주의 이익을 위해 봉사한다는 것과 다르다. 실증연구에 따르면 주가는 5년이 넘는 정보를 반영하는 데 문제가 있다는 것이 입증되었다. 따라서 현재의 주가를 근거로 임직원을 보상해 주는 것은 장기적인 문제에 관심을 가질 인센티브를 거의 제공하지 못한다."(55쪽)

23. 로버트 라이시(2015)는 주주가치 극대화에 근거한 단기적 인센티브의 부작용을 보여주는 것으로 다음과 같은 사례를 언급했다. "2003년부터 2012년까지 S&P 500대 기업은 순수입의 대부분을 주식 환매에 투입해 주가를 끌어올리고 자연스럽게 CEO의 급여를 인상했다. 예를 들어 IBM은 한때 직원에게 종신 고용을 보장하고 미래 기술에 장기적으로 투자하는 정책을 펼치는 것으로 자부심을 느꼈다. 하지만 1990년대에는 우선순위를 바꾸어 직원을 해고하고, 연구비를 삭감하고, 거액의 채무를 끌어들이고, 돈을 투입해 자사 주식을 환매했다."(143쪽) 이것은 단기주의의 병폐를 단적으로 보여주는 사례라 할 수 있다. IBM 수준의 기업이 이 정도라면 나머지 기업은 불문가지(不問可知)다.

장기적인 관점으로 변경하는 것은 쉬운 일이 아니다. 그렇기 때문에 이 문제는 정부 차원에서 적절한 법과 제도를 통해 기업을 포함한 모든 주체들이 장기적인 관점에서 인센티브를 설계하도록 인센티브를 제공할 필요가 있다. 예를 들면 교육과 관련된 고질적인 문제들을 해결하려면 단기적 인센티브보다는 장기적 인센티브가 바람직하다. 교육은 미래에 대한 투자이기 때문이다. 연구개발 투자도 마찬가지다. 과학기술의 경우에도 단기적인 성과를 전제로 인센티브를 제공하기보다는 장기적인 성과를 목표로 인센티브를 제공하는 것이 바람직하다. 예컨대 한국에서 노벨상 프로젝트를 성공적으로 추진하기 위해서는 과학자들이 자유롭게 연구하도록 장기적인 관점에서 인센티브를 제공해야 할 것이다. 이런 것들이 시장경제를 위해 정부가 해야 할 일이다.

3) 금전적 인센티브와 비금전적 인센티브

시장경제에서 기업의 위상이 높아짐에 따라 금전적 인센티브의 영향력도 지속적으로 증가해 왔다. 기업만이 아니라 교육기관을 비롯한 비영리조직, 그리고 정부에서도 금전적 인센티브 제도를 도입하기에 이르렀다. 심지어 이런 경향은 종교조직에까지 파급되었다. 교육기관과 종교기관의 운영 원리가 금전적 인센티브에 의해 좌우되는 것은 심히 우려할 일이다. 이런 분야에서는 다른 방식의 인센티브를 설계하는 것이 바람직하다. 이런 이유로 사람들은 점점 금전적 보상에 더 많은 의미를 부여하게 되었으며 결과적으로 인센티브라면 당연히 금전적인 것을 생각하게 되었다. 시장경제에서 개별 주체들은 모두 직간접적으로 연결되어 있기 때문에 한 조직이 금전적 인센티브 제도를 도입하는 경우 다른 조직들은 이를 외면하기 어렵다. 이 경우 인센티브 제도의 효과 여부와는 무관하게 경쟁적으로 서로 모방하게 된다.

금전적 인센티브는 여러 가지 형태로 제공되어 왔다. 우리에게 익숙한 보너스, 연봉제, 스톡옵션, 초과 이익 공유, 집단성과 공유 등은 모두 금전적 인센티브 제도에 해당한다. 나아가 조직에 특별한 기여를 하는 경우 진급에 우선권을 주는 것도 본질적으로 금전적 인센티브에 해당한다. 이런 의미에서 자기 자신의 내재적인 동기에 의해서가 아니라 외부에서 주어지는 당근과 채찍에 반응하는 경우는 모두 금전적 인센티브에 해당한다고 할 수 있다.

비금전적 인센티브는 여러 가지 비금전적인 가치에 기반을 둔 인센티브를 의미한다. 여기에는 사회적 · 도덕적 · 규범적 가치 등 다양한 요인들이 관련된다. 경제학에서는 이런 가치들을 고려하지 않고 오직 금전적 가치만을 중심으로 인센티브 문제를 검토해 왔으며 이로 인해 예상하지 못했던 여러 가지 부작용이 발생해 왔다. 이 가운데 대표적인 것이 금전적 인센티브가 자발적인 동기를 구축할 수 있다는 것이다. 이 문제와 관련해서는 이미 많은 사례가 보고되었으므로 더 이상 무시할 수 없는 상황이다.

시장가치에 입각한 시장규범만을 강조해도 되는 상황에서는 금전적 인센티브가 가장 효과적인 수단일 것이다. 그러나 사회공동체가 유지되기 위해서는 일정한 도덕적 가치와 이에 기반을 둔 사회규범이 반드시 필요하다. 그런데 금전적 인센티브는 사회규범을 무시하도록 유혹하거나 아니면 스스로 최선을 다하고자 하는 내재적 동기에 부정적인 영향을 미칠 수 있다. 경제학에서는 이런 측면을 의도적으로 무시해 왔지만 심리학을 비롯해 다른 분야에서의 연구 결과는 이를 전면적으로 반박해 왔다. 예컨대 정치철학자 마이클 샌델은 이 문제와 관련해 다음과 같이 지적했다. "전통적으로 비시장규범이 지배하던 삶의 영역으로 시장이 확대되면서, 시장이 교환되는 재화를 건드리거나 훼손하지 않는다는 개념은 점점 타당성을 잃고 있다. 더욱 많은 연구가 진행되면서 금전적 인센티브와 기타 시장 메커니즘이 비시장규범을 밀어냄으로써 역효과를 낼 수 있다는 상식을 뒷받침하고 있다."[24] 이것은 금전적 인센티브가 사람들이 지켜야 하는 사회규범이나 도덕적 가치에 악영향을 미칠 수 있다는 점을 경고한 것이다. 이런 사례가 적지 않다는 사실을 감안할 때 경제학자들은 더 이상 이런 문제를 외면해서는 안 될 것이다.

4) 미시적 인센티브와 거시적 인센티브

인센티브는 대부분 개별 조직 차원에서 설계된다. 우리에게 친숙한 연봉제나 스톡옵션은 미시적 인센티브에 해당된다. 오늘날 기업을 중심으로 거의 모든 조직에서 실시되고 있는 금전적 인센티브는 구체적인 내용에서는 차이가 있지만 모두 미시적 인센티브에 해당한다. 영향력이 미치는 범위가 조직 내에 한정되기 때문이다. 이런 인센티브 제도와 관련해서는 적어도 두 가지 문제를 거론할 수 있다. 첫째는 이런 인센티브가 과연 효과가 있는가 하는 것이고, 다른 하나는 개별 조직 차원에서는 효과가 있더라도 사회 전반의 차원에서는 그렇지 않을 수도 있다는 점이다.

이 두 가지는 모두 간단히 대답할 수 있는 문제가 아니다. 첫째 문제와 관련해서는 우선 성과급과 같은 인센티브 제도가 효과가 있는지 여부를 판단하려면 이 제도가 실시되기 이전의 성과와 비교해야 한다. 그러나

24. 마이클 샌델(2012), 160쪽.

여기에는 통제 불가능한 변수들이 여럿 관련되어 있기 때문에 사실상 비교하기가 쉽지 않다. 실제로 같은 조직에서 성과급 제도를 실시하기 이전과 이후의 실적을 체계적으로 비교한 연구는 거의 찾아보기 어렵다. 또한 이 문제는 사회에 따라 기업문화가 다르기 때문에 일반적인 결론을 내리기도 쉽지 않다.[25]

미시적 차원에서 인센티브 제도를 실시하는 경우 근본적인 문제는 앞에서도 언급했듯이 성과지표의 공정성과 객관성을 확보하는 데 따른 어려움이다. 금전적 동기에 호소하는 인센티브를 설계하는 경우 무엇보다도 중요한 것은 공정한 성과지표를 만드는 작업이다. 개인적 차원이든 집단적 차원이든, 그리고 절대적 기준이든 상대적 기준이든 계량화할 수 있는 성과지표가 있어야만 이에 의거해 금전적 보상에 차등을 둘 수 있기 때문이다. 그런데 이런 성과지표를 집행하는 과정에서 발생할 수 있는 공정성 문제는 차치하고라도 성과지표 자체로 인해 예기치 않았던 여러 가지 부작용이 발생할 수 있다. 이런 이유로 미시적 인센티브 제도를 설계하고 실행하는 데는 적지 않은 문제가 따른다.

한편 거시적 인센티브란 사회 전반에서 누구에게나 적용될 수 있는 인센티브를 말한다. 이런 의미에서 이것은 문화 및 사회규범과 밀접하게 연관되어 있다. 예를 들어 거짓말을 하는 것을 그다지 큰 문제로 간주하지 않는 사회에서 사람들은 진실을 말하려는 인센티브를 갖기 어렵다. 부정한 방법으로 돈을 버는 행위에 대해 별다른 죄의식을 못 느끼는 사회에

25. 이런 문제는 특히 일본이나 한국과 같이 연공서열제가 일반적이었던 사회에서 더욱 두드러진다. 일본의 경우 미국식 성과급 제도가 오히려 부작용이 많아 중단했던 사례도 많이 보고되었다. 이와 관련된 상세한 내용은 조 시게유키의 『후지쯔 성과주의 리포트』(2004)나 다카하시 노부오의 『성과주의의 허상』(2007)을 참조하라.

서는 정직하게 돈을 벌려는 인센티브가 약해질 수밖에 없다. 사람들 간 신뢰가 낮은 사회에서는 그렇지 않은 사회에 비해 배신을 할 인센티브가 더 클 것으로 예상할 수 있다. 교통법규를 잘 지키지 않은 풍토에서는 누구나 개인적인 편의 때문에 교통법규를 어기려는 유혹을 떨치기 어려울 것이다. 우리 주변에서 이런 사례를 상당히 많이 발견할 수 있다. 그리고 미시적 차원의 인센티브는 대체로 금전적인 측면에 비중을 두지만 거시적 차원의 인센티브는 비금전적 측면에 비중을 두고 있다는 차이점을 유념할 필요가 있다. 이것은 미시적 인센티브와는 달리 거시적 인센티브는 사회에 따라 상당히 다른 형태를 가질 수 있다는 것을 의미한다.

인센티브와 관련해 중요한 또 다른 사항은 인센티브를 설계하고 시행하는 데는 실질적으로 비용이 발생한다는 것이다. 특히 미시적 인센티브 제도를 설계하고 시행하는 과정에서 불가피하게 비용이 발생하는데, 이것을 특별히 인센티브 비용incentive cost이라고 부른다. 그런데 거시적 인센티브는 특별히 누군가가 설계해야 하는 것이 아니라 사회규범과 관습에 의해 오랜 기간에 걸쳐 자생적으로 만들어진 인센티브라는 특성을 갖고 있다. 이런 점에서 거시적 인센티브를 제공하는 데는 별도의 인센티브 비용이 발생하지 않는다. 이런 의미에서 적절한 거시적 인센티브를 제공하는 문화와 사회규범을 형성하는 것은 국가적 차원에서 상당히 중요하다.

5) 공식적 인센티브와 비공식적 인센티브

공식적 인센티브란 기업에서 제공하는 연봉제라든가 스톡옵션과 같이 일정한 성과를 올리는 경우 예상되는 보상과 처벌이 사전에 구체적으로 명시되어 있는 경우를 지칭한다. 흔히 말하는 당근과 채찍은 공식적 인센티브의 형태로 제공되는 경우가 일반적이다. 반면 비공식적 인센티브란 사회규범이나 선택 설계자choice architect가 제공하는 선택 설계와 같이 드러나지 않는 가운데 사람들의 행동에 변화를 유발할 수 있는 것들을 말한다.[26]

공식적 인센티브는 대체로 주류 경제학의 도구적 합리성에 기초한 금전적 인센티브의 성격을 갖는다. 자신에게 유·불리 여부를 계산한 후에 행동을 선택하도록 유도한다는 의미에서 그러하다. 그렇기 때문에 이런 인센티브는 상당히 엄격한 기준을 충족하도록 설계되어야만 효과를 발휘할 수 있다. 반면 비공식적 인센티브는 행동경제학에서 주장하듯이 사람들은 어림법heuristics에 따라 행동하는 경향이 있기 때문에 여러 가지 편향을 보인다는 점을 감안해서 제공된다. 따라서 이런 인센티브는 사람들이 합리적으로 행동하지 않는 경우에도 효과를 얻을 수 있다는 장점이 있다. 사람은 때로는 합리적으로, 때로는 비합리적으로 행동하므로 이 두 가지 타입의 인센티브는 상호 보완적인 효과를 낼 수 있다.

여기서 특히 주목할 점은 사회규범이 비공식적인 인센티브로 작용할 수 있다는 사실이다. 사회규범은 오랜 세월을 거치면서 형성되었기 때문

---

26. 리처드 탈러·캐스 선스타인(2008)에 의하면 선택 설계자는 "사람들이 결정을 내리는 배경이 되는 정황이나 맥락을 만드는 사람"이다. 이들은 사람들의 행동에 변화를 유발할 수 있는 다양한 선택 설계를 하는데, 이것을 넛지(nudge)라고 불렀다. 넛지는 문자 그대로 '옆구리 쿡 찌르기'에 해당한다. 즉, 사람들이 의식하지 않는 가운데 바람직한 행동을 하도록 유도하는 일체의 작은 변화를 지칭한다. 이런 의미에서 선택 설계자가 제공하는 다양한 넛지는 비공식적인 인센티브의 일종이라 할 수 있다. 이들은 넛지의 성격에 대해 다음과 같이 말했다. "넛지는 설계자가 취하는 하나의 방식으로, 사람들에게 어떤 선택을 금지하거나 그들의 경제적 인센티브를 크게 변화시키지 않고 예상 가능한 방향으로 그들의 행동을 변화시키는 것이다. 넛지 형태의 간섭은 쉽게 피할 수 있는 동시에 그렇게 하는 데 비용도 적게 들어야 한다. 넛지는 명령이나 지시가 아니다. 과일을 눈에 잘 띄는 위치에 놓는 것은 넛지다. 그러나 정크 후드를 금지하는 것은 넛지가 아니다."(21쪽)

에 사회 구성원들이 보편적으로 수용한 행동규칙이라 할 수 있다. 사회규범을 따르는 사람은 주변으로부터 신뢰할 수 있는 사람이라는 긍정적인 평가를 받는 반면 따르지 않는 사람은 부정적인 평가를 받게 된다. 이런 의미에서 사회규범은 당근과 채찍의 역할을 할 수 있다. 이와 관련해 요차이 벤클러는 『펭귄과 리바이어던』에서 다음과 같이 강조했다. "규범은 단순히 사람들의 행동을 조정하는 역할 이상을 할 수 있다. 또한 사람들이 남들에게 호의적으로 행동하도록 만드는 역할도 한다. …… 일상생활에서 사람들이 지키는 규범과 사회적 관행은 법률이나 경험의 법칙, 의심 없이 받아들여지는 습관이나 사회적으로 통용되는 관습과도 같다."[27] 그렇기 때문에 건전한 사회규범이 형성되어 있으면 별도의 인센티브 비용 없이 사회 구성원들이 적절한 행동을 하도록 유도할 수 있다. 즉, 건전한 사회규범과 적절한 선택 설계만으로도 사람들이 긍정적으로 행동할 인센티브를 제공할 수 있다. 선진국일수록 이 두 가지가 비공식적인 인센티브로서 제 역할을 하고 있다고 평가할 수 있다.

이상에서 논의한 것과 같이 인센티브는 다양한 범주로 구분될 수 있다. 모든 범주화가 그러하듯이, 이와 같이 인센티브를 세분한다고 해서 인센티브와 관련된 모든 문제들을 파악할 수 있는 것은 아니다. 인센티브는 다양한 수준에서 작동하며 조직의 목적에 따라 다른 방식으로 설계되어야 한다. 시장경제가 제대로 작동하기 위해서는 다양한 종류의 인센티브가 제공되어야 하는데, 이때 유념할 것은 인센티브들 간에 충돌이 일어나지 않도록 해야 한다는 점이다. 어떤 인센티브는 미시적 차원에서는 효

27. 요차이 벤클러(2011), 140쪽.

과가 있지만 거시적 차원에서는 오히려 반대 인센티브anti-incentive로 작용할 수도 있다. 이것은 2008년 금융위기를 통해 분명하게 드러났다.

또한 인센티브를 정교하게 설계하지 않으면 원래 의도했던 것과는 전혀 다른 결과를 초래하는 사례도 적지 않다.[28] 예를 들어 신용시장에서 무슨 일이 벌어지는지 생각해 보자. 신용시장에서 공정한 거래로 명성을 쌓아야 한다는 인센티브를 가진 사람들은 부유한 의뢰인을 상대하는 모기지 중개인이다. 반면 가난한 사람들을 상대하는 중개인들은 의뢰인의 이익보다는 부당한 방법을 이용해서라도 돈을 더 벌려는 인센티브를 갖고 있다. 이런 어설픈 인센티브 제도가 서브프라임 사태를 초래한 주요 원인들 중 하나라는 사실은 중요한 의미가 있다. 인센티브 시스템을 효과적으로 설계하는 것은 시장경제의 존립과도 관련된 중차대한 문제다.[29]

그리고 산업에 따라서는 당사자들 간의 이해관계가 첨예하게 대립하고 있기 때문에 당사자들 모두가 만족할 수 있는 인센티브를 설계하는 것 자체가 쉽지 않은 경우도 있다. 예컨대 미국의 의료산업의 경우가 이에 해당한다. 왜냐하면 의사, 환자, 보험회사, 의료장비 제조업체, 제약회사, 그리고 변호사 등과 같이 다양한 계층의 이해관계가 걸려 있는 의료산업에서는 이들 모두를 만족시키는 인센티브를 설계한다는 것이 사실상 불

28. 이와 관련해서 가장 황당한 사건은 인도에서 벌어진 쥐 소동이다. 인도 정부가 쥐 가죽을 가져오는 사람에게 포상금을 지급하기로 하자 민간 기업들이 쥐를 사육하기 시작했던 것이다. 인센티브를 설계할 때는 원래 의도했던 것과는 전혀 다른 현상이 발생할 수 있다는 사실을 늘 염두에 두어야 한다. 이와 관련된 상세한 내용은 이언 에어즈(2010), 2장을 참조하라.

29. 이와 관련해서는 리처드 탈러 · 캐스 선스타인(2008), 8장을 참조하라. 여기서 탈러는 선택 설계의 아이디어만 잘 활용해도 신용시장에서 발생하는 이런 현상을 막을 수 있다고 말했다.

가능하다.[30] 한 집단에 긍정적인 효과가 있는 인센티브 제도가 다른 집단에는 불리하게 작용할 수 있는 것이다. 이와 같이 시장경제 전반을 포괄하는 가운데 서로 상충되지 않을 뿐만 아니라 시너지 효과를 발휘하는 인센티브 시스템을 설계하는 것은 실로 중요한 작업이다. 그렇기 때문에 인센티브를 설계하는 경우에는 경제적, 문화적, 그리고 사회적 측면을 감안해 총체적인 입장에서 접근할 필요가 있다.

3. 내재적 동기와 외재적 동기 간의 상충관계

경제학에서 논의되는 인센티브는 금전적 보상을 제공함으로써 최선을 다하도록 동기를 부여하는 방식으로 외재적 동기부여extrinsic motivation에 해당한다. 이와 관련해 보발레는 다음과 같이 통렬하게 지적했다. “이 메커니즘(금전적 인센티브)은 30년 만에 일반화되어 기업 내에서뿐만 아니라 노동세계와 공공정책에 있어서까지 인간관계를 변화시켰다. ‘명예의 논리’를 중시하던 세상은 지표와 인센티브에 열광하는 세상으로 바뀌었다.”[31] 이것은 현재 시행되고 있는 각종 인센티브 제도에 대한 냉소적인 표현이다.

그런데 심리학자들은 다양한 실험을 통해 인간은 외재적 동기보다는

30. 리처드 탈러 · 캐스 선스타인(2008)도 이런 상충관계와 관련해 다음과 같이 지적했다. “인센티브의 충돌은 많은 시장에서(그리고 선택 설계 시스템에서) 수없이 목격할 수 있다. 그중 가장 악명 높은 것은 미국의 의료시스템일 것이다. …… 그들(의사, 환자, 보험회사, 의료장비 제조업체, 제약회사, 변호사 등)은 각자의 역할에 따라 서로 다른 인센티브를 갖고 있으므로 그 결과는 환자에게나 의사에게 이상적이지 않을 것이다.”(161쪽) 이와 같이 인센티브들 간의 충돌은 종종 발견할 수 있는 현상이다.

31. 마야 보발레(2009), 17쪽.

내재적 동기에 더 의존하는 경우가 의외로 많다는 사실을 보여주었다. 이른바 내재적 동기부여intrinsic motivation 이론이다. 내재적 동기로는 시민정신, 자원봉사, 협력, 자아실현과 같이 자신의 가치를 높이고자 하는 자연스러운 열망을 들 수 있다. 인간은 단지 경제적 이익만을 추구하는 냉혹하고 탐욕스러운 존재가 아니라는 사실을 고려한다면 이것은 당연한 지적이다. 그렇지만 주류 경제학은 도구적 합리성과 이기심에 집착한 나머지 오랫동안 이 명백한 사실을 무시해 왔다.

사람들이 내재적 동기에 더 적극적으로 반응한다는 사실을 보여준 대표적인 사례로 자주 인용되는 것은 스위스 정부가 방사능 폐기물 처리장의 선정을 둘러싸고 시도한 정책이다. 이와 관련해 보발레는 "1993년 스위스 정부는 방사능 폐기물 매립지 두 곳을 건설하기로 했다. 그런데 보상금을 언급하지 않았을 때는 계획에 찬성한 응답자가 50.8%였던 데 반해 정부 보상이 있다고 하자 찬성자의 비율은 24.6%로 줄어들었다. 시민정신이 와르르 무너진 것이다" 라고 지적했다.[32]

이 사례는 워낙 유명하기 때문에 여러 사람들에 의해 자주 인용되었다. 그런데 혹자는 이런 사례는 지극히 예외적이라고 항변할지 모르겠으나 사람들이 내재적 동기에 반응하는 사례가 결코 예외적이지 않다는 것

32. 마야 보발레(2009), 37쪽. 이런 문제를 집중적으로 연구한 학자로는 취리히대학의 경제학 교수인 부르노 프레이(Bruno Frey)를 들 수 있다. 그는 사람의 행동을 부추기는 동기에는 내재적 동기와 외재적 동기가 있다고 보았다. 경제학자들은 이전에는 이 두 가지 동기가 상호 보완적일 수 있다고 생각했는데 프레이는 정반대로 생각했다. 좋아하는 일을 하는 경우에는 돈은 얼마를 받아도 좋다는 것이다. 물론 대니얼 핑크도 지적했지만 이런 경우에도 최소한의 기준이 필요한 것은 부인하기 어렵다. 어쨌든 스위스 핵폐기물 매립지 문제에 대해 프레이는 단호하게 경제적 인센티브가 의욕을 꺾는다고 말했다. 시민정신에 입각해 매립지를 수용하겠다는 내재적 동기를 감소시켰다는 것이다. 자신들의 순수한 동기가 금전적 보상으로 인해 훼손되었다고 생각했던 것이다.

은 분명하다. 실제 관찰된 결과가 이론이 예측하는 바와 다른 경우에는 이론을 수정하는 것이 과학적인 태도다. 이것을 부정한다면 비과학적인 태도를 과학적이라고 항변하는 것이나 다름없다. 과학정신의 기본은 반증 가능성falsifiability에 대해 열려 있는 태도를 취하는 것이다. 블랙 스완black swan은 무시한다고 존재하지 않는 것이 아니다.[33]

이 외에 영국과 미국의 헌혈체계를 비교 연구한 결과에 의하면 혈액 매매에 의존하는 미국의 사례보다 시민들의 자발적인 헌혈에 의존한 영국의 사례가 훨씬 더 효율적이었다.[34] 이런 사례들 가운데 가장 체계적으로 연구된 것으로는 이스라엘의 어린이집을 대상으로 한 실험을 들 수 있다. 이 실험에 의하면 자신의 아이를 탁아소에 맡긴 부모가 아이를 찾으러 오는 시각을 못 맞추어 종종 늦는 경우가 있었다. 그런데 늦게 오는 부모에게 벌금을 부과하기 시작하자 늦는 부모의 비율이 오히려 더 늘어났던 것이다. 늦는 경우에 가졌던 미안한 마음을 돈으로 보상할 수 있다는 생각에서 이런 일이 벌어진 것이다. 이와 관련해 마이클 샌델은 다음과 같이 지적했다. "어린이집 이야기는 비시장규범이 지배했던 삶의 영역으로 시장이 팽창함에 따라, 일반적인 가격효과가 유지되지 못할 수도 있다는 것을

33. 백조는 흰색이라는 것이 과학적 사실로 널리 수용되던 상황에서 1790년 영국의 박물학자 존 레이섬이 오스트레일리아에서 '검은 백조'를 발견했다. 이로 인해 백조는 흰색이라는 주장은 수정되지 않을 수 없었다. 이것은 반증 가능성의 사례로 널리 인용되었다. 블랙 스완이 유명해진 것은 레바논 출신 금융공학자이자 저술가인 나심 탈레브의 『블랙 스완』(2009)이라는 책이 베스트셀러가 된 이후다. 그는 2008년 금융위기를 블랙 스완에 비유했다.

34. 이것 또한 금전적 인센티브보다 사람들의 감성에 호소하는 것이 더 효과적이라는 것을 보여주는 유명한 사례다. 이런 결과를 일반화하기에는 아직 이런 사례가 충분하지 않은 것은 사실이다. 그렇지만 사람은 오로지 도구적 합리성에 의존해서 행동하는 존재가 아니라는 사실을 받아들인다면 이럴 가능성은 항상 열려 있다. 이와 관련된 상세한 논의는 마이클 샌델(2012), 3장을 참조하라.

보여준다. 아이를 늦게 찾으러 오는 행위에 대한 (경제적) 가격을 인상하면 아이를 늦게 찾으러 오는 경우가 줄지 않고 오히려 늘어났다. 따라서 경제학자들이 세상의 이치를 설명하려면 어떤 활동에 가격을 매기는 것이 비시장규범을 밀어내는 것인지 아닌지를 파악해야 한다."[35] 이런 사례들의 공통점은 엉성한 외재적 동기가 내재적 동기를 몰아낸다는 사실이다. 특히 창의적인 일을 하거나 공동선을 추구하는 일을 수행하는 경우에는 이런 현상이 자주 발생할 수 있다.

주류 경제학에서 정교한 이론으로 개발된 금전적 인센티브 제도는 관련 당사자들 모두에게 이익이 된다는 의미에서 경제적으로 효율적인 결과를 실현하는 데 기여한다. 그런데 주류 경제학에서 고려하지 않는 도덕적 가치와 내재적 동기라는 관점에서 보면 이런 제도가 적지 않은 문제를 유발하는 것도 사실이다. 예컨대 샌델이 주장하듯이 불임시술을 장려하기 위해 현금 보상을 주는 것이 바람직한지, 성적이 좋은 학생에게 현금으로 보상해 주는 데는 문제가 없는지, 책을 읽으면 돈을 주는 것이 과연 효과가 있는지, 기업에서 건강 유지에 신경을 쓰는 사람들에게 금전적 보상을 제공하는 것에 문제가 없는지 고민해야 할 것이다. 이런 다양한 경

35. 마이클 샌델(2012), 130쪽. 한편 대니얼 핑크(2009)는 이 문제에 대해 다음과 같이 평가했다. "2000년 경제학자 유리 그니지(Uri Gneeezy)와 알도 루스티치니(Aldo Rustichini)는 20주에 걸쳐 이스라엘 하이파의 탁아시설 한 그룹을 실험해 보았다. …… 그러나 실험 결과는 딴판이었다. '벌금이 도입된 후 늦게 오는 학부모의 수가 꾸준히 늘어났다. 마침내 일정 비율로 고정되었는데, 그 비율은 벌금이 도입되기 전보다 훨씬 높았으며 구체적으로는 거의 두 배에 달했다'고 연구자들은 보고한다."(75쪽) 그리고 이 문제에 대한 상세한 설명은 새뮤얼 보울스(Samuel Bowles)의 *The Moral Economy*(2016), 1장을 참조하라. 이와 같이 금전적 인센티브가 비시장규범, 즉 도덕적 가치와 충돌하는 경우가 종종 발생한다. 이것은 경제학의 영역 밖에 있다는 이유로 간단히 무시할 수 있는 문제가 아니다. 경제학의 새로운 패러다임이 필요한 이유 중 하나도 이런 문제에서 찾을 수 있다.

우들은 단순히 쌍방 간의 이득이라는 관점에서 보면 별다른 문제가 없지만 도덕적으로는 문제가 있기 때문이다.[36] 특히 이런 경우에서는 사람을 단순히 목적을 달성하기 위한 수단으로 간주한다는 점이 때로는 심각한 문제로 발전할 수 있다. 이를테면 전체주의적 사고가 그런 사례에 해당한다. 목적이 수단을 정당화한다는 명분을 가지고 사회적으로 바람직하지 않은 목적을 설정한 다음 이를 달성하기 위해 각종 인센티브를 제공한다면 국가적 재앙을 초래할 수도 있다. 과거 독일의 국가사회주의, 즉 나치즘이 바로 이런 사례에 해당한다.

다음으로 금전적 인센티브가 내재적 동기와 어떤 관계를 형성하는지 살펴볼 필요가 있다. 만약 이 둘 사이에 상보적인 관계가 형성된다면 최선의 결과를 예상할 수 있지만 유감스럽게도 많은 연구 사례들은 그렇지 않다는 것을 보여준다. 이 둘 사이에는 일종의 상충관계가 성립한다는 것이 일반적인 결론이다. 금전적 인센티브, 즉 외재적 인센티브가 내재적 인센티브를 구축하기 때문이다. 여기서 내재적 인센티브란 대체로 시민정신이나 자원봉사, 그리고 자발성 및 협력 등을 의미한다. 한마디로 외부에서 제공되는 당근이나 채찍이 아니라 자신의 내면에서 우러나와 스스로 동기를 부여할 수 있는 모든 것들을 망라한다. 금전적 인센티브, 즉 시장논리가

---

36. 마이클 샌델은 『정의란 무엇인가』(2009)에서 다음과 같은 문제를 제기했다. "우리 시대에 가장 두드러진 성향 하나는 시장과 시장 친화적 사고가 시장과는 거리가 먼 기준의 지배를 받던 전통적인 삶의 영역까지 파고든다는 점이다. …… 사회적 행위를 시장에 맡기면 그 행위를 규정하는 규범이 타락하거나 질이 떨어질 수 있기에, 시장이 침입하지 못하도록 보호하고 싶은 시장규범이 무엇인지 물을 필요가 있다."(366쪽) 이런 그의 견해는 인센티브와 관련된 문제에도 그대로 적용된다. 도구적 합리성에 기반을 둔 금전적 인센티브와 비시장규범 간에는 항상 상충되는 부분이 존재하기 마련이다. 정치철학자 루스 그랜트는 *String Attached*(2012)에서 인센티브의 도덕적 측면을 다양한 각도에서 심도 있게 분석했다. 경제학자들은 그랜트의 주장에 관심을 가질 필요가 있다.

이런 가치들을 구축할 수 있다는 점은 더 이상 간과해서는 안 된다.

그런데 도덕적 측면과 내재적 동기는 서로 무관하지 않다. 내재적 동기는 대부분 다른 사람과의 관계를 고려하는 가운데 형성되며 이것이 도덕적 행동의 기초이기 때문이다. 시민정신이나 자원봉사는 기본적으로 공동선을 추구한다는 도덕적 가치를 바탕으로 한다. 스스로 좋아서 하는 일의 경우에도 다른 사람에게 피해를 주지 않는다는 정신이 전제가 되는 경우가 보편적이다. 그런 사람만이 스스로 판단하고 행동할 수 있는 소양을 갖추고 있기 때문이다. 이런 측면에서 내재적 동기를 몰아낸다는 것은 사회적으로 커다란 손실을 초래하는 심각한 문제다.

경제학자라고 해서 모든 영역에서 금전적 인센티브만이 효과가 있다고 주장하지는 않는다. 문제는 도덕적 가치를 어디까지 적용해야 하는가에 대해서는 누구도 자신 있게 말할 수 없다는 데 있다. 이 문제는 결국 금전적 인센티브 제도가 비시장규범을 몰아내지 않도록 인센티브 제도의 활용영역을 조정해야 할 필요가 있음을 시사한다. 예컨대 어린이집의 경우 늦게 오는 부모에 대해 금전적 인센티브(벌금)를 사용하는 것은 비시장규범인 도덕원리를 구축하는 결과를 초래하므로 적절하다고 할 수 없다. 따라서 이런 영역을 구체적으로 확인하는 작업이 필요하다.[37]

---

37. 이와 관련해 마야 보발레(2009)은 다음과 같이 평가했다. "브루노 프레이는 봉사활동 사례도 자세히 연구했다. 프레이가 던진 질문은 간단하다. 자원봉사자들에게 돈을 지불하거나 세금 감면 혜택을 준다면 봉사활동을 더 많이 할까? 그는 금전적 동기부여가 내재적 동기를 실질적으로 감소시킨다는 것을 보여주었다. …… 결과적으로 금전적 동기부여는 자원봉사자들의 봉사 시간을 증가시키는 게 아니라 오히려 감소시켰다."(40쪽) 따라서 프레이가 내린 결론은 다음과 같다. "돈을 충분히 지불하거나 아예 지불하지 말아야 하는 것이다. 약간의 금전적 동기부여는 오히려 해를 불렀다. 또 내재적 동기부여와 같은 결과를 얻으려면 많은 돈을 지불해야 했다. 결국 아주 비싼 무료 봉사가 되는 것이다."(42쪽) 이런 현상은 자원봉사의 기회비용 관점에서 어느 정도 설명 가능하다. 약간의 금전적 보상은 자

이와 관련해 샌델은 다음과 같은 기준을 제공했는데 관심을 가질 만하다. “금전적 인센티브에 의존할 것인지 여부를 결정하려면, 이러한 인센티브가 보호해야 할 태도와 규범을 변질시키는지 아닌지 생각해 봐야 한다. 이러한 질문에 대답하려면, 시장논리가 도덕논리로 되어야 한다. 경제학자들은 결국 ‘도덕적으로 거래’해야 한다.”[38] 여기서 도덕적으로 거래해야 한다는 말은 단순히 거래의 이익만을 고려해서는 안 되고 상대방을 존중하는 마음을 갖고 거래해야 한다는 의미로 해석할 수 있다. 그럼에도 도덕원리와 시장원리가 적용되어야 하는 영역을 구분하는 문제는 여전히 남아 있다.

내재적 동기에 입각한 인센티브를 강조하는 입장은 인간 존재의 가치를 외부에서 주어지는 조건이 아니라 내면에서 찾으려는 것이다. 인간은 외부에서 주어지는 금전적 또는 비금전적 조건에 따라 수동적으로 반응하는 존재가 아니라고 보기 때문이다. 이런 반발의 원류는 1950년대 심리학자 에이브러햄 매슬로Abraham Maslow가 제창한 ‘인본주의 심리학’에서 찾을 수 있다. 그 이전에는 버러스 스키너Burrhus F. Skinner로 대표되는 ‘행동주의 심리학’이 과학적으로 인간의 동기와 행동을 분석하는 이론으로 주목받고 있었다. 행동주의에 의하면 인간에게서 발견할 수 있는 객관적인 자료는 오로지 주어지는 환경에 대한 반응에서 찾을 수 있으므로 인간을 행동하는 기계처럼 간주해야 한다. 반면 인본주의 심리학은 매슬로

원봉사라는 숭고한 행동을 폄하하는 것으로 여겨질 수 있다. 자신이 무시당한다고 생각하는 사람은 자존감에 상처를 입느니 차라리 봉사를 줄이거나 중단할 것으로 예상할 수 있다. 반면 상당한 보상을 제공한다면 많은 사람들이 몰려들 것이지만 이것은 자원봉사가 아니라 고가의 영리행위로 변질된다. 따라서 자원봉사라는 도덕적 가치를 함양하기 위해서는 조금 보상하느니 차라리 보상을 하지 않는 편이 더 낫다.

38. 마이클 샌델(2012), 132쪽.

의 욕구단계설이 시사하듯이 인간은 누구나 자아실현 욕구라는 궁극적인 목표를 갖고 있다고 보았다. 바로 여기서 내재적 동기부여의 중요성이 부각되기 시작했다. 그래서 대니얼 핑크는 지금은 동기부여 3.0의 단계에 와 있다고 주장했던 것이다.[39]

핑크는 인터넷 시대에는 동기 2.0의 운영체계, 즉 당근과 채찍이 대부분 효과를 상실했다는 점을 강조했다. 물론 핑크 외에도 많은 사람들이 이 점을 지적했다. 그러면서 그는 대표적인 사례로 마이크로소프트사가 추진했던 온라인 백과사전 프로젝트 엔카르타 사업과 이와는 정반대 방법으로 추진되었던 위키피디아의 사례를 예로 들었다. 엔카르타는 완전히 실패했고 위키피디아는 큰 성공을 거두고 있다. 동기 2.0이 완벽하게 실패한 사례임과 동시에 동기 3.0 운영체계가 효과가 있다는 확실한 증거에 해당한다. 이 외에도 성공적인 오픈소스 소프트웨어의 사례가 많기 때문에 오늘날 동기부여 3.0이 인센티브를 제공하는 더 강력한 수단이라는 그의 주장은 상당히 설득력이 있다.[40] 한마디로 외재적 동기가 아니라 내재

39. 이와 관련해 대니얼 핑크(2009)는 다음과 같이 표현했다. "1950년대 위스콘신대학교의 해리 할로우의 제자였던 에이브러햄 매슬로가 인간심리학의 영역을 발전시켰다. 그는 인간이 긍정적인 자극만 추구하고 부정적인 자극은 회피하는 쥐와 마찬가지 존재라는 기존의 이론에 대해 문제를 제기했다. 1960년대 MIT 경영학 교수인 더글라스 맥그리거(Douglas McGregor)가 매슬로의 이론을 경영학에 접목시켰다. …… 이를 우리는 동기 2.1이라 부를 수 있을 것이다."(30쪽) 핑크는 이런 식으로 동기부여 운영체계가 진화해 지금은 동기 3.0 단계에 와 있다고 주장했다.

40. 대니얼 핑크(2009)는 다음과 같은 사례를 들었다. "전 세계 수만 개에 달하는 소프트웨어 프로젝트는 그 외에도 많다. 공개소스의 요리책, 공개소스의 교재, 공개소스의 자동차 디자인, 공개소스의 의학연구, 공개소스의 법률개요, 공개소스의 스톡사진, 공개소스의 인공기관, 공개소스의 신용조합, 공개소스의 콜라, 심지어 청량음료로는 성이 차지 않는 사람들을 위한 공개소스 맥주까지 있다."(33쪽) 실로 다양한 분야에서 동기부여 3.0이 작동하고 있다는 것이다.

적 동기가 중요하다는 것이다. 이것도 대극의 반전의 사례에 해당한다. 이와 같이 대극은 어디에나 존재한다. 그런데 대극의 반전은 일시적인 현상이므로 결국 대극의 조화를 지향해야 문제가 해결된다. 궁극적으로 외재적 인센티브와 내재적 인센티브를 조화시키는 방법을 찾아야 할 것이다.

여기서 한 가지 중요한 점은 인터넷 혁명으로 인해 인센티브에 대한 사람들의 사고에 변화가 왔다는 사실이다. 사람들은 생각보다 덜 이기적으로 행동할 뿐만 아니라 가능하면 자발적으로 협력하려는 성향을 보여주기 시작했다. 이런 현상은 최근 10여 년 사이에 더욱 두드러지고 있다. 특히 요차이 벤클러는 협력은 인간이 진화 과정에서 습득한 자연스러운 가치라고 주장하면서 오늘날 인터넷 혁명으로 인해 이기심을 대체하는 더욱 중요한 가치로 부상하고 있다고 강조했다. 따라서 그에 의하면 보상과 처벌이라는 외재적 인센티브보다는 협력에 근거한 내재적 인센티브의 효과가 더 크고 오래 지속된다. 이와 관련해 그는 다음과 같이 말했다. "심리학, 조직사회학, 정치학, 실험경제학 등에서 이루어진 수백 건의 연구 덕분에 인간은 여러 경제학자들이 과거에 추정했던 것보다 더 협력적이고 이타적으로 행동하거나 적어도 많이 이기적이지는 않다는 증거가 늘어나기 시작했다. 이론에만 그치지도 않았다. 협력시스템이 인센티브 시스템보다 종종 더 안정되고 효과적이라는 사실이 수십 건의 현장 연구를 통해 확인되었다."[41] 인터넷과 모바일 혁명이 가져온 변화는 인센티브와 관련해서도 커다란 변화를 불러일으키고 있다.

---

41. 요차이 벤클러(2011), 20쪽. 이어서 그는 "동기부여를 위해 당근과 채찍을 이용하는 방식은 효과적이지 않다. 사람들에게 동기를 부여하려면 참여와 의사전달, 공동의 목적의식과 정체성에 의존하는 시스템이 필요하다"(21쪽)고 강조했다. 주류 경제학의 입장에서도 더 이상 무시하기 어려운 지적이다.

인터넷이 보편화된 이후 불과 20년도 경과하지 않았다. 이것은 진화적으로 변화가 일어나기에는 정말 짧은 기간이다. 그럼에도 눈 깜짝할 사이에 협력이 이기심을 능가하는 사례들이 속속 등장하기 시작했다는 것은 인간에게는 협력하고자 하는 본능이 무의식에 잠재되어 있다고 해석할 수밖에 없다. 그리고 이것은 사회생물학자 에드워드 윌슨이 지적한 대로 개인 수준의 선택과 집단 수준의 선택이 상호작용해 오늘날과 같은 사회적 존재로 진화한 것과도 일맥상통한다. 벤클러가 적절하게 지적했듯이 협력에 기반을 둔 제도가 이기심에 호소하는 금전적 인센티브 제도보다 훨씬 더 효과적인 경우가 점점 많아지고 있다.

더욱이 사람들에게 인센티브를 제공하는 수단으로 당근과 채찍, 즉 보상과 처벌은 일정 부분 효과가 있지만 한편으로는 역효과가 날 수 있다는 것이 밝혀졌다. 나아가 이것이 내재적 동기마저 구축한다면 문제는 더욱 심각해진다. 그런데 아직도 당근과 채찍의 효과를 맹신하는 사람들이 대부분이다. 예를 들어 대부분의 기업들은 오로지 이 방법으로 인센티브를 제공하고 있는 실정이다. 이 문제를 근본적으로 해결하는 방안은 효과적인 협력시스템을 구축하는 것이다. 벤클러는 성공적인 협력시스템을 구축한 대표적인 사례로 도요타와 사우스웨스트항공을 들면서 다음과 같이 평가했다. "도요타나 사우스웨스트항공사 같은 기업들이 크게 번성했다는 사실은 어떤 기업이든 엄격한 위계구조나 최고경영자의 천문학적인 연봉이 아니라, 실적 자체가 본질적으로 보람을 느끼게 만드는 사회적이고 협력적이고 포괄적인 일터를 조성할 때 성공할 수 있다는 사실을 입증하는 가장 명백한 증거다."[42] 이것은 특히 우리나라와 같이 자발적인 협

42. 앞의 책, 200쪽.

력을 기대하기 어려운 기업 풍토에서는 경청할 가치가 있는 지적이다.[43]

그렇다고 외재적 동기부여 방식이 전혀 효과가 없는 것은 아니다. 이 점은 현실에서 얼마든지 확인 가능하다. 특히 단순한 업무에는 금전적 인센티브와 같은 외재적 동기부여가 여전히 효과적이다. 단, 창의적인 업무에는 적합하지 않다는 점은 유념할 필요가 있다. 그리고 외재적 인센티브가 단기적으로는 효과가 있다는 것이 입증되었지만 장기적으로는 문제가 많다는 것도 확인되었다. 2008년 당시 모기지은행, 투자은행, 신용평가사, 보험회사 등에 근무하는 임직원들 대부분은 단기 실적 위주의 금전적 인센티브에 따라 행동한 결과 전대미문의 금융위기를 초래하는 데 결정적으로 기여했다. 핑크는 이와 관련해 다음과 같이 주장했다. "사람들은 보상을 이용해서 다른 사람의 동기와 행동을 증진시키는 혜택을 얻기를 기대한다. 그러나 그 와중에 그 행동에 대한 내재 동기가 잠식되는 의도하지 않은 숨겨진 비용이 초래된다. 이것은 사회과학의 발견 중 가장 강력하면서도 가장 많이 무시된 결과이다."[44] 그가 강조하고자 한 것은 내재적 동기부여 방식이 더 효과적으로 인센티브를 제공한다는 사실이 과학적으로 입증되었음에도 불구하고 기업 경영의 현장에서 아직도 이 사실을 간과하고 있다는 점이다.[45] 시장경제의 효율성을 높이기 위해서는

---

43. 요차이 벤클러(2011)는 이 분야의 전문가답게 협력시스템을 효과적으로 구축하기 위한 방안으로 다음의 일곱 가지를 제안했다 : ① 의사소통, ② 적합성과 진정성, ③ 공감 능력과 연대감, ④ 공평성, 도덕성, 사회적 규범으로 도덕적 시스템 구축, ⑤ 보상과 처벌, ⑥ 평판, 투명성, 상호 호혜, ⑦ 다양성을 위한 설계. 이에 대한 상세한 논의는 앞의 책 10장을 참조하라. 여기에 제시된 일곱 가지 방안들 대부분은 우리나라 기업에서는 찾아보기 어려운 것들이다.

44. 대니얼 핑크(2009), 57쪽.

45. 이와 관련해 대니얼 핑크(2009)는 다음과 같이 결론을 내렸다. "과학은 20세기의 전형적인 당근과 채찍 동기(경영의 당연한 측면으로 여겨지는 것)가 효력을 발휘하는 경우도 있다

이런 측면을 간과해서는 안 될 것이다.

4. 도덕적 해이와 인센티브

비대칭정보는 시장실패를 초래하는 주요 원인 중 하나다. 그리고 시장경제에 만연한 도덕적 해이moral hazard는 도덕적 차원과 전혀 무관한 것은 아니지만 본질적으로 비대칭정보의 문제다. 도덕적 해이가 시장실패의 원인이라는 사실은 이것이 개인들 간의 문제가 아니라 사회적 문제이기도 하다는 것을 의미한다. 도덕적 해이가 사회 전반에 어느 정도 널리 퍼져 있는지 여부는 시장경제의 성과를 좌우하는 중차대한 문제다. 실제로 구 소련을 비롯한 동구권 국가에서 공산주의 시스템이 몰락한 주요 원인으로 도덕적 해이를 지적할 수 있다. 사회 전반에 도덕적 해이가 만연하면 경제시스템 전체가 무너질 수 있는 것이다.

도덕적 해이와 관련해 특히 유념할 것은 인터넷과 모바일 혁명으로 정보를 공유할 수 있는 기회가 획기적으로 개선되었음에도 불구하고 이 문제는 쉽게 해결되지 않을 것이라는 점이다. 이에 대한 논의에 앞서 도덕적 해이의 본질에 대해 간단히 살펴보고자 한다. 도덕적 해이는 인류의 역사와 같이 시작되었다고 볼 수 있을 정도로 오래된 현상이다. 인간은 원래 도덕적 해이를 범하기 쉬운 존재다. 그렇지만 이것이 본격적인 문제로 등장한 것은 비교적 최근이다. 보험산업이 발달하기 시작한 이후 이

는 사실을 밝혀냈으나 이 동기는 심각할 정도로 편협한 환경에서만 효율적이다. …… 높은 성과를 이루는 비밀은 인간의 생물학적 욕구나 보상과 처벌의 욕구가 아닌 제3의 드라이브, 즉 스스로 삶을 이끌고 자신의 능력을 소비하고 확장하며 목적이 있는 삶을 살고 싶다는 인간의 뿌리 깊은 욕구 안에 숨어 있는 것이다."(204쪽)

문제가 중요한 경제 문제로 부각되기 시작했다. 보험이라는 상품 자체가 각종 도덕적 해이의 온상이라는 것이 주된 원인이었다. 17세기 이후 영국의 보험시장에서 이 용어가 널리 사용되기 시작했는데, 당시에는 사기나 비도덕적 행동을 지칭하는 데 사용되었다. 그렇지만 1960년대 이후 도덕적 해이라는 용어가 부활한 이후에는 도덕적인 문제보다는 비대칭정보의 문제로 간주되기 시작했다.[46]

도덕적 해이는 상황에 따라 사전적 도덕적 해이와 사후적 도덕적 해이로 구분할 수 있다. 예를 들어 의료보험에 가입한 후 가입하기 전에 비해 건강 유지를 위한 운동을 덜하고 건강에 신경을 덜 쓰는 것은 사전적 도덕적 해이에 해당한다. 반면 몸에 이상이 있는 경우 병원을 자주 이용하거나 불필요한 검사를 받는 등의 행위는 사후적 도덕적 해이에 해당한다.[47] 이런 유형의 도덕적 해이는 비단 의료보험에 한정되지 않고 거의 모든 분야에서 발견할 수 있는 현상이다. 왜냐하면 도덕적 해이는 일반적으로 계약의 한쪽이 다른 쪽보다 자신의 행동이나 노력에 대해 더 많은 정보를 갖고 있는 경우에 가능하기 때문이다. 그래서 이것을 감춰진 행동 또는 감춰진 노력의 문제라고 하는 것이다.

보험의 경우 일반적으로 보험회사는 고객이 보험에 가입한 후 사고 예방을 위해 얼마만큼 노력하는지 정확하게 알 수 없다. 즉, 완벽한 감시 perfect monitoring가 불가능하다. 이런 상황에서 보험가입자는 보험계약 이전과 달리 행동할 인센티브가 존재한다. 사고 시에는 보험을 이용할 수

---

46. 이런 의미에서 도덕적 해이를 경제학의 관점에서 처음 체계적으로 분석한 사람이 케네스 애로다. 1963년 *American Economic Review*에 실린 그의 논문 "*Uncertainty and Welfare Economics of Medical Care*"는 이 분야의 고전이라 할 수 있다.

47. 이 문제와 관련해서는 에이미 핀켈스타인(Amy Finkelstein)의 *Moral Hazard in Health Insurance*(2015), 15~16쪽을 참조하라.

있다는 이유 때문에 보험에 가입하기 전에 비해 사고 예방을 위한 노력을 등한시하게 되기 때문이다. 이런 행동이 바로 도덕적 해이에 해당한다. 따라서 이것은 계약 당시의 정신을 위반한다는 점에서 도덕적인 요소가 개입된 것은 사실이지만 본질적으로 비대칭정보의 문제다. 완벽한 감시가 가능하다면 이런 현상이 발생하지 않을 것이기 때문이다.

시장경제가 발달하면서 보험산업 외의 다른 여러 분야에서도 도덕적 해이와 유사한 현상이 관찰되기 시작했다. 그래서 이것은 주인-대리인 문제principal-agent problem로 일반화되었다. 양자 간에는 미묘한 차이가 있지만 모두 감춰진 행동으로 인한 비대칭정보의 문제라는 점에서는 대동소이하다. 따라서 여기서 말하는 도덕적 해이 문제는 곧 주인-대리인 문제라고 해석해도 무방하다. 현대 사회의 특징은 분업과 전문화에서 찾을 수 있다. 그리고 이로 인해 권한을 위임하는 경우가 일반적이다. 이것이 대부분의 계약관계의 본질적인 측면인데 인터넷이 발달한 지금도 여전히 불가피하다. 이 경우 권한을 위임하는 사람을 주인principal, 위임받은 사람을 대리인agent이라고 한다. 주인-대리인 관계에 해당하는 사례는 무수히 많다. 예를 들면 지주와 소작인, 상점주인과 종업원, 주주와 전문경영자, 보험회사와 보험가입자, 국민과 대통령, 집주인과 인테리어업자, 의뢰인과 변호사, 환자와 의사, 신도와 성직자, 학생과 교수 등 실로 거의 모든 분야에서 이런 관계를 발견할 수 있다. 이와 같이 어느 사회에서든지 도덕적 해이의 편재성遍在性을 확인할 수 있다. 인터넷이 아무리 발달하더라도 대리인의 감춰진 행동을 파악하는 데 그다지 도움이 되지 않기 때문이다.

도덕적 해이가 본질적으로 비대칭정보의 문제인 것은 틀림없다. 그런데 이것은 어디까지나 경제학의 관점에서 본 도덕적 해이의 특성일 뿐

다른 관점에서 보면 도덕적인 요소가 전혀 없는 것은 아니다. 도덕적 해이가 발생하는 상황에 따라서 오히려 도덕적 측면이 더 중요한 경우가 있는가 하면 비대칭정보의 측면이 더 중요한 경우도 있다. 그렇기 때문에 도덕적 해이를 한 가지 현상으로 보는 것보다는 다양한 현상으로 분류하는 것이 문제 해결에 도움이 된다.

예를 들어 사람들은 보험이라는 상품의 특성으로 인해 보험에 가입한 후 가입 이전과 달리 행동하는 경향이 있다. 화재보험에 가입한 후 화재 예방 노력을 덜 하거나, 의료보험에 가입한 후 건강관리를 소홀히 하거나 또는 보험이 없던 경우에 비해 자주 병원을 이용하는 것 등이 여기에 해당한다. 그런데 보험금을 노리고 고의로 방화를 한다거나 의사와 공모해 허위로 입원하는 것은 악의적인 도덕적 해이에 해당한다. 생명보험에 가입한 후 피보험자를 살해하는 것은 극단적인 도덕적 해이에 해당한다. 이런 의미에서 '도덕적 해이의 스펙트럼'이라는 개념을 생각할 필요가 있다. 도덕적 해이를 정도에 따라 다양한 수준으로 구분할 필요가 있다는 의미다. 그런 후 도덕적 해이의 수준에 따라 적절한 대응방안을 모색하는 것이 효율적이기 때문이다. 예컨대 자동차보험에 가입한 후 과격하게 운전하는 것은 비교적 가벼운 도덕적 해이에 해당하는 반면, 화재보험에 가입한 후 자기 집에 방화하는 것은 상당히 무거운 도덕적 해이에 해당한다. 이 두 가지 타입의 도덕적 해이에 대해 동일한 방법으로 대응하는 것은 비효율적이다.

도덕적 해이로 인해 발생하는 가장 큰 사회적 문제는 비효율이다. 여기서 비효율이란 사회적 관점에서 볼 때 자원이 낭비된다는 것을 의미한다. 도덕적 해이가 발생하는 경우 계약을 통해 실현 가능한 가치를 모두 실현할 수 없다는 의미에서 자중손실deadweight loss이 발생하기 때문이다.

예컨대 화재보험에 가입한 사람이 보험 가입 후 화재예방 노력을 덜 하게 되고 이로 인해 화재 확률이 증가한다면 더 많은 집들이 화재로 소실될 것이고, 그 결과 사회적으로 자원을 낭비하게 될 것이다. 그렇기 때문에 도덕적 해이에 대한 효과적인 대응방안은 주인이 대리인의 도덕심에 호소하기보다는 적절한 인센티브를 제공하는 것이다. 주류 경제학은 이런 관점에서 다양한 도덕적 해이의 상황에 적합하게 인센티브를 설계하는 정교한 이론 모형을 제시해 왔다. 이것을 최적 인센티브 설계라고 부른다.[48]

인센티브 설계에서 당근과 채찍, 즉 보상과 처벌은 기본적인 요소로 간주되어 왔다. 오늘날 널리 사용되는 성과급 제도, 스톡옵션, 각종 포상제도는 모두 도덕적 해이를 예방하기 위한 당근에 해당한다. 반면 벌금을 부과한다든가 지위를 강등하거나 때로는 법적 책임을 묻는 것은 채찍에 해당한다. 어떤 경우에도 도덕적 해이에 대한 근본적인 해결방안은 적절한 인센티브 설계에 있다는 것이 주류 경제학의 기본 관점이다. 그런데 필자는 이와 함께 건전한 사회규범이 상보적인 역할을 해야 한다는 점을 특별히 강조하고자 한다. 앞에서 논의했듯이 보상과 처벌이 외재적 동기를 부여한다면, 건전한 사회규범은 내재적 동기의 원천이 될 수 있기 때문이다.

도덕적 해이로부터 완전히 자유로운 사회는 자급자족적인 사회뿐이다. 이런 사회에서는 본인이 모든 일을 처리해야 하므로 원천적으로 도덕

48. 케네스 애로의 선구적인 연구 이후 이 문제와 관련된 연구는 도덕적 해이, 나아가 주인-대리인 문제에 대한 최적 인센티브 설계에 초점을 맞춰 왔다고 할 수 있다. 그래서 수리적으로 매우 정교한 이론 모형을 개발하는 데는 큰 성과를 거두었으나 현실에 적용하는 데는 한계가 있다는 것이 문제점으로 지적되어 왔다.

적 해이가 불가능하다. 그러나 사회가 점점 고도화·전문화됨에 따라 자신이 모든 일을 처리하는 것이 불가능하므로, 대부분의 업무를 다른 사람, 즉 대리인에게 위임하지 않을 수 없다. 또한 복지국가를 지향할수록 공적 부문이 비대해져 다양한 형태의 위임이 불가피하다. 따라서 어느 사회에서든 전문가 집단과 공무원 집단은 도덕적 해이를 범할 가능성이 매우 높다. 이들 대리인이 특별히 도덕적으로 문제가 있어서가 아니라, 정보의 비대칭으로 인해 그렇게 행동하도록 유혹을 받기 때문이다. 때로는 이런 유혹이 너무 강해서 높은 도덕성을 갖춘 사람이라도 외면하기 어렵다. 따라서 이 문제에 대해서는 도덕성 회복이라는 차원보다는 주인을 위해 최선을 다하는 것이 대리인 자신에게도 유리하도록 시스템을 설계한다는 차원에서 접근하는 것이 효과적이다.

그런데 이 문제를 효과적으로 해결하고자 한다면 정도에 따라 여러 급級으로 분류해 접근할 필요가 있다. 앞에서도 언급했듯이 도덕적 해이의 스펙트럼을 정확하게 파악해야 한다. 그래야만 이에 따라 적절한 인센티브 설계가 가능하기 때문이다. 예를 들면 가장 심한 도덕적 해이는 1급 도덕적 해이, 그 다음은 2급, 3급 도덕적 해이와 같이 사람들이 공감할 수 있도록 분류할 필요가 있다. 도덕적 해이의 급수에 따라 단순히 금전적 보상을 기반으로 하는 인센티브 설계라는 경제학적 관점에서 접근하는 것이 바람직한 경우도 있고, 때로는 금전적 보상보다는 사회규범의 관점에서 접근하는 것이 바람직한 경우도 있기 때문이다. 나아가 이 두 가지 방법을 적절히 혼합하는 것이 바람직한 경우도 있을 것이다. 예컨대 기업에서 하급 직원의 직무태만과 같은 조그만 도덕적 해이는 성과급과 같이 금전적 보상을 기반으로 하는 인센티브 설계를 통해 어느 정도 해결 가능한 반면, 자신의 직권을 남용한 교묘한 도덕적 해이는 이것만으로는 불충분하다. 이와 관련해서는 사회규범을 통한 도덕적 접근이 유용할 수 있다. 심각한 도덕적 해이는 결국 도덕 수준과 무관하지 않기 때문이다. 이와 같이 도덕적 해이의 스펙트럼을 면밀히 관찰한 후 그 정도에 따라 적절한 해결방안을 모색하는 것이 바람직하다.

주류 경제학에서 축적한 인센티브 설계와 관련된 지식과 건전한 사회규범이 적절하게 조화를 이룬다면 도덕적 해이를 효과적으로 예방할 수 있을 것이다. 오늘날 인터넷과 모바일 혁명으로 비대칭정보의 문제가 상당히 완화된 것은 사실이지만 감춰진 행동으로 인한 도덕적 해이 문제는 결코 사라지지 않을 것이다. 적절한 인센티브 설계를 바탕으로 하는 사회시스템을 구축하고 건전한 사회규범을 형성한 후, 이 두 가지 요소가 효과적으로 조화를 이루는 경우 도덕적 해이를 일정 수준 이하로 억제할 수 있을 것으로 예상된다. 무엇보다도 도덕적 해이는 시장경제 자체를 위태롭게 할 수 있는 중대한 문제임을 인식해야 할 것이다.

1. 시장경제와 경제성장 문제

2. 시장경제와 분배 문제

3. 시장경제와 위험 · 정보 문제

시장경제와 성장 · 분배 문제 및 위험 · 정보 문제

7

1. 시장경제와 경제성장 문제

시장경제의 전반적인 성과는 국내총생산GDP이라는 거시경제지표를 이용해 평가한다는 것은 상식에 속한다. GDP는 "한 나라에서 일 년 동안 생산된 최종 재화와 서비스의 시장가치의 합계"로 측정되며, 경제성장률을 추정하고 각종 경제정책을 수립하는 데 필요한 정보를 제공한다. 전 세계 모든 나라에서는 GDP를 이용해 경제의 양적 성장을 측정하고 있는데 여기에는 '경제성장 = 복지 증대 = 행복 증진'이라는 공식이 묵시적으로 전제되어 있다.

GDP는 특성상 시장을 통한 경제활동이 얼마나 활발했는가에 대한 정보를 제공할 뿐이다. 따라서 가정을 포함해 시장 밖에서 이루어지는 경제활동이나 환경에 미치는 부정적 영향 등은 GDP에 반영되지 않기 때문에 매우 불완전한 정보를 제공할 뿐이다. 나아가 실제로 국민의 복지를 감소시키는 다양한 활동—군사비 지출, 오염물질 배출 등—도 GDP를 증가시키는 데 기여하므로 GDP가 증가함에도 불구하고 삶의 질은 오히려 악화될 수 있다. 이런 점을 감안할 때 GDP를 통해 얻는 정보에는 명백히 한계가 있다. 결국 모든 문제는 정보로 귀결된다. 이성적인 사회에서는 모든 분야에서 정확한 정보를 얻는 것이 문제 해결의 출발점이다. 전년 대비 GDP가 증가했다고 해서 사람들의 삶의 질이 전반적으로 향상되었다고 단정하는 데는 무리가 있다.

거시적 차원에서 경제활동을 측정하는 지표로서 GDP의 대안을 모색하려는 시도가 여러 번 있었지만 별다른 성과가 없었다. 그럼에도 새로운 지표를 개발하려는 시도는 계속되었다. 이 가운데 경제학자 조지프 스티글리츠, 아마르티아 센, 그리고 장 폴 피투시가 중심이 되어 GDP의 대안을 모색했던 연구가 가장 두드러진다.[1] 이들이 작성한 보고서의 핵심 내용은 현행 GDP로는 측정할 수 없는 국민총행복의 개념을 수량적으로 파악하려는 것이었다. GDP로는 국민총행복 수준을 측정할 수 없다는 것은 너무도 명백하기 때문이다. 이 보고서에 있는 다음 구절은 GDP의 문제점을 단적으로 보여준다.

> 현재의 가격체계는 탄소배출에 대한 비용을 전혀 산정하지 않기 때문에 시장가격은 사실 왜곡된 것으로 볼 수 있다. 또한 표준적인 국민소득계정에서도 이런 비용을 감안한 항목은 없다. 만약 환경 비용을 반영해서 경제실적을 측정한다면 그 결과는 현재의 방식으로 계산된 수치와 사뭇 다를 것이다.[2]

한편 시스템이론가인 프리초프 카프라는 이 보고서보다 훨씬 전 『새로운 과학과 문명의 전환』에서 경제성장의 부정적 측면에 대해 다음과 같이 지적했다. 경제학자가 아닌 다른 분야 전문가가 당시 이와 같이 지적했다는 사실이 인상적이다.

> 오늘날 대부분의 경제사상은 무분별한 성장이라는 기본 개념에 기초를 두고 있다. 성장은 파괴적이고 불건강하며 또한 병적인 것이 될 수 있다는 생각은 갖고 있지 않다. 성장은 개인부문의 과도한 소비와 생산으로부터 교통, 교육 및 보건과 같은 공공부문으로 전환되어야 한다. 이 변화는 물질적 획득으로부터 내적 성장과

1. 2008년 당시 프랑스 대통령이었던 니콜라 사르코지의 후원을 받아 GDP의 대안을 모색하는 국제위원회가 결성되었고 조지프 스티글리츠 교수가 위원장을 맡았다. 이 위원회의 최종 보고서는 2009년 9월 공식적으로 발표되었으며, 핵심 내용은 *Measuring Our Lives*(2010)라는 제목의 책으로 출간되었고, 우리말로는 『GDP는 틀렸다』(2012)로 번역되었다.
2. 조지프 스티글리츠 외, 『GDP는 틀렸다』(2012), 51쪽.

개발이라는 근본 변화를 동반해야 한다.[3]

이어서 카프라는 성장 강박에 빠져 있는 주류 경제학에 대한 우려를 표명하면서 다음과 같이 말했는데 지금도 여전히 유효하다. "자본주의이거나 공산주의이거나 간에 오늘날 경제학의 가장 뚜렷한 특징은 성장에 대한 강박관념이다. 한정된 환경 속에서 무한정한 확장은 오직 재난을 초래한다는 것이 이제는 명확히 증명되었는데 경제적 · 기술적 성장을 모든 경제학자들은 불가결한 것이라고 생각하고 있다. 지속적 경제성장이라는 신앙은 양陽적 가치―확장, 자기주장, 경쟁―의 지나친 강조의 결과이며, 절대적 무한 공간 및 절대적 시간이라는 뉴턴적 기본 구조와 관련된 것이다."[4] 그는 패러다임의 전환이 있어야 성장 위주의 세계관이 달라진다는 것을 인식하고 있었다. 이런 지적에서 알 수 있듯이 우리의 의식 수준이 물리적 환경에 결정적인 영향을 미친다. 정신과 물질은 대극적인 관계에 있으며 사실상 분리 불가능하다.

주류 경제학에 의하면 경제성장은 국민복지 향상을 위해 불가피하며 가능하다면 고성장을 유지하는 것이 바람직하다. 그래서 대부분의 나라에서는 먼저 파이를 키운 후 분배하는 것이 바람직하다는 논리에 의해 '선성장-후분배'의 원칙이 수용되었다. 그러나 GDP는 불평등과 관련해 유용한 정보를 전혀 제공하지 않으며, 국민의 복지에 반하는 활동이 오히려 GDP의 증가에 기여하는 등 여러 가지 한계가 노출되었다. 심지어 경제성장과 국민복지가 상반된 방향으로 움직이는 경향마저 관찰되었

3. 프리초프 카프라(1982), 271쪽. 카프라의 이러한 견해는 최근 유럽에서 적지 않은 사람들의 지지를 받고 있는 '탈성장' 논의와 맥을 같이한다.

4. 앞의 책, 269쪽.

다. 따라서 진정한 의미에서 삶의 질이 개선되는 정도를 측정하는 지표가 절실하게 요구되어 왔던 것이다.

또한 지구의 부존자원 한계와 기후변화 등을 고려할 때 기존 방식으로 계속 경제성장을 추구하는 데는 근본적으로 문제가 있다는 것이 점차 폭넓은 지지를 받아왔다. 복리複利의 관점에서 볼 때 선형적인 방식으로 지속적인 성장을 추구하는 것은 지구에 부존된 유한한 자원으로 감당할 수 없음이 명백하다. 예컨대 현재 중국과 같은 고성장은 결코 지속 가능하지 않다. 그래서 경제성장의 문제는 단순히 경제적 문제가 아닌 문명의 차원에서 접근해야 한다는 문제의식이 사람들의 관심을 끌게 되었던 것이다.

경제성장과 관련된 가장 중요한 쟁점은 지속 가능성이다. 현재와 같은 선형적 성장정책은 더 이상 지속 가능하지 않다는 것이 중론이다. 생태경제학은 생태계의 관점에서 경제활동을 파악함으로써 생태계와 경제의 공진화를 모색한다. 이때 가장 문제가 되는 것은 지속 가능성을 파악하는 것이 용이하지 않다는 점이다. 지속 가능성을 객관적인 수치로 나타낼 수 있다면 생태경제학의 관점에서 경제성장을 이해하는 것이 바람직하다. 그러나 이 문제가 해결되지 않으면 생태경제학에서 제시하는 아이디어는 현실적으로 실행하기 쉽지 않다. 따라서 지속 가능성에 대한 객관적 합의가 중요하다. 또한 생태계를 고려하는 경우에는 무임승차 문제free rider problem가 등장하므로 이에 대한 대책도 마련되어야 한다.

기존의 성장정책이 지속 가능하지 않다면 실행 가능한 대안을 모색하는 것이 관건이다. 이와 관련해 우선 경제성장이 이루어지지 않으면 고용 문제를 해결하기 어렵다는 고정관념부터 달라져야 한다. 이미 고용 없는 성장이 정착했으므로 고용 문제에 대한 새로운 해결방안을 모색해야 한다. 이런 측면에서 최근 부상하고 있는 공유경제가 일정 부분 기여할 것으로 기대할 수 있다. 왜냐하면 저성장 내지 마이너스 성장이라도 고용 문제를 해결할 수 있다면 저성장 자체를 비관적으로 생각할 필요가 없기 때문이다. 협동조합을 중심으로 하는 공유경제는 고용 면에서 잠재력을 갖고 있기 때문에 더 이상 과거와 같은 방식의 성장에 집착할 필요가 없다.

이와 같이 GDP를 중심으로 하는 경제성장의 강박에서 벗어날 수 있다면 새로운 기준에 입각해 시장경제의 진로를 모색할 수 있다. 이런 취지에서 최근 많이 논의되고 있는 개념이 국민행복지수Gross National Happiness ; GNH인데 스티글리츠 보고서에서 제시한 국민총행복과도 밀접하게 관련되어 있다. 이와 관련해 아시아의 소국인 부탄의 국왕은 일찍이 1972년 GDP 대신 건강, 환경 등 다른 기본 요소들에 입각한 GNH가 사회 전반의 복지 수준을 평가하는 데 더 효과적이라고 판단해 GNH를 향상시키는 것을 국정 지표로 삼았던 사건을 주목할 필요가 있다.[5]

이런 취지에서 UN은 자체적으로 작성한 지표를 중심으로 매년 세계 여러 나라의 행복지수를 발표하고 있다. 예컨대 2012년 UN이 발표한 세계행복보고서World Happiness Report의 주요 내용은 다음과 같다.[6]

---

5. 부탄에서는 구체적으로 ① 건강, ② 시간활용 방법, ③ 생활 수준, ④ 공동체, ⑤ 심리적 행복, ⑥ 문화, ⑦ 교육, ⑧ 환경, ⑨ 올바른 정치 등 9개 분야의 지표를 토대로 GNH를 산출해 정책에 반영하고 있다. 그런데 부탄은 비교적 작은 나라이기 때문에 이런 지표를 활용해 국민행복을 측정할 수 있을지 모르겠으나 큰 나라의 경우에는 이런 지표를 활용하는 것이 쉽지 않다. 따라서 국민행복을 측정하기 위해서는 나라마다 특수한 상황을 감안한 지표를 개발할 필요가 있다.

6. 2015년 UN의 세계행복지수에 의하면 한국은 행복지수 5.987로 세계에서 47번째로 행복한 나라로 나타났다. 2013년의 41위보다 6단계 하락해 2013년 조사에서는 일본보다 앞섰으나 2015년 순위에서는 일본의 46위에 뒤졌다. 스위스는 행복지수 7.587로 1위를 차지했다. 2위는 아이슬란드, 3위는 덴마크가 차지했으며 미국은 15위, 영국은 21위, 독일은 26위, 프랑스는 29위를 차지했다. 이 지수가 얼마나 정확하게 각 국가의 총체적인 행복 수준을 국제적으로 비교해 주는지에 대해서는 여전히 의문이다. 그렇지만 국가별 행복 수준을

- 소득은 행복에 영향을 미치는 여러 요인 가운데 약 8% 정도의 비중을 차지한다.
- 기초생활수준이 충족되면, 소득보다 개인이 속한 공동체의 상황, 예컨대 안정된 고용, 개인의 자유와 안전, 높은 수준의 신뢰, 견고한 공동체, 정부와 기업의 건전한 지배구조 등이 행복에 더 영향을 미친다.
- 개인적인 차원에서 정신적·육체적 건강과 가치관 등이 행복에 더 영향을 미치게 된다. 예컨대 이타적인 삶의 태도를 갖는 사람들이 더 행복하며, 높은 소득만을 추구하는 사람들은 덜 행복하게 된다.

여기서 우리는 경제적 복지와 행복과의 관계에 대해 생각해 볼 필요가 있다. 행복은 매우 넓은 개념으로 사람마다 행복의 내용이 다를 수 있다. 그렇지만 일정 수준의 경제적 복지가 행복과 밀접하게 연관되어 있다는 점은 부인하기 어렵다. 문제는 이것이 행복에 얼마나 영향을 미치는가에 있다. 이에 대해서도 사람마다 사회마다 차이가 있을 것이므로 보편적인 기준을 만들기는 쉽지 않지만, 그동안 이에 관한 연구가 상당히 축적된 결과 소득과 행복은 일정한 범위 내에서 정正의 상관관계가 있는 것으로 확인되었다. 즉, 소득이 높아지면 행복도 증가한다는 것이다. 그런데 여기에는 명백한 한계가 있다. 소득이 일정 수준 이상 증가하면 소득, 즉 돈은 더 이상 개인의 행복에 그다지 영향을 미치지 않는다는 것이다. 또한 이런 관계는 나라마다 시대에 따라 상당한 편차가 있는 것으로 확인되었다.

그리고 행복과 관련해 준거집단의 소득이 중요한 역할을 한다는 것이 확인되었다. 인간은 비교라는 함정에서 빠져나오기 어렵기 때문이다. 예컨대 올림픽 경기에서 동메달을 딴 선수는 은메달을 딴 선수보다 더 만족스러워 한다고 한다. 동메달리스트는 메달을 따지 못한 선수와 자신을 비

측정하는 기준을 점차 현실화한다면 의미 있는 국제 비교가 가능할 것이다.

교하지만, 은메달리스트는 금메달리스트와 비교하기 때문이다. 또한 독일이 통일된 1990년대 이후 생활 수준이 크게 높아진 동독 사람들은 통일되기 전보다 오히려 행복지수가 더 낮아졌다고 한다. 이것은 모두 준거집단의 영향력을 보여주는 사례들이다.

또한 행복의 역설happiness paradox이라고 불리는 현상이 있다. 일반적으로 개인의 소득이 증가하면 행복 수준도 올라가는 경향이 있다. 그런데 사회 전체의 관점에서는 이런 관계가 성립하지 않는다는 것이다. 즉, 가난한 나라(예컨대 인도)에 비해 부유한 나라(예컨대 미국)에는 행복한 사람들의 비율이 매우 높아야 하는데 사실은 별 차이가 없다. 이 점은 같은 나라를 두 개의 다른 시점에서 비교해도 성립한다. 따라서 물질적 풍요가 한 나라의 국민 모두를 더 행복하게 해준다는 보장이 없다. 이것이 행복에 관해 최초로 객관적인 연구를 했던 리처드 이스털린Richard Easterlin이 말하는 행복의 역설 또는 이스털린 역설이다. 결국 상대적인 소득 수준이 중요한 역할을 한다.

행복은 주관적인 감정을 반영하는 것이지만 소득, 건강, 여가 등과 같은 객관적인 요인에 의해서도 일정 부분 영향을 받는다. 따라서 행복의 주관적·객관적인 측면을 모두 망라하면서 주관적인 측면을 최대한 객관적인 자료로 측정하는 기법을 고안해 진정한 의미에서 행복을 측정할 수 있다면 GDP를 보완하는 중요한 자료가 될 것이다. 결국 우리 모두는 행복을 추구한다는 점에서는 차이가 없기 때문이다. 경제적 풍요는 행복을 위한 한 가지 필요조건에 불과하다는 점을 인식하는 것이 중요하다.[7]

---

7. 경제학의 관점에서 객관적으로 행복을 연구해 온 대표적인 학자로는 영국 LSE(London School of Economics)의 리처드 레이어드(Richard Layard) 교수를 들 수 있다. 『행복의 함정(Happiness)』(2011)은 행복에 관한 그의 대표 저서다. 이 책에서 그는 다음과 같이 조언

그런데 부탄에서 GDP 대신 실행하고 있는 GNH 개념을 널리 확대 적용하는 데는 여러 가지 문제가 있다는 점을 유념해야 한다. 특히 GNH의 실행 가능성은 행복이라는 주관적인 요인을 어떻게 객관적인 지표로 계량화하는가에 달려 있다 해도 과언이 아니다. 『GDP는 틀렸다』에 요약되어 있는 스티글리츠 보고서에 의하면 행복에 영향을 미치는 주관적인 요인들 중 상당수는 계량적으로 측정이 가능하다. 그렇지만 이렇게 계량화된 지표들을 국제적으로 비교하는 데는 여전히 문제가 있다. 예를 들어 이 보고서에 의하면 삶의 질을 측정하기 위해 다양한 영역의 평균적인 지표들을 이용하려는 시도 가운데 가장 대표적인 것이 인간개발지수[HDI]다. 이것은 삶의 질을 평가하기 위한 복합지수로 각국의 기대수명과 교육 수준, 1인당 GDP 등 모두 206개 지표를 토대로 작성된다. 이 지표는 1인당 GDP를 기준으로 하는 것과는 확연히 다른 국가순위를 나타낸다는 사실이 확인되었다.[8]

했다. 특히 한국인들이 관심을 가질 만한 내용이다. "사회적 지위에 목메는 사회는 불행해질 것이다. 그런 사회에서 사람들의 생각과 대화의 주요 관심사는 누가 어떤 직업을 가졌으며 월급을 얼마나 받았는지 등일 것이다. 우리는 이런 상황에서 벗어나야 한다."(216쪽) 이어서 정부의 역할에 대해 다음과 같이 말했다. "행복은 정부의 일이어야 한다. 토머스 제퍼슨은 이렇게 말했다. '국민의 행복은 문명화된 정부의 초기 목적이자 위대한 종착지다.' 민주주의 정부란 개인의 노력이 집단의 노력보다 효과가 덜하기 때문에 존재하는 것이다."(300쪽)

8. 조지프 스티글리츠 외(2012), 156쪽. 참고로 UN은 1990년부터 매년 HDI를 발표하고 있다. 이 외에도 진정한 진보지표(Genuine Progress Indicator ; GPI), 녹색 GDP, 행복 GDP, 생태 발자국(Ecological Footprint ; EFs) 등 다양한 지표들이 GDP에 대한 보조 지표로 제시되었다. 이런 다양한 지표에 대한 상세한 논의는 앞의 책을 참조하라. 한편 우리나라의 경우, 1인당 GDP 기준에 의하면 2014년 세계 28위(1위는 룩셈부르크, 일본은 24위)이고, HDI 기준에 의하면 15위(1위는 노르웨이, 일본은 17위)이다. 그리고 UN의 행복지수에 의하면 한국은 47위(1위는 스위스, 일본은 46위)라고 한다. 이 세 가지 지표에 의하면 한국은 거의 선진국 수준에 도달한 것 같다. 그러나 우리의 체감지수는 이것과는 사뭇 다르다. 그 이유가 우리의 인식이 편향되어 있기 때문인지 아니면 새로운 지표가 여전히 문제가 많기 때문인지 생각해 볼 필요가 있다.

한편 성장지상주의에 대한 가장 강력한 반발은 탈성장degrowth 논의에서 찾을 수 있다. 2008년부터 유럽에서 진보적인 지식인들 사이에서 본격적으로 논의되기 시작한 탈성장론은 기존의 성장논리에 대한 근본적인 대안을 제시하고 있다. 이 주장에 의하면 현재 여러 선진국에서와 같은 생산과 소비는 더 이상 지속 가능하지 않다. 이런 면에서 이것은 새로운 주장은 아니지만 구체적인 대안을 제시하고 있다는 점에서는 분명 다르다. 지구의 유한한 자원으로는 더 이상 자본주의 시장경제에서 이루어지고 있는 현재와 같은 생산주의productivism와 소비주의consumerism를 감당할 수 없으므로 우선 선진국들이 일정 수준 이하로 생산과 소비를 줄임으로써 축소된 경제규모에서 정상 상태 경제steady-state economy를 추구해야 한다는 것이다. 그래야만 인류를 포함한 지구상의 모든 생물종들이 공존할 수 있다는 것이다. 이런 의미에서 탈성장론은 단지 경제적인 분야에 국한된 것이 아니라 삶의 모든 분야를 망라하는 정치적 · 사회적 · 문화적 운동이라고 할 수 있다.

현재와 같이 금융자본이 주도하는 자본주의 시장경제에서 이러한 탈성장론이 수용될 가능성은 매우 희박하다. 무한성장을 바탕으로 하는 금융자본주의와 탈성장론은 양립 불가능하기 때문이다. 생산과 소비 수준을 전반적으로 낮추자는 주장은 자본축적을 줄이고 더 이상 수익률을 추구하면 안 된다는 것을 의미하므로 금융자본주의와의 공존은 불가능하다. 기존 패러다임을 옹호하는 사람들은 고용과 경제적 복지를 빌미로 탈성장론을 반박하고 있다. 그런데 탈성장을 주장하는 사람들은 이에 대한 대안을 제시하고 있다는 데서 과거의 논의와는 다르다. 이들의 주장이 널리 수용되기 위해서는 사람들이 새로운 세계관을 가져야 한다. 이것은 곧 의식혁명이 선행되어야만 가능하다는 것을 의미하며, 제러미 리프킨이 말한 생물권 의식biosphere consciousness으로 전환해야 한다는 것과 유사하다. 이것은 결코 쉬운 과제는 아니지만 인류와 생태계의 공진화를 위해 우리 모두 진지하게 고민해야 하는 과제임은 분명하다.

2. 시장경제와 분배 문제

주류 경제학에서 분배 문제는 거의 논의되지 않는다. 재화시장과 요소시장이 경쟁적이라면 개별 시장에서 수요와 공급의 상호작용에 의해 재화와 요소의 가격이 형성될 것이고, 따라서 요소공급자의 소득은 요소공급량과 요소가격에 의해 결정된다고 보기 때문이다. 그리고 요소가격은 생산요소의 한계생산성에 의해 결정되므로 실질적으로 소득분배를 결정하는 원리는 한계생산성이론으로 환원된다. 이런 논리에 의하면 특별히 분배 문제라는 것은 있을 수 없다. 그러나 소득분배와 같이 복잡한 문제를 단순한 환원주의적 논리에 의해 설명하려 한다는 점에서 주류 경제학은 명백한 한계가 있다. 이 문제는 본질적으로 정치적 · 사회적 측면을 무시하고는 해결할 수 없는 것이기 때문이다. 시장경제와 사회를 분리시킨 가운데 이 문제를 논의하는 것 자체가 성립하기 어렵다.

여기서 일단 시장경제의 논리에 의해 소득분배 문제를 해결할 수 있다고 가정해 보자. 그러면 한계생산성이론이 유일한 이론적 근거가 된다. 이때 각 생산요소의 한계생산성을 측정할 수 있는지 여부가 관건이다. 평균생산성과는 달리 한계생산성은 현실적으로 측정하기 어렵기 때문이다. 단순하고 반복적인 작업의 경우에는 어느 정도 한계생산성을 측정할 수 있겠지만 복잡한 작업에 투입된 여러 가지 생산요소들의 한계생산성을 측정하는 것은 사실상 불가능하다. 나아가 창의적인 작업을 하는 경우에는 더욱 그러하다. 그렇다면 실제 시장에서 형성된 요소가격은 무엇을 의미하는가? 이런 요소가격이 한계생산성을 정확하게 반영하고 있다면 시장에서 이루어지는 소득분배는 정당하다고 할 수 있다. 이런 경우 시장은 정의롭기까지 하다.

그런데 사실은 그렇지 않다. 한계생산성을 측정할 수 없는 한 이것과 요소가격 간의 관계는 일종의 동어반복이다. 시장에서 형성된 요소가격을 정당화하는 근거는 요소의 한계생산성이다. 그런데 이것은 측정하기 어렵다. 따라서 요소가격은 한계생산성을 반영한다고 말할 수밖에 없다. 이런 이유로 동어반복이라는 것이다. 서로 의존하고 있을 뿐 인과관계를 확인하기 어렵기 때문이다. 이와 같이 한계생산성에 근거해 요소가격이 결정되었다고 할 수 있는 객관적인 근거가 없다는 사실이 분배 문제의 근원이다. 이것이 자유시장에서 말하는 실력주의 내지 능력주의의 실체다.

이것이 사실이라면 분배 문제에 관한 한 시장은 정의롭다 할 수 없다. 이와 관련해 토마 피케티가 『21세기 자본』에서 다음과 같이 지적한 것은 정곡을 찌른 것이다. “불완전한 정보의 가설을 표준 경제모델에 도입하면 ‘개인의 한계생산성’이라는 개념 자체를 정의하기 어려워진다. 실제로 이것은 순전히 관념적으로 구성한 것에 가까운 개념이 되며, 이런 개념을 바탕으로 상위층을 교묘하게 옹호할 수 있다.”[9] 그의 지적대로 정보적 측면은 한계생산성의 측정을 더욱 어렵게 하는 요인이다.

그럼에도 대표적인 자유주의 경제학자인 밀턴 프리드먼은 분배 문제와 관련해 “자유시장 사회에서 소득분배를 정당화하는 직접적인 윤리 원칙은 ‘각자에게 본인과 그가 소유한 도구들이 생산한 바에 따라’ 분배한

9. 토마 피케티(2013), 397쪽.

다는 것이다"라고 말했다.[10] 그는 요소의 한계생산성이 측정 가능하다는 것을 암묵적으로 전제했던 것이다. 그렇기 때문에 그는 "시장경제를 취하는 사회에서, 강제력 없이도 자원이 효율적으로 배분될 수 있도록 하는 것이 성과에 따른 보상의 본질적 기능이라 할지라도, 성과에 따른 보상이 분배적 정의를 실현하는 것으로 여겨지지 않으면 받아들여지기 어려울 것이다. …… 자본주의의 가장 신랄한 내부 비판자들까지도 내심으로는 성과에 따른 보상을 윤리적으로 정당한 것으로 받아들여 왔다"고 주장할 수 있었던 것이다.[11] 이에 대해서 조지프 스티글리츠는 명백하게 반대하는 입장을 표명했다. 실력주의는 허구이며 구조화의 산물에 지나지 않는다는 것이다.[12]

어쨌든 한계생산성이론의 세속적 표현은 실력주의 또는 능력주의다. 현재 대부분의 시장경제에서는 실력주의라는 명분으로 기존의 분배를 정당화하는 풍토가 조성되어 있다. 물론 여기에 어느 정도 타당성이 있는

---

10. 밀턴 프리드먼(2002), 252쪽. 그러면서 그는 "이 원칙조차도 그 적용에서는 잠재적으로 국가행위에 의존한다. 재산권은 법의 문제이자 사회적 관습의 문제다"(252쪽)라고 단서를 달았다. 이것은 분배 문제가 순수하게 시장에서 결정되는 사항이 아니라 법과 관습이 관여된 복잡한 문제임을 인정하는 말이다. 그럼에도 로버트 루카스 같은 자유주의 경제학자들이 시장에서 분배 문제란 존재하지 않는다고 주장하는 것은 자기모순이다.

11. 앞의 책, 260쪽.

12. 이와 관련해서는 조지프 스티글리츠(2012), 2장을 참조하라. 여기서 그는 다음과 같이 말했다. "19세기 후반부터 한계생산성 이론이 새로이 등장했다. 이 이론은 생산성이 높은 사람일수록 소득이 높은데, 이것은 사회에 기여하는 몫이 더 크다는 것을 반영한다고 주장했다. …… 어떤 사람이 희귀하고 귀중한 기술을 갖고 있다면, 시장은 산출에 기여한 대가로 그 사람에게 풍족한 보상을 한다. 반대로 아무 기술도 없는 사람은 적은 소득을 올린다. 물론 기술의 생산성을 결정하는 것은 과학기술이다. …… 과학기술과 희소성은 통상적인 수요와 공급의 법칙을 통해서 불평등을 창출하는 요인이다. 하지만 여기에는 정부라는 또 다른 요인이 있다. 불평등은 정치적 역학관계가 경제적 역학관계 못지않은 영향을 미쳐 나타난 결과다."(119쪽)

것은 사실이다. 예컨대 유명한 프로스포츠 선수나 연예인들이 천문학적인 소득을 올리고 있는 것을 정당화하는 유일한 근거는 실력주의다. 시장에서 이들의 서비스를 높이 평가해 그런 소득을 얻을 수 있도록 해준다는 것이다. 물론 이 경우에도 철학적 관점에서는 이들의 소득이 공정하다고 평가하기 어려운 부분이 있지만 경제학적 관점에서는 어느 정도 수용할 수 있는 것으로 간주한다.[13] 특별한 재능과 초인적인 노력에 대해 높은 소득으로 보상하는 것은 시장원리에 비추어 볼 때 정당한 것으로 해석하기 때문이다. 실제로 이들의 능력을 부러워하는 사람은 있겠으나 높은 소득 자체가 부당하다고 항변하는 사람은 찾아보기 어렵다. 자신도 그런 능력이 있으면 그만한 대접을 받을 것으로 기대하기 때문이다.

그렇지만 현실에서는 실력주의를 정당화하는 근거를 발견하기 어렵다. 이와 관련해 로버트 라이시는 다음과 같이 지적했다. "급여가 자기 '가치'를 결정한다는 개념이 대중의 인식에 매우 깊이 박혀 있어서 흔히들 소득이 매우 적은 것은 전부 자기 잘못이라고 생각한다. 자신의 머리가 좋지 않거나 성격에 결함이 있는 등 개인의 실패라고 생각해 수치를 느낀다. 엄청난 소득을 올리는 사람들은 같은 맥락에서 자신이 특별히 현명하고 매력적이고 우월하다고 믿는다."[14] 라이시는 이것은 잘못된 고정

---

13. 이정전은 『시장은 정의로운가』(2012)에서 정치철학자 존 롤스의 표현을 빌려 이런 경우도 공정하지 않다면서 다음과 같이 말했다. "그 이유는 우연이 많이 작용하기 때문에 천부적 재능을 지닌 사람에게 그런 재능만을 이유로 남보다 더 많은 소득과 재산을 허용하는 것은 공정치 못하다는 것이 롤스의 기본 입장이다."(38쪽) 짐작컨대 이렇게 평가한 이유는 롤스의 원초적 지위(original position)라는 관점 때문인 것으로 보인다. 그러나 이 문제는 그리 간단하지 않다. 자칫하면 시장경제의 기본 원리와 모순되기 때문이다.
14. 로버트 라이시(2015), 129쪽. 이어서 라이시는 "일반적으로 대중은 시장이 보상하는 돈의 액수가 사람의 가치를 결정한다고 생각한다. 경제의 관점에서 내리는 가장 광범위한 추측은 사회가 실력주의에 뿌리 내리고 있어서 개인은 자신의 노력과 능력에 비례해 보상을 받

관념이며 우리는 그렇게 믿도록 세뇌당해 왔다는 것이다. 이것도 구조화의 일종인 셈이다.

이어서 라이시는 이런 이유로 인해 미국에서 CEO가 받는 천문학적인 보수가 마치 그들의 능력을 반영하는 것으로 간주되어 왔지만 사실은 전혀 그렇지 않다고 반박했다. 그는 이와 관련해 다음과 같이 말했다. "급여가 자기 가치를 반영한다고 여전히 믿는 사람이라면 지난 30년간 일반 근로자와 비교해 미국 대기업 CEO의 급여가 치솟은 까닭을 설명할 수 있어야 한다. 두 집단이 받는 급여의 비율은 1965년 20 대 1에서 1978년 30 대 1, 1995년 123 대 1, 2013년 296 대 1로 해마다 벌어졌다. 전반적으로 CEO의 급여는 1978년부터 2013년까지 937% 상승했지만, 일반 근로자는 10.2% 증가했을 뿐이다."[15] 라이시에 의하면 실력주의로는 이런 격차를 설명할 수 없다. 오히려 단기 성과 위주의 기업 경영으로 인해 장기적으로는 기업의 경쟁력과 성장 동력이 고갈될 수 있음에도 불구하고 주주가치 극대화라는 근거 없는 목표로 인해 CEO에게 상상

는다는 것이기 때문이다"(130쪽)라고 말했다. 이런 이유로 대부분의 사람들은 자신이 받는 보수를 정당한 것으로 간주하는 성향이 있다는 것이다. 특별히 창의적인 일을 하지 않는 투자은행의 직원이 엄청난 보수를 받는 상황을 무엇을 근거로 설명할 수 있겠는가? 실력주의는 이론적 근거가 될 수 없다. 여기에도 상당 부분 정치적 과정이 영향을 미친다.

15. 앞의 책, 137쪽. 이와 관련해 토마 피케티(2013)도 9장에서 상세하게 다루었다. 그 또한 실력주의만으로는 1980년대 이후 미국에서 슈퍼경영자의 등장을 설명하지 못한다고 말했다. 이들이 엄청난 보수를 받게 된 원인으로 이들의 한계생산성이 매우 높았다는 증거는 없었으며, 또한 교육과 기술 간의 경주로도 설명할 수도 없다고 주장했다. 특히 주로 영미권에서 슈퍼경영자가 대거 등장한 것은 신자유주의 정책과 무관하지 않다는 점을 강조했다. 이 시절 미국이나 영국에서 최고 소득세율을 90%에서 30%대로 낮춘 것이 최고경영자로 하여금 높은 보수를 얻고자 하는 인센티브를 제공했고 이들이 보수 결정 과정에 막강한 영향력을 행사해 이런 결과를 초래했다는 것이다. 이들의 생산성이 일본을 비롯한 다른 서구의 최고경영자에 비해 그다지 높았던 것은 아니라는 것이다.

하기 어려운 보수가 지급되어 왔다고 평가했다.

이 점에 대해서는 스티글리츠도 마찬가지 입장이다. 또한 피케티도 다음과 같이 지적했다. "경영진의 급여가 한계생산성으로 결정된다면, 기업 성과의 변화는 외부적 요인과 거의 관련이 없어야 하고 오로지 혹은 주로 비외부적 요인에 좌우되어야 한다. 그러나 실제로는 정반대의 상황이 나타나고 있다. 경영진의 급여가 가장 빠른 속도로 상승하는 것은 외부적인 요인들로 매출과 이익이 증가할 때다."[16] 예컨대 석유 가격이 상승해 정유회사의 실적이 좋아진 것은 전문경영자의 능력과는 전혀 무관하다. 따라서 이로 인해 전문경영자가 고액의 보너스를 받는 것은 실력주의로 설명할 수 없다. 이런 사례는 부지기수로 많다. 행동경제학의 창시자인 대니얼 카너먼도 기업의 실적과 전문경영자의 보수 간의 관계에 대한 실증연구를 통해 같은 결론을 얻었다.

이와 같이 소득분배, 나아가 자본의 분배에 관한 객관적인 이론 모형이 정립되지 않은 상황에서 분배 문제를 다루는 유일한 방법은 역사적인 실증 데이터를 바탕으로 분배의 동학動學을 분석하는 것이다. 이런 면에서 가장 두드러진 연구성과를 보여준 사람이 토마 피케티였다. 그는 10여 년에 걸친 공동 연구성과를 요약한 『21세기 자본』에서 여러 나라의 역사적 자료를 분석한 후 자본주의 전개 과정에서 관찰할 수 있었던 자본과 노동의 상대적 위상, 그리고 자본축적의 동학으로 인해 불평등의 악화로 귀결될 수밖에 없는 내적 모순을 날카롭게 지적했다. 그가 '자본의 귀환'을 경고하고 이에 대한 대응방안으로 '국가의 귀환'을 강조한 것은 분배 문제와 관련된 핵심적인 쟁점을 표현한 것이었다.

16. 토마 피케티(2013), 402쪽.

피케티는 무엇보다도 부와 소득의 분배 문제는 항상 정치적인 것이었으며, 경제적인 것으로 환원되지 않는다는 점을 강조했다. 또한 역사적으로 부와 소득의 분배는 수렴과 양극화의 과정을 반복했지만, 수렴의 시기는 예외적이었고 대부분 양극화의 경향이 지배적이었다고 말했다. 그리고 순전히 경제논리에 의해 불평등이 완화되었던 적은 한 번도 없었다고 말했다. 이와 같이 분배 문제는 실질적으로 정치 · 경제 · 사회적 측면을 모두 망라한 가운데 다루어야 하는 복합적인 문제이다. 스티글리츠가 반복해서 지적했듯이 민주주의와 분배 문제는 밀접하게 관련되어 있다. 따라서 사회를 배제하고 시장경제라는 좁은 틀 안에서 이 문제를 다루는 데는 한계가 있을 수밖에 없다. 피케티는 방대한 자료를 분석해 이 점을 보여주었던 것이다.

그런데 주류 경제학의 영향으로 대부분의 경제학자들은 분배 문제에 대해 편견을 갖고 있다. 자유시장경제에서 분배 문제는 존재하지 않는다는 편견이 그것이다. 이와 관련해 경제학자 앤서니 앳킨슨은, 실제로 어떤 경제학자들은 전문적으로 경제학을 연구하는 학자라면 불평등에 전혀 관심을 가져서는 안 된다는 견해를 지니고 있다고 주장하면서 대표적인 인물로 시카고대학의 로버트 루카스 교수를 지적했다. 앳킨슨은 노벨 경제학상 수상자인 루카스가 "건전한 경제학에 해를 끼치는 여러 경향 가운데 가장 유혹적이고, 내 생각에 가장 유독한 것은 분배 문제에 초점을 맞추는 것이다. …… 현재의 생산을 분배하는 다른 방식을 찾음으로써 가난한 이들의 삶을 향상시킬 가능성은 생산 증대를 통해 얻을 수 있는 확실히 무한한 가능성에 비할 바가 못 된다" 라고 주장했던 것을 통렬하게 반박했다. 그러면서 앳킨슨은 "분배 문제와 개인의 성과 차이의 문제들은 그저 경제학에서 꼭 필요하지 않은 것처럼 제시되어도 좋은 한 부분이 아니라 본질적인 부분이다" 라고 강조했다.[17] 지극히 타당한 지적이다.

한편 이 문제와 관련해 피케티는 경제학자들이 갖고 있는 편견에 대해 다음과 같이 비판했는데 주목할 가치가 있다. "지난 오랜 세월 동안 대다수의 경제학자가 수용했고 별다른 비판 없이 교과서에 되풀이되어 실렸던 생각은, 국민소득에서 노동과 자본이 차지하는 상대적인 몫이 장기간 상당히 안정적이었다는 것이다. 즉, 노동과 자본이 각각 3분의 2와 3분의 1을 나눠 가졌다는 것이 일반적인 생각이었다."[18] 이런 믿음을 형성하게 된 이유는 경제학자들이 콥-더글러스 생산함수Cobb-Douglas production function를 가지고 분배 문제를 설명하는 이론 모형에 지나치게 경도되었기 때문이라고 추측된다. 이 모형에 의하면 노동과 자본의 몫은 상당히 안정적일 수밖에 없기 때문이다. 그렇지만 현실은 이보다 훨씬 더 복잡했다. 여러 가지 요인들이 분배 문제에 영향을 미쳐 왔기 때문이다. 예컨대 제1, 2차 세계대전은 소득과 부의 분배에 가장 큰 영향을 미친 사건이었으며, 장기적인 관점에서 볼 때 자본과 노동 간의 분배는 상당히 불안정한 경향을 보여주었다.[19]

피케티는 불평등 연구를 통해 자본주의가 21세기에도 지금과 같은

---

17. 앤서니 앳킨슨(2015), 33~34쪽을 참조하라. 앳킨슨은 분배 문제와 관련해 다음과 같이 다분히 인간 감성에 호소하는 문제를 제기했다. "소득 격차의 차이는 우리 사회의 본질에 깊은 영향을 미친다. 어떤 사람들은 우주여행 티켓을 살 수 있는 반면 다른 사람들은 푸드뱅크에 줄을 서 있는 것은 분명히 중요한 문제다."(34쪽) 문제는 이런 양극화 현상이 더욱 심해질 것이라는 사실이다. 앞으로 줄기세포기술, 나노기술, 그리고 인공지능기술이 발달해 인간의 수명을 무한정 연장할 수 있는 획기적인 방법을 발견했을 때 소득 격차로 인해 지금으로는 상상할 수 없을 정도로 삶의 질에 엄청난 차이가 발생할 수 있다. 이런 문제가 만연하면 사회는 온전하게 유지되기 어렵다.
18. 토마 피케티(2013), 55쪽.
19. 이와 관련된 상세한 논의는 앞의 책, 55~57쪽을 참조하라.

방식으로 작동한다면 자본주의의 미래를 장담할 수 없을 뿐만 아니라 민주주의의 근간을 흔들어 놓을 수도 있다는 점을 강조했다. 민주주의의 근간마저 위태로울 수 있다는 것을 지적한 부분은 스티글리츠나 라이시와 동일하다. 그에 의하면 인류는 이런 상황이 발생하기 전에 자본주의의 진로를 수정해야 하는 절체절명絶體絶命의 위기에 처해 있다.

분배 문제에 관한 피케티 주장의 핵심은 자본주의 제1 기본법칙($\alpha = r \times \beta$)과 제2 기본법칙($\beta = s/g$)이라고 명명한 두 가지 기본법칙에 입각해 역사적으로 전개된 자본축적의 동학을 설명하는 데서 찾을 수 있다. 그의 주장에서 자본축적의 동학이 핵심이라는 점을 주목할 필요가 있다. 여기서 α는 자본소득분배율, β는 자본/국민소득 비율, s는 저축률, g는 경제성장률을 나타낸다. 그리고 이 두 기본법칙으로부터 $\alpha = r \times \beta = r \times s/g$가 유도된다. s가 대체로 안정된 범위 내에서 변동하므로 결국 자본소득분배율은 주로 r과 g의 관계에 의해 결정된다. 그리고 자본/국민소득 비율을 나타내는 β가 장기적으로 s/g로 수렴하는 이유는 해로드-도마의 경제성장모형에서 찾을 수 있다. 이것이 피케티가 채택한 유일한 이론 모형이다.

부와 소득의 불평등을 다룬 피케티의 논의는 단순히 수세기에 걸친 여러 나라의 실증자료를 바탕으로 불평등의 전개 과정을 해석하는 데 그치지 않고, 이런 방식으로 전개될 수밖에 없었던 경제적 상황을 간단한 공식을 통해 제시했다는 점에서 높이 평가받을 만하다. 이것은 그가 지적한 대로 과거 칼 마르크스Karl Marx가 아무런 자료 없이 추측에 입각해 자본주의의 미래를 전망했던 것보다 훨씬 더 과학적이고 객관적인 접근방법이다. 이와 관련해 역사학자 제리 멀러는 칼 마르크스가 당시 객관적인 입장에서 통계자료를 사용하지 않았고 오직 자신의 견해를 뒷받침하는 자료만 선별적으로 사용했다고 평가하면서 다음과 같이 지적했다. "자본론은 자본주의적 산업화의 비용에 대한 화끈한 초상화를 그려주고 있다. 그러나 그 그림은 전적으로 일방적인 것이고, 잘 균형 잡힌 분석이라기보다는 추문을 들추고 다니는 폭로성 보고서에 가까웠다. 당대 영국의 노동계층에 대한 마르크스의 보고서에서는 공장 노동자의 실질임금이 1850년과 1865년 사이에 17퍼센트나 올랐고, 산업 노동자의 주당 평균 노동시간이 실질적으로 줄어들고 있었다는 것 등에 대한 정보는 절대로 얻을 수 없다."[20] 이런 이유로 방대한 객관적인 자료를 바탕으로 불평등의 문제를 다룬 피케티의 노력이 더욱 돋보인다.

피케티가 전하는 핵심 메시지는 역사적으로 $r > g$라는 관계가 항상 성립했으며 이로 인해 자본축적이 극한으로 치달아 자본주의 자체를 위태롭게 할 수 있다는 것이다. 그러면서 이것은 역사적으로만 검증할 수 있는 명제라고 주장했다. 여기에는 일반적인 이론 모형이 없다는 것이다. 이것은 시장경제가 안고 있는 가장 핵심적인 문제점을 지적한 것이다. 분배 문제에 대해 이론적 근거를 제공할 수 없는 시스템은 건전하지 않을 뿐만 아니라 사회 자체의 존립을 위협할 수 있기 때문이다.

그런데 그가 이용한 모형을 보다 정교하게 확장해 국민경제에 있어서 기술 수준, 노동생산성, 저축률, 그리고 대체탄력성 등이 상호작용하는 가운데 평균적인 r과 g가 결정된다는 것을 입증할 수만 있다면 분배 문제와 관련된 일정한 법칙을 유도할 수 있을 것이다. 이런 의미에서 r과 g의 관계를 역사적인 관점에서만 해석할 수 있는 것으로 보는 데는 동의하기 어렵다. 이 문제와 관련해서는 더 많은 연구가 필요하다. 또한 이 법

---

20. 제리 멀러(2002), 299쪽.

칙은 나라에 따라 조금씩 다른 특성을 보일 것이며, 일시적으로는 앞의 부등식과 반대로 $r < g$인 경우도 배제할 수 없다. 그렇지만 그가 지적했듯이 이런 역관계가 장기적으로는 지속될 수 없을 것이다. 결국 $r > g$의 관계를 회복할 것이며, 역사적 경험은 이를 뒷받침한다. 그는 이것을 '자본의 귀환'이라 불렀고, 앳킨슨은 '불평등의 귀환'이라고 불렀다. 이런 의미에서 자본주의에는 불평등이 악화될 수밖에 없는 요인이 내재해 있다고 볼 수 있다. 이것을 여하히 극복하는가가 향후 자본주의의 미래에 결정적으로 중요하다.

피케티가 방대한 자료를 바탕으로 한 분석을 통해 부와 소득의 불평등에 관해 내린 결론은 예상했던 것보다 자본의 위력이 더욱 강해지고 있으며 특단의 조치가 없다면 21세기 말에 자본주의는 중대한 위기에 직면하게 된다는 것이다. 물론 위기의 원천은 소득과 부의 불평등의 심화다. 여기서 그는 소득의 불평등은 노동소득의 불평등, 자본소득의 불평등, 그리고 이 두 조건의 상호작용으로 인한 불평등으로 구성되어 있으므로 이들이 미치는 영향을 혼동해서는 안 된다는 점을 강조했다.

그러면서 피케티는 역사적으로 자본소득은 항상 노동소득보다 더 불평등하게 분배되어 왔다는 점을 강조했다. 이것은 그만큼 자본이 불평등하게 분배되어 있으며 동시에 자본수익률이 경제성장률을 비롯해 다른 지표보다 상대적으로 높았던 사실을 반영한다는 것이다. 문제는 앞으로도 이런 추세에 별다른 변화가 없을 것이라는 데 있다. 물론 1980년대 이후 영미권에서 슈퍼경영자가 등장해 노동소득의 불평등도 더욱 심해졌지만 글로벌 차원에서 불평등의 주요 원인은 여전히 자본과 관련되어 있다. 슈퍼경영자의 경우 상상을 초월하는 막대한 소득을 바탕으로 결국 자본가로 변신하기 때문이다. 이 문제는 스티글리츠와 라이시를 비롯한 여러 경제학자들도 지적했다.

방대한 자료에 바탕을 두고 있는 피케티의 분석은 궁극적으로 $r > g$라는 자본주의의 가장 중요한 모순으로 귀착된다. 1700년대 이래 프랑스와 영국, 그리고 다른 나라들의 역사적 자료에 의하면 수백 년 동안 r은 대체로 평균 4% 안팎에서 변동했던 반면 g는 평균 1%를 넘은 적이 없다는 것이다. 그리고 저성장이 불가피한 미래의 상황에 비추어 볼 때 앞으로도 이런 추세가 그대로 유지될 것으로 전망했다. 자본주의 시스템 자체가 위태로울 수도 있는 것이다.

피케티는 이를 방지하기 위해 '국가의 귀환', 즉 사회적 국가의 출현이 필요하다고 강조했다. 사회적 국가란 스웨덴을 비롯한 북구 여러 국가에서 채택하고 있는 복지국가 모델의 다른 이름으로 GDP 대비 정부예산이 40퍼센트 이상을 차지하는 국가를 말한다. 그는 이런 국가만이 실질적인 의미에서 불평등을 완화하는 복지정책을 실시할 수 있으며, 이들 정부 간 국제 공조를 바탕으로 누진적 글로벌 자본세를 실시해야 한다고 주장했다. 또한 그는 이런 자본세가 기존의 누진적 소득세 및 누진적 상속세와 상호보완적인 기능을 발휘하는 가운데 자본의 불평등을 완화하고 이를 바탕으로 소득의 불평등을 완화할 수 있는 과세제도임을 강조했다.

사실 피케티뿐만 아니라 스티글리츠나 앳킨슨을 비롯한 불평등 문제를 심각하게 생각하는 사람들은 모두 이런 제안에 원칙적으로 동의한다. 혁명적인 방법을 배제한다면 현실적으로 조세제도만이 소득 및 자본의 불평등을 개선할 수 있는 대표적인 수단이기 때문이다. 그러나 글로벌 차원에서 이 정책을 실행하는 데는 실질적으로 장애 요인이 너무 많기 때문에 사실상 실행하기 쉽지 않다. 피케티도 이 사실을 알고 있기 때문에 불평등을 완화하기 위한 최소한의 제도로서의 역할을 기대한다는 취지에서 자본세를 주장했던 것이다. 따라서 현실적으로 필요한 것은 누진적 글로벌 자본세보다는 실행 가능한 다른 방법을 강구하려는 노력이다.

이런 의미에서 경제학자 로버트 쉴러가 『새로운 금융시대』에서 언급했던 '불평등 연계 세제' 같은 정책을 고려해 볼 필요가 있다. 이 정책은 불평등의 정도에 따라 탄력적으로 조세제도를 운영하는 것을 골자로 하는데, 쉴러는 다음과 같이 주장했다. "불평등 연동제도 아래서는 각 세율 구간에 대해 고정된 소득 세율이 정해지는 게 아니라 세율이 세전 불평등의 통계적 측정치에 연결되는 방식이 이용된다. 소득 불평등이 악화되려고 하면 이런 연동세제에서는 자동적으로 누진세율이 적용된다. 이것은 불평등 문제에 대한 '금융적' 해결책이다."[21] 쉴러도 이와 같은 불평등 연계 세제만으로 분배 문제를 해결할 수 있다고 주장했던 것은 아니며 불평등을 완화할 수 있는 실천 가능한 대안을 제시했을 뿐이다.

그런데 어떤 정책을 채택하던 과세의 측면과 인센티브의 측면을 적절히 조화시켜야 한다는 점은 분명하다. 이런 의미에서 일찍이 아서 오쿤이 지적했던 것을 무시하기 어렵다. 어떤 조세정책을 실시하더라도 최선을 다하려는 의욕을 감퇴시키는 부작용을 최소화할 필요는 상존한다. 따라서 새로운 조세정책을 실시하려는 경우에는 이에 따른 부작용을 완화하기 위한 조치를 병행하는 것이 바람직하다. 그리고 이런 목적을 위해서는 금전적 측면보다는 도덕적 측면에 호소하는 것이 더 효과적일 수 있다. 이를테면 국제 빈곤퇴치 기금을 만들어 여기에 기부한 부자나 기업에 대해서는 감세 또는 면세 특권을 제공함과 동시에 국제기구에서 글로벌 차

21. 로버트 쉴러, 『새로운 금융의 시대』(2012), 332쪽. 이와 관련된 상세한 내용은 331~334쪽을 참조하라.

원에서 명예의 전당을 만들어 헌정獻呈하는 것이다. 이것은 단순한 아이디어에 불과하지만 이런 정신을 바탕으로 실행 가능한 방안을 도출하기 위한 국제적 공조가 절실한 시점이다.

한편 앳킨슨은 『불평등을 넘어』에서 단순히 조세제도를 통한 방안의 범위를 넘어 분배 문제를 해결하기 위해 구체적으로 15개의 방안을 제안했다.[22] 그가 제시한 방안들은 모든 분야에서 경제정책의 기본 방향을 바꿀 것을 전제로 한다. 그만큼 커다란 변화를 요구하는 제안들이므로 이에 대한 저항이 적지 않을 것으로 예상된다. 그럼에도 그가 제안한 방안들은 하나하나 깊이 생각해 볼 필요가 있는 것들이다. 여기에는 기술변화를 고려한 교육과 관련된 제안, 고용 문제와 관련된 제안, 국가 차원에서 임금정책과 관련된 제안, 저축에 대한 플러스 실질금리를 보장해 주는 방안, 누진적 소득세와 누진적 재산세와 관련된 제안, 모든 어린이에게 자녀수당을 지급하는 방안, 사회보험을 강화하는 방안 등 경제 전반에 걸쳐 분배 문제를 근본적으로 해결하는 데 기여할 수 있는 방안들이 망라되어 있다. 앳킨슨이 이런 포괄적인 제안을 한 이유는 불평등 문제를 자본주의 시장경제에서 가장 심각한 문제라고 인식하고 있기 때문이다. 이런 점에서 분배 문제는 존재하지 않는다는 신고전학파 경제이론을 신봉하는 경제학자들과 대척점에 있지만 어떤 견해가 현실을 제대로 반영하고 있는지는 이미 판명이 났다. 지금 우리에게 중요한 것은, 분배 문제는 분명 존재할 뿐만 아니라 시장경제의 미래를 위협할 수 있는 심각한 문제임을 인식하는 것이다.

---

22. 앤서니 앳킨슨은 이 책 전반에서 이러한 15가지 제안의 필요성과 이로부터 기대되는 효과를 설명했다. 40여 년에 걸쳐 불평등 문제를 깊이 연구해 온 세계적인 학자의 깊은 고뇌와 지혜를 엿볼 수 있다.

분배 문제는 실로 복잡한 문제다. 이 문제를 타개하기 위해서는 소득과 부의 공정한 분배에 관한 정치철학적 논의, 자본주의 시장경제에서 사유재산의 범위와 한계에 관한 합의, 정부 개입의 정당성에 관한 논의, 인간의 기본권에 대한 법적 · 철학적 논의, 공동체가 추구해야 하는 공동선에 관한 합의 등 실로 다양한 주제들에 대한 사회적 합의가 필요하다. 그렇지 않으면 불평등을 완화하려는 어떤 시도도 반드시 역풍을 맞게 될 것이기 때문이다. 이런 의미에서 분배 문제는 문화와도 밀접하게 관련되어 있다는 점을 인식할 필요가 있다.

오늘날 우리가 해야 할 일은 이런 문제의식을 바탕으로 사회적으로 '용인할 수 있는 불평등의 정도'에 관해 충분히 논의한 후 이와 관련해 다수가 수용할 수 있는 사회적 합의를 도출하는 것이다. 그런데 한국사회에서는 용인할 수 있는 불평등의 정도에 대한 논의가 전혀 이루어지지 않고 있으며 미국과 다른 국가의 경우도 마찬가지다. 실제로 피케티나 스티글리츠, 그리고 앳킨슨을 비롯해 분배 문제에 대한 세계적인 전문가들도 이와 관련된 일반적인 기준을 제시하지 못하고 있다. 그만큼 이것은 쉽지 않은 문제임은 분명하지만 반드시 합의점을 도출해야 하는 문제이기도 하다. 앳킨슨이 다음과 같이 언급한 것은 이 문제와 관련해 여전히 희망이 존재한다는 것을 보여준다. "1980년 이후 우리가 '불평등의 회귀'를 목격한 것은 사실이며, 21세기는 인구 고령화, 기후변화, 그리고 글로벌 불균형 면에서 여러 도전을 불러오고 있다. 그러나 이런 문제에 대한 해법은 우리 손안에 있다. 우리가 오늘날 더욱 거대해진 부를 이러한 도전에 기꺼이 맞서는 데 쓰려고 한다면, 그리고 자원을 덜 불평등하게 나눠야 한다는 것을 받아들인다면, 분명 미래를 낙관할 근거가 있다."[23] 앳킨슨도 우리에게 희망을 줄 수 있는 해법은 우리 손안에 있음을 강조했다. 필자는 이것이 분리의식을 극복해야 한다는 보편적인 명제의 다른 표현이라고 생각한다. 결국 모든 변화의 원천은 우리의 의식 수준에 달려 있다. 분리의식을 어느 정도 극복할 수 있는가에 따라 분배 문제에 대한 해결방안을 모색하려는 노력의 성패가 좌우될 것이다.

3. 시장경제와 위험 · 정보 문제

시장경제에서는 누구나 여러 가지 위험에 노출되어 있다. 개인만이 아니라 기업, 나아가 정부도 예외가 아니다. 부자든 가난한 사람이든, 대기업이든 중소기업이든, 강력한 정부든 약한 정부든 모든 주체들은 위험으로부터 자유롭지 않다. 엄밀하게 말하면 시장경제만이 아니라 인류 역사 이래 모든 경제시스템에는 항상 다양한 위험이 존재했다. 위험으로부터 자유로웠던 시대나 지역은 없었으며 지금도 그러하고 앞으로도 그러할 것이다. 이 점을 강조하는 이유는 자본주의 시장경제를 비판했던 사람들 가운데 위험 문제에 대처하는 구체적인 대응방안을 제시한 사람은 거의 없었기 때문이다. 이 문제에 대한 논의 없이 시장경제를 비판하는 데는 분명 한계가 있다.

여기서 말하는 위험, 즉 리스크는 시카고대학의 프랭크 나이트 교수가 정의했던 '측정 가능한 불확실성'을 의미한다. 나이트는 불확실성을 측정 가능한 불확실성과 '측정 불가능한 불확실성'으로 구분한 후 전자는 위험, 후자는 문자 그대로 순수한 불확실성을 지칭하는데 이 둘은 근본적으로 다르다고 말했다.[24] 그리고 나이트는 측정 가능한 불확실성이란

23. 앤서니 앳킨슨(2015), 429쪽.

24. 프랭크 나이트는 *Risk, Uncertainty and Profit*(1921)에서 다음과 같이 말했다. "측정 가

곧 수량화할 수 있다는 의미라고 말했다. 따라서 '측정 가능하다는 것'은 곧 '확률을 부여할 수 있는 것'으로 해석할 수 있다. 왜냐하면 미래의 실현 가능한 불확실한 상태들에 확률을 부여할 수 있는 경우에만 예상되는 결과를 수량화할 수 있기 때문이다. 간단한 동전 맞히기 게임 또는 카지노에서 룰렛이나 블랙잭 게임을 하는 경우를 생각해 보면 이해할 수 있을 것이다.[25] 이런 의미에서 확률은 주류 경제학에서 매우 중요한 개념이다. 효율적 시장 가설이나 합리적 기대 가설은 확률을 전제하지 않고는 성립할 수 없기 때문이다.

그런데 문제는 현실의 시장경제에서 사람들이 불확실성 하에서 의사결정을 하는 경우 확률을 감안해서 행동하는 것이 보편적인가 하는 점이다. 이에 대해 부정적인 입장을 보인 대표적인 사람이 바로 존 메이너드 케인스John Maynard Keynes다. 그는 사람들이 확률을 감안해 모든 것을 수량화해서 비교한 후 투자 결정을 하는 것이 아니라 대체로 본능이나 감정에 의존해 결정을 내린다고 보았다. 케인스는 『고용, 이자, 화폐의 일반이론』에서 다음과 같이 말했다. "무엇인가 적극적인 행동을 하기로 하는 우리의 결정이 가져오는 결과가 전부 다 실현되려면 여러 해에 걸친 긴 시간

능한 불확실성 또는 위험은 측정 불가능한 불확실성과는 현저하게 다르므로 위험은 사실상 불확실성이 아니다."(20쪽) 이와 같이 두 개념을 분명히 구분한 뒤 나이트는 수량화할 수 없는 측정 불가능한 불확실성이 진정한 불확실성이며 이것이 이윤의 원천이라고 말했다. 그러면서 현실에서는 위험과 불확실성을 구분하지 않고 사용하는 경향이 있다고 지적했다. 이것은 지금도 마찬가지인데 이유는 이 둘을 구분하기 어려운 경우가 많기 때문이다.

25. 프랭크 나이트가 이런 관점에서 위험을 정의할 당시에는 주관적 확률이론이 제대로 정립되지 않았기 때문에 확률은 오직 객관적 확률을 의미했다. 그러나 객관적 확률은 카지노에서 벌어지는 도박에만 적용될 수 있는 제한적 개념이다. 이런 의미에서 통계학자 레너드 새비지(Leonard Savage)가 *The Foundations of Statistics*(1954)에서 주관적 확률이론을 제안한 이후 비로소 위험에 관한 이론이 체계적으로 형성되었다고 할 수 있다.

이 필요하겠지만, 그러한 결정 자체는 수량화된 이익을 수량화된 확률과 곱해서 얻는 수량화된 이익의 가중평균에 따른 결과로서가 아니라, 오직 야성적 충동animal spirits, 즉 행동하지 않고 가만히 있기보다는 행동하고자 하는 내적 충동의 결과로서만 내려질 수 있다."[26]

야성적 충동이라는 용어는 케인스 이전에도 종종 사용되었지만 이것을 유명하게 만든 사람은 케인스다. 이런 점에서는 보이지 않는 손의 경우도 마찬가지이다. 이 용어도 애덤 스미스 이전에 자주 사용되었지만 이것을 유명하게 만든 사람은 애덤 스미스였기 때문이다. 야성적 충동은 확률에 의존하지 않고, 즉 본능이나 감정과 같이 비합리적인 요인에 의존해 의사결정을 내리는 것이 불확실성의 본질을 정확하게 이해하고 행동하는 것이라는 메시지를 전하고 있다. 그만큼 확률을 부여할 수 있는 상황이 많지 않다는 뜻이다. 그럼에도 주류 경제학에서는 확률을 전제로 하는 경우에만 연역적인 방법을 사용해 일반적인 이론 모형을 만들 수 있기 때문에 이런 입장을 고수하고 있는 것이다.

이와 관련된 논쟁은 매우 복잡할 뿐만 아니라 여기서 다룰 수 있는 성질의 문제가 아니다. 그럼에도 이것을 거론한 이유는 위험 하에서의 합리적 행동과 야성적 충동에 입각한 비합리적 행동은 주류 경제학과 행동경제학의 입장을 대변하고 있기 때문이다. 확률을 부여한 후 위험 하에서의 합리적 행동에 관한 주류 경제학의 이론 모형은 매우 정교하게 발전해 왔으며 효율적 시장 가설과 합리적 기대 가설에서 절정을 이루었다. 반면 야성적 충동에 기초한 이론 모형은 현실적인 타당성에도 불구하고 아직 충분히 개발되지 않은 실정이다.[27] 향후 이 분야에서 위험과 관련된 주류

26. 존 메이너드 케인스, 『고용, 이자, 화폐의 일반이론』(1936), 198~199쪽.

27. 조지 애커로프 · 로버트 쉴러는 『야성적 충동』(2009)에서 야성적 충동의 원천에 해당되는

경제학의 이론 모형을 대체할 수 있을 정도로 성과가 축적되지 않는다면 패러다임의 전환 논리에 의해 기존 이론 모형이 그대로 사용될 것이다.

물론 확률을 부여함으로써 불확실성을 측정 가능한 것으로 전환시켜 수량화를 시도한 후 이를 바탕으로 합리적인 의사결정을 내린다는 주류 경제학의 방법론이 모두 비현실적이고 무의미한 것은 아니다. 따라서 주류 경제학도 이 문제와 관련해 기존의 약점을 보완한다면 현실을 제대로 설명하는 이론으로서의 위상을 회복할 수 있다. 이런 의미에서도 효율적 시장 가설과 합리적 기대 가설을 수정·보완하는 것은 주류 경제학의 정통성을 위해 절실한 과제다.

인류가 지구에 출현한 이후 위험으로부터 자유로웠던 적은 단 한 번도 없었다. 위험은 항상 인간의 생존을 위협하는 가장 두려운 대상으로서 경제활동에 영향을 미치는 데 그치지 않고 삶 전체를 좌우하는 요인이었다. 그래서 누구나 위험을 제거하거나 피하고자 했지만 이를 관리하는 방법을 터득하기 시작한 것은 비교적 최근의 일이다. 즉, 시장이 발달하고 나서야 비로소 효과적으로 위험에 대처할 수 있는 다양한 방안들이 강구되기 시작했다.[28] 시장경제가 확립되기 이전 시대에는 위험을 제대로 인식하지 못했기 때문에 이에 대처하는 방법은 생각조차 하지 못했다. 이런 의미에서 시장경제를 제외한 다른 경제시스템은 근본적인 한계를 내포하

다섯 가지 요인으로 자신감, 공정성, 부패와 악의, 화폐 착각, 그리고 이야기를 들었다. 그리고 이들은 이런 요인들이 실제로 거시경제의 여러 문제들, 예컨대 경기순환, 중앙은행의 역할, 실업, 금융시장의 변동성 등을 설명하는 데 탁월하다는 점을 부각시킴으로써 야성적 충동에 기반을 둔 이론 모형을 정립하려 했다. 이것은 분명 중요한 시도였다. 그렇지만 아직 이 분야의 연구가 충분하다고 하기 어려운 실정이다.

28. 금융전문가 피터 번스타인(Peter Bernstein)은 『리스크』(2008)에서 르네상스 시대부터 현대에 이르기까지 위험을 관리하는 다양한 방법의 진화에 관한 내용을 체계적으로 잘 정리해 주었다.

고 있었다고 평가할 수 있다.

이런 주장의 타당성을 검토하기 전에 먼저 위험의 원천, 즉 위험이 무엇으로부터 발생하는지 살펴보기로 하자. 여기서는 위험의 원천을 크게 셋으로 분류하고자 한다. 첫째는 자연이 창출하는 위험이고, 둘째는 인간이 창출하는 위험, 셋째는 제도가 창출하는 위험이다.[29] 자연이 창출하는 대표적인 위험으로는 가뭄, 홍수, 기상이변, 전염병, 그리고 지진 등을 들 수 있다. 인류 역사는 이런 사건들로 인해 발생한 재난과 재앙에 대한 기록으로 가득 차 있다. 인류 역사의 초기에는 이런 위험에 속수무책으로 노출될 수밖에 없었다. 그렇지만 문명이 발달하고 인간의 지적 수준이 상승함에 따라 이런 위험에 대처하는 효과적인 방법을 강구하기 시작했다. 물론 이런 위험의 특성상 원천적으로 제거하는 것은 불가능하지만 적어도 이로 인한 피해 규모를 최소화하거나 피해를 입은 사람들이 감당해야 하는 금전적 부담을 줄여주는 방향으로 발전해 온 것은 사실이다. 이 과정에서 시장은 보험이라는 상품을 고안함으로써 이런 위험에 대처하는 방안을 마련하는 데 기여했다. 물론 이런 위험의 성격상 보험의 역할에는 명백한 한계가 있다. 그렇지만 위험에 대비하는 수단을 제공한다는 측면에서 다른 경제시스템보다 우월하다는 사실에는 변함이 없다.

다음으로 인간이 창출하는 위험과 시장경제와의 관계를 살펴보자. 인간은 매우 복잡한 존재이기 때문에 어떤 행동을 할지 예측하기 어려운 경우가 보편적이다. 합리적인 사람일수록 상대적으로 예측하기 쉬운 반면, 비합리적인 사람은 어떻게 행동할지 종잡을 수 없는 경우가 보통이다. 이 점은 인간의 경제활동에 국한하더라도 마찬가지다. 우리는 일반

29. 이러한 세 가지 위험의 원천에 대한 상세한 설명은 필자의 『위험의 경제학』(2006), 2장을 참조하라.

적으로 누가 합리적이고, 누가 비합리적인지 제대로 알지 못하는 가운데 거래를 해야 하는 상황에 처하게 된다. 여기서 말하는 인간이 창출하는 위험은 주로 거래 과정에서 발생한다. 따라서 거래가 없으면 이런 위험도 사라진다. 예를 들면 자급자족경제에서는 이런 위험으로 고민할 필요가 없다. 그런데 인류는 활발한 거래를 통해 경제적 풍요를 이룩했으며 앞으로도 이 사실은 변하지 않을 것이다. 활발한 거래를 바탕으로 하는 시장경제에서는 이런 위험에 대한 다양한 대응방안들이 고안되어 왔다. 여기에는 보험뿐만 아니라 평판이라든가 선별기능 등이 포함될 수 있다. 이런 면에서 시장경제는 인간이 창출하는 위험과 함께 공진화해 왔다고 할 수 있다.

마지막으로 제도가 창출하는 위험은 법률체계로 대표되는 공식적인 제도뿐만이 아니라 문화와 사회규범으로 전승되는 비공식적인 제도를 망라하는 넓은 의미의 제도로 인해 발생하는 위험을 지칭한다. 따라서 각 나라의 고유한 제도적 특성으로 인해 이런 위험의 성격에도 차이가 있게 마련이다. 예컨대 미국에서는 상당히 큰 위험이 한국에서는 그다지 큰 위험이 아닐 수도 있으며 그 반대의 경우도 가능하다. 예컨대 미국에서는 의료보험이 상업적으로 운영됨에 따라 고가의 보험료로 인해 상당수의 미국인들이 의료보험의 혜택을 전혀 받지 못하고 있는 실정이다. 반면 한국의 경우 법률에 의해 강제적으로 운영되는 건강보험의 특성으로 인해 모든 국민이 일정 수준의 의료 서비스를 보장받고 있다. 이것은 의료보험과 관련된 제도적 차이로 인해 발생하는 위험에 해당한다. 여러 나라를 비교하면 이와 유사하게 제도가 창출하는 위험에 상당한 차이가 있는 사례들을 많이 발견할 수 있을 것이다.

일반적으로 현실에서는 이와 같은 위험의 세 가지 원천이 상호작용하는 가운데 여러 종류의 위험이 발생하게 된다. 이것이 위험의 원천과 다양성에 대한 필자의 견해다. 예를 들어 중동발 테러나 국지전으로 인한 위험은 인간과 제도의 복합적인 작용으로 발생하는 것이다. 기후변화로 인한 위험은 자연과 인간, 그리고 제도가 복합적으로 작용해 발생하는 위험에 해당한다. 1929년 대공황과 2008년 금융위기, 그리고 그간 발생했던 크고 작은 금융위기들은 모두 인간과 제도의 복합적인 작용으로 인해 발생했던 위험에 해당한다. 현실에서 우리가 직면하게 되는 어떤 종류의 위험도 이런 관점에서 해석할 수 있다. 위험이 발생하게 되는 원천을 이해한다는 것은 곧 이에 대한 대응방안을 마련하기 위한 전제조건이라 할 수 있다. 원인을 정확하게 알아야 대책을 마련할 수 있기 때문이다.

여기서 시장경제는 과연 이와 같이 다양한 위험에 효과적으로 대응할 수 있는 경제시스템인가 하는 의문을 제기할 수 있다. 이미 앞에서 언급했듯이 시장경제는 시장 특유의 자기조직화의 원리에 의해 위험에 대응할 수 있는 방안을 스스로 마련할 수 있는 유일한 시스템이다. 다른 경제시스템—예컨대 공산주의나 사회주의 등—은 모두 위험에 대처할 수 있는 효과적인 수단이나 방안을 제공할 수 있는 내재적인 기능을 갖지 못했다. 이런 시스템에서는 위험을 수량화함으로써 위험을 사람들 간에 거래할 수 있는 대상으로 상품화하는 데 필수적인 데이터의 축적과 제도의 정비가 사실상 불가능하기 때문이다. 이 점을 뒷받침하는 명백한 증거는 이런 경제시스템들은 더 이상 존재하지 않는다는 사실이다. 각종 위험을 제대로 관리하지 못했기 때문에 시스템이 붕괴했다고 해석해도 무리가 없다. 시장경제만이 각종 위험에 효과적으로 대처할 수 있는 수단과 방안을 제공할 수 있다는 사실은 역사적으로도 입증되었다.

그렇다고 이것이 시장경제가 항상 위험에 효과적으로 대응해 왔다는 것을 의미하지는 않는다. 과거의 대공황과 주기적으로 발생하는 경기침체와 금융위기 등은 모두 위험을 효과적으로 관리하지 못했다는 증거이기 때문이다. 따라서 우리가 관심을 가져야 할 것은 현실에서 발생하는 다양한 위험에 효과적으로 대처할 수 있는 시장경제를 구축하는 실천적인 방법을 강구하는 것이다. 구체적으로 말하면 2008년 금융위기와 같은 극단적인 위험 상황을 원천적으로 해소할 수 있는 방안을 마련해야 한다.

이와 관련된 본격적인 논의는 본서의 범위를 벗어난 것이지만 금융상품의 대극적 특성이라는 관점에서 간략하게 논하고자 한다. 오늘날 자본주의 시장경제에서 자본시장과 외환시장에서 발생하는 위험은 상당히 위협적이다. 특히 이런 시장에 참여하지 않은 다른 사람들도 위험에 노출되어 있다는 점에서 그러하다. 예컨대 환율이 요동치면 외환을 거래하지 않는 일반인들도 피해를 입을 수 있다. 이에 관한 논의에 앞서 우선 선물이나 옵션 같은 파생상품의 특성을 이해할 필요가 있다. 선물과 옵션 같은 파생상품은 원래 위험에 대비하기 위한 수단으로, 즉 헤징hedging을 위해 개발된 것이다. 이론적으로는 선물과 옵션을 이용해 적절한 포지션을 구축함으로써 미래의 가격위험에 효과적으로 대비할 수 있기 때문이다. 이것이 이들 파생상품이 등장하게 된 이론적 배경이다.[30]

그런데 금융자본이 부상하면서 시장참여자들은 이런 파생상품들을 헤징을 위한 수단으로 사용하는 데 머물지 않고 적극적으로 투기적 목적으로 사용하기 시작했다. 이런 추세가 확산되고 강화된 데는 자본시장이 자유화되어 자본의 이동성이 크게 증가했고 정보기술의 발달로 컴퓨터

---

30. 앞에서 언급했던 스티븐 로스의 "Options and Efficiency," *The Quarterly Journal of Economics*(1976), Vol.90, pp.75~89는 이와 관련된 이론적 근거를 제공했던 대표적인 논문이다.

프로그램을 이용해 빛의 속도로 거래할 수 있게 되었던 요인들이 크게 작용했다. 원래 위험에 대처하기 위한 수단으로 고안된 금융상품들이 지금은 위험을 감수하면서 투기적 이득을 추구하는 수단으로 전환된 것이다. 이것도 일종의 대극의 반전에 해당한다. 따라서 파생상품의 원래의 경제적 의의를 회복할 수 있는 경제환경을 만들 수만 있다면 이런 부작용을 근본적으로 해소할 수 있다. 만약 이런 상황으로 되돌릴 수 있다면, 이것은 일종의 대극의 조화로 해석할 수 있다. 금융상품에 내재한 두 가지 상반된 속성을 적절하게 조화시킨다는 의미다. 이런 논리는 비단 금융상품에만 해당되는 것이 아니다. 위험에 대비하게 위해 고안된 수단들은 그것이 무엇이든 원래 의도와는 반대로 사용될 가능성을 내재하고 있다는 사실을 이해한다면 이런 인식을 바탕으로 문제의 해결방안을 모색할 수 있다. 시장경제의 규칙을 제대로 확립하는 것이 바로 이런 해결방안을 찾는 지름길이다.

이상 간략하게 시장경제에서의 위험의 의의에 대해 살펴보았다. 여기서 다시 강조하지만 시장경제를 찬양하거나 비판하는 어떤 논의든 위험 문제를 다루는 구체적인 방법에 대한 언급이 없다면 모두 불충분한 논의에 그치고 말 것이다.[31] 시장경제는 스스로 다양한 위험을 창출한다는 점에서 다른 경제시스템과 다르다. 그렇지만 시장경제는 또한 이런 위험에 대비할 수 있는 여러 가지 수단들을 강구해 왔다는 점에서도 다른 경제시스템과 본질적으로 다르다. 이런 양면성을 적절하게 조화시킨다면

31. 이런 관점에서 볼 때 자유시장을 지지했던 프리드리히 하이에크(1944)와 밀턴 프리드먼(2002)의 주장, 그리고 자유시장에 대한 비판적인 견해를 피력했던 칼 폴라니(1944)의 주장은 신중하게 평가해야 한다. 왜냐하면 이들의 논의에는 위험에 대한 대처방안이 빠져 있기 때문이다.

시장경제는 위험 문제를 효과적으로 관리할 수 있는 잠재력을 갖고 있다. 1980년 신자유주의 정책이 득세하기 이전 자본주의 시장경제는 이런 가능성을 보여주었다. 아직도 여전히 이런 가능성이 존재한다는 것이 시장경제의 강점이다. 시장경제는 위험과 함께 공진화하는 시스템이기 때문이다.

그런데 이상의 논의에서 한 가지 간과한 것이 있다. 바로 정보 문제다. 사실 정보는 인류 역사에서 개체 차원과 집단 차원을 망라해 생존과 번영을 위해 가장 중요한 요소였다. 수렵 · 채집 시대에도 그러했고, 농경문화가 정착한 후에도 그러했으며, 봉건시대를 거쳐 자본주의가 등장한 후에도 그러했다. 오늘날 정보화 시대에서 정보의 중요성은 절정에 달했다고 할 수 있다. 앞으로 인간 수준의 인공지능, 즉 범용인공지능AGI이 발달한다면 정보는 사실상 모든 면에서 가장 강력한 영향력을 갖는 요소로서의 지위를 더욱 공고히 할 것으로 전망된다. 즉, 모든 것은 정보로 귀착될 것이다.

인류가 사회공동체를 형성한 이래 정보는 특정 개인이나 집단이 독점할 수 있는 대상이 아니었다. 일찍이 프리드리히 하이에크가 두 가지 종류의 지식을 구분한 것은 정보를 두 가지로 구분한 것으로 해석할 수 있다. 오늘날의 용어로 표현하면 공적 정보public information와 사적 정보private information로 해석할 수 있다는 의미다. 정확한 비유는 아니지만 대체로 공적 정보는 과학 지식과 같이 모두에게 알려진 것인 반면 개인의 특수한 상황에 대한 지식은 자신만이 알고 있는 사적 정보라는 의미에서 그러하다는 뜻이다. 여기서 수많은 사람들은 각자 고유한 정보를 보유한 가운데 의사결정을 내리는 상황에서 개별 주체가 최대한 많은 정보를 공유할 수 있도록 하는 경제시스템은 무엇인가 하는 문제를 생각해 볼 수 있다. 이

점에서는 시장경제가 가장 우수하다는 데는 이론異論의 여지가 없다.

시장경제의 가장 큰 장점은 시장에 산재해 있는 정보를 집계해서 모든 사람들에게 전달해 주는 신호체계의 역할을 하는 가격체계가 작동한다는 사실이다. 시장경제와 대척점에 있는 중앙집권적 경제체제는 이런 면에서 최악의 경제시스템이라 할 수 있다. 이런 시스템에는 경제 전반에 산재해 있는 다양한 정보를 집계해서 모두에게 전달해 줄 수 있는 신호체계가 존재하지 않기 때문이다. 명령은 절대로 이런 복잡한 기능을 수행할 수 없다. 이런 점에서 하이에크가 시장의 정보적 측면을 강조한 것은 당시로서는 놀라운 통찰이라 할 수 있다.

사회를 구성하는 개별 주체와 다양한 조직들, 즉 기업이나 비영리단체 및 정부를 망라한 모든 주체들은 위험과 정보를 동시에 고려하면서 끊임없이 의사결정을 내린다. 어떤 경제시스템에서도 위험과 정보는 불가분의 관계에 있기 때문에 이 둘은 항상 같이 다루어야 한다. 위험이 존재하지 않는다면 더 이상 정보는 필요하지 않으며, 정보가 필요하다는 것은 곧 위험에 직면해서 의사결정을 내려야 한다는 것을 의미하기 때문이다. 이 과정에서 위험의 종류와 속성을 제대로 파악하고 이에 적합한 정보를 얻어 효율적으로 의사결정을 내릴 수 있도록 하는 경제시스템으로는 시장경제가 유일하다. 다른 어떤 경제시스템도 이런 기능을 제대로 수행하지 못한다는 것은 이미 역사적으로 입증되었다. 따라서 우리에게 주어진 과제는 위험에 효과적으로 대처할 수 있도록 보다 정확한 정보를 생성해 전달해 준다는 측면에서 더 나은 시장경제를 모색하는 것이다. 현재 진행되고 있는 인터넷과 모바일 혁명은 이런 방향으로 나아가고 있다는 뚜렷한 증거라 할 수 있다.

Understanding the Market Economy
part three

더 나은 시장경제를 위하여

제8장 패러다임의 전환과 시장경제의 전망

제9장 더 나은 시장경제를 위한 제안

시장경제는 애증의 대상이다. 시장경제가 개인의 선택의 자유를 확대해 주고 마음껏 재능을 발휘할 수 있는 기회를 제공한다는 점에서 다른 어떤 경제시스템보다 탁월하다는 데 대부분 수긍할 것이다. 반면 부와 소득의 불평등을 완화할 수 있는 내재적 메커니즘이 존재하지 않는 가운데 교묘한 구조화 논리로 사람들을 미혹해 양극화 현상을 정당화하고 인간 소외를 부추긴다는 데 대해서도 대부분 동의할 것이다. 이와 같이 선과 악이라는 양면을 동시에 보유하고 있는 것 또한 시장경제의 본질이다. 애증과 선악, 이런 대극성을 본질로 하는 시장경제는 시간과 공간의 축을 따라 다양한 형태로 진화해 왔다. 따라서 시장경제의 표준모형이란 존재하지 않으며 다양한 시장경제의 스펙트럼만 존재할 뿐이다. 개별 시장경제가 현재 점유하고 있는 스펙트럼 상의 위치를 알더라도 앞으로 어떻게 진화할 것인지 정확하게 예측하기 어렵다. 시장경제는 특정 개인이나 소수의 계획의 산물이 아니기 때문이다. 시장경제를 진화하는 복잡 적응 시스템의 일종으로 이해하는 것이 시장경제의 문제를 해결하는 데 유익하다는 증거가 점점 더 많이 축적되고 있다. 이 점을 무시하는 것은 결코 과학적 태도라 할 수 없다.

어떤 시장경제에서도 효율성과 공평성은 반드시 실현해야 하는 소중한 가치다. 경제적인 측면과 규범적인 측면에서 공히 그러하다. 그런데 효율성은 자유와, 공평성은 평등과 밀접하게 관련되어 있다는 사실은 두 개념이 대극적인 관계에 있음을 의미한다. 과거에는 이런 대극성을 잘못 이해해 효율성과 공평성을 상충적인 가치로 해석했지만, 오늘날에는 상보적인 가치로 해석하는 것이 옳다는 인식이 점차 확산되고 있다. 그렇지만 현실에서는 여전히 이에 대한 저항이 강하다. 특히 시장경제의 규칙을 제정하는 데 영향력을 행사하고 있는 소수의 특권 세력은 선택의 자유를 보호하기 위해서는 불평등이 불가피하다는 인식에서 좀처럼 벗어나지 못하고 있다. 이것 또한 패러다임의 전환이 쉽지 않다는 것을 보여주는 증거다.

시장경제가 진정한 의미에서 자유시장의 이상을 실현하고 있다면 효율성과 공평성의 상보적인 관계를 유지하기 위해 정부가 인위적으로 개입할 명분은 사라질 것이다. 이런 경우 시장이 다 알아서 해결해 준다고 말할 수 있기 때문이다. 이것이 시장지상주의자들의 관점이다. 그런데 현실의 시장은 이상적인 자유시장과는 한참 거리가 있다. 예를 들어 우리나라의 경우 소수의 기업집단들이 마치 중세 유럽에서 봉건영주들이 장원을 지배했던 것처럼 한국경제를 분할한 가운데 막강한 영향력을 행사하고 있다는 의미에서 봉건 시스템에 더 가깝다 해도 과언이 아니다. 또한 모든 사람들이 공평하게 동일한 자원을 갖고 시작한 경우에도 진화 과정에서 발생하는 우연적인 요인들로 인해 불평등이 창발할 수밖에 없다는 연구 결과도 적지 않다.[1] 이런 측면을 언급하는 이유는, 시장경제가 자연과 같이 진화하는 시스템이라는 것은 큰 틀에서는 맞지만 세부적인 관

1. 데이비드 오렐(2011)은 모든 사람들이 동일한 초기 부존자원을 갖고 시작한 시장 모형에서 시간이 지남에 따라 자연스럽게 불평등이 창발하는 현상을 보여주었다. 또한 여러 차례의 컴퓨터 시뮬레이션 결과 우연이라는 요소에 의해서도 불평등이 자연스럽게 출현할 수 있다는 것이 입증되었다고 주장했다. 이와 관련해 오렐은 다음과 같이 말했다. "이 실험(사람들에게 각각 100달러씩 나눠주고 평균적으로 이윤이 0이고 표준편차가 5퍼센트인 주식시장에 투자하도록 하는 실험)을 지속할수록 부는 점점 더 집중되어 극소수의 사람이 전체의 부를 좌우하는 상황이 되고 만다. 만일 우리가 이 집단 속에 무작위로 태어난다면 경제적 엘리트가 될 가능성은 무시해 버려도 좋을 만큼 작다. 따라서 경제를 지배하는 법칙이 대칭적이고 비차별적이라고 하더라도 체계는 점점 불평등한 상태로 진화해 간다. 시간이 문제다."(243쪽) 에릭 바인하커(2006)도 컴퓨터 시뮬레이션을 통해 오렐과 유사한 결과를 얻었다. 그의 책 4장을 참조하라. 이들 주장의 공통점은 시장경제의 진화 과정에서 불평등은 피할 수 없다는 것이다. 앤서니 앳킨슨(2015)이 과정의 불평등뿐만 아니라 결과의 불평등도 무시할 수 없다고 지적한 것은 이런 상황까지도 고려한 것으로 볼 수 있다.

점에서는 차이가 있다고 생각하기 때문이다. 시장경제를 자기조직화의 원리에 맡겨두는 데는 분명 한계가 있다.

시장경제는 복잡한 시스템으로서 자기조직화의 원리에 의해 복잡성과 다양성을 증가시켜 왔다는 점에서 자생적 질서의 면모를 보여준다. 동시에 법과 제도에 기초한 기업을 중심으로 생산, 분배 및 소비와 같은 다양한 경제활동이 조정되어 왔다는 점에서는 인위적 질서의 측면도 보유하고 있다.[2] 왜냐하면 경제활동의 규칙들이 법과 제도로 정착하는 과정에서 항상 소수의 특권 계층이 상대적으로 큰 영향력을 행사해 왔기 때문이다. 이것은 인류 역사가 증명하는 사실이다. 물론 민주주의 국가에서는 과거에 비해 이런 경향이 어느 정도 약화된 것은 사실이지만 경제규칙들이 공정하게 제정되었던 적은 없었다. 이런 점에서 금융자본과 기업, 특히 대기업은 시장경제의 역설적인 측면을 상징한다.

오늘날 금융자본의 과도한 영향력과 대기업의 막강한 경제력은 이원론적 · 기계적 세계관을 바탕으로 형성된 것이다. 모든 것이 분리되어 있다는 세계관은 인류가 진화 과정에서 획득한 이기심과 이타심 중 이기심을 더욱 조장함으로써 이들 간의 조화, 즉 대극의 조화를 방해해 왔다. 효율성은 개체 수준의 선택에서 개체의 생존과 번식에 유리하게 작용해 왔

2. 에릭 바인하커(2006)는 시장경제에서는 물리적 기술, 사회적 기술, 그리고 사업계획이라는 세 가지 요소가 공진화해 왔다고 말했다. 그 결과로 시장경제가 복잡성과 다양성을 가진 시스템으로 진화했다는 것이다. 바인하커는 "사회적 기술은 목표를 추구하면서 사람들을 조직하는 방법 및 디자인이다"라고 정의했다. 여기에는 구체적으로는 법률 규정, 재산권 존재, 잘 조직된 금융제도, 경제적 투명성 등 여러 가지 사회적 · 제도적 요인들이 포함된다. 한마디로 사회적 기술은 제도 이상의 의미를 갖는다. 바인하커는 사회적 기술도 진화 과정을 거쳐 선택되어 왔다고 말하지만 여기에는 오해의 소지가 있다. 이런 과정에서 특정 계층의 이해관계가 큰 영향력을 행사해 사회적 기술의 진화에 개입할 수 있기 때문이다. 이 점을 간과해서는 안 될 것이다. 사회적 기술에 관한 상세한 내용은 그의 책 12장을 참조하라.

던 반면, 공평성은 집단 수준의 선택에서 집단의 생존에 유리하게 작용했다. 그럼으로써 간접적으로 개체의 생존과 번식에 긍정적인 영향을 미쳐 왔다. 그런데 금융자본과 대기업의 부상은 이런 두 가지 선택 간의 조화를 깨고 오로지 개체 수준의 선택에만 집중하도록 유도해 왔다. 그 결과 이기심은 더욱 강조되고 이타심은 과거의 유물로 전락하는 지경에 이르게 되었다. 모두가 분리의식이 극에 달해 발생한 현상임이 분명하다. 이로 인해 오늘날 시장경제는 해결하기 어려운 난제들을 양산量産하고 있는 실정이다.

그런데 최근 인터넷과 모바일 혁명은 이런 추세에 제동을 걸기 시작했다. 이른바 대극의 반전이 일어나고 있는 것이다. 이런 기술혁신에 힘입어 시장경제의 한계를 보완함으로써 더 나은 시장경제를 구축하는 데 기여할 수 있는 대안으로 새로운 형태의 경제시스템이 부상하기 시작했다. 공유경제와 선물경제가 바로 그것이다. 제러미 리프킨은 사물인터넷을 기술적 기반으로 하는 공유경제의 부상에 대해 다음과 같이 전망했다. "대부분의 전통 경제학자들은 새로 등장하는 사물인터넷이 촉발하는 극단적 생산성이 결국에는 자본주의 시스템에 흡수될 거라고 생각하고 있다. 하지만 그 반대의 결과가 발생할 가능성이 훨씬 크다. 다시 말하면, 협력적 공유사회는 21세기 중반까지 점점 더 지배적인 위치를 차지하고 자본주의 경제는 다소 보완적인 역할을 맡으며 두 경제는 하이브리드 파트너 관계에 가깝게 기능하는 데 익숙해질 것이다."[3] 그의 주장이 다분히

3. 제러미 리프킨(2014), 479쪽. 그러고는 이어서 우리는 결국 분리의식을 극복하게 될 것이라면서 다음과 같이 주장했다. "모든 것, 모든 존재를 연결해 주는 사물인터넷의 등장은 인류 역사의 변혁적인 사건으로, 사람들이 역사상 처음으로 단일한 확대가족으로서 공감하고 사회화할 수 있도록 돕는다. 젊은 세대는 스카이프로 글로벌 강의실에서 공부하고 있다. 그들은 페이스북에서 전 세계 또래들과 사귀고, 트위터에서 수억 명의 또래들과 수다를 떤다.

낙관적이라는 인상을 주지만 공유경제가 이제는 시장경제의 무시할 수 없는 일부임을 감안한다면 그가 말한 가능성을 조심스럽게 예상할 수 있다.

선물경제는 공유경제에서 한 걸음 더 나아간 경제시스템으로 분리의식에 기반을 둔 기존 시장경제의 문제점을 보완할 뿐만 아니라 시장규범의 과도한 확대에 따라 무시되었던 비시장규범의 회복에도 기여할 것으로 예상된다. 이런 경제시스템은 전통적인 의미에서 보면 경제규모를 축소시킨다는 우려를 자아낼 수 있지만 진정한 인간관계와 협력의 의미를 회복함으로써 풍요로운 삶에 기여할 수 있다는 점 또한 간과해서는 안 될 것이다. 이와 관련해 찰스 아이젠스타인이 다음과 같이 선물경제의 가능성을 강조한 것은 주목할 필요가 있다. "이러한 혁신들이 미래의 추세를 만들어가고 있다. 모든 분야에서, 소유를 통해 부유해지는 방식은 선물을 통해 부유해지는 방식에 자리를 내줄 것이다. 소유욕, 지배욕은 자연과 타인을 조종하고 지배해 이익을 추구하려는 분리의 자아로부터 생겨난 욕구다. 연결된 자아는 타인과 나누고 자기 자신을 넘어선 더 큰 것에 기여함으로써 부유해진다. 우리가 연결된 자아를 받아들임에 따라 그에 걸맞는 조직구조가 출현하고 있다."[4] 이런 새로운 경제시스템은 인터넷과 모바일 혁명으로 인해 점점 그 영역을 확대하고 있으며, 이와 같은 추세가

...... 이 변화에는 인간 정신의 변화가 동반하는데, 생물권 의식과 협력 시대로의 도약이 그것이다."(488쪽)

4. 찰스 아이젠스타인(2011), 355쪽. 그러면서 그는 선물경제, 즉 신성한 경제의 가능성을 다음과 같이 강조했다. "결국 신성한 경제는 수천 년간 우리 문명을 규정해 온 정신과 물질, 인간과 자연, 예술과 일의 분리를 치유하는 작업의 일부다. 한편 그 분리의 여정 속에서 우리는 본래의 전체성과 분리되지 않고서는 절대로 이룰 수 없었던 놀라운 기술적·문화적 창조 수단들을 발전시켜 왔다. 이제는 그 수단들을 통해 전체성을 회복할 수 있다. 과거 장인들이 손도끼와 노래로 만들었던 아름다움, 생기, 영혼을 지닌 것들을 나노기술과 소셜미디어로 만들어낼 수 있다."(470쪽)

지속된다면 자본주의 시장경제의 미미한 일부로 남아 있지 않고 전면으로 부상할 것으로 예상된다. 이런 변화는 사람들이 분리의식을 극복하고 연결된 의식을 지향한다는 의미에서 대극의 반전에 해당한다.

시장경제는 다수가 소수를 위해 희생하거나 소수의 일방적인 명령에 따르기 위해 존재하는 시스템이 아니다. 이것을 자연스러운 진화의 결과라고 주장하는 것은 인간 이성에 대한 모욕이다. 장차 예상되는 수많은 난제들을 목전에 두고 있는 현 상황에서 우리는 진지하게 "누구를 위한 시장경제인가?" 하는 질문을 스스로에게 던져야 한다. 여기에는 부유한 사람과 가난한 사람, 남녀노소, 그리고 현재 세대와 미래 세대, 나아가 우리의 생존에 불가결한 자연환경, 이 모든 것들이 포함되어야 한다. 오랜 진화 과정을 통해 형성된 인간 조건에 대한 객관적인 이해를 바탕으로 인간 존재의 의미를 깊이 통찰한다면 모든 존재들이 조화롭게 공존할 수 있는 시장경제를 모색하는 작업이 불가능한 것은 아니다. 여기서 희망을 찾아야 한다.

1. 기계적 패러다임에서 유기체적 패러다임으로

2. 시장경제에 대한 새로운 시선

3. 시장경제를 위한 새로운 규칙

패러다임의 전환과 시장경제의 전망

ch. eight

8

1. 기계적 패러다임에서 유기체적 패러다임으로

지금까지 수백 년 동안 서구에서 비롯되어 전 세계를 지배한 것은 르네 데카르트René Descartes가 제시했고 아이작 뉴턴Isaac Newton이 완성한 이원론적·기계적 세계관이었다. 이 세계관을 바탕으로 과학혁명과 산업혁명을 이룩한 결과 인류는 오늘날 전대미문의 물질적 풍요를 누리게 되었다. 인간은 주변의 모든 사물들과 분리되어 있다는 인식을 바탕으로 환원주의적 관점에서 이들을 철저하게 분석해 물질적 풍요를 위한 도구로 사용해 왔다. 그런데 이원론적 사고에 의해 정신과 물질은 분리된 것으로 간주되었지만 이들 간의 상보적 관계마저 부정되었던 것은 아니다. 인류 역사를 되돌아보면 사람들이 이런 상보적 관계를 의식하는 가운데 문명을 건설했던 시절은 상대적으로 평화로웠음을 알 수 있다.

한편 물질적 풍요에 지나치게 경도된 경우 상보적인 관계는 사라지고 대립적인 관계가 부각되어 여러 가지 갈등의 원천으로 작용했다. 현재 우리가 겪고 있는 대부분의 갈등과 불행은 모두 여기서 비롯된다고 해도 과언이 아니다. 모든 물질적 갈등의 이면에는 정신적인 문제가 존재한다. 드러난 것은 드러나지 않은 것의 표상表象에 지나지 않기 때문이다. 오늘날 우리가 살아가고 있는 시장경제는 드러난 세계를 상징한다. 이런 의미에서도 이원론적·기계적 세계관이 시장경제의 작동에 미친 영향을 살펴볼 필요가 있다. 왜냐하면 현재 글로벌 차원에서 시장경제가 보여주는 다양한 문제들은 이런 세계관과 깊이 관련되어 있기 때문이다. 이원론적·기계적 세계관의 근거를 제공했던 데카르트의 철학은 다음과 같은 통찰에서 출발했다.

그렇지만 나는 즉시 깨달았다. 모든 것은 진실이 아니라고 생각하고 있는 사이에도 필연적으로 무엇인가가 아니면 안 된다는 것을, 그리하여 '나는 생각한다, 그러므로 나는 존재한다Je Pense, done je suis'라고 하는 이 진리가 회의론자의 터무니없는 상정에 의해서도 흔들리지 않을 만큼 견고하고 확실한 것이라는 점을 나는 인정했다. 나는 이 진리를 내가 구하고 있는 철학의 제1원리로 받아들이기로 판단했다.[1]

그러면서 데카르트는 다시 다음과 같이 강조했다. "따라서 이 '나'라고 하는 것, 즉 나를 존재하도록 하고 있는 바의 '정신'은 물체로부터 완전히 분리되어 있는 것이며, 또한 정신은 물체보다도 인식하기가 쉽고 비록 물체가 존재하지 않는다 하여도 정신은 정신으로서 존재하기를 그만두지 않는다는 것이다."[2] 이것이 바로 데카르트의 이원론dualism으로 정신과 육체의 분리, 주체와 객체의 분리를 전제로 성립하며 정신은 육체보다 우월하다는 것이다. 나아가 인간의 육체와 객체인 모든 사물들은 기계처럼 작동하는 것으로 간주되었다. 이런 세계관은 객체로서 자연을 마음껏 이용할 수 있는 대상으로 인식하도록 했으며, 이를 바탕으로 과학혁명과 산업혁명이 진행되었다.

데카르트를 이어 이원론을 발전시킨 사람은 아이작 뉴턴이었다. 주지하다시피 그는 자신이 발견한 미적분학을 이용해 만유인력의 법칙과 운동의 법칙을 수학적으로 완벽하게 기술함으로써 우주를 거대한 시계로 보는 기계적 세계관을 완성했다. 이것은 데카르트의 이원론을 수학적으로 보강한 것이며 '이원론적 세계관 = 기계적 세계관'이라는 등식으로

1. 르네 데카르트, 『방법서설』(1637), 제4부 37쪽.
2. 앞의 책, 제4부 37쪽.

귀결되었다.[3] 20세기 초 과거와는 완전히 달리 시공간을 해석한 알베르트 아인슈타인의 상대성이론, 그리고 아원자 세계를 완전히 새롭게 해석한 양자역학이 등장하기 전까지 뉴턴의 고전역학과 이에 기초한 기계적 세계관은 여전히 지배적인 사조였다. 오늘날 이론적으로는 지배적인 위치를 상실했지만 현실에서는 이원론적 · 기계적 세계관이 여전히 큰 영향력을 행사하고 있다. 이것은 패러다임의 전환이 얼마나 어려운지 보여주는 또 다른 사례라 할 수 있다.

데카르트-뉴턴의 기계적 세계관에 의하면 인간 존재를 비롯한 우주에 존재하는 모든 것들은 서로 철저하게 분리되어 있다. 이로부터 자연은 인간이 마음대로 이용할 수 있는 대상에 불과하다는 인식이 확립되었다. 따라서 이 세계관이 지배하는 한 분리의식은 지극히 당연한 것으로서 한 점 의심의 소지도 없다. 이로 인해 인간은 서로를 분리된 존재로 인식했고, 우주 만물을 모두 분리된 실체로 간주하는 정신세계가 형성되었던 것이다. '너와 나', '나와 자연'은 모두 분리된 실체다. 나아가 인간의 고유한 감각적 한계와 뇌를 기반으로 현실을 인식할 수밖에 없는 의식의 한계는 모든 것이 분리되어 있다는 생각을 더욱 강화시켜 왔다.

이런 세계관이 여러 분야에 미친 영향을 체계적으로 논한 대표적인 사람으로 프리초프 카프라를 들 수 있다. 카프라는 『새로운 과학과 문명의 전환』에서 데카르트-뉴턴의 기계적 세계관이 가장 많은 영향을 미친 분야로 생의학, 심리학, 경제학 등을 거론하면서 이들 분야에 미친 부정적인 영향을 깊이 다루었다.[4] 여기서 카프라를 언급하는 이유는, 데카르

3. 뉴턴의 기계적 세계관을 이어받은 프랑스의 수학자 피에르 시몽 라플라스(Pierre-Simon Laplace)는 우주의 미래를 완벽하게 예측할 수 있다는 절대적인 기계론을 주장하기도 했다. 이와 같은 극단적인 세계관은 20세기 초 양자역학이 등장함으로써 철저하게 부정되었다.

트-뉴턴의 기계적 세계관이 경제학 전반에 미친 부정적 영향에 대한 그의 다음과 같은 논평은 지금도 주목할 가치가 있기 때문이다.

> 경제학자들에 의해 완전히 무시되었던 결정적으로 중요한 경제현상의 또 다른 측면은 경제의 역동적 진화이다. 경제학이 기술한 현상의 역동적 특성은 자연과학에 들어 있는 그것과는 대단히 상이하다. …… 이와는(생물학적 진화를 말함) 대조적으로 경제학 형태의 진화는 훨씬 빠른 속도로 진행된다. 경제는 경제가 놓여 있는 생태계와 사회적 체제의 변화에 따라 계속적으로 변하며 진화하는 체계이다. …… 아직도 데카르트적 모형의 절대적 엄밀성과 뉴턴 모델의 우아함에 연연하고 있으며, 그래서 현재의 경제적 현실과 점점 멀어져 가고 있는 대부분의 현존 경제학 저서들에는 이런 기본 구조가 슬프게도 결여되어 있다.[5]

여기서 카프라가 주장한 것은 주류 경제학의 방법론을 비판했던 여러 사람들이 지적한 것과 본질적으로 동일하다.[6] 경제학자가 아님에도 일찍이 주류 경제학에 내재한 방법론적 한계를 인식하고 있었던 것은 대단한 통찰이 아닐 수 없다. 이어서 그는 무한성장이라는 환상에 바탕을 둔 현재의 경제관에 대해 다음과 같이 비판했다. 당시 이런 주장을 했다는 사실은 그가 시대를 앞서갔다는 것을 의미한다.

---

4. 이와 관련해서는 프리초프 카프라(1982)를 참조하라. 카프라는 최근 출간한 *The Systems View of Life*(2014)에서 이런 생각을 더욱 발전시켰다.
5. 프리초프 카프라(1982), 239쪽.
6. 데이비드 오렐(2011), 마크 뷰캐넌(2013), 그리고 에릭 바인하커(2006) 등은 모두 19세기 말 한계혁명을 주도했던 경제학자들이 고전물리학의 방법론을 차용해 신고전학파 경제이론의 기초를 놓았으며 지금도 이런 전통이 계속 이어지고 있는 것을 비판했다. 이들은 복잡계 이론과 진화론의 관점에서 경제학의 전통을 새롭게 만들어야 한다고 주장한 점에서 대동소이하다.

> 오늘날 대부분의 경제사상은 '무분별' 한 성장이라는 기본 개념에 기초를 두고 있다. 성장이 파괴적이고 불건강하며 또한 병적인 것이 될 수 있다는 생각은 갖고 있지 않다. 따라서 우리에게 시급히 필요한 것은 성장이라는 개념에 대한 분별과 질적 평가인 것이다. 성장은 개인부문의 과도한 소비와 생산으로부터 교통, 교육 및 보건 같은 공공부문으로 전환되어야 한다. 이 변화는 물질적 획득으로부터 내적 성장과 개발이라는 근본적 변화를 동반해야 한다.[7]

이런 논평만 보더라도 카프라가 주류 경제학의 문제점을 정확하게 파악하고 있었음을 알 수 있다.[8] 경제학을 전공하지 않은 과학자가 1980년대 초에 이 정도의 문제의식을 갖고 주류 경제학을 비판했다는 사실이 놀랍다. 우리는 아직도 데카르트-뉴턴의 기계적 세계관을 극복하지 못한 채 분리의식에 사로잡혀 있기 때문에 그의 비판은 지금도 유효하다. 도구적 합리성과 효율성과 같이 신고전학파 경제이론의 핵심 개념들은 모두 개별 주체는 철저하게 분리되어 있는 존재라는 사실을 전제로 한다. 사람들은 오랫동안 이런 가정에 익숙해 있기 때문에 이런 세계관을 극복하는 것이 쉬운 일은 아니다. 인간이 탐욕의 지배를 받는 한 데카르트-뉴턴의 기계적 세계관은 계속 세상을 지배할 것이다. 탐욕은 철저한 분리의식을 상징하는 감정이기 때문이다.

---

7. 프리초프 카프라(1982), 270~271쪽. 또한 그는 성장에 대한 강박관념의 뿌리를 뉴턴적 사고에서 찾으면서 다음과 같이 논평했다. "자본주의이거나 공산주의이거나 간에 오늘날 경제학의 가장 뚜렷한 특징은 성장에 대한 강박관념이다. 한정된 환경 속에서 무한정한 확장은 오직 재난을 초래한다는 것이 이제는 명확히 증명되었는데 경제적 · 기술적 성장을 모든 경제학자들은 불가결한 것이라고 생각하고 있다. 지속적 경제성장이라는 신앙은 양(陽)적 가치—확장, 자기주장, 경쟁—의 지나친 강조의 결과이며, 절대적 무한 공간 및 절대적 시간이라는 뉴턴적 기본 구조와 관련된 것이다."(269쪽)
8. 앞의 책, 7장 '경제학의 난국'은 지금도 관심을 가질 만하다. 카프라는 여기서 주류 경제학의 한계를 매우 설득력 있게 지적했다.

기계적 세계관을 극복해야만 새로운 경제질서를 만들 수 있다고 주장한 사람으로 카프라 외에 찰스 아이젠스타인을 들 수 있다. 그는 『신성한 경제학의 시대』에서 주류 경제학의 대안을 제시했다. 그가 제시한 선물경제, 소멸화폐decaying money, 공유자원 기반 화폐시스템 등은 상당히 파격적인 아이디어로 분리의식의 극복을 전제하는 경우에만 실현 가능성이 있는 것들이다.[9] 현재로서는 그의 제안을 제도화하고 실행하는 것이 쉽지 않지만 일부는 진지하게 고민해 볼 가치가 있다. 특히 그의 주장은 역성장, 나아가 탈성장에 대한 이론적 근거를 제공한다는 면에서 주목할 필요가 있다. 불가능해 보이는 아이디어를 궁구窮究하다 보면 현재 시장경제가 직면하고 있는 난제들에 대한 해결방안을 모색하는 데 도움을 얻을 수 있다. 다음과 같은 그의 주장은 현재 우리가 직면한 문제의 본질을 잘 표현하고 있다.

> 탐욕은 정작 중요한 것을 보지 못하게 하는 속임수다. 근본적인 문제의 원인이 아니라 하나의 증상일 뿐이다. 자기 억제라는 프로그램을 강화함으로써 탐욕을 비난하고 탐욕과 싸우는 것은 자신과의 싸움을 강화하는 일이며, 현재 문명 위기의 근원인 자연과의 싸움, 타인과의 싸움의 또 다른 표현일 뿐이다. …… 이러한 분리된 자아 이야기를 근거로 탐욕은 생물학과 경제학의 자명한 이치가 되었다. 생물학에서는 재생산적 이익을 극대화하려는 유전자, 경제학에서는 재정적 이익을 극대화하려는 합리적 행위자가 그것이다. 그러나 이 결핍이라는 가정이 틀렸다면,

9. 찰스 아이젠스타인은 경제학자가 아니라 철학을 전공한 저술가다. 이런 배경을 가진 사람이 이 정도 수준의 책을 썼다는 자체가 놀랍다. 그는 오늘날 금융자본의 횡포로 인해 점점 악화되는 시장경제의 대안으로 선물경제를 제안했다. 이 아이디어는 일찍이 사회학자 마르셀 모스가 『증여론』(1927)에서 다루었던 증여의 개념을 현대적 관점에서 일반화한 것이다. 상호 이익에 바탕을 둔 시장을 통한 교환시스템의 한계를 보완한다는 의미에서 검토해 볼 가치가 있다.

궁극적 실재가 아니라 우리가 지닌 이데올로기의 투사(投射)라면 어떨까? 그렇다면 탐욕은 생물학적 자명한 이치가 아니라 결핍 인식의 한 징후일 뿐이다.[10]

우리가 분리된 자아를 받아들이는 한 탐욕은 인간 본성의 자연스러운 발로이다. 일찍이 버나드 맨더빌이 『꿀벌의 우화』에서 주장했던 것처럼 탐욕이 사회적으로 반드시 불행한 결과를 초래하는 것은 아닐 수도 있다. 그렇지만 최근 금융자본의 부상과 이로 인한 금융위기는, 탐욕은 결국 재앙을 초래할 가능성이 높다는 것을 입증했다. 이와 관련해 아이젠스타인은 분리의식을 극복하고 선물의 정신을 구현할 때 비로소 우리가 당면한 문제들을 해결할 수 있다면서 다음과 같이 역설했다.

> 개인적 차원에서 우리가 실행할 수 있는 가장 큰 혁명은 자아의식과 정체성의 혁명이다. 데카르트와 애덤 스미스의 분리된 자아는 이제 수명을 다해 가고 있다. 우리는 서로 분리될 수 없고 모든 생명과 분리될 수 없음을 깨달아 가고 있다. …… 영적으로나 생태적으로나 우리가 서로 연결돼 있다는 원리에는 이 책을 읽는 누구나 동의할 것이다. 이제 그 원리대로 살 때가 되었다. 서로 연결되어 있다는 느낌을 선물의 정신으로 구현할 때가 되었다.[11]

그가 주장한 이상을 실현하는 것은 지극히 어려운 일이지만 인터넷 혁명이 성숙하면서 이 방향으로 나아가고 있다는 증거가 점점 축적되고 있는 것은 고무적인 현상이다. 제러미 리프킨이 『한계비용 제로 사회』에서 생물권 의식을 강조한 것도 같은 맥락으로 해석할 수 있다.[12] 또한 김

10. 찰스 아이젠스타인(2011), 42쪽.

11. 앞의 책, 164쪽.

12. 제러미 리프킨(2014)은 시대별로 인간의 의식이 진화해 왔음을 강조했다. 그는 수렵 · 채

용호가 『제3의 눈』에서 우리는 이제 새로운 시선으로 사물을 바라보게 되었다는 점을 언급한 것도 마찬가지다.[13] 이와 같이 이들은 공통적으로 시장경제에 관한 새로운 스토리를 만들려면 오랫동안 우리의 의식을 지배해 온 기계적 세계관을 벗어나야 한다고 강조했다. 이 문제가 해결되지 않는 한 우리는 어쩔 수 없이 과거의 패러다임에 사로잡혀 똑같은 문제를 되풀이할 수밖에 없다는 것이다. 이 점은 반박하기 어렵다. 실제로 글로벌 경제가 그렇게 진행되어 왔기 때문이다. 시장경제는 숱한 장점이 있음에도 불구하고 불평등을 더욱 악화시키고, 인간 소외를 유발해 왔으며, 생태계를 파괴하는 등 인류의 생존을 위태롭게 하는 부작용을 초래했다. 그 결과 유연한 시스템으로서 시장경제 특유의 문제 해결 능력은 더 이상 기대하기 어려운 지경에 이르렀다. 이 모든 것이 기계적 세계관을 극복해야 한다는 것을 가리키고 있으며, 이것은 과거에 대한 반성에서 실마리를

집 시대에 인간은 신화의식을 보유했으며, 농경시대에는 신학적 의식으로 변했고, 19세기 산업혁명 이후에는 이념적 의식으로 진화했다고 평가했다. 그리고 20세기 대중소비사회에서는 심리적 의식으로 변했으며, 현재는 공감적 의식이 확산되면서 생물권 의식으로 전환하고 있다고 주장했다. 사물인터넷이 이런 변화를 가속화시키고 있다는 것이다. 리프킨이 말하고자 한 것도 결국은 우리가 분리의식을 극복해야 한다는 것이다. 이에 대한 상세한 논의는 그의 책 16장을 참조하라.

13. 김용호는 『제3의 눈』(2011)에서 양자역학으로 대변되는 현대물리학은 우리가 일정한 공간을 차지하고 있는 단단한 물체로 인식하고 있는 것들이 사실은 텅 비어 있음을 입증했다고 말하면서 이런 현상, 즉 모든 것이 사실은 비어 있다는 현상이 정보와 지식이 중심이 된 경제분야에서도 발생했다면서 다음과 같이 말했다. "추상적이고 가변적인 정보와 지식이 사회의 토대가 되면서 과거 사회의 기반이었던 물질은 아련한 저편으로 사라졌다. 사회의 물질적 토대가 안개처럼 모호해지면서 사회는 현란하게 움직이는 정보가 순간순간 만들어내는 환상의 무대가 되었다."(40쪽) 그는 이어서 물체만이 아니라 우리의 정신, 나아가 우리 자신도 과거의 시선으로는 이해할 수 없는 것임을 인식하게 되었다고 주장했다. 현대과학과 동서양의 종교 · 철학을 망라한 그의 논의를 한마디로 압축하면, 우리는 이제 제2의 눈에 기반을 둔 분리의식을 지양하고 제3의 눈에 입각해 모든 것이 연결되어 있음을 인식하는 가운데 온전(whole)을 지향해야 한다는 것이다.

찾아야 가능하다.

진화론의 창시자 찰스 다윈은 토머스 맬서스Thomas Malthus의 『인구론』에서 제한된 자원을 놓고 벌이는 사람들의 경쟁이라는 아이디어를 차용해 자연선택이론을 발전시켰으며, 애덤 스미스의 『국부론』에 대해서도 잘 알고 있었던 것으로 전해진다.[14] 그럼에도 경제학은 생물학이 아니라 뉴턴 물리학의 방법론을 채택해 경제이론을 발전시키는 쪽으로 방향을 잡았다. 만일 19세기 말 신고전학파가 태동할 무렵 물리학 대신 생물학의 방법론을 채택해 기계적 관점이 아니라 유기체적 관점에서 시장을 접근했다면 생태계를 고려한 경제이론을 개발했을 것이고 오늘날 경제 문제를 바라보는 시각에 상당한 변화가 있었을 것이다. 또한 경제학은 복잡계 이론이나 시스템 이론을 더 적극적으로 수용하는 방향으로 발전했을 것이며, 그 결과 현실 경제에 대한 설명력과 예측력이 상당히 향상되었을 것이다. 그렇지만 우리는 잘못된 길을 선택했고, 지금 대가를 지불하고 있다.

---

14. 이와 관련해 조지 쿠퍼(2014)는 다음과 같이 말했다. "다윈은 맬서스의 암울한 기하급수적 인구 증가의 논리에서 세대마다 상당수의 종이 번식에 성공하지 못하고 죽을 수밖에 없다는 의미를 읽어냈다. 결국 그는 사회 구성원들이 서로 자원을 두고 경쟁하는 것은 불가피한 일이라고 보았다. 나아가 이 경쟁을 통해 가장 강하고 가장 잘 적응한 개체만 살아남아 다음 세대에 후손을 생산할 수 있다고 생각했다. 또한 노동자가 전문화할 때 생산성이 향상된다는 애덤 스미스의 개념에 착안한 논리도 펼쳤다. 변종을 통해 종이 점점 복잡해지는 전문화가 결국 생존에 필요한 경쟁력을 제공하는 역할을 한다는 결론이다. 생존에 대한 압박이야말로 적응과 발전을 한꺼번에 이끌어낸다는 것이다. 바로 이것이 오늘날 우리에게 익숙한 '자연선택에 의한 진화' 개념이다."(99쪽) 적절한 지적이다. 이것은 경제학이 진화론과 불가분의 관계에 있다는 증거이기도 하다.

2. 시장경제에 대한 새로운 시선

수많은 사람들이 각자의 세계관을 갖고 살아가는 사회에서 이들의 경제활동을 조정하는 방법으로 시장경제를 능가하는 시스템이 존재했는가? 역사는 그렇지 않다고 말한다. 밀턴 프리드먼이나 프리드리히 하이에크와 같은 자유주의 경제학자들뿐만 아니라 이들과 반대 입장에 있는 사람들도 공통적으로 인정하는 것은 수천만 아니 수억 명의 경제행위를 조정해 나갈 수 있는 방법은 크게 보아 단 두 가지뿐이라는 사실이다. 하나는 군대에서나 전체주의 국가에서 하듯이 강제력을 동원해 중앙에서 지시하는 것이다. 다른 하나는 개인들의 자발적 협력인데, 이것이 바로 시장의 방식이다. 전자는 명령에 기반을 둔 것이고 후자는 가격에 기반을 둔 것이다. 명령은 중앙집권적 계획을 집행하는 수단이고 가격은 분권화된 계획을 집행하는 길잡이라 할 수 있다. 그런데 하이에크가 지적했듯이 분권화된 계획은 굳이 계획으로 간주할 필요가 없다. 계획이라고 할 때는 뭔가 개인의 한계를 넘어서 사전에 의도한 바를 체계적으로 도모한다는 의미가 깔려 있다. 이런 의미에서 시장경제의 핵심 조직인 기업은 대체로 가격과 명령을 모두 고려하는 가운데 경제활동을 하는 조직이라는 이중성을 갖고 있음을 유념할 필요가 있다. 바로 여기에 시장경제의 미래를 위한 가능성이 내재되어 있기 때문이다.

한 가지 분명히 할 것은 이와 같이 명령인가 가격인가 하는 양자택일의 관점에서 보면 문제의 본질을 왜곡할 수 있다는 사실이다.[15] 왜냐하면

---

15. 프리드리히 하이에크(1944)와 밀턴 프리드먼(2002)이 주장한 바에 의하면 마치 우리에게 주어진 과제는 시장과 명령 중 하나를 선택해야 하는 것처럼 보인다. 이것은 두 사람이 개인의 선택의 자유가 갖는 의미를 강조하다 보니 그런 것이지 이분법적인 선택을 전제로

중앙집권적 계획과는 달리 시장경제의 스펙트럼은 실로 넓기 때문이다.[16] 이 스펙트럼 상에서의 위치를 결정하는 데 영향을 미치는 주요 요인들로는 정부의 규모와 시장에의 개입 강도, 기업의 규모와 국민경제에서의 비중, 시장의 전반적인 경쟁 정도, 그리고 각종 경제규칙을 들 수 있다. 여기서 경제규칙이란 경제활동을 규제하는 각종 법과 제도를 모두 망라한 것으로 이해하면 된다. 예컨대 계약과 관련된 법이나 재산권과 관련된 법, 그리고 특허와 관련된 제도 등이 여기에 속한다. 이런 관점에서 우선 시장경제의 기본 틀을 유지하는 가운데 경제규칙을 개정해 더 나은 시장경제를 모색하는 방안을 검토하고자 한다.

자유경쟁시장은 지금까지 인류가 고안한 최고의 발명품으로서의 가능성을 내포하고 있다. 여기에는 진정한 의미의 자유경쟁시장만 해당된다는 단서가 붙는다. 우리 모두 자유경쟁시장이라는 용어에 익숙해 있기는 하지만 현실에서 진정한 자유경쟁시장을 찾기는 사실상 불가능하다. 실질적으로 시장은 '자유롭지' 도 않을 뿐만 아니라 '경쟁적' 이지도 않기 때문이다. 이런 의미에서 자유와 경쟁이라는 두 가지 관점에서 시장경제의 스펙트럼을 분석한 후 현재 우리가 이 스펙트럼 상 어디에 위치하고 있는지 살펴볼 필요가 있다. 현재의 상황에 대한 객관적이고 공정한 평가

한 것은 아니라고 생각한다. 실제로 하이에크나 프리드먼도 정부의 필요성을 부인하지는 않았다. 단, 이들은 명령에 기반을 둔 정부의 비중이 과도하게 확대되는 것을 우려했을 뿐이다.

16. 로버트 라이시(2015)도 다음과 같이 이와 비슷한 견해를 밝힌 바 있다. "시장규칙이 형성되고 이에 따른 경제적 이익과 손실이 '비인격적인 시장지배력' 이 작용한 '자연적인' 결과로 포장되는 과정에는 권력과 영향력이 숨어 있다. 하지만 '자유시장' 과 '정부' 의 상대적인 장점에 집중하여 토론한다면 가면을 꿰뚫고 진실을 볼 수 있을 가능성은 거의 없다." (32쪽) 즉, 명령인가 가격인가가 중요한 것이 아니라 무엇이 진정 다수를 위한 시스템인가가 중요하다.

를 바탕으로 시장경제의 향후 진로를 모색해야 하기 때문이다. 이때 가장 중요한 것은 “누구를 위한 시장경제인가?” 하는 질문에 대한 답을 구하는 것이다. 시장경제가 소수의 특권을 확대 재생산하는 데 봉사하는 시스템으로 전락한다면 오히려 자비로운 중앙집권적 계획경제보다 못할 수도 있다. 또한 시장경제가 민주주의를 위태롭게 한다면 이는 결코 바람직한 시장경제라 할 수 없다. 이와 관련해 프리드먼이 『자본주의와 자유』에서 다음과 같이 지적한 것은 지금도 유효하다.

> 정치적 자유를 달성하기 위한 수단이라는 관점에서 볼 때 경제체제는 권력의 집중이나 분산에 영향을 미치기 때문에 중요하다. 직접 경제적 자유를 제공하는 경제조직, 다시 말해서 경쟁적 자본주의는 정치적 자유도 촉진시킨다. …… 정치적 자유와 자유시장의 관계에 관해서는 역사적 증거가 일치하고 있다. 광범위한 정치적 자유를 자랑하면서도 주요한 경제활동을 조직하기 위해 자유시장에 필적할 제도를 도입하지 않은 사회는 어느 시대 또는 어느 지역에서도 그 실례를 찾을 수 없다.[17]

여기서 프리드먼이 말한 자유시장은 이상적인 자유경쟁시장이다. 즉, 그가 말한 경쟁적 자본주의는 경쟁적 시장을 의미하며, 이것은 권력의 분산을 통해 민주주의의 발전에도 기여할 수 있다. 그런데 이와 반대로 시장경제가 소수에 의해 장악된다면 민주주의도 위협받을 수 있다. 그 결과 정치권력이 소수에게 집중되면 이로 인해 시장경제가 더욱더 소수의 지배를 받게 되는 악순환이 형성된다. 현재 글로벌 차원에서 진행되고 있는 불평등의 악화는 바로 이런 악순환이 고착되었음을 시사한다

---

17. 밀턴 프리드먼(2002), 37쪽.

는 견해가 설득력을 얻고 있다. 이와 관련해 조지프 스티글리츠가 『불평등의 대가』에서 다음과 같이 경고한 것은 우리도 타산지석으로 삼아야 한다. "4년 전(금융위기 당시를 말함)에 대다수의 미국인들이 당당하게 희망을 품어도 좋았을 만한 순간이 있었다. 그때 바로잡았다면 25년(레이건 정부 시절 이래) 넘게 지속되어 온 추세가 역전되었을지도 모른다. 하지만 추세는 오히려 더 악화되었다. 지금 희망의 불꽃은 위태롭게 흔들리고 있다."[18]

스티글리츠는 미국인들이 금융위기를 경험했음에도 미국 경제의 문제를 제대로 교정하려는 진지한 노력을 하지 않았으며 이로 인해 민주주의 자체가 위태롭게 되었다는 의미를 전하려고 했던 것이다. 프리드먼은 보수주의 경제학자의 대명사이고 스티글리츠는 진보적인 경제학자의 대명사로서 두 사람의 시장경제 철학은 차이가 있지만 자유경쟁시장의 진정한 가치에 대해서는 별다른 견해차를 보이지 않는다. 즉, 자유경쟁시장이 무너지면 정치적으로도 민주주의가 위태로워지며, 그 반대의 경우도 가능하다는 것이다. 따라서 중요한 것은 이데올로기로 인한 편견이 아니라 실제 자료를 바탕으로 공정하게 시장경제의 현황을 분석하고 대안을 마련하려는 자세다. 이 점에서 자유주의를 지지하는 경제학자들의 태도에는 문제가 있다. 현실에서 여러 가지 심각한 경제 문제가 드러나고 있는 상황에서도 시장이 모든 것을 해결해 준다고 주장하는 것은 지적 오

18. 조지프 스티글리츠(2012), 462쪽. 로버트 라이시(2015)도 같은 취지에서 다음과 같이 경고했다. "우리가 앞으로 직면할 도전은 기술이나 경제에 대한 것이 아니라 민주주의에 대한 것이다. 미래에 중요한 논쟁거리는 정부의 크기가 아니라 정부의 주체다. 우리가 선택해야 하는 것은 '자유시장'이냐 '정부'냐가 아니다. 광범위하게 번영을 분배하도록 조직된 시장이냐, 아니면 거의 모든 소득을 상위 소수에게 쥐어주도록 조직된 시장이냐다." (279쪽)

만으로 인해 현실 감각이 떨어진 것이라고 볼 수밖에 없다.[19]

이런 의미에서 시장경제의 넓은 스펙트럼 상에서 우리가 나아가야 할 기본 방향을 찾는 것이 첫째 과제이고, 다음은 이를 실천하기 위한 구체적인 방법을 검토하는 것이다. 이것은 곧 새로운 경제규칙을 모색해야 한다는 것을 의미한다. 거듭 강조하지만 시장경제는 적절한 법과 제도적 장치 없이 진공 상태에서 성립하는 것이 아니다. 자유방임은 허구의 개념이다.[20]

3. 시장경제를 위한 새로운 규칙

일반적으로 시장경제는 사유재산권과 계약의 자유를 근간으로 하는 가운데 다양한 규칙들을 바탕으로 작동한다. 따라서 이런 규칙들이 어떻게 형성되어 있는가에 따라 시장경제의 성과에 현저한 차이가 발생할 수 있다. 이와 관련해 본격적으로 문제를 제기한 대표적인 학자로는 조지프 스티글리츠와 로버트 쉴러, 로버트 라이시, 존 퀴긴, 그리고 세바스티안 둘리엔 등을 들 수 있다. 이들 외에도 여러 학자들이 시장경제의 새로운 방향을 모색하려고 시도해 왔다. 그런데 이들은 모두 2008년 금융위기 이후 신자유주의 정책을 채택했던 미국 경제에서 드러난 심각한 문제들

19. 합리적 기대 가설의 대부라 할 수 있는 로버트 루카스 교수는 "분배 문제란 존재하지 않는다. 시장이 다 알아서 해결해 준다"는 식의 발언으로 한때 구설수에 오른 적이 있다. 이것은 불평등이 악화되고 있는 현실을 무시한 지적 오만이다.

20. 칼 폴라니(1944)가 자유방임은 정부 주도로 진행되었다고 주장한 데는 상당한 타당성이 있다. 당시 소수의 특권 계층은 정치권력과의 유착을 통해 자신들의 지대를 극대화하는 수단으로 자유방임을 역설했을 가능성을 배제할 수 없다. 로버트 라이시(2015)가 자유시장을 비판한 것도 같은 맥락이다.

에 대해 구체적인 대안을 제시하고 있다는 점에 주목할 필요가 있다. 여기에는 미국의 경제 문제가 글로벌 경제 문제의 원천이라는 인식이 깔려 있다. 따라서 이들이 제기한 문제들과 대응방안은 우리나라를 포함한 대부분의 국가에도 그대로 적용될 수 있다.

■ 금융시장의 규칙을 새로 제정해야 한다

많은 전문가들이 공통적으로 지적하고 있는 것은 금융부문이 지나치게 비대해졌으며 이로 인해 경제의 효율이 높아지기는커녕 오히려 불확실성과 변동성이 증가해 경제 전반에 비효율이 증가하고 있다는 점이다. 이것은 이미 금융위기를 통해 확인되었기 때문에 반박하기 어렵다. 따라서 이 문제와 관련해 제도적인 차원에서 실행 가능한 대안을 마련하는 것이 중요하다. 그 기본 방향은 금융시장을 효과적으로 규제할 수 있는 새로운 규칙을 만드는 것이다. 현재의 금융시장이 스스로 규제하는 데 실패했다는 것은 명백하기 때문이다. 1999년 미국에서 글래스-스티걸 법이 완전히 폐기됨으로써 금융시장에 대한 규제는 사실상 거의 모두 철폐된 것이나 다름없었다. 이를 추진한 사람들이 내세운 명분은 효율적 시장 가설이 주장한 대로 금융시장은 스스로 규제함으로써 금융시장뿐만 아니라 시장경제 전반의 효율을 높일 수 있다는 것이었으나 사실무근임이 드러났다.

금융시장의 규칙을 새로 만든다는 것은 시장경제 전반에 엄청난 변화를 수반하는 일이다. 또한 이에 대한 기득권 계층의 강력한 반발이 예상되기 때문에 결코 쉬운 일이 아니다. 대표적인 사례로는 금융위기 이후 제정된 도드-프랭크 법을 시행하는 데 여러 가지 장애요인으로 인해 아직도 제대로 효과를 발휘하지 못하고 있는 현실을 들 수 있다.[21] 이런 상황임에도 더 나은 시장경제를 위해 가장 절실한 사안이 금융시장의 규칙을 새롭게 만드는 것이라는 데 많은 전문가들이 동의하고 있다. 예컨대 스티글리츠는 금융부문의 비중이 지나치게 비대해짐으로써 금융부문뿐만 아니라 비금융부문을 포함한 경제 전반의 인센티브 구조를 왜곡시켰다고 지적했다.[22] 또한 금융부문에서는 합병을 통한 금융기관의 대형화가 주류를 이루었으며 이로 인해 경쟁이 지속적으로 약화되었다고 말했다. 그 결과 상위 5대 은행이 보유한 자산의 비중이 은행 전체의 17퍼센트에서 52퍼센트로 급격히 증가했으며, 이런 경제력 집중으로 인해 '대마불사' 라는 현상이 발생하게 되었다는 것이다.[23]

경제 전반에서 금융부문이 차지하는 비중이 급격하게 높아진 것은 소득분배의 불평등을 더욱 악화시키는 요인으로 작용했다. 스티글리츠는 "금융위기 이전 금융부문은 GDP의 7.6퍼센트를 차지했고 2012년에는 6.6퍼센트로 조금 하락했다가 2014년에는 다시 7.4퍼센트로 높아졌다"고 지적했다.[24] 이것은 1950년대에 금융부문의 비중이 고작 GDP의 2.8

---

21. 이와 관련해 로버트 라이시(2015)는 다음과 같이 지적했다. "도드-프랭크 금융개혁법이 통과되자 월스트리트는 비슷한 맥락에서 해당 법을 시행하는 정부기관이 자금을 확보하지 못하도록 대책을 세웠다. 결과적으로 월스트리트가 거의 붕괴 직전의 위기를 넘긴 지 6년이 지났는데도 도드-프랭크 법의 일부 조항은 여전히 시행준비 단계에 머물러 있다. 애초에 월스트리트를 곤경에 빠뜨렸던 파생상품 거래를 제한하는 이른바 볼커룰(Volcker Rule)이 그 예다."(107쪽) 볼커룰은 미국 연방준비이사회 의장이었던 폴 볼커(Paul Volker)의 이름을 딴 법안으로 대형 은행의 도덕적 해이를 방지하기 위한 목적으로 제정된 것이다.
22. 조지프 스티글리츠(2016)는 이와 관련해 다음과 같이 지적했다. "금융의 부상은 금융 및 비금융 부문에서 인센티브를 왜곡했으며, 더 많은 경제적 보상을 실물경제로부터 금융으로, 그리고 근로계층으로부터 중역실로 이동시켰다."(p.40)
23. 앞의 책, 41쪽.
24. 앞의 책, 42쪽.

퍼센트에 불과했던 것에 비해 엄청나게 증가한 것이다. 그 결과 금융부문에 종사하는 전문가들이 소득계층의 상위 1퍼센트, 나아가 상위 0.1퍼센트에서 차지하는 비중이 현저하게 높아졌으며, 이것은 분배의 불평등을 악화시키는 데 크게 기여했다.[25]

자본주의 시장경제에서 금융은 중요하다. 금융의 지원이 없으면 대규모 사업을 추진하기 어려울 뿐만 아니라 다양한 모험적인 사업의 추진도 불가능해진다. 위험을 감수하는 이런 투자가 자본주의의 역동성의 원천임을 감안할 때 금융시장이 효율적으로 작동한다면 경제 전반의 효율을 높이고 경제성장에 기여할 것이라는 점은 의심의 여지가 없다. 그러나 현실은 이론에서 예상한 대로 움직이지 않는다는 것이 문제다. 1980년대 이후 시장자유주의가 득세하면서 각종 금융규제가 완화된 것은 결코 우연이 아니었다. 이와 관련해 경제학자 세바스티안 둘리엔이 『자본주의 고쳐쓰기』에서 다음과 같이 말한 것을 유념할 필요가 있다. "시장자유주의적 세계화 프로젝트에서 중심을 차지하는 요소는 일국적 차원에서나 국제적 차원에서나 금융시장의 규제를 완화한다는 것이다. …… 하지만 대다수 경제학자들, 기업 경영자들, 정치가들, 저널리스트들, 규제당국자들이 모조리 금융시장의 족쇄를 푸는 것이야말로 전 지구적으로 효율성과 성장을 증진시키는 길이라는 시장자유주의자들의 전망을 철석같이 신봉하지 않았더라면, 절대 이런 일이 벌어졌을 리 없다."[26]

25. 이와 관련해 조지프 스티글리츠(2016)는 다음과 같은 증거를 제시했다. "1979년에서 2005년 사이 소득 상위 1퍼센트에서 금융전문가들이 차지하는 비중은 80퍼센트나 증가했다. 또한 상위 0.1퍼센트에서 그들이 차지하는 비중은 1979년 11퍼센트에서 2005년 18퍼센트로 증가했으며, 국민소득에서 0.1퍼센트가 차지하는 몫의 증가분 중 70퍼센트를 가져갔다. 이 기간 중 어떤 부문도 이런 성장을 보이지 않았다."(43쪽)

26. 세바스티안 둘리엔(2011), 67쪽.

이런 의미에서 기업 경영자, 정치가, 언론인 및 경제학자도 금융위기의 공범인 셈이다. 시장자유주의는 금융시장에 대한 규제완화를 통해 금융의 영역을 확대할 수 있도록 지원했다. 이 과정에서 경제학자들은 이론적 근거를 제공했기 때문에 금융위기를 초래하는 데 일익을 담당했다는 비난을 면할 길이 없다. 미국과 영국의 파워엘리트들은 이런 방향으로 정책을 추진하는 것이 빠르게 부상한 독일과 일본 등을 견제하는 최선의 방법이라고 생각했으며, 언론과 학계는 이들을 지원 사격했다.

이에 덧붙여 둘리엔은 금융시장의 규제완화에 따른 부정적 변화의 내용을 구체적으로 다음과 같이 지적했는데 충분히 수긍할 수 있는 것들이다. 첫째, 금융체제 내 상이한 분야들이 일국 수준에서나 국제 수준에서 통합되었다. 대표적인 사례가 트레블러스와 시티은행의 합병으로, 이후 금융백화점식 영업이 가능해졌다. 둘째, 금융시장의 족쇄가 풀리면서 이른바 증권화 활동이 폭발적으로 늘어났으며 무수한 금융혁신을 가능하게 했는데, 그 생산물들이 서브프라임 위기에 부분적으로 원인을 제공했다. 자산 증권화는 파생상품과 결합해 금융거래의 규모를 폭발적으로 증가시켰으며, 이에 비례에 체계적 위험은 더욱 커졌다. 셋째, 증권화로 인해 신용평가기관의 중요성이 크게 늘어났다. 네 번째, 전통적인 상업은행 체제의 중요성이 줄어들었다. 이런 요인들 외에도 시장경제 전반의 위험, 즉 체계적 위험을 증가시킨 다른 요인들도 적지 않다. 그렇지만 금융제도와 관련된 위험이 차지하는 비중이 가장 커진 것은 명백한 사실이다.

제2차 세계대전 이후 국제금융질서의 근간이었던 브레튼우즈 체제가 붕괴되면서 이러한 규제완화는 가뜩이나 불안정했던 금융시장과 외환시장에서 변동성과 불확실성을 더욱 확대시키는 방향으로 작용했다. 물론 여기에는 공매도short sale와 레버리지leverage를 이용해 이런 상황에서도 막대한 이익을 올릴 수 있는 금융기법과 우월한 정보로 무장한 투자은행과 헤지펀드가 중심에 있었다. 이와 관련해 둘리엔은 다음과 같이 지적했다. "브레튼우즈 체제가 붕괴한 후 전 세계 여러 주요 통화 사이의 환율은 각종 자산시장의 논리에 따라 지배되었다. 환율의 변화는 자본흐름이 결정하였고, 자본흐름은 다시 사람들의 기대와 예측이 결정하는 것이었다. …… 세계통화체제는 세계경제에 충격을 가하는 메커니즘이 되고 말았으며, 이로 인해 불확실성의 수위가 엄청나게 상승했고, 결국 자원이 엄청난 규모로 잘못 분배되는 사태가 발생했음은 물론이고 물가수준에도 충격을 가하고 말았다."[27]

그의 지적처럼 환율이 다른 금융자산처럼 자산시장의 논리에 의해 결정되도록 허용한 것은 국가 차원에서만이 아니라 글로벌 차원에서 커다란 비효율을 초래한 원인으로 작용했다. 이와 같이 글로벌 금융시장이 종전에 비해 현저하게 불확실성과 변동성이 증가했음에도 불구하고 효율적 시장 가설은 이런 상황을 정당화하는 이론적 근거를 제공함으로써 금융자본의 지배력을 더욱 강화하는 데 기여했다. 잘못된 이론의 부정적인 영향이 얼마나 클 수 있는지 보여주는 대표적인 사례다.

글로벌 경제를 총체적인 위기로 몰아넣었음에도 불구하고 여전히 가공할 위력을 유지하고 있는 금융부문을 개혁하기 위해서는 새로운 규칙이 필요하다는 데 많은 전문가들이 동의하고 있다. 이것은 더 나은 시장경제를 위해서는 반드시 해결되어야 할 과제다. 왜냐하면 건전한 금융시스템은 경제성장과 불평등의 완화를 위해 결정적으로 중요하기 때문이다. 금융부문이 지나치게 비대해지면 그 반대 현상이 발생하게 된다. 그

---

27. 앞의 책, 93쪽.

동안 미국을 비롯한 여러 나라에서 금융 서비스를 제공하는 비용이 증가했는데, 이것은 금융부문이 지나치게 비대해져 오히려 효율이 감소했다는 명백한 증거라 할 수 있다.[28] 이런 상황이 지속되면 경제성장을 저해하고 불평등을 악화시키는 부정적인 영향이 확산될 수밖에 없다.

금융부문을 개혁하기 위한 새로운 규칙의 내용은 사람에 따라 조금씩 다르지만 본질적으로는 차이가 없다. 스티글리츠는, 금융부문은 리스크를 관리하고 자본을 효율적으로 배분하며, 예금주와 투자자 간의 금융 중개를 원활하게 하고 투자와 일자리 창출을 위한 자금을 공급하며, 21세기에 걸맞는 지불 메커니즘을 운영한다는 원래의 기능을 회복해야 한다는 점을 강조했다.[29] 이것은 지극히 원론적인 지적이다. 그렇지만 새로운 금융규칙은 이런 원칙을 회복하는 데서부터 출발해야 한다. 금융부문에 종사하는 전문가들이 이 자명한 원칙을 망각하고 단기적이고 투기적인 수익을 추구하는 데만 몰두했기 때문이다. 그동안 금융부문에서도 대극의 반전이 일어났던 것이다. 이와 같이 경제 현실을 살펴보면 대극의 반전이라는 관점에서 해석함으로써 문제 해결의 실마리를 찾을 수 있는 경우가 많다.

스티글리츠는 해결방안으로 매우 상식적인 처방을 제시했다. 우선 과거와 같이 대마불사의 관행이 더 이상 유지되지 않도록 해야 한다는 것이다. 그렇지 않으면 대형 은행들은 과도한 리스크를 감당하고자 하는 그릇된 인센티브를 갖게 되기 때문이다. 이들에 대해서는 추징금을 부과함

---

28. 이 점에 대해 조지프 스티글리츠(2016)는 미국에서 금융부문이 신용을 공급하는 데 소요되는 비용은 제2차 세계대전 후 달러당 1.6센트였던 것과 비교해 2011년에는 달러당 2.4센트로 오히려 증가했다고 말했다. 이것은 지나치게 비대해진 금융부문이 상당히 비효율적으로 변했다는 증거로 해석할 수 있다는 것이다. 상세한 내용은 앞의 책 47쪽을 참조하라.

29. 조지프 스티글리츠(2016), 108쪽.

으로써 이들이 감당하려는 리크스 비용을 내부화하도록 해야 한다는 것이다. 그리고 납세자의 돈이 실패한 금융기관으로 흘러들어 가는 것을 막아야 하며 그림자금융에 대한 규제를 더욱 엄격하게 강화해야 한다고 역설했다. 그동안 그림자금융은 금융시스템의 안정과 효율을 보장하려는 각종 규제를 우회하는 가운데 투기적 이익을 추구했을 뿐 금융시장을 더 안정적이거나 효율적으로 만드는 데는 기여한 것이 없기 때문이다. 이와 관련해서는 세부사항까지 상세하게 규칙을 개정할 필요가 있다. 왜냐하면 그림자금융의 개혁이 사실상 새로운 금융규칙의 핵심이기 때문이다.[30] 그는 이 문제와 관련해 미국 연방준비이사회(이하 연준)의 책임이 막중하다는 점을 강조했다. 금융규제를 책임지고 있는 기관으로서 그림자금융과 관련된 입장을 분명히 해 더 이상 이들이 사회에 비용을 전가하는 일이 없도록 해야 하기 때문이다.

이상 간단히 살펴본 금융부문의 개혁을 위한 새로운 규칙과 관련된 내용 외에도 스티글리츠는 세부적으로 여러 가지 새로운 금융규칙을 제안했다. 예컨대 미국 증권거래위원회SEC는 사모펀드와 헤지펀드에 대해 더 많은 정보를 공시하도록 요구해야 하며, 투자자 보호를 위한 감시를 더 강화해야 한다고 주장했다. 그리고 신용카드와 현금카드를 사용하는 소비자들에게 지나치게 높은 수수료를 책정한 것은 명백한 시장지배력의 남용이라고 지적했다. 또한 각종 금융비리에 대해서는 더욱 엄격한 벌칙

30. 예를 들어 금융자산의 증권화는 금융시장의 유동성을 풍부하게 함으로써 효율을 증대시킨다는 명분을 갖고 활성화되었다. 그런데 실제 현실에서는 투자은행, 헤지펀드, 사모펀드를 비롯한 그림자금융의 핵심 세력들이 이것을 이용해 금융거래를 무한정 확대시키고 이 과정에서 상당한 수익을 추구한 것이었을 뿐 금융시장 자체는 오히려 더 불안정해졌다. 2008년 금융위기의 주요 원인들 중 하나가 바로 과도한 증권화였다. 얼마 전 개봉되었던 영화 《빅 쇼트》는 증권화의 위력을 잘 묘사했다.

을 부과해야 한다고 강조했다. 모두 타당한 지적이다. 그러고는 이 모든 변화에 앞서 금융당국인 연준의 개혁이 필요하다고 주장했다. 스티글리츠는 "연준은 소규모 차입자와 대부자보다는 지나치게 자주 대형 금융기관들의 이해관계를 대변해 왔다. 연준의 지배구조를 사회계층 간 이해관계의 갈등을 줄이는 방향으로 개혁해야 한다"고 강조했다. 한마디로 연준은 그동안 대체로 월가의 이익을 대변해 왔던 것을 반성해야 한다는 것이다. 앞으로 연준은 월가의 이익을 우선해 인플레이션 억제에 초점을 맞추기보다는 불평등의 완화와 일반인들의 이익을 위해 금융정책의 초점을 완전고용에 맞춰야 한다고 주장했다.[31] 이것은 미국의 중앙은행 제도를 모방하고 있는 우리나라를 포함한 여러 나라에서도 유념해야 할 내용이다.

한편 2008년 금융위기를 예측했던 소수의 전문가들 중 한 명이며 지속적으로 금융개혁을 주장해 온 금융경제학자 로버트 쉴러도 본질적으로는 스티글리츠와 유사한 금융개혁의 방향을 제시했다. 그가 주장한 금융개혁의 핵심 메시지는 '금융민주화'로 요약할 수 있다. 금융민주화가 의미하는 바는 사람에 따라 다를 수 있는데, 쉴러는 금융민주화의 장점을 다음과 같이 설명했다. "금융이 민주화되면 주택 버블과 같은 투기적 버블이 발생할 가능성을 장기적으로 줄일 수 있고, 만약 그러한 버블이 발생한다고 해도 이성적으로 대처할 수 있는 환경이 조성되어 있을 것이다."[32] 이것은 다분히 추상적인 차원에서 금융민주화의 의의를 선언한 것이라 할 수 있다. 이에 덧붙여 쉴러는 금융민주화를 위한 구체적인 방안으로 효과적인 정보 인프라의 구축을 통한 제도개혁과 새로운 리스크시

31. 이와 관련해서는 조지프 스티글리츠(2016), 118~119쪽을 참조하라.
32. 로버트 쉴러, 『버블 경제학』(2009), 164쪽.

장을 개설할 것을 제안했다.

쉴러는 효과적인 정보 인프라 구축을 위해 우선 소수의 부유층이 아니라 모두를 위한 재무상담 서비스를 강화할 것을 주장했는데, 이것은 의료보험 서비스에 비유할 수 있다. 의료상담이 필요하듯 재무상담도 필요하다는 의미다. 대부분의 사람들은 재무와 관련된 지식이나 정보가 부족해 부당하게 리스크에 노출될 수 있으며 금융시장에서 적절한 수익을 얻는 방법에 대해서도 무지하므로, 이런 상황을 극복하고 모두가 금융시장을 통해 이익을 얻기 위해서는 포괄적이고 기본적인 재무상담이 절실하다.[33] 또한 그는 소비자 보호를 위해 금융상품안전위원회와 같은 금융감시기구를 설치해야 한다고 말했다. 이어서 사람들이 부주의해서 불이익을 당하지 않도록 하기 위해서는 관심을 기울이지 않을 때 자동적으로 적용되는 디폴트 옵션default option을 금융계약에 포함시키는 디폴트 옵션 금융계약을 체결하도록 규제해야 한다고 주장했다.[34]

또한 쉴러는 접근성 높은 금융정보 공시제도를 실시함으로써 사람들의 재무상태 및 경제생활과 관련된 정보를 공시하는 방법을 개선할 필요가 있다고 강조했다. 정부 규제기관들과 민간 정보공급업체들은 어떻

33. 이와 관련해서는 우리나라에서 몇 년 전에 발생했던 KIKO 사태를 생각해 보라. 파생상품에 무지한 탓에 유망한 중소기업들이 막대한 투자 손실로 부도를 맞고 말았다. 만약 이들이 필요한 금융 정보를 보유했다면 이런 사태를 피할 수 있었을 것이다.

34. 이것은 행동경제학에서 강조하는 구조화의 한 가지 유형에 해당한다. 즉, 어떤 방식으로 선택하도록 상황이 주어져 있는가에 따라 사람들의 행동이 영향을 받는다. 따라서 이런 성향을 감안해 불이익을 받지 않도록 디폴트 옵션을 제공해야 한다. 이와 관련해 리처드 탈러 · 캐스 선스타인은 『넛지』(2008), 5장에서 다음과 같이 지적했다. "공공부문에서나 민간부문에서 수많은 조직들은 디폴트 옵션의 엄청난 위력을 목격해 왔다."(139쪽) 그리고 이어서 옵트 인 정책(opt-in : 사전에 동의한 사람들에게만 해당 조치를 취하는 정책)과 옵트 아웃 정책(opt-out : 사전에 동의하지 않은 사람에게만 해당 조치를 취하지 않는 정책) 중 어떤 것을 택하는가에 따라 사람들의 선택에 지대한 영향을 미친다는 점을 강조했다.

게 하면 대중들이 금융상품을 보다 쉽게 이해할 수 있을지 고민해야 한다.[35] 그리고 정부는 통합금융 데이터베이스 구축을 지원해야 하며 물가연동 기축통화 제도를 확립할 필요가 있다고 주장했다. 이것은 인플레이션과 연동된 가치 측정 단위로 하나의 '바스켓'을 만들 필요가 있다는 것이다. 또한 그는 만약 사람들이 인플레이션 연동 모기지를 택했더라면 2008년 금융위기와 같은 극단적인 사태를 피할 수 있었을 것이라고 말했다.[36] 쉴러는 이상의 여섯 가지 조치는 정보를 최대한 효과적으로 활용하도록 함으로써 금융위기가 발생하는 것을 보다 효과적으로 예방할 수 있다고 주장했다. 결국 정보를 얼마나 효과적으로 공유하고 활용하는가가 관건이다.

이러한 정보 인프라 구축을 통한 제도개혁에 덧붙여 쉴러는 금융시장을 진정으로 민주화시키려면 개별 주체가 관련되어 있는 특정 리스크로부터 이들을 보호할 수 있는 새로운 리스크시장이 필요하다고 역설했다. 리스크를 제대로 관리하지 못하는 시장경제는 사실상 기능을 상실한 것이기 때문이다. 그는 이를 위해 가장 시급한 것이 유동성이 풍부한 부동산 선물시장을 구축하는 것이라고 주장했다.[37] 그리고 개인소득을 비롯

35. 이런 조치가 필요한 이유로는 미국의 대표적인 에너지기업 엔론사의 분식회계와 이로 인한 파산의 후유증으로 많은 소액 투자자들이 큰 손해를 입은 사건을 들 수 있다.

36. 로버트 쉴러는 미국의 경우 연방예금보험공사와 증권보험공사가 명목통화를 토대로 보장한도를 정한 것은 중대한 설계 오류에 해당한다고 지적했다. 바스켓을 토대로 보장한도를 정하는 것이 더 나은 방법이었다는 것이다.

37. 실제로 로버트 쉴러는 칼 케이스(Carl Case) 교수와 함께 부동산 선물시장지수인 케이스-쉴러 지수(Case-Shiller index)를 개발해 부동산 선물거래에 활용할 수 있도록 했다. 그렇지만 여전히 이 지수를 이용해 부동산 관련 리스크를 상당 부분 완화할 정도로 거래가 활발하게 이루어지지는 않고 있다. 그럼에도 부동산 선물시장의 아이디어는 계속 추진할 필요가 있다. 특히 우리나라와 같이 대부분의 사람들에게 있어 부동산의 비중이 큰 나라에서는 더욱 그러하다.

한 다양한 소득을 장기적으로 보호해 줄 시장을 구축해야 한다고 주장했다. 즉, 소득 리스크를 헤지할 수 있는 새로운 파생상품을 개발할 필요가 있다는 것이다. 이와 관련해서는 더 많은 연구가 필요하다. 파생상품은 항상 의도한 것과는 다른 목적으로 이용될 가능성이 있기 때문이다.

그리고 그는 저소득층을 위한 지속적인 워크아웃형 모기지를 제공해야 한다고 주장했다. 이런 주택 모기지는 상환능력의 변화 및 주택시장의 변화에 따라 모기지 조건이 지속적으로 조정되는 모기지이기 때문에 그들에게 유리하다는 것이다. 이어서 홈에퀴티보험과 생계보험을 실행할 것을 제안했다.[38] 홈에퀴티보험을 이용하면 주택가격 하락으로부터 주택 소유자들을 보호할 수 있기 때문이다. 쉴러는 이와 같은 새로운 리스크시장들은 사람들이 리스크를 관리하는 데 도움을 줌으로써 금융민주화에 크게 기여할 수 있다고 주장했다.

이상 간략하게 살펴본 바와 같이 쉴러는 금융민주화의 가능성에 대해 상당히 낙관적이며 금융자본주의가 초래한 각종 부작용은 치유 가능하다는 입장이다. 그는 금융자본주의가 많은 문제를 야기한 것은 사실이지만 금융 없는 자본주의를 생각할 수 없다면서, 금융자본주의의 미래에 대해 긍정적이다.[39] 이런 입장은 다음 표현에 잘 드러나 있다. “하지만 이상적인 자본주의 시스템에서는 좋은 사업 아이템을 가진 사람이라면 적어도 이론상으로는 투자를 받을 수 있다. …… 그럼에도 역사적으로 볼 때 금융은 민주적인 방향으로 변해 왔으며 전보다 많은 사람들에게 금

38. 홈에퀴티보험이란 주택가격에서 기존 모기지 대출 잔액을 빼고 남은 가치를 대상으로 하는 보험을 말한다. 이런 보험에 가입하면 주택가격 변동에 따른 위험에 대비할 수 있다.
39. 이 대목에서는 로버트 쉴러가 금융자본의 위력을 과소평가하지 않았나 하는 생각이 든다. 금융자본은 익명의 돈이 아니라 이를 장악한 인간의 탐욕을 상징하기 때문이다.

융거래의 기회를 제공하고 있다. 이것은 우리가 앞으로도 계속 고수해야 할 방향이기도 하다."[40]

쉴러가 말하는 금융민주화의 실현 가능성이 전혀 없는 것은 아니다. 무엇보다도 스마트한 정부가 금융부문을 효과적으로 규제할 수 있다면 가능할 것이다. 금융이란 역사적으로뿐만 아니라 본질적으로도 특권적인 영역이므로 이에 걸맞는 정당한 규제는 반드시 필요하다. 그런데 이 문제는 신중하게 접근해야 한다. 그렇지 않으면 금융자본의 역습이 언제나 가능하기 때문이다. 금융을 지배하는 소수의 그림자 세력은 결코 쉽게 물러날 상대가 아니다. 이들을 어떻게 효과적으로 규제하는가에 금융민주화의 미래가 달려 있다고 해도 과언이 아니다.

둘리엔도 『자본주의 고쳐쓰기』에서 괜찮은 자본주의를 구축하기 위해 절실한 여러 가지 방안들을 제시한 후 이를 실현할 가능성은 전적으로 금융부문의 개혁이라는 문제로 귀착된다고 주장했다. 금융이 자본주의 발전에 중요하다는 사실을 부정할 사람은 없다. 단, 지나치게 비대해진 금융부문은 실물부문을 자의적으로 조정하는 힘을 갖게 됨에 따라 자원배분과 소득분배의 왜곡은 피할 수 없게 된다. 이와 관련해 둘리엔이 다음과 같이 지적한 것은 유념할 필요가 있다.

40. 로버트 쉴러(2012), 33쪽. 그러고는 금융민주화와 관련해 다음과 같은 낙관적인 기대감을 피력한다. "금융의 민주화가 이루어진다면 우리는 권력과 부의 무작위적인 재분배를 막는 효율적인 리스크 관리 제도에 좀 더 의존하게 될 것이다. 금융은 우리의 삶에서 무작위성을 증가시키는 게 아니라 감소시키게 될 것이다. 금융시스템을 잘 돌아가게 하려면 독립적이고 자유로운 사람들 간에 거래가 이루어지도록 하는 고유의 논리와 방식을 좀 더 발전시킬 필요가 있다."(401쪽) 그가 금융민주화의 가능성에 대해 지나치게 낙관적인 것이 아닌가 하는 의구심이 든다.

하이먼 민스키, 로버트 쉴러, 조지프 스티글리츠, 누리엘 루비니 등 수많은 경제학자들이 금융체제에 충분한 규제가 없으면 주식 및 부동산 시장에 거품 현상이 주기적으로 되풀이될 것이며, 신용팽창으로 불안정성이 증가하며, 그 후에는 신용경색이 찾아올 뿐만 아니라 국제적으로는 나라들 간에 어마어마한 규모의 경상수지 불균형과 체제 자체를 위협하는 세계 규모의 금융시장 위기 등이 나타날 것이라고 주장한 지 오래지만, 경제학자들은 이러한 비판자들을 줄곧 괴짜들로 여기며 무시해 왔다.[41]

이것은 지금도 여전히 적절한 지적이다. 이제는 지금까지 언급한 여러 사람들이 공통적으로 주장한 것을 새로운 경제규칙에 반영하도록 해야 한다. 스티글리츠가 미국 경제의 규칙을 새로 써야 한다고 주장하면서 금융부문의 규칙을 개정하는 데 가장 큰 비중을 둔 것도 같은 이유에서다. 쉴러가 주장하는 금융민주화도 기본적으로는 같은 맥락이다. 그러면서 둘리엔은 "금융체제를 근본적으로 개혁하지 않는 한 괜찮은 자본주의는 불가능하다"고 단언한다. 필자도 이에 전적으로 동의한다. 정작 중요한 문제는 금융부문을 구체적으로 어떻게 개혁할 것인가에 있다. 이 부문을 장악하고 있는 파워엘리트들의 저항을 고려할 때 구체적인 청사진을 만든 후 이해당사자들 간에 정치적 협의 과정을 거쳐 법과 제도를 새롭게 정비해야 할 것이다. 금융위기 이후 미국에서는 새롭게 제정된 프랭크-도드 법을 실행하는 데 여러 가지 어려움이 발생하고 있는데, 그 이유는 월가의 로비가 여전히 막강하기 때문이다. 기득권층의 저항을 여하히 극복하는가가 개혁의 관건이다.

이것은 금융시장만의 문제가 아니라 주주가치 극대화를 목표로 하는

---

41. 세바스티안 둘리엔(2011), 269쪽.

기업 경영과도 밀접하게 연관되어 있는 문제다. 이런 의미에서 이것은 경제 전반을 아우르는 문제이므로 장기적인 관점에서 신중하게 개혁을 추진해야 할 것이다. 여기에는 사적 소유권의 문제까지도 고려되어야 하기 때문이다. 어느 시대, 어느 사회에서든 무제한 사적 소유권을 인정한 경우는 없었다. 재산권도 사회적 합의의 산물이라는 점을 우리 모두 자각할 필요가 있다. 이와 관련해 둘리엔은 "시장은 사적 소유를 필요로 하지만 또 다른 형태의 소유와도 얼마든지 양립이 가능하다. 다양한 형태의 소유권을 어떻게 섞으면 최상의 결과가 나올 것인가는 이론적으로 결정될 수 있는 문제가 아니다. 이는 그 사회의 전통과 그 밖의 수많은 요소들에 좌우되는 문제이기 때문이다"라고 말했다.[42] 이와 같이 금융부문에 새로운 규칙을 도입해 개혁을 추구하는 작업은 비단 금융에만 국한된 것이 아니라 사유재산권의 의의를 재정립하고 이를 바탕으로 기업의 본질에 관한 문제까지도 아우르는 중차대한 문제다. 오늘날 금융부문의 개혁은 더 나은 시장경제를 모색하기 위해서는 절대적이고도 절실한 과제다.

■ 시장을 보다 경쟁적으로 만들어야 한다

앞에서도 언급했듯이 다른 경제시스템에 비해 시장경제가 우월할 수 있는 근거는 오로지 경쟁에서 찾을 수 있다. 따라서 경쟁이 약화되거나 사라진다면 시장경제는 우월한 경제시스템으로서의 위상을 잃게 된다. 그런데 오늘날 각 나라의 시장경제에서 경쟁이 점점 약화되고 있다는 증거가 상당히 많다. 이런 현상은 글로벌 차원에서는 무한경쟁이 진행되고 있다는 주장과 모순인 것 같지만 실상은 그렇지 않다. 이것이 현실이다.

---

42. 앞의 책, 355쪽

스티글리츠는 *Rewriting the Rules of the American Economy*에서 미국 경제를 통제하고 있는 현행 경제규칙들을 분석하면서 미국 경제의 문제점 가운데 미국 산업의 여러 분야에서 시장지배력은 강화되어 온 반면, 경쟁은 점점 약화되어 왔다는 점을 제일 먼저 지적했다. 시장경제에서 경쟁이 약화되면 경제 전체가 활력을 잃음으로써 경제성장이 둔화되고 불평등이 악화되는 시발점으로 작용할 수 있다. 실제로 스티글리츠는 이 점을 강조하려 했다.

그는 현행 규칙들이 미국 경제 여러 분야에서 어떤 영향을 미쳐 왔는지 상세하게 분석했다. 특히 1980년 이후 규제완화를 바탕으로 시장에서 경쟁은 점차 감소한 반면, 인수 · 합병을 통해 여러 산업분야에서 시장지배력이 점점 소수의 기업에 집중되는 경향을 보였던 점을 지적했다. 예를 들어 지적재산권은 혁신과 생산성을 높이기보다는 오히려 경쟁을 약화시키는 데 기여했으며, 신기술은 새로운 시장지배력의 원천으로 등장했다는 것이다. 그리고 세계화가 기업의 시장지배력에 일방적으로 유리한 영향을 미쳐 경제력의 집중을 더욱 가속화시킴으로써 시장경제 전반의 경쟁을 상당히 약화시켰다고 주장했다. 그 결과 비효율과 불평등이 크게 증가했다는 것이다.

특히 그는 금융부문의 급성장을 비중 있게 다루었는데, 그 이유는 이로 인해 미국 경제 전반의 경쟁력이 더욱 약화되었다고 생각했기 때문이다. 주지하다시피 1980년대 이래 금융은 신자유주의 정책으로 가장 큰 혜택을 받은 부문이다. 오랫동안 미국 연준 의장을 지냈으면서 금융계로부터 '마에스트로'라는 존칭으로 불렸던 앨런 그린스펀Alan Greenspan이 "자유시장은 스스로 규제한다"고 말했던 원칙은 사실상 금융시장에 적용되지 않았다. 스티글리츠는, 금융시장은 스스로를 규제하는 데 실패했을 뿐만 아니라 2008년 금융위기를 통해 경험했듯이 광기가 지배하는 비이성적 시장으로 전락했다고 평가했다. 나아가 금융시장의 비정상적인 성장은 불평등을 악화시키는 데 크게 기여함으로써 미국 경제를 전반적으로 취약하게 만들었다고 주장하면서 다음과 같이 말했다.

> 규제완화가 실행되었던 지난 35년은 평균적인 미국인과 미국 경제 전반의 경제적 성과에 심대한 결과를 초래했다. 은행이 영업하고 있는 모든 분야에서, 예컨대 지불장치를 운영하는 것부터 투자활동을 관리하는 데 이르기까지, 지대추구적인 수수료는 금융부문을 비대하게 만들었던 반면, 한편으로는 위험천만한 은행 업무와 대부 행태는 궁극적으로 미국 경제를 붕괴 직전까지 내몰았다.[43]

스티글리츠는 이런 상황을 극복하기 위해서는 시장경제에서 경쟁을 회복하는 것이 급선무임을 강조했다. 그러고는 과거와는 달리 제조업 중심이 아니라 서비스와 지식 기반의 경제에 적합한 경쟁 개념을 확립해야 한다고 하면서 구체적으로 지적재산권을 재정립해야 한다는 점을 강조했다. 이 권리를 지나치게 강화하면 오히려 경쟁이 약화될 수 있기 때문이라는 것이다.[44] 그리고 미국의 경우 잘못된 의료보험정책으로 인해 보험회사와 제약회사들 간의 경쟁이 약화되고 가격은 상승하게 되었다는 점을 지적했다. 그는 이와 유사한 방식으로 여러 분야에서 경쟁이 약화되는 한편 지대추구행위는 더욱 강화되어 왔다는 점을 강조했다. 이것은 비단 미국만의 문제가 아니라 우리나라를 포함한 대부분의 국가에서도 심각한

---

43. 조지프 스티글리츠(2016), 44쪽.

44. 이와 관련해 조지프 스티글리츠(2016)는 "오늘날 미국에서 지적재산권은 과거 고율의 관세가 국내 산업을 보호했던 것과 마찬가지로 지적재산권 보유자들을 경쟁으로부터 보호해 주고 있다"(102쪽)고 평가했다. 특허권을 지나치게 강화하면 이런 상황이 발생할 수 있다.

문제다.

시장경제에서 경쟁이 약화되고 있다는 것은 치명적인 결함이다. 이를 치유하지 못하면 시장경제 전반에 걸쳐 위기를 초래할 수 있기 때문이다. 예를 들어 인공지능 분야의 기술발전을 우려하는 가장 큰 이유는 미래에 경쟁이 약화될 것으로 예상되기 때문이다. 이 기술의 특성상 승자독식의 원칙이 철저하게 지켜질 것이기 때문에 인공지능 관련 산업에서 경쟁이 사라질 것으로 보인다. 이로 인해 시장경제에 어떤 비효율이 발생할지 충분히 짐작할 수 있다. 인공지능기술을 독점한 세력의 지대추구행위가 보편적인 관행으로 자리 잡을 것이며, 여러 분야에서 일자리가 사라지는 위기가 도래할 수 있다. 이는 곧 시장경제의 위기를 예고하는 것이기도 하다.[45]

로버트 라이시도 자유시장이 오히려 시장에서의 경쟁을 약화시켜 왔다는 역설적인 현상을 지적했다. 라이시는 자본주의를 구성하는 다섯 가지 요소들을 언급하면서 그중 하나로 "시장지배력은 어느 정도 허용되어야 하는가?"를 물었다.[46] 그런데 이런 요소들은 난데없이 나타나는 것이

---

45. 마틴 포드가 『로봇의 부상』(2015)에서 자본주의 시장경제의 위기를 경고한 것도 이런 맥락에서다. 그는 다음과 같이 주장했다. "모든 사람들에게 가장 으스스한 장기적 시나리오는 세계경제 시스템이 결국 새로운 현실에 적응해 나가는 방법일 것이다. 그때가 되면 해괴한 창조적 파괴의 과정을 거쳐 오늘날 세상을 떠받치는 시장경제가 사라지고 최고의 부자들만을 대상으로 고가의 제품과 서비스를 생산하는 산업만 남을 것이다. 인류의 거의 대부분은 모든 것을 박탈당할 것이다. 경제적 계층 간의 이동은 아예 사라질 것이다."(336쪽) 이것은 결코 실현되어서는 안 되는 최악의 시나리오다.

46. 로버트 라이시(2015)는 자유시장에서 자본주의 시스템이 형성되려면 무엇을 소유할 것인가(재산), 시장지배력은 어느 정도로 허용되어야 하는가(독점), 무엇을 어떤 조건으로 사고팔 수 있는가(계약), 구매자가 대가를 지불할 수 없을 때 무슨 일이 발생하는가(파산), 어떻게 해야 아무도 규칙을 어기지 못하게 할 수 있는가(시행)와 같은 다섯 가지 사항과 관련된 규칙들이 제정되어야 한다고 지적했다. 물론 여기에 모든 규칙들이 다 포함된 것은

아니라 일련의 정치적 과정을 통해 법이 제정되고 이를 바탕으로 제도가 형성됨으로써 결정된다. 이와 관련해 라이시는 "시장규칙이 형성되고 이에 따른 경제적 이익과 손실이 '비인격적인 시장지배력'이 작용한 '자연적인' 결과로 포장되는 과정에는 권력과 영향력이 숨어 있다. 하지만 '자유시장'과 '정부'의 상대적인 장점에 집중하여 토론한다면 가면을 꿰뚫고 진실을 볼 수 있을 가능성은 거의 없다"라고 경고했다.[47] 이것은 촌철살인寸鐵殺人의 경구다. 이와 같이 실질적으로 시장지배력을 가진 대기업들은 교묘한 방법으로 시장을 장악하고 있는 실정이다.

그리고 라이시도 톰 하트만과 마찬가지로 기업의 시장지배력을 강화시킨 상징적인 사건으로 2010년 '시민연대 대 연방선거관리위원회 사건'에서 연방대법원이 수정헌법 제1조에 따라 기업에 언론의 자유가 있다고 판결했던 사례를 지적했다.[48] 이 판결을 계기로 기업은 각종 선거에서 자유롭게 특정 후보에게 기부금을 제공할 수 있게 됨으로써 선거 결과에 상당한 영향력을 행사할 수 있게 되었다. 그리고 이를 이용해 기업은 시장지배력을 더욱 공고하게 할 수 있었다.[49] 이것은 경제력이 집중됨으로써 민주주의가 위태로워진다는 것을 보여주는 대표적인 사례에 해당한다.

아니지만 핵심적인 규칙인 것은 틀림없다.

47. 로버트 라이시(2015), 32쪽.

48. 톰 하트만도 『2016년 미국 몰락』(2013)에서 이 판결을 경제 왕당파가 미국을 장악하는 데 결정적으로 기여한 사건으로 지적했다.

49. 이와 관련해 로버트 라이시(2015)는 다음과 같이 지적했다. "상대적으로 소수이면서 경제적·정치적 힘을 장악한 대기업과 부자는 '자유'를 사용해 게임의 규칙에 영향력을 행사해서 힘을 강력하게 다지고 확대하는 방식을 정당화한다. 그래서 선거 후원금에서 '독자 지출'을 점점 늘리는 동시에 종종 상대편 후보자를 겨냥해 부정적 광고활동을 벌이는 자금을 증가시킨다."(34쪽)

스티글리츠와 마찬가지로 라이시도 재산권과 관련된 현행 규칙이 경쟁을 약화시키는 데 상당히 영향을 미치고 있다고 경고했다. 그런데 이와 관련된 규칙들에 관한 논의는 대부분 은밀하게 진행되므로 관련 당사자가 아니면 규칙의 변화를 거의 알아차리지 못한다는 것이다. 대표적인 사례로 특허권이나 지적재산권과 관련된 규칙이 특정 세력에게 유리하게 바뀌어 왔다는 사실을 지적했다. 예를 들어 특허권의 경우 보호기간이 과거 14년에서 지금은 20년으로 늘어났는데, 이것은 관련 당사자가 아니면 알 수 없는 규칙의 변경 사례로서 경쟁을 약화시키는 요인으로 작용할 수 있다. 이와 같이 시장에서 경쟁의 정도는 자유롭게 결정되는 것이 아니라 정치적 타협의 산물임을 인식해야 한다. 그래야만 경쟁을 강화하는 방향으로 경제규칙을 바꾸려는 시도의 의의를 제대로 이해할 수 있기 때문이다.[50]

■ 기업의 의미를 재정립해야 한다

기업은 시장경제의 핵심이다. 기업이 존재하지 않는 시장경제는 마치 원자핵이 없는 원자, 세포가 없는 유기체나 다름 바 없다. 그런데 언제부터인가 기업의 목표는 주주가치 극대화라는 것이 당연한 사실로 받아들여지기 시작했다. 스티글리츠는 이것을 주주혁명shareholder revolution이

50. 로버트 라이시는 현실에서 독과점이 막강한 영향력을 행사하고 있는 사례로 미국의 거대 생명공학 기업인 몬산토(Monsanto)의 사례를 들고 있다. 몬산토는 미국 농부들이 심는 옥수수의 80% 이상, 콩의 90% 이상에 대해 주요 유전 형질에 대한 소유권을 보유하고 있다. 이 소유권은 몬산토가 유전자조작을 통해 개발한 신품종에 대한 소유권을 의미한다. 그래서 미국 농부들은 매년 새로운 씨앗을 구입해야 하는 실정이다. 이것이 바로 경쟁이 사라진 자유시장의 단면이다. 이런 유형의 여러 사례들을 살펴보면 과연 자유경쟁시장이 존재하는가 하는 의문을 갖게 된다.

라고 불렀다. 그만큼 기업 경영과 경제 전반에 미친 영향이 컸다는 것을 상징한다. 스티글리츠는 주주가치 극대화를 추구하는 주주혁명이 여러 면에서 미국 경제를 약화시켜 왔다고 지적했다. 우리나라에서도 일반 대중은 미국식 기업 경영에 익숙해 있어 주주가치 극대화는 기업이 추구해야 할 당연한 목표인 것으로 인식해 왔다. 그런데 정작 이 아이디어의 발상지인 미국에서는 이로 인한 비효율과 부작용에 대한 반성의 분위기가 조성되고 있다는 것은 다분히 역설적이다.

스티글리츠는 주주혁명이 초래한 가장 심각한 문제로 전문경영자의 보수가 상상을 초월할 정도로 높아진 것과 기업의 잠재력을 키우기 위한 장기투자보다는 주가에 유리한 정책을 선호하는 단기주의short-termism에 집착하도록 한 것이라고 비판했다. 단기주의는 주주가치 극대화에서 비롯된 불가피한 현상인 셈이다. 그는 이런 단기주의가 장기적으로 기업뿐만 아니라 국가 경쟁력을 약화시키는 치명적인 부작용을 낳는다는 점을 강조했다.[51] 우리 모두 새겨들어야 할 부분이다.

주주혁명은 금융자본과 밀접하게 연관되어 있다.[52] 스티글리츠는 주주우선주의가 부상하게 된 배경에는 금융시장의 관행과 보수적 경제학자들의 지원과 선동이 있었다고 지적했다. 미국에서 증권법과 연방소득세

---

51. 조지프 스티글리츠(2016)는 단기주의의 부작용과 관련해 다음과 같이 말했다. "단기주의는 전문경영자에 대한 과도한 보상, 주주에 대한 배당의 증가, 빈번한 기업 구조조정, 대규모 합병, 자본투자의 감소 등과 같은 현상을 수반한다. 그래서 경제적 불평등을 악화시키고 장기적인 관점에서의 경제적 성과를 약화시킨다."(51쪽) 우리 모두 깊이 새겨야 할 내용이다.

52. 세바스티안 둘리엔(2011)도 전통적으로 자본시장에 기초한 금융체제를 유지해 왔던 미국이나 영국에서도 주식시장이 특출한 역할을 맡았던 것은 아니라고 말했다. 그러던 것이 1980년대 신자유주의가 부상해 각종 금융규제가 완화되면서 금융자본의 주도로 주주혁명이 일어났던 것이다.

법이 개정되어 기관투자가들의 영향력이 커지고 전문경영자에 대한 보상이 단기 성과와 연계되면서 주주가치 극대화라는 현상이 보편화되었던 것이다.[53] 이것은 금융자본이 높은 수익률을 얻을 수 있도록 규칙을 개정해 기업이 오직 주주가치를 극대화하는 데 초점을 맞추도록 유도했다. 이로 인해 경제 전반에 엄청난 부작용이 발생했다. 이와 같이 금융자본의 부상에 따른 부작용은 비단 금융부문에 국한된 것이 아니라 경제 전반으로 확산되었던 것이다. 이런 상황에서 과거 레이건 정부는 반독점 규제를 완화하고 경쟁기업의 인수합병을 용이하게 해줌으로써 경쟁을 더욱 약화시키는 결과를 초래했다.

이와 같이 주주혁명은 실로 엄청난 변화를 초래한 사건임에도 이에 대한 반론이 거의 없었던 것은 대기업과 금융자본의 이해관계가 맞아떨어져 다양한 로비 활동을 통해 각종 규칙을 개정했기 때문이다. 그런데 주주혁명은 실질적으로는 종종 전문경영자의 소득극대화로 대치되었는데, 그 이유는 전문경영자가 실질적으로 기업 경영을 장악했기 때문이었다. 이 경우 전형적인 주인-대리인 문제가 영향을 미쳤다 할 수 있다. 전문경영자는 장기투자보다는 자사주 매입과 같은 방법을 동원해 단기적으로 주가를 부양함으로써 주주가치를 극대화하는 정책을 실시했으며, 이로 인해 실물자본에 대한 장기투자는 사실상 외면당해 왔다. 그 결과 미국 경제의 장기적 성장 잠재력이 훼손되었던 것이다.[54]

---

53. 실제로 주주혁명의 역사는 그다지 길지 않다. 이와 관련해 세바스티안 둘리엔(2011)은 다음과 같이 말했다. "제2차 세계대전 이후의 몇십 년간은 이해관계자자본주의(stakeholder capitalism)가 지배적 형태였다. 하지만 이는 주주가치자본주의(shareholder-value capitalism)로 대체됐으며, 기업지배구조는 근본적으로 변화했다. …… 주주가치는 특히 앵글로·색슨 식의 경영 개념으로 래퍼포트가 『주주가치의 창출 : 사업실적의 새로운 기준』(1986)에서 만든 말이다."(86쪽)

스티글리츠는 단기주의는 기업의 문제만이 아니라 경제 전반의 문제임을 강조했다. 왜냐하면 단기주의는 낮은 수준의 투자를 유발하고 일자리를 창출하지 못함으로써 시장경제를 왜곡시키기 때문이다. 따라서 이 문제를 해결하기 위해서는 기업의 자본투자와 연구개발투자, 그리고 일자리 창출을 위한 인센티브를 제공하는 정책을 추진해야 하며, 이를 통해 경제의 역동성과 기술혁신의 분위기를 강화해야 한다고 주장했다. 이를 위해서는 전문경영자에 대한 인센티브를 재설계해야 하며 주식의 단기거래보다는 장기 보유를 선호하도록 금융거래 관련 규칙을 개정해야 한다는 점을 강조했다. 여기서 무엇보다도 스톡옵션이 전문경영자의 인센티브를 왜곡해 왔다는 사실을 유념해야 한다. 이로 인해 전문경영자들은 전적으로 단기주의에 입각해 기업을 경영해 왔던 것이다. 이와 같이 잘못된 인센티브 제도의 폐해는 실로 막대하다.[55]

또한 그는 주식의 장기 보유를 장려하기 위한 여러 가지 방안을 제시했는데, 이것은 단기주의를 극복하기 위한 실질적인 방안이 될 수 있다. 이 경우 전문경영자들은 단기적 성과에 집착할 이유가 사라지기 때문이다. 그리고 장기적 관점에서 기업을 경영하도록 유도하는 전략으로 근로

---

54. 이와 관련해 조지프 스티글리츠(2016)는 다음과 같이 지적했다. "2014년 미국에서 비금융기업의 전문경영자들은 주식 매입과 배당의 형태로 세전 기업 이익의 70퍼센트를 주주들에게 지급했다. 그런데 제2차 세계대전 이후 주주혁명이 일어나기 전에 비금융기업들은 기업 이익의 18퍼센트만을 주주들에게 분배했다."(56쪽) 이런 단기주의 정책으로 인해 미국 기업의 성장 잠재력이 약화되었다는 것이다.

55. 조지프 스티글리츠(2016)는 단기주의를 해결하기 위한 구체적인 방안으로 전문경영자의 보수와 중위근로자(median worker)의 보수 간의 비율에 따라 법인세율을 조정하는 방법을 제시하고 있다. 아니면 전문경영자에게 과도한 보수를 지불하지 않는 양호한 지배구조를 가진 기업에게 낮은 법인세를 적용하는 방법을 생각해 볼 수도 있다. 이에 대한 상세한 논의는 그의 책 122쪽을 참조하라.

자의 대표가 기업의 이사회에 참여하는 방안을 권장했다. 이것은 기업의 지배구조를 독일식의 이해관계자 모델로 바꾸는 것을 의미하는데, 미국식 기업 경영에 접목시키는 데는 상당한 진통이 예상된다. 주주자본주의에서 이해관계자자본주의로의 전환은 결코 쉬운 과제가 아니기 때문이다. 그렇지만 더 나은 시장경제를 위해서는 어떤 방식으로든 주주자본주의의 한계를 극복하는 방안을 검토하지 않으면 안 된다는 사실을 인식할 필요가 있다.[56]

라이시도 자본주의를 구하기 위해서는 기업을 재구성해야 한다고 주장했다. 지금과 같은 주주자본주의로는 어렵다는 것이다. 그는 "이를 위해서는 현대 자본주의의 중심 조직인 대기업을 재구성해야 한다. 지난 30년 동안 기업에 적용한 거의 모든 유인책은 일반 근로자의 급여를 낮추고 CEO와 기타 고위 임원의 급여를 높이는 결과를 낳았다. 문제는 어떻게 해야 이러한 유인책을 역전시킬 수 있느냐다" 라고 말했다.[57] 이와 같이 주주가치 극대화는 불평등 문제와도 밀접하게 관련되어 있다.

또한 스티글리츠와 마찬가지로 단기주의를 극복하기 위해서는 주식의 단기 보유를 지양하고 장기 보유를 선호하도록 각종 인세티브를 제공해야 한다고 주장했다. 특히 그는 대기업의 주주들은 자신이 어떤 기업의 주식을 얼마나 오랫동안 소유하고 있는지 모르는 경우가 비일비재하다고

---

56. 이와 관련해 세바스티안 둘리엔(2011)은 다음과 같이 극단적으로 평가했다. "무엇보다도 이해관계자 모델은 주주가치 접근의 핵심 요소, 즉 기업 경영의 초점을 단기적 주가 상승에 두는 것이 기업에 해를 끼친다는 생각에 기초하고 있다. …… 어렇게 주식 가격이라는 것이 무슨 중심축이 있는 게 아니라면, 주주가치에 기초한 기업 경영이란 사실상 '돈 놓고 돈 먹기' 식의 카지노 경제학의 한 형태에 불과한 것이다."(314쪽) 그럼에도 우리는 구조화의 영향으로 주주가치 극대화가 유일한 기업의 목표라는 생각에 사로잡혀 있는 실정이다.

57. 로버트 라이시(2015), 252쪽.

지적하면서 "주주 '소유권'은 법률상 허구다. CEO와 기업 임원에게 기업 주식의 가치를 최대화할 신의성실의 의무가 있다는 개념도 마찬가지다"라고 평가했다. 그러면서 기업의 유일한 목적이 주주가치를 극대화하는 것이라는 개념은 고작 1980년대에 등장했기 때문에 상당히 새롭다는 것이다. 제2차 세계대전이 끝나고 처음 10년 동안은 기업이 모든 이해당사자에 대해 책임을 진다는 개념이 지배했었는데 이것이 역전되었다는 것이다.[58] 이런 주장을 종합해 보면 주주혁명은 1980년대 이후 금융자본이 자본수익률을 높이기 위해 경제 전체를 희생시키면서 무리하게 강행했던 것임을 알 수 있다. 이제는 이 망령에서 벗어나야 할 때다.

기업이 시장경제의 핵심이라는 데는 이론의 여지가 없다. 여기서 말하는 기업은 경쟁적인 상황에서 정상이윤을 얻고 있는 중소기업이나 소규모 자영업자들이 아니라 대기업을 지칭한다. 거의 모든 시장경제에서 이들의 영향력은 실로 막강하다. 심지어 대기업의 영향력이 상대적으로 미약한 것으로 알려진 독일도 예외가 아니다. 이와 관련해 울리케 헤르만은 『자본주의의 승리인가 자본주의의 위기인가』에서 다음과 같이 지적했다. "거대 기업연합은 100년보다 훨씬 이전부터 시장을 고정시키는 데 성공했다. DAX(독일의 종합주가지수)에 속한 기업들은 거의 모두 제1차 세계대전 이전에 생겨났다. 유일한 예외는 소프트웨어기업인 SAP이다. …… 철강, 자동차, 화학 혹은 제약 분야의 시장은 신생기업이 들어올 수 없을 만큼 꽉 잠겨 있다. 독일의 경제가 얼마나 집중되어 있는지는 가장 최근에 나온 통계연람의 몇 가지 수치를 보면 금방 알 수 있다. 2009년을 살펴보면 1퍼센트도 채 안 되는 거대 기업들이 총매출의 65퍼센트를 차

58. 앞의 책, 255쪽.

지했다. 다른 서구국가들도 마찬가지다."[59] 우리나라의 경우 기업집단, 즉 재벌에 의한 경제력 집중은 이것보다 훨씬 더 심각하다. 우리나라보다는 미약하지만 미국도 예외가 아니다. 이런 상황에서 경쟁에 기반을 둔 자유시장을 예찬한다는 것은 환상에 불과하다.

그런데 문제는 현재의 경제규칙을 바꿔 이들의 경제력을 약화시킨다는 것이 사실상 쉽지 않다는 것이다. 명령에 기반을 둔 대기업들이 시장경제를 지배한다는 것은 자생적 질서로서의 장점을 모두 상쇄할 정도다. 여기서 시장경제의 고유한 모순이 드러난다. 시장경제와 대기업의 조화는 곧 대극의 조화에 해당한다. 이 문제의 해결 여부에 시장경제의 미래가 달려 있다고 해도 과언이 아니다. 여기서 다시 한 번 자유시장을 옹호했던 밀턴 프리드먼이 한 다음과 같은 말을 생각해 볼 필요가 있다.

> 기업 경영자들과 노동조합 지도자들은 주주와 노동조합원들의 이익에 봉사하는 것을 넘어서는 '사회적 책임'을 지고 있다는 견해가 폭넓게 받아들여지고 있다. 이러한 견해는 자유경제의 성격과 본질을 근본적으로 오해하고 있다. 자유경제에서 기업이 지는 책임은 오직 하나뿐인데, 이는 게임의 규칙을 준수하는 한에서 기업 이익 극대화를 위해 자원을 활용하고 이를 위한 활동에 매진하는 것, 즉 속임수나 기망행위 없이 공개적이고 자유로운 경쟁에 전념하는 것이다.[60]

이것이 얼마나 공허한 주장인지 더 이상 논할 필요조차 없다. 왜냐하면 시장경제를 지배하고 있는 것은 경쟁 압력 하에 있는 기업들이 아니라 사실상 시장을 장악하고 있는 소수의 대기업이기 때문이다. 이들이 주주

59. 울리케 헤르만(2013), 79쪽.
60. 밀턴 프리드먼(2002), 214쪽.

가치 극대화라는 구조화된 스토리를 바탕으로 금융과 연계해 사실상 시장경제를 좌지우지하는 한 시장경제의 전망은 결코 밝지 않다. 한 가지 다행스러운 것은 인터넷 혁명과 공유경제의 부상으로 인해 새로운 형태의 기업이 등장하기 시작했다는 사실이다. 이런 변화의 핵심에는 협동조합 기업이 있다. 제러미 리프킨은 협동조합의 미래를 낙관하면서 그 근거로 다음 사실을 지적했다. "현재 10억이 넘는 사람들이 협동조합의 조합원이다. 또한 1억이 넘는 사람들이 협동조합에 고용되어 있다. 이는 다국적기업에 고용된 인원보다 20퍼센트 더 많은 수치다."[61]

이 밖에도 인터넷과 모바일 혁명을 기반으로 새로운 형태의 금융이 등장해 기존의 금융과 기업 간의 연결고리에 변화를 일으키고 있다는 점 또한 간과해서는 안 된다. 이른바 피어투피어 대출이라 불리는 인터넷대출이나 크라우드펀딩crowdfunding으로 대표되는 새로운 자본조달 방식은, 비록 지금은 상대적으로 규모가 작지만, 향후 기존 금융시장에 커다란 변화를 가져올 잠재력을 갖고 있다. 이런 변화가 가시화되는 경우 기업의 목표와 지배구조에도 상당한 변화가 예상된다. 이런 의미에서 새롭게 등장한 비즈니스 모델인 베네피트 기업benefit corporation의 등장도 주목할 만하다. 이와 관련해 리프킨은 다음과 같이 말했다. "베네피트 기업은 사회적 기업가정신이라는 기치 아래 일고 있는 보다 커다란 물결의 일부이다. 사회적 기업가정신은 공유사회의 주축인 비영리조직들부터 시장의 중심

---

61. 제러미 리프킨(2014), 346쪽. 리프킨은 사물인터넷의 발달로 한계비용이 거의 제로 수준으로 하락한 분야에서는 협동조합만이 생존할 수 있다면서 다음과 같이 주장했다. "한계비용을 제로 수준으로 낮출 수 있는 새로운 경제 인프라와 패러다임으로 전망해 볼 때, 충분한 이윤에 그 존재 근거가 달려 있는 민간 기업은 살아남을 가능성이 희박하다. 협동조합만이 한계비용 제로 수준 사회에서 작용할 수 있는 유일한 사업모델인 셈이다."(348쪽) 기업의 미래를 논하는 경우 이것은 간과해서는 안 되는 측면이다.

주자인 전통적인 주식회사들까지 포괄하는 넓은 영역에 걸쳐 있다. …… 사회적 기업가정신이라는 하나의 거대한 천막 아래에서, 영리 추구 세계와 비영리 세계는 시장경제와 협력적 공유사회로 구성된 이중적 상업 공간에 어울리는 다양한 종류의 새로운 비즈니스 제도와 규칙을 만들어내고 있다."[62]

이와 같이 기업의 본질과 역할을 둘러싸고 변화가 일어나고 있다는 것은 시장경제의 미래를 위해 좋은 소식이다. 그렇지만 시장경제를 주도하고 있는 것은 여전히 전통적인 의미의 기업이다. 이런 기업들이 좁은 의미의 이윤동기를 넘어서는 목표를 설정할 수 있다면 시장경제의 미래 전망은 훨씬 낙관적이다. 이런 관점에서 볼 때 중요한 것은 기업가정신임을 알 수 있다. 예를 들어 빌 게이츠Bill Gates가 『창조적 자본주의』에서 기업의 사회적 책임을 강조한 것은 곧 기업가정신을 회복해야만 기업도 살고 시장경제도 살 수 있다는 상생의 논리를 강조한 것으로 해석할 수 있다. 이와 관련해 그는 다음과 같이 주장했다. "우리에게 주어진 과제는 이익이나 사회적 인정 같은 시장 인센티브를 통해 변화를 이끌어내는 시스템을 설계하는 것입니다. 저는 이 새로운 시스템을 창조적 자본주의creative capitalism라 부르고 싶습니다. 창조적 자본주의는 정부, 기업, 비영리단체가 협력하여 시장의 영향력이 미치는 범위를 확장함으로써 더 많은 사람이 세상의 불평등을 완화하면서 이익을 창출하거나 사회적 인정을 얻을 수 있는 방식입니다."[63] 물질적인 세계를 대표하는 기업에 있어

62. 앞의 책, 428쪽.

63. 마이클 킨슬리, 『빌 게이츠의 창조적 자본주의』(2008), 24쪽. 킨슬리는 빌 게이츠가 2008년 다보스포럼에서 행한 창조적 자본주의에 관한 강연을 바탕으로 이에 대한 여러 전문가들의 찬반 의견을 모아 이 책을 편집했다. 이 책에서 빌 게이츠는 애덤 스미스의 『도덕감정론』에서 강조했던 칭찬받고 싶어 하는 인간의 본성에 비추어 기업 또한 사회적 인정을

가장 중요한 요소가 기업가정신이라는 사실은 역설적이다. 그렇지만 물질과 정신의 대극이라는 관점에서 보면 지극히 자연스러운 현상이다. 현재 일어나고 있는 변화는 지금이야말로 기업이 대극의 반전을 모색해야 하는 시점이라는 것을 시사한다.

■ 중산층을 육성해야 한다

사회는 다양한 세력들이 상호 견제와 균형을 유지할 때 안정적으로 발전할 수 있다. 이를 위해 가장 절실한 것이 대항세력countervailing power의 존재다. 그런데 대부분의 나라에서 현재 사실상 이런 세력이 존재하지 않는다. 시장경제가 제대로 작동하려면 경쟁을 바탕으로 하는 가운데 자본과 노동, 달리 말하면 기업부문과 노동부문 간의 힘이 대등한 가운데 어느 정도 균형이 유지되어야 한다. 그리고 이를 위해 공정하고 효과적으로 정책을 수립하고 집행하는 정부가 존재해야 한다. 그런데 금융자본의 지배, 세계화 및 기술발전 등 여러 요인들이 상승작용하면서 노동부문의 힘은 상대적으로 매우 취약해졌다. 또한 정부는 대기업에 유리한 정책으로 편향되어 있으며, 금융자본의 부상으로 불평등이 더욱 악화됨으로써 대항세력의 역할을 할 수 있는 중산층이 사실상 거의 무너져 버린 상황이다. 이것은 불평등이 악화된 미국을 비롯한 많은 나라에서 실제로 벌어지고 있는 현실이다.

사실 이 문제는 현행 자본주의 시장경제의 본질적인 문제에서 비롯된 것이다. 역사적으로 분배의 불평등이 극단적으로 악화된 경우 또는 경제

받고자 하는 욕구가 있음을 강조했다. 그는 이런 욕구가 창조적 자본주의의 원동력이 될 수 있다고 역설했다. 필자도 기업이 기업가정신의 진정한 의미를 회복한다면 이런 변화가 가능하다고 생각한다.

전반에 비효율이 만연한 경우에는 어떤 경제시스템도 몰락의 길을 피할 수 없었다. 과거 로마 제국을 비롯한 여러 제국의 몰락은 불평등의 악화에서 원인을 찾을 수 있으며, 소련을 비롯한 동구권 국가들의 몰락은 비효율이 만연한 데서 원인을 찾을 수 있다. 현재 글로벌 차원에서 시장경제는 효율의 측면에서뿐만 아니라 불평등의 측면에서도 심각한 문제를 드러내고 있으며 이로 인해 사회의 균형이 무너진 상태다.

시장경제는 근본적으로 가격 메커니즘을 바탕으로 작동하는 시스템이므로 이와 같은 문제의 근본 원인을 가격체계가 제대로 작동하지 않는 데서 찾는 것은 지극히 자연스럽다. 더 나은 시장경제를 구축하려면 가격체계의 기능을 어떻게 개선할 수 있는지 고민해야 한다. 여기서 핵심은 잘못된 신호를 발생시켜 온 가격체계의 문제점에 관한 것이다. 앞에서 가격체계의 기능에 대해 살펴보았듯이 현재와 같은 네트워크 정보경제에서는 가격체계의 정보전달기능이 특히 중요하다. 이 기능이 제대로 작동하지 않으면 시장은 사람들에게 잘못된 신호를 보내게 되고 이로 인해 비효율과 불평등이라는 두 가지 측면에서 상황이 더 악화되기 때문이다.

이런 관점에서 노동시장을 살펴보자. 그동안 주류 경제학의 기본 원리에 기반을 둔 시장자유주의로 인해 가장 피해를 본 영역이 노동시장이라는 데 많은 전문가들이 동의한다. 특히 새고전학파라 불리는 일군의 경제학자들에 의해 정교하게 다듬어진 합리적 기대 가설은 노동시장에서 가격체계의 역할을 잘못 해석했다는 비판을 받아왔다. 새고전학파의 주장이 노동시장에 미친 영향에 대해 둘리엔은 다음과 같이 평가했다. "1970년대에는 프리드먼보다 더 근본적으로 신고전파 사상을 견지하는 변종이 발전하여 학계의 논쟁을 지배하기에 이르렀다. 시카고대학에서 프리드먼의 제자였던 로버트 루카스는 이 새고전파를 정초한 가장 중요한 인물 가운데 하나다. 이 학파는 노동시장이 실업의 원인일 뿐만 아니라 경제성장률과 고용에도 중심적인 중요성을 갖는다는 점을 강조했다."[64]

이런 입장을 견지하는 한 결론은 자명하다. 즉, 노동시장의 자유로운 작동을 통해 임금이 결정되고 자원이 배분되면 효율성이 증가하므로 경제성장에도 기여한다는 것이다. 이런 입장에서 노동시장을 분석한다면 노동수요를 증가시키는 방법은 실질임금을 떨어뜨리는 것밖에는 없다는 결론에 도달하게 된다. 따라서 임금이 신축적이라면 노동공급이 노동수요와 일치하는 지점에서 임금 수준도 결정될 것이므로, 합리적 기대 가설에 의하면 실업이란 항상 자발적인 것이다. 실제로 새고전학파는 여러 시장이 아주 신속하게 조정되기 때문에 노동시장은 항상 균형 상태에 있다고 주장해 왔다. 바로 이런 주장이 노동시장 유연화와 정리해고 등 일련의 노동정책에 이론적 근거를 제공했다.[65] 여기에 주주가치 극대화 논리와 세계화에 따른 노조의 무력화 등이 가세하면서 실질임금은 오히려 감소하는 현상까지 발생했던 것이다. 이로 인해 불평등이 악화된 것은 필연적이었다.

그동안 스티글리츠를 비롯한 많은 전문가들이 실제 데이터에 입각해 지적했듯이, 1980년대 이후 근로조건은 조금도 나아진 것이 없으며 오히려 악화되었다고 할 수 있다. 최저임금만 보더라도 물가상승을 감안할 때 실질적으로 하락했다. 또한 세계화와 자동화로 인해 근로자들의 교섭력은 점차 약화되어 왔으며 노조에 가입한 근로자의 비율 또한 계속 하락했

64. 세바스티안 둘리엔(2011), 141쪽.

65. 이 문제와 관련해 세바스티안 둘리엔(2011)은 다음과 같이 지적했다. "1970년대에는 새고전파 패러다임이 경제사상을 지배하기 시작했고, 그 옹호자들은 실업을 퇴치하기 위해서는 노동시장의 규제완화만이 살길이라며 이를 강력하게 촉구하기 시작했다. 노동시장을 보다 탄력적으로 만들자는 캠페인들이 결정적인 영향을 미쳤다는 사실에는 의심할 여지가 없으며, 대부분의 경제학자들은 지칠 줄 모르고 유연화의 여러 미덕을 찬양해댔다."(153쪽)

다. 이런 일련의 변화로 인해 미국에서는 중산층의 몰락이라는 우려할 만한 상황이 발생했으며 한국도 예외가 아니다. 중산층이 몰락하면 경제성장을 위한 충분한 소비가 뒷받침되지 않기 때문에 안정적인 경제성장을 기대할 수 없다. 인구절벽이 예상될 뿐만 아니라 인공지능과 로봇공학의 발달로 일자리가 원천적으로 사라질 것으로 전망되는 상황에서 중산층의 몰락은 피하기 어려울 것으로 보인다.

라이시는 미국에서 중산층의 몰락, 근로 빈곤층의 부상이라는 현상과는 대척점에 있는 현상으로 비근로 부유층이 세력을 더욱 키웠다는 점을 새삼 강조했다. 그가 이 점을 지적한 이유는 일반에게는 거의 알려지지 않은 이른바 '소득의 상향 재분배'라는 현상을 지적하기 위해서였다. 그는 월스트리트와 부자들은 은밀하게 자신들에게 유리하게 규칙을 바꿔 막대한 이득을 올린 다음 선심을 쓰듯이 소득의 하향 재분배에 동의한다고 주장했다.[66] 따라서 이와 같은 소수 특권층이 자유시장을 유린하는 것을 더 이상 허용하지 않기 위해서는 사회에 대항세력이 등장해야 한다면서 다음과 같이 말했다.

> 경제학자인 존 케네스 갤브레이스는 이러한 경향에 '대항력'이라는 명칭을 붙이고 경제성장의 혜택을 널리 보급시키는 수단으로 생각했다. 그러면서 1952년

---

66. 이와 관련해 로버트 라이시(2015)는 다음과 같이 지적했다. "중산층에서 발생하는 상황을 제대로 파악하려면 중산층의 협상력과 정치적 영향력을 감소시키면서 대기업과 월스트리트의 수익을 증가시키는 시장조직의 변화를 조사해야 한다. 이는 통상적으로 정의하는 부의 '재분배'가 아니라 부가 상향 분배되는 변화다. …… 정부에 커다란 영향을 미치는 사람들과 정부는 게임의 규칙을 바꾸는 방식으로 좀 더 간접적으로 부를 상향 재분배했다." (163쪽) 이것은 정말 중요한 지적이다. 교묘한 방식으로 프레이밍, 즉 구조화함으로써 일반 대중은 그들에게 불리한 방향으로 경제규칙이 변하는 것을 인지하지 못한다. 우리나라의 경우 '비즈니스 프랜들리' 운운하면서 법인세를 인하한 것도 이런 사례에 해당한다.

이렇게 썼다. '사실상 대항적 세력을 지지하는 것이 아마도 지난 20년 동안 평화 시기에 연방정부가 펼친 주요 기능일 것이다.' 경제 전반에 걸친 대항력은 대기업과 월스트리트에 집중된 힘에 맞서는 평형추로 등장했다.[67]

그런데 지금은 이런 대항세력이 사라졌다는 것이다. 이런 대항세력을 회복하려면 무엇보다도 정부를 선택하는 데 있어 현명해야 한다. 즉, 선거 과정에서 현명하게 행동해야 한다는 것이다. 이와 관련해 라이시는 "본질적인 문제는 경제가 아니라 정치와 관계가 있다. 경제 엘리트들이 경제체제의 기본 규칙을 지배하므로 그 이면에 놓인 정치적 힘의 분배를 바꾸지 않고서는 경제체제를 개혁하는 것은 불가능하다"고 주장했으며, 스티글리츠도 동일한 견해를 피력했다.[68] 문제는 어떻게 정치적 힘의 분배를 바꿀 것인가, 그리고 기업을 어떻게 재구성할 것인가에 있다. 현재와 같이 주주가치 극대화를 유일한 목표로 하는 기업 경영 방식에서는 많은 문제가 따르는데, 그중 하나가 대항세력을 약화시키는 것이다. 라이시는 특히 미래 인공지능과 로봇공학의 발달로 일자리가 대량으로 사라질 것에 대비한다는 취지에서도 기업을 재조직해야 한다고 주장했다.[69] 우

67. 로버트 라이시(2015), 224쪽. 여기서 대항세력이란 'countervailing power'를 말하는데, 경제학자 존 케네스 갤브레이스(John K. Galbraith)가 *American Capitalism*(1952)에서 사용해 대중화시킨 용어다. 한때 길항력(拮抗力)이라고 번역되기도 했으나 지금은 대항세력으로 번역하는 것이 관행이다.

68. 앞의 책, 220쪽. 더 상세한 논의는 조지프 스티글리츠의 『불평등의 대가』(2012)를 참조하라.

69. 로버트 라이시(2015)는 다음과 같이 충고했다. "대항적 세력을 형성하기 위한 장기 계획은 여기서 멈추지 않는다. 기업을 재조직하면 좀 더 균형 잡힌 경제를 향해 유일하게 뻗은 길을 걸을 수 있다. 기업을 재조직해야 하는 이유는 미래의 기업에서 일할 근로자의 수가 훨씬 줄어들기 때문이다. 앞으로는 로봇이 근로자의 일자리를 차지할 것이므로 이러한 상황에서 경제적 이득을 분배할 새 시장규칙을 개발하는 숙제를 풀어야 한다."(259쪽)

리 모두 경청해야 할 내용임에 틀림없다.

대항세력은 부와 소득의 상향 재분배를 종식시키기 위해서 반드시 필요하다. 그렇지 않으면 특허권, 지적재산권으로 무장하고 네트워크와 플랫폼을 선점한 소수 대기업의 횡포와 월가의 금융지배력을 저지할 수 없기 때문이다. 별다른 변화가 없는 한 상향 재분배는 계속될 것이 분명하고 이로 인해 소득분배는 더욱 불평등해질 것이 자명하다.[70] 나아가 대항세력은 지금과 같이 주주가치 극대화에만 관심을 갖는 기업을 재구성하는 데도 일정 역할을 해야 한다. 스티글리츠도 주주가치 극대화라는 미명 하에서 자본주의 자체의 활력이 사라지고 각종 비효율이 증가했음을 강조한 바 있는데, 라이시도 마찬가지 입장이다. 지금은 자본주의의 근간으로서 기업의 본질과 역할에 대해 신중하게 재검토해야 할 시점이다.

라이시는 또한 현행 시장규칙에 따르면 자본소득은 점점 많아지는 반면 근로소득은 점점 적어질 수밖에 없는 상황임을 강조하면서 대항세력이 충분히 성숙하기 전에 필요한 조치로 기본소득basic income을 고려할 것을 제안했다. 이것은 일정한 나이에 도달한 성인 모두에게 일정액을 기본소득으로 제공하는 것으로 보편적 복지 정책의 일종이라 할 수 있다.

---

70. 이와 관련해 로버트 라이시(2015)가 다음과 같이 지적한 것에 주목해야 한다. "소득의 하향 재분배는 전체 그림의 작은 일부일 뿐이다. 실제로 최근에는 소득재분배가 소비자, 근로자, 소기업, 소형 투자자에서 고위 기업 임원, 월스트리트 트레이더와 포트폴리오 매니저, 자본자산의 주요 소유주로 상향 이동하고 있다. 하지만 상향 재분배는 겉으로 드러나지 않고, 주요 통로는 상당한 부와 정치적 영향력을 소유한 사람들이 형성하는 시장규칙 안에 숨어 있다. 따라서 시장구조 안에서 상향 분배가 먼저 이루어지고 난 후에 정부가 나머지 소득을 세금과 이전지출을 통해 빈곤층을 향해 재분배하는 것이다".(203쪽) 여기에는 중요한 의미가 담겨 있다. 시장 안에서 먼저 상향 재분배가 이루어진 후 세금과 이전지출을 통해 그 일부가 빈곤층에게 재분배되더라도 불평등은 더욱 악화될 것이기 때문이다. 이것은 일종의 기만이다. 우리나라의 경우 대기업에 각종 보조금의 형태로 막대한 지원이 이루어지는 것도 이런 사례에 해당한다.

마틴 포드도 같은 정책을 제안했는데, 이들에게 공통적인 문제의식은 향후 예상되는 불평등의 악화와 일자리 감소를 고려할 때 이것만이 유일한 대안이라는 것이다.[71] 그리고 이것은 우리가 충분한 논의를 거쳐 결정할 수 있는 규칙의 일부라는 것이다. 우리 모두 자유시장인가 정부인가 하는 논의의 차원을 벗어나 번영을 분배하는 시장인가 아니면 소수가 번영을 독점하는 시장인가 하는 문제를 갖고 고민해야 한다.

스티글리츠도 중산층의 육성을 강조한 대표적인 인물로, 특히 낙수경제에 반대되는 분수경제를 위해서도 중산층 육성은 필수적임을 강조했다. 그는 미국에서는 현행 경제규칙들로 인해 성장의 잠재력이 고갈되고 불평등이 악화되고 있다고 진단했다. 그리고 이런 문제의식에 입각해 중산층을 두텁게 육성하는 새로운 규칙들을 만들어 실행해야 한다고 주장했다. 그가 현행 규칙들을 비판한 후 이를 바탕으로 제시한 새로운 규칙들은 모두 두터운 중산층을 육성함으로써 성장과 불평등의 문제를 동시에 해결해야 한다는 내용을 담고 있다.[72] 이 점은 오늘날 시장경제의 특징이 소비경제라는 사실을 감안한다면 누구나 수긍할 수 있다. 두터운 중산층이 존재해야만 안정적인 경제순환을 위한 소비를 확보할 수 있기 때문

71. 이와 관련해 마틴 포드(2015)는 향후 인공지능과 로봇공학이 결합해 인간 노동의 대부분을 대체할 것이라는 우울한 전망에 기초해 다음과 같이 주장했다. "교육에 더 많은 투자를 해도 문제가 해결되지 않으리라는 점을 인정한다면, 그리고 자동화의 진행을 중단시키자는 주장이 비현실적이라면, 결국 이제까지의 정책과는 다른 정책을 모색할 수밖에 없다. 내가 보기에 일종의 기본소득 보장제도가 효율적인 해결책이 될 것이다."(395쪽) 그는 소비가 사라진 시대에 대처할 수 있는 유일한 방법으로 기본소득을 제안한 것이다.

72. 이와 관련해 조지프 스티글리츠(2016)는 다음과 같이 간명하게 말했다. "새로운 견해는 분수경제, 즉 중산층에 바탕을 둔 경제를 구축하는 것이 성공을 가져올 가능성이 높다는 것이다. 달리 말하면 평등과 경제적 성과는 대체재가 아니라 보완재인 것이다."(8쪽) 그는 종종 거론되어 온 낙수경제가 유효성이 없다는 사실을 냉소적으로 말하려고 이와 반대되는 의미에서 분수경제라는 용어를 사용했다.

이다.

스티글리츠는 중산층의 육성을 위해서는 근로계층이 안정적인 직업을 갖고 있으면서 적절한 수준의 보수를 받을 수 있어야 한다는 점을 강조했다. 또한 미국에서는 신자유주의 정책이 실행된 이후 30년 넘게 이런 명백한 원칙이 지켜지지 않았기 때문에 중산층이 무너지는 결정적인 요인을 제공했다고 말했다. 그러고는 이런 상황을 초래하게 된 근본 원인은 미국 연준의 잘못된 금융정책에 있다고 비판했다. 1978년 험프리-호킨스 법Humphrey-Hawkins Act으로 알려진 완전고용과 균형성장에 관한 법이 제정되어 가격안정과 완전고용이라는 이중의 목표를 국가경제 정책으로 추진했었다. 스티글리츠는 연준이 이런 목표를 망각하고 고용보다는 낮은 인플레이션율을 유지하는 데 지나치게 비중을 두었다고 비판했다.[73] 연준의 잘못된 금융정책으로 인해 중산층이 약화되었고, 따라서 불평등이 더욱 악화되었다는 것이다. 1929년의 대공황과 2008년의 금융위기를 통해서 금융위기와 경기침체가 발생하는 경우 중산층이 부당하게 더 많은 부담을 안았다는 것이 실증적으로 입증되었다. 낮은 인플레이션을 목표로 하는 금융정책은 근로자들의 경제적 지위를 약화시킨 반면 소득의 대부분을 자본수익에 의존하는 계층에겐 유리하게 작용했기 때문이다.

스티글리츠는 이에 덧붙여 세계화와 기술발전의 영향으로 인해 미국에서 노조 가입률이 1960년의 30퍼센트에서 1984년에는 20퍼센트로, 그리고 2014년에는 11.1퍼센트로 하락했다고 지적했다. 또한 지난 40년간 노동생산성은 지속적으로 증가했음에도 불구하고 실질임금은 거의 상

73. 조지프 스티글리츠(2016), 65~67쪽.

승하지 않은 것도 중산층을 약화시키는 결정적인 원인을 제공했다고 평가했다.[74] 노동조합의 힘이 약해졌다는 것은 곧 기업의 힘이 강해졌다는 것을 의미한다. 그래서 임금 삭감, 공장 폐쇄, 해고 등의 강압적인 전략을 사용해 근로자들의 협상력을 더욱 약화시켰으며, 그 결과 대항세력이 존재하지 않는 가운데 기업의 힘은 더욱 강력해졌던 것이다. 이런 힘을 바탕으로 기업은 로비 활동과 구조화를 통해 지대추구행위를 더욱 강화할 수 있었다. 이것은 대항세력이 사라지면 나타날 수 있는 전형적인 상황이다. 그리고 이것은 미국뿐만 아니라 우리나라를 포함한 미국식 시장경제를 채택한 모든 나라에서 확인할 수 있는 현상이다.

이상 스티글리츠가 중산층의 몰락 원인으로 제시한 내용을 보면 중산층을 육성함으로써 대항세력을 키우는 방안은 분명해진다. 먼저 연준은 금융정책의 목표를 낮은 인플레이션에서 완전고용으로 바꿔야 한다는 것이다. 또한 노동조합 조직을 방해하는 행위에 대해서는 엄격하게 처벌하고 노동조합 설립의 요건을 완화해야 한다고 주장했다. 그리고 인터넷시대에 근로환경의 변화를 감안해 노동법을 새롭게 변경해야 한다고 말했다. 그 밖에 근로자를 우대하는 기업들에게 세제혜택을 주는 방안을 고려할 필요가 있으며 최저임금과 초과수당을 인상하는 등 구체적으로 여러 방안을 제시했다.[75] 결론적으로 이러한 조치들은 모두 중산층을 강화해야만 경제가 활성화된다는 분수경제 아이디어에 바탕을 두고 있다. 사실 스티글리츠만 이런 주장을 펼친 것은 아니다. 금융위기 이후 새로운 자본

---

74. 조지프 스티글리츠(2016)에 의하면 1973년부터 2013년까지 40년 동안 생산성은 161퍼센트 상승했음에도 실질임금은 단지 19퍼센트만 증가했다. 상세한 내용은 71쪽을 참조하라.

75. 이와 관련된 상세한 내용은 조지프 스티글리츠(2016), 131~145쪽을 참조하라.

주의 시장경제를 모색하는 사람들은 대부분 낙수경제보다는 분수경제의 아이디어에 더 공감해 왔다.[76] 이상의 내용은 미국만이 아니라 우리나라를 포함한 대부분의 나라에도 그대로 적용된다. 시장경제가 안정적으로, 그리고 효율적으로 작동하기 위해서는 중산층을 육성해야 한다는 것은 더 이상 피할 수 없는 과제다.

■ 조세제도를 개혁해야 한다

한 국가의 조세제도는 사람들에게 인센티브를 제공할 수도 있고 반대로 작용할 수도 있다. 또한 소득재분배의 기능을 통해 불평등을 완화하는 데도 일정 역할을 할 수 있다. 한마디로 조세제도는 시장경제에서 인센티브 시스템의 일부로서 매우 중요한 역할을 한다. 거시적인 차원에서 조세제도의 성격에 대한 경제학자들의 견해는 크게 둘로 나뉘어져 왔다. 하나는 소득분배의 불평등을 완화하기 위해서는 누진적 조세제도가 필요하다는 입장이며, 다른 하나는 사람들에게 일할 인센티브를 제공하기 위해서는 정율세를 채택해야 한다는 것이다. 누진세는 재분배 효과도 별로 없으면서 일할 의욕만 감퇴시킴으로써 비효율을 초래하고 궁극적으로 경제성장에 부정적인 영향을 미친다는 것이다.

앞에서도 언급했듯이 효율성과 공평성 간의 상충관계를 강조한 아서

---

76. 낙수효과의 이론적 배경으로는 미국 레이건 행정부 시절에 각광을 받았던 공급 중시 경제학을 들 수 있다. 주지하다시피 이 이론은 세율을 낮추고 정부 지출을 줄이는 한편 기업의 투자 확대를 통해 공급을 확대하면 소득이 늘고 소비가 활성화되어 국민 모두가 혜택을 보게 된다는 근거 없는 낙관론에 기초하고 있다. 이 과정에서 간과한 것은 소득이 부유한 계층에 일방적으로 유리하게 분배되면 이로 인해 총소비가 위축될 것이고 따라서 이 이론이 예상한 선순환이 유지되기 어렵다는 사실이다. 공급 중시 경제학은 효율적 시장 가설과 맞물려 1980년대 이후 오늘에 이르기까지 부와 소득 불평등을 악화시킨 주요 요인으로 간주되고 있다. 이에 대한 상세한 논의는 존 퀴긴(2010), 4장을 참조하라.

오쿤의 주장은 이런 논리에 근거를 두고 있었다. 물론 오쿤이 이런 주장을 한 유일한 사람은 아니다. 일찍이 밀턴 프리드먼은 그보다 훨씬 더 강한 어조로 누진세를 비판한 적이 있다.[77] 오쿤도 기본적으로는 프리드먼의 생각을 계승한 자유주의적 입장에서 효율과 평등 간의 상충관계를 논했던 것은 사실이다. 그러면서 그는, 정치철학자 존 롤스는 차등원리 difference principle에 입각해 평등이 우선이라고 주장했지만 자신은 이에 반대한다는 입장을 분명히 밝혔다. 또한 그는 효율이 우선이라는 밀턴 프리드먼의 주장에 원칙적으론 동의하지만 자신은 효율과 평등 간의 최적의 조화를 추구하려 한다고 주장했다.[78]

이와 같이 조세제도를 논하는 경우 효율성과 공평성이라는 두 개의 상충 가능성이 있는 가치들을 고려하지 않으면 안 된다는 것이 그동안 대부분 전문가들이 견지해 온 입장이었다. 그런데 현재의 글로벌 경제 현실에서는 이 둘 사이에 상충관계가 존재하는 것이 아니라 오히려 상보적인

---

77. 밀턴 프리드먼(2002), 214쪽. 이에 덧붙여 프리드먼은 다음과 같은 대안을 제시했다. "자유주의자로서 나는 오로지 소득재분배만을 위한 누진과세는 정당화할 근거를 찾기 어렵다고 본다. 이는 분명 일부 사람들에게 줄 것을 다른 사람들에게 빼앗아서 주기 위해 강제력을 동원하는 것이며, 개인의 자유와 정면으로 모순되는 것이다. 모든 사정을 고려해 볼 때, 내가 보기에 최선의 개인소득세제는 면세점 이상의 소득에 대해 일률적인 비율로 부과하는 세금(flat-rate tax)으로, 이때 소득은 매우 광범위하게 정의되어야 하며, 공제는 소득을 얻는 데 든 비용으로서 엄격하게 제한된 범위에서만 허용되어야 한다."(270쪽) 즉, 소득공제 요건을 엄격하게 유지하는 가운데 일정 소득 이상에 대해서는 동일한 세율을 적용하는 것이 자유주의 원칙에 맞는다는 것이다. 그런데 이후 역사는 그가 예상했던 방향으로 흘러가지 않았다. 누진적인 성격이 완화된 조세제도는 결국 소수의 자유만을 보호하고 다수의 자유를 박탈하는 결과를 초래했기 때문이다.

78. 아서 오쿤(1975), 90~93쪽. 오쿤은, 롤스는 분명히 평등이 우선이라고 주장했고 프리드먼은 분명히 효율이 우선이라고 주장했다고 말하면서 자신은 이런 이데올로기 논쟁에 참여하기 원치 않는다고 말했다. 그러면서 자신은 이 두 가지 극단적인 입장보다는 절충적이 입장이라고 밝혔다.

관계가 성립한다는 주장이 설득력을 얻고 있다. 이런 입장을 대표하는 사람이 바로 스티글리츠다. 그는 오쿤의 견해를 반박하면서 이제는 효율성을 저해할 정도로 불평등이 악화되어 있다고 주장했다. 그는 "지난 35년 동안 이루어진 조세 및 이전지출 시스템과 관련된 수많은 변화로 인해 어떤 면에서는 전체적인 조세시스템이 역진적으로 간주될 만큼 누진적인 측면이 축소되었다"고 평가했다.[79] 한마디로 부유층에게 더 유리한 방향으로 조세세도가 개편되어 왔으며 이전지출 시스템은 빈곤층에게 불리한 방향으로 변경되어 왔다는 것이다. 이것은 미국에만 해당되는 내용이 아니라 우리나라를 비롯한 많은 나라에서도 진실이다.

스티글리츠뿐만 아니라 토마 피케티를 비롯한 많은 경제학자들이 지난 40여 년 간 여러 나라에서 소득세 최고한계세율이 급격히 하락했으며 이것이 분배의 불평등을 초래한 주요 원인임을 지적했다. 예컨대 스티글리츠는 1980년대 미국에서 최고한계세율이 70퍼센트에서 28퍼센트로 하락했으며 이후 40퍼센트 이하에 머물고 있다고 지적했다. 또한 자본이득세를 포함한 대부분의 조세가 부유층에 유리하게 되어 있다고 비판했다.[80]

흔히 소득세 한계세율을 낮추면 사람들이 더 열심히 일할 것이고 따라서 경제성장에도 도움이 된다고 주장하는 사람들이 있다. 사실 이것은 프리드먼을 비롯한 보수주의 경제학자들이 자주 사용하는 주장이기도 하

79. 조지프 스티글리츠(2016), 57쪽.

80. 이와 관련해 조지프 스티글리츠(2016)는 다음과 같이 지적했다. "연간 소득이 20만 달러 이하인 사람들의 경우 자본소득의 비중은 4퍼센트 미만인 반면 연간 소득이 백만 달러 이상인 사람들의 경우에는 자본소득의 비중이 40퍼센트에 달한다. 자본이득세가 분배에 미친 영향은 분명하다 : 1996년부터 2006년 사이 자본이득과 배당의 변화는 전반적인 세후 소득의 불평등을 증가시킨 가장 큰 요인이었다."(60쪽)

다. 그런데 이런 주장을 뒷받침하는 증거는 사실상 존재하지 않는다. 그럼에도 이런 스토리가 마치 진실인 것처럼 일반 대중에게 알려져 있는 것이 현실이다. 이것도 구조화의 대표적인 사례에 해당한다. 스티글리츠는 오히려 그 반대가 진실이라고 주장했다. 즉, 최고한계세율을 높이면 장기적으로 경제성장에 긍정적으로 작용한다는 것이다.[81]

이와 같이 현행 조세제도의 부정적인 측면을 감안할 때 제도 변화의 방향은 분명하다. 장기적으로 경제성장에 긍정적으로 작용할 뿐만 아니라 분배의 불평등을 완화하는 데도 기여할 수 있도록 조세제도를 개혁하는 것이다. 그리고 이를 위해서는 지나치게 낮은 최고한계세율을 적정 수준으로 상향 조정해야 할 것이다. 토마 피케티도 주장했듯이 현재와 같이 최고한계세율이 낮아진 상황에서는 일부 계층은 더욱 강력하게 지대추구 행위를 할 인센티브를 갖게 된다. 이것은 슈퍼경영자를 포함한 금융부문에 종사하는 많은 사람들에게 해당되며 소득분배의 불평등을 고착시키는 주요한 요인으로 작용해 왔다. 누진세가 일할 인센티브를 감소시킨다는 것은 증거가 없을 뿐만 아니라 실질적으로는 반대로 작용했을 가능성이 크다. 즉, 창의적인 일을 하는 사람들은 누진세율에 따라 노력의 수위를 조절하지 않을 공산이 큰 반면 지대추구를 하는 사람들은 그렇지 않다. 따라서 높은 누진세율을 유지하는 것이 오히려 지대추구행위를 하지 않

81. 조지프 스티글리츠(2016)는 IMF 경제학자 Andrew G. Berg Jonathan D. Ostry의 보고서 《Equality and Efficiency》(September 2011)의 내용을 인용하면서 불평등을 완화하는 누진적인 조세제도가 장기적으로는 경제성장에 긍정적으로 작용한다고 주장했다. 그의 책 62~63쪽을 참조하라. 이들의 보고서는, 제목이 시사하듯이, 아서 오쿤이 '새는 물동이 실험'이라고 명명한 사고실험을 실증적으로 분석한 결과에 의하면 오쿤의 주장은 성립하지 않는다고 주장했다. 그러나 일반적인 결론에 입각해 최적의 조세제도를 모색하기 위해서는 더 많은 실증 분석이 요청된다.

도록 인센티브를 제공해 분배의 불평등을 완화하고 장기적으로는 경제성장에도 유리하게 작용할 수 있다.[82]

지금까지 더 나은 시장경제를 구축하기 위해 해결되어야 할 몇 가지 과제들에 대해 살펴보았다. 이상의 논의는 기존 시장경제의 틀을 유지하는 가운데 점진적으로 개선해 나감으로써 더 많은 사람들이 혜택을 볼 수 있는 시장경제를 모색하려는 의도를 담고 있다. 역사로부터 얻을 수 있는 교훈 중 하나는 급진적인 개혁이나 혁명은 반드시 반동을 불러일으킨다는 사실이다. 그 결과 개혁 추진 이전보다 오히려 더 나쁜 상황을 초래한 경우가 많았다. 또한 급진적인 개혁을 추진하려는 세력은 공적 이익을 대의명분으로 내세우지만 실질적으로는 사적 이익을 추구했던 경우가 대부분이다. 그래서 진보와 보수를 표방한 세력 간에 무익한 권력투쟁이 끊이지 않았던 것이다. 이런 이유에서도 기존 시장경제의 틀을 유지하는 가운데 점진적인 개선을 추구하는 것이 바람직하다. 이것은 현재와 같이 각국의 시장경제가 글로벌 차원에서 서로 복잡하게 얽혀 있는 경우 더욱 그러하다. 분리의식을 극복하고 서로 연결되어 있다는 의식에 공감하면서 이런 개선에 대한 사회적 합의가 이루어진다면 이를 바탕으로 더 나은 시장경제를 모색하는 개혁을 추진할 수 있을 것이다.

82. 조지프 스티글리츠(2016)는 농업의 사례를 들면서 농업 보조금의 대부분은 소수의 대규모 경작을 하는 농부들이나 독점력이 있는 농업회사들에게 귀속된다고 지적했다. 그러면서 이런 정부 지출은 경제적 인센티브를 왜곡해 오히려 성장과 분배에 부정적 영향을 미친다고 말했다. 일리 있는 지적이다. 우리나라의 경우에도 이런 유형의 보조금이 상당할 것이다.

1. 시장경제와 기업의 대극성 극복

2. 이기심, 탐욕, 그리고 기업가정신

3. 자본주의와 공유경제 · 선물경제의 조화

4. 더 나은 시장경제를 위한 제안

더 나은 시장경제를 위한 제안

9

1. 시장경제와 기업의 대극성 극복

시장경제는 본질적으로 자기조직화의 원리에 의해 외부의 충격이 없더라도 스스로 만들어가는 자생적 질서의 측면을 갖고 있다. 진화가 일정한 방향을 향해 나아가는 과정이 아니듯이 시장경제 또한 특정한 방향으로 발전해 갈 것으로 기대하기 어렵다. 이것은 시장경제가 보편적으로 다수의 행복을 증진시키는 방향으로 발전하리라는 보장이 없다는 의미다.[1] 그렇다면 더 나은 시장경제를 모색하는 작업은 무의미한가 하는 의문이 들 수 있다. 하지만 애덤 스미스 이후 많은 경제학자들이 더 나은 시장경제의 청사진을 마련하기 위해 고심해 왔다는 데서 가능성을 찾아야 할 것이다. 역사학자 제리 멀러는 시장경제에 대한 스미스의 비전을 다음과 같이 평가했다. 시장은 단순히 상품을 교환하는 곳이 아님을 강조했다는 점을 유념할 필요가 있다.

> 스미스에 의하면, 시장을 통한 국부의 증진은 더 넓은 도덕적 비전을 가져오기 때문에 도덕철학자들도 여기에 주목할 필요가 있었다. 스미스가 상업사회를 중요시한 것은 물질적 부 때문만이 아니라 상업활동을 벌이는 인간의 도덕성을 주목했기 때문이기도 했다. 그는 시장의 출현으로 인간이 서로 협동하는 법을 배우며 자

---

1. 유발 하라리(2011)는 빅히스토리(Big History)의 관점에서 인류 역사를 조망하면서 다음과 같이 말했다. "우리는 역사가 하는 선택을 설명할 수는 없지만, 그 선택에 대해 매우 중요한 발견을 할 수는 있다. 역사의 선택은 인류를 위해 이루어진 것이 아니라는 사실이다. 역사가 펼쳐짐에 따라 인류의 복지가 필연적으로 개선된다는 증거는 전혀 없다. …… 역사가 인류에게 이익이 되는 방향으로 작동한다는 증거는 없다. 왜냐하면 우리에게는 그런 이익을 측정할 객관적인 척도가 없기 때문이다. 문화에 따라 무엇이 선인지에 대한 정의가 달라지는데, 어느 쪽이 옳은지를 판단할 객관적인 척도는 우리에게 없다."(343쪽) 이와 똑같은 논리가 시장경제에도 적용된다. 시장경제도 역사의 전개 과정과 무관할 수 없기 때문이다.

제심을 키워서 좀 더 유연해지며, 비사회적인 성격을 누르고 타인의 요구에 맞추는 법을 배울 것이라고 생각했다.[2]

스미스의 뒤를 이어 많은 경제학자들이 시장경제를 바탕으로 선택의 자유를 확대시키는 가운데 경제적 풍요를 공유할 수 있는 경제시스템을 구현하기 위해 노력해 왔다. 비록 만족스러운 성과를 거두지는 못했지만 이들의 노력이 없었다면 그나마 지금의 모습조차 갖추지 못했을 것이다. 여기서 진화론의 관점에서 본 시장경제의 특성을 이해할 필요가 있다. 진화론에서 말하는 자연선택의 원리를 시장경제에 그대로 적용할 수 없다는 것은 분명하다. 왜냐하면 자연은 문자 그대로 '스스로 말미암은 질서'인 반면 시장은 비록 자생적 질서라고는 하지만 인위적인 요소를 포함하고 있기 때문이다. 무엇보다도 시장의 기반이 되는 법과 제도 자체가 인위적인 노력과 합의의 산물이며, 이 과정에서 특정 세력의 영향력이 상대적으로 더 크게 작용해 왔다. 이런 이유로 사람들의 사고나 의도가 시장경제의 진화 과정에 미치는 영향은 달리 해석해야 한다. 자연선택과 시장선택 간에는 유사한 점이 있긴 하지만 분명 차이가 있다.[3]

---

2. 제리 멀러(2002), 92쪽. 이어서 멀러는 다음과 같이 평했다. "스미스가 주장하는 바는, 경제제도는 선행(善行)에 근거할 수 없다는 것이다. 왜냐하면 선행은 자신이 알지 못하는 사람들에게까지 적용될 수 있는 것이 아니기 때문이다. 광범위한 노동 분업이 이루어지는 경제, 수백만 명의 사람들이 다른 수백만 명이 만든 생산물을 쓰며 살아가는 사회는 선행에 근거할 수 없다. 선행은 도덕적으로는 존경받을 만한 것이지만 한계가 있다."(105쪽) 이와 같이 시장은 진화생물학에서 말하는 간접적 상호 호혜주의에 입각해 모르는 사람들도 협력하도록 유도하는 시스템이다. 그렇기 때문에 때로는 도덕적 가치와 충돌할 수 있다. 이 둘 간의 조화가 시장과 사회의 조화를 위한 핵심이라 할 수 있다.
3. 이와 관련해 에릭 바인하커(2006)가 다음과 같이 말한 것은 주목할 가치가 있다. "진화 알고리즘의 기본적인 구조 외에는 경제적 진화와 생물적 진화 간에 특별한 유사성이 있는 것으로 보이지 않는다. …… 그러나 경제적 진화도 진화라는 점에서는 차이가 없으며, 다만 그

이 점은 시장경제에서 생산, 분배 및 소비라는 주요 경제활동의 핵심에 위치한 기업의 본질을 살펴보면 분명해진다. 기업은 전형적인 인위적 질서, 즉 계획과 명령에 의해 운영되는 조직이다. 기업이 갖는 위계질서를 고려할 때 기업은 국가 차원의 중앙집권적 계획과 개인 차원의 분권화된 계획의 중간에 위치한다. 하이에크가 지적했듯이 개인 차원의 계획은 사실상 계획이라고 부르는 것이 적절하지 않다.[4] 그렇지만 시장경제에서 중요한 역할을 하는 대기업은 분명 수직적이고 통합적인 위계질서에 기반을 둔 조직이라는 점에서 중소기업이나 자영업자들과는 분명히 구분된다. 여기에 모순이 있다. 이들은 중소기업이나 자영업자에 비해 수적으로는 미미하지만 규모 면에서는 실질적으로 시장경제의 성과를 좌우할 뿐만 아니라 시장의 규칙에도 영향을 미친다. 이로 인해 시장선택은 자연선택과 다를 수밖에 없다. 이런 대기업이 자생적 질서라고 불리는 시장경

패턴이 다를 뿐이다. 마찬가지로 인간은 두뇌를 활용하고 통찰력을 지니고 있어 인간이 개입되어 있는 경제시스템에서의 적자 선별과 선정 과정이 생물계에서와 같을 수는 없다. 그럼에도 불구하고 두 경우 다 진화의 과정이라는 점에서는 차이가 없다."(467쪽) 바인하커는 진화란 하나의 알고리즘으로서 시행착오를 겪으며 새로운 디자인을 만들어내고 어려운 문제를 풀어가는 그런 공식이라고 넓게 해석했다. 이런 의미에서 경제적 진화와 생물적 진화에는 차이가 없다는 것이다. 이것은 정확하게 필자가 말하려 한 것과 일치한다. 시장선택은 자연선택에 대비해 필자가 선택한 용어다.

4. 프리드리히 하이에크는 "The Use of Knowledge in Society"에서 다음과 같이 말했다. "오늘날 논쟁에서 사용되는 특정한 의미의 계획은 필연적으로 하나의 통합된 계획에 따라 전체 경제체제의 방향을 정한다는 의미에서 중앙집권적 계획을 의미한다. 반면 경쟁은 수많은 개인들에 의한 분권화된 계획을 의미한다."(*Individualism and Economic Order*, 79쪽) 이 말을 인용한 이유는 계획이라고 할 때는 기본적으로 중앙집권적 계획을 의미한다는 점을 지적하기 위해서다. 그런데 기업은 정부와 개인의 중간에 위치한 조직으로서 기업의 계획도 정부의 계획과 같은 맥락에서 해석할 필요가 있다. 특히 글로벌 차원의 초국적 기업의 경우는 웬만한 국가보다 경제규모가 크기 때문이다. 당시 하이에크는 국가보다 경제규모가 큰 초국적 기업의 출현을 예상하지 못했을 것이다.

제의 핵심이라는 사실은 분명 역설적이다.

시장경제의 역동적인 특성을 유지하도록 해주는 힘은 경쟁이다. 경쟁이 약화되면 시장경제는 고유의 역동성과 다양성을 상실하고 계획경제의 나쁜 점을 닮게 된다. 즉, 가격체계는 왜곡되고 정보의 효율적인 공유가 불가능해진다. 그 결과 경제 전반의 효율성이 하락하고 성장은 둔화된다. 이런 점을 감안할 때 시장경제에서 대기업의 위상과 역할에 대해 진지하게 재검토할 필요가 있다. 이것은 조지프 스티글리츠를 비롯한 여러 전문가들이 지적했던 대로 주주가치 극대화를 유일한 기업의 목표로 제시해 온 미국식 기업관을 재고해야 한다는 입장과 일맥상통한다. 이에 대한 논의에 앞서 자유시장을 강력하게 옹호했던 밀턴 프리드먼의 기업관을 살펴보자. 그는 『자본주의와 자유』에서 다음과 같이 주장했다.

> 기업 경영자들과 노동조합 지도자들은 주주와 노동조합원들의 이익에 봉사하는 것을 넘어서는 '사회적 책임'을 지고 있다는 견해가 폭넓게 받아들여지고 있다. 이러한 견해는 자유경제의 성격과 본질을 근본적으로 오해하고 있다. 자유경제에서 기업이 지는 책임은 오직 하나뿐인데, 이는 게임의 규칙을 준수하는 한에서 기업 이익 극대화를 위해 자원을 활용하고 이를 위한 활동에 매진하는 것, 즉 속임수나 기망행위 없이 공개적이고 자유로운 경쟁에 전념하는 것이다. …… 기업의 임직원들이 주주를 위해 되도록 돈을 많이 버는 것 말고 다른 사회적 책임을 받아들이는 현상보다 자유사회의 근간을 근본적으로 허무는 경향은 드물다. 이것은 근본적으로 체제전복적 교리다.[5]

진정한 자유시장이 존재한다면 프리드먼의 주장은 설득력이 있다.

---

5. 밀턴 프리드먼(2002), 214~215쪽.

그런데 현실에선 이런 주장을 뒷받침하는 자유시장이 존재하지 않는다. 대부분의 국가에서 대기업은 경제규칙에 상당한 영향력을 행사함으로써 지대추구행위를 강화하고 있는 것이 지금의 현실이다. 미국과 우리나라의 사례는 이것이 반박하기 어려운 사실임을 보여주고 있다. 나아가 이들은 언론에 영향을 미쳐 자신들에게 유리한 여론을 조성할 힘을 보유하고 있기 때문에 지속적인 구조화를 통해 자신들의 정당성을 홍보하고 있는 실정이다. 이런 상황이 지속되면 자유시장의 근간인 경쟁이 점점 약화될 것은 분명하다.

물론 현실의 시장경제에는 경쟁적인 부분이 어느 정도 존재한다. 예컨대 수요의 주체인 다수의 소비자들은 경쟁적인 상황에서 소비 결정을 내린다. 그리고 세계화와 기술혁신으로 인해 노동조합의 힘이 상당히 약화되었기 때문에 근로자들은 과거와 같은 영향력을 행사하기 어렵다. 또한 수많은 자영업자들과 영세한 기업들은 독점적 경쟁 상태에서 조업하고 있다. 이들이야말로 실질적으로 경쟁적 상황에 처해 있으면서 겨우 정상이윤을 얻고 있는 셈이다. 이들이 진정한 의미에서 시장경제를 구성하고 있다 할 수 있다. 예를 들면 수많은 음식점, 세탁소, 미용실, 여러 업종의 작은 점포들이 경쟁이 지배하는 시장경제의 면모를 유지하고 있는 것이다. 그런데 국민경제의 규모 면에서 이들이 차지하는 비중이 낮기 때문에 경제정책에서 소외되는 경우가 대부분이다.

이런 의미에서 실제로 시장경제의 작동과 결과에 영향을 미치는 것은 소수의 대기업이라는 사실은 분명하다. 이들은 공통적으로 경쟁을 제한함으로써 더 많은 이익, 즉 지대를 추구하려는 성향을 갖고 있다. 오늘날 자본주의 시장경제는, 비록 사회주의 계획경제와는 다른 방식이지만, 일종의 계획경제라는 점을 부인하기 어렵다. 이런 대기업 가운데도 일정

부분 산하 부서에 위임하는 경우도 있겠지만 계획에 근거한다는 점에서는 차이가 없다. 이들은 계획을 통해 이윤의 가능성을 확인하지 않고서는 투자, 생산 등 일체의 기업 활동을 하지 않을 것이다.

정치경제학자 찰스 린드블롬은 순환성circularity이라는 개념을 가지고 대기업의 영향력을 설명했다. 그는 정치 및 경제 엘리트들이 일반 대중을 상대하는 방식과 관련해 다음과 같이 말했다. "시장체제 내에서 고도의 순환성을 만들어냄으로써 시장 엘리트가 대중의 마음을 조종하는 것은 과연 가능한가? 소비자가 원하는 것이 아니라 기업가가 원하는 것을 소비자가 구입하도록 하는 것은 가능한가? 이와 같은 순환성의 문제를 둘러싼 쟁점은 적어도 지난 1백 년 동안 끊임없이 제기되었다."[6] 그가 말하는 순환성은 엘리트에 의해 대중이 조작되는 현상을 지칭한다. 소비자는 자신이 원하는 것을 구입하는 것이 아니라 기업이 원하는 것을 구입하게 되며 이를 통해 기업은 더욱 강해져 소비자들을 강력하게 구속하게 된다는 의미에서 순환성이라는 용어를 사용했던 것이다.

그런데 이런 순환성이 경제의 영역에 한정되지 않고 정치의 영역으로 확산되는 데 문제의 심각성이 있다. 순환성은 민주주의 자체를 위협할 수 있기 때문이다. 이 점에 대해서는 이미 조지프 스티글리츠나 톰 하트만을 비롯한 여러 사람들이 지적했다. 이로 인해 가장 우려되는 점은 시장경제의 마지막 보루라 할 수 있는 효율성이 크게 영향을 받을 수밖에 없다는 사실이다. 대항세력이 사라진 가운데 정치 엘리트와 경제 엘리트가 담합한다면 비효율은 피할 수 없기 때문이다. 이들이야말로 시장경제를 위태롭게 하는 세력이다.

---

6. 찰스 린드블롬(2001), 250쪽.

이런 점들을 고려할 때 과연 시장경제가 민주주의의 발전에 기여하는가 하는 근본적인 의문을 제기하지 않을 수 없다. '1인 1표의 원칙'에 기반을 둔 민주주의와 '1원 1표의 원칙'에 기반을 둔 시장경제는 본질적으로 상충되는 요인을 갖고 있기 때문이다. 일부 학자들은 이런 이유로 시장경제가 민주주의의 발전을 저해한다고 주장하기도 한다. 실질적으로 시장원리로 인해 민주주의가 소중하게 여기는 가치들이 상당히 훼손되어 왔다는 것이다. 그렇지만 이에 대한 반론도 만만치 않다. 시장경제가 민주주의의 발전에 기여한 측면도 있기 때문이다. 이와 관련해 린드블롬은 다음과 같이 주장했다. "현재까지 시장체제와 결합하지 않은 민주주의 국가는 역사적으로 없었다. 세계 어느 나라도 아직까지 민주적인 중앙집권적 계획체제를 경험하지 못했다. 인도네시아와 사우디아라비아의 사례처럼 민주주의가 없는 시장체제는 흔하지만 시장체제가 없는 민주주의는 없다."[7]

이것은 분명한 사실이다. 민주주의를 실행하는 나라 가운데 시장경제를 채택하지 않은 나라는 없다. 그런데 문제는 시장경제에 어느 정도 경쟁이 보장되어 있는가에 있다. 시장경제가 경쟁적으로 진화하고 있는 한 이런 주장은 타당하다. 왜냐하면 경쟁적인 시장경제에서는 다양성과 복잡성이 자연스럽게 확대될 것이며, 이런 추세는 특정 세력이 권력을 강화하는 것을 저지함으로써 민주주의의 발전에도 기여할 것이기 때문이다. 이런 조건이 성립하는 한 시장경제와 민주주의는 상보적이다.

프리드먼이 자유시장은 권력의 분산에 영향을 미쳐 결과적으로 민주주의의 발전에도 기여한다고 한 것은 옳은 지적이다.[8] 이것은 역으로 시

7. 앞의 책, 263쪽.

8. 밀턴 프리드먼(2002)은 다음과 같이 주장했다. "정치적 자유를 달성하기 위한 수단이라는 관점에서 볼 때, 경제체제는 권력의 집중이나 분산에 영향을 미치기 때문에 중요하다. 직접

장경제가 자유시장의 이상에서 멀어지면 반대 현상이 나타날 수 있다는 것으로 해석할 수 있다. 그리고 현실은 이것이 사실임을 보여주고 있다. 이런 이유로 스티글리츠를 비롯한 여러 학자들이 현실의 자유시장의 문제점을 다각도에서 비판했던 것이다. 이들이 공통적으로 지적한 것은 한 가지로 귀결된다. 대기업의 지대추구행위는 시장경제와 민주주의를 모두 위협한다는 것이다.

린드블롬도 이들과 같은 맥락에서 시장경제에서 기업이 차지하는 위상을 감안할 때 기업이 민주주의에 부정적인 역할을 할 수 있다는 점을 경고했던 것이다. 그의 주장은 두 가지 사실에 기반을 두고 있는데, 하나는 경쟁이 약화됨에 따라 대기업의 지대추구적인 행위가 심해지면서 분배의 불평등이 악화된 것이고, 다른 하나는 기업 자체가 비민주주의적인 절차에 의해 경영되고 있다는 것이다. 이와 관련해 그는 다음과 같이 말했다. "소득과 부의 불평등은 공직에 입후보할 기회, 후보 추천, 대중매체를 이용하여 유권자에게 영향을 줄 수 있는 역량, 막후교섭, 그리고 정당 및 정부 관료의 사회적 상호 교환에서 불평등을 만들어낸다. 시장체제는 소득과 부의 불평등을 낳기 때문에 민주주의를 방해한다. 이것은 이미 증명된 결론이다."[9]

이상에서 논의한 바와 같이 시장경제와 민주주의는 불가분의 관계에 있다. 그런데 이들의 조화를 위협하는 것이 바로 대기업이다. 본질적으

경제적 자유를 제공하는 경제조직, 다시 말해서 경쟁적 자본주의는 정치적 자유도 촉진시킨다. …… 정치적 자유와 자유시장의 관계에 관해서는 역사적 증거가 일치하고 있다. 광범위한 정치적 자유를 자랑하면서도 주요한 경제활동을 조직하기 위해 자유시장에 필적할 제도를 도입하지 않은 사회는 어느 시대 또는 어느 지역에서도 그 실례를 찾을 수 없다."(37쪽) 그런데 만일 그가 살아 있다면 현재 벌어지고 있는 현상에 대해 어떻게 반응할지 궁금하다.

9. 찰스 린드블롬(2001), 274쪽.

로 자생적 질서인 시장경제가 인위적 질서인 기업을 핵심으로 한다는 사실 자체가 역설적이다. 시장경제가 복잡계의 특성을 많이 보일수록 기업의 영향력은 작아지는 반면, 기업의 영향력이 부각될수록 시장경제의 장점은 퇴색한다. 시장은 경쟁적일수록 바람직한 반면 기업은 독점적 지위를 획득해 시장을 지배하기 바란다는 의미에서 시장과 기업은 대극적이다. 이런 대극적인 상황을 극복하는 실천 가능한 방법을 찾는 것이 시장경제와 민주주의의 조화를 위한 과제다.

2. 이기심, 탐욕, 그리고 기업가정신

주류 경제학에서는, 인간은 기본적으로 이기심에 기초해 합리적으로 행동하는 존재라고 가정한다. 그런데 현실적인 존재로서 인간은 이기심에만 의존하지 않으며 또한 항상 합리적으로 행동하지도 않는다. 인간의 심리적 · 생물적 측면에 대한 연구를 통해 인간은 다양한 동기를 갖고 행동한다는 것이 확인되었다. 인간은 한두 가지 원리로 환원될 수 있는 그런 존재가 아니므로 인간을 일종의 복잡계로 이해하는 것이 더 나은 시장경제를 모색하는 데 필요한 전제조건이라 할 수 있다. 이런 의미에서 진화생물학, 심리학 및 신경과학 분야에서의 연구 결과가 인간의 행동을 이해하는 데 새로운 통찰을 제공해 왔다는 사실을 유념할 필요가 있다. 이와 관련해 제러미 리프킨이 다음과 같이 평가한 것을 주목할 필요가 있다.

> 경제학자들은, 인간 본성은 전적으로 사리사욕에 얽매이고 개인은 최적화된 자율성을 추구한다는 신념을 지나치게 고집하고 있다. 많은 시장 지향 경제학자들은 사람들이 자유롭게 집단 이익을 추구하는 쪽을 택한다는 바로 그 관념에 한사코

반대한다. 그들에게는 진화생물학이나 신경인지과학의 연구 결과를 좀 더 공부해 보라고 권하고 싶을 지경이다. …… 인지과학자들은 우리의 신경회로가 고통에 공감할 수 있도록 느슨하게 짜여 있고 진화적 생존 역시 자기 지향적인 성향보다는 집단적인 사교성에 훨씬 더 많이 의존해 왔다고 말한다.[10]

우리는 여전히 인간은 대체로 이기심에 의존해 행동한다고 생각한다. 패러다임의 영향력은 이처럼 강력한 것이다. 이런 점에서 애덤 스미스가 '이기심'을 강조한 것과 진화생물학자 리처드 도킨스가 '이기적 유전자'라는 개념을 널리 전파한 것이 오히려 인간에 대한 이해를 왜곡시킨 면이 있다. 그런데 도킨스가 말한 이기적 유전자 또한 하나의 은유이며 유전자의 보존과 번식이라는 면에서는 이기적이지만 개체 차원에서는 얼마든지 이타적으로 표현될 수 있다는 사실을 유념할 필요가 있다. 실제로 도킨스의 이기적 유전자는 생물학자 윌리엄 해밀턴William Hamilton이 주장한 혈연선택kin selection 이론에 근거하고 있다는 점에서 개체 수준에서 자기 친족을 위해 이타적으로 행동할 수 있음을 인정한 것이다. 이것만으로도 인간이 항상 이기적으로 행동하는 것은 아님을 알 수 있다. 게다가 사회생물학자 에드워드 윌슨이 주장하는 집단 수준의 자연선택을 중시하는 다수준선택 이론에 의하면 인간은 생각보다 훨씬 더 이타적인 면을 갖고 있다.[11]

---

10. 제러미 리프킨(2014), 264쪽.
11. 에드워드 윌슨은 『지구의 정복자』(2012)에서 다음과 같은 견해를 피력했다. "인류 진화의 원동력은 개체선택과 집단선택 둘 다이다. 이 다수준적 선택 과정은 다윈이 『인간의 유래(The Ascent of man)』에서 맨 처음 예견했다."(71쪽) 이어서 윌슨은 다음과 같이 보충 설명했다. "성숙한 자식의 수를 최대화하는 데 기여하는 전략을 진화시키는 개체 수준의 자연선택은 생명의 역사 내내 우세했다. …… 생물들이 정반대 방식으로 행동하는 진사회성

그렇다고 이런 주장이 인간의 이기심을 부정하는 것은 아니다. 이기심이 인간 본성의 일부임에는 틀림없다. 애덤 스미스가 이기심을 강조한 이래 시장과 이기심은 불가분의 관계를 유지해 왔다. 스미스는 이기심에 기초한 교환만이 동정심과는 달리 협소한 인격적 관계를 벗어나 대규모 협력을 이끌어낼 수 있다는 점을 강조하기 위한 방편으로 이기심을 강조했던 것으로 보인다. 이런 의미에서 『국부론』에서 가장 유명한 다음 구절을 음미해 볼 필요가 있다.

> 타인과 어떤 종류의 거래를 하고자 하는 사람은 누구든지 이렇게 제의한다. "내가 원하는 것을 나에게 주시오. 그러면 당신이 원하는 것을 갖게 될 것이오." 이것이 이러한 거래에 담겨진 의미이다. 바로 이러한 방식으로 우리는 피차간에 자기가 필요로 하는 도움의 대부분을 얻게 된다. 우리가 매일 식사를 마련할 수 있는 것은 푸줏간 주인과 양조장 주인, 그리고 빵집 주인의 자비심 때문이 아니라, 그들 자신의 이익을 위한 그들의 고려 때문이다. 우리는 그들의 자비심에 호소하지 않고 그들의 자애심self-love에 호소하며, 그들에게 우리의 필요를 말하지 않고 그들 자신에게 유리함을 말한다.[12]

여기서 자애심은 이기심의 한 가지 발현 방식으로 자연스러운 인간 본성의 일부다. 만약 누군가가 자신은 이기심을 초월했다고 주장한다면

은 생명의 역사에서 드물게 출현했을 뿐이다. 집단선택이 개체선택의 지배력을 완화시킬 만큼 예외적으로 강력해야만 나타날 수 있기 때문이다."(74쪽) 즉, 인간이 이기적이기만 하다면 진사회성을 획득하지 못했을 것이며 사회공동체는 출현하지 못했을 것이다. 반대로 인간이 이타적이기만 하다면 개미의 사회와 같이 개체는 사라졌을 것이다. 이런 의미에서 인간은 이기적인 동시에 이타적인 존재라고 해석해야 한다는 것이다. 양자역학의 용어를 빌리면 인간은 이기심과 이타심이 중첩(重疊)되어 있는 존재라고 할 수 있다.

12. 애덤 스미스(1776), 18~19쪽.

거짓말을 하고 있는 셈이다. 이기심은 비난을 받을 대상이 아니라 모든 생명체에서 발견할 수 있는 지극히 자연스러운 본성이다. 스미스의 통찰은 인간의 이런 본성이 시장이라는 시스템을 통해 개개인의 의도와는 무관하게 사회 전체에 이익을 가져다줄 수 있다는 점을 간파한 데 있다. 여기에는 어떤 도덕적 가치나 의도가 포함되지 않는다. 노자가 도덕경에서 말한 '무위'와 같은 개념이다. 나아가 이기심을 단순히 물질적 이득을 추구하려는 정신으로 해석하지 않고 자신이 가치를 부여하는 일체의 것들을 추구하려는 정신으로 넓게 해석한다면 이기심에 대한 반감은 현저하게 감소하게 된다. 밀턴 프리드먼도 『자본주의와 자유』에서 이기심을 자신이 지키고자 하는 가치라는 관점에서 넓게 해석하면서 이기심이 자유시장의 미덕 중 하나임을 강조했다.[13]

그럼에도 이기심에 대해 우려를 표명하는 이유는 이것을 지나치게 강조하게 되면 예상치 않은 부정적인 결과를 초래할 수 있기 때문이다. 우리 모두 이기심의 덫에서 빠져나오기 어려운 상황이 발생할 수 있다. 그러면 사람들이 모두 이기심에 추동되어 경쟁적으로 행동함으로써 결과적으로 모두에게 피해가 발생할 수 있다. 현실에서 자주 발생하는 '죄수의 딜레마'는 이런 상황을 가리킨다. 이런 종류의 이기심은 우리 스스로 분리된 존재라는 생각을 강화함으로써 더욱더 이기심에 기울게 한다. 이와 관련해 찰스 아이젠스타인이 다음과 같이 말한 것을 유념할 필요가 있다. "현대의 자아는 타자인 우주 속에서 서로 분리된 주체로서 존재한다. 애덤 스미스가 말하는 '경제적 인간', 종교에서 말하는 '육화된 영

13. 밀턴 프리드먼(2002), 312쪽. 이것이 시장경제에서 기대할 수 있는 보편적 의미의 이기심이라면 이런 이유로 시장경제를 비난할 명분은 사라진다. 그런데 이런 태도를 갖고 있는 사람들이 대다수라고 말할 수 있는지는 의문이다.

혼', 생물학에서 말하는 '이기적 유전자'와 같다. 오늘날의 각종 위기들은 모두 이 분리라는 주제의 변형들—자연과의 분리, 공동체와의 분리, 잃어버린 우리 자신의 일부와의 분리—이다."[14] 이기심을 강조하는 경우 우리는 분리의식의 한계를 벗어날 수 없다. 이것이 우리가 극복해야 할 과제다.

이기심에서 조금 더 나아가면 탐욕이라는 단계에 이르게 된다. 이기심과 탐욕은 명백히 다르지만 종종 유사한 의미를 갖는 것으로 오해되었다. 인간의 본성과 모순되지 않는 더 나은 시장경제를 모색하기 위해서는 이 두 개념의 차이를 분명히 해둘 필요가 있다. 우선 탐욕이 무엇을 의미하는지부터 분명히 해야 한다. 여기서 모든 고등종교에서는 예외 없이 탐욕을 죄악시하고 있다는 점을 상기할 필요가 있다. 가톨릭에서는 칠죄종七罪宗으로 탐욕, 교만, 사치, 질투, 탐식, 분노, 나태를 지적하는데, 이 가운데 탐욕과 교만은 가장 큰 악덕을 다뤄왔다. 불교에서도 탐貪·진瞋·치痴를 삼독三毒으로 경계해 왔으며, 그 밖에 모든 도덕적 종교에서도 탐욕을 대표적인 악덕으로 간주하고 있다.

자본주의와 탐욕과의 관계와 관련해 최근 금융자본의 위력이 강화된 후 탐욕은 종종 발전과 혁신을 주도하는 원동력으로 간주되기도 했다는 점을 상기할 필요가 있다.[15] 실질적으로 어느 사회에나 탐욕의 가치를 신봉하는 사람들이 적지 않다. 따라서 법적·도덕적 제재나 사회적 비난이 미약하다면 어느 시대, 어느 사회에도 탐욕을 주체하지 못하는 사람들로

---

14. 찰스 아이젠스타인(2011), 73쪽.

15. 이런 입장은 1987년에 개봉된 영화 《월스트리트(The Wall Street)》에서 악덕 금융자본가 고든 게코 역을 맡은 배우 마이클 더글러스가 역설한 "탐욕은 좋은 것이다(Greed is good)"라는 대사에 잘 표현되어 있다.

넘쳐날 것이다. 그래서 탐욕은 외면할 수 없는 인간 본성의 일부인지 생각해 볼 필요가 있다. 이때 문제는 탐욕의 정의에 관한 것이다. 어디까지는 단순한 욕심에 불과하고 어디부터는 탐욕이라 할 수 있는지 명확한 기준을 설정하기 어렵다. 또한 탐욕의 대상에는 무엇이 포함되어야 하는가도 모호하다. 대체로 탐욕은 돈과 재화에 대한 욕망을 통해 표출되지만 권력이나 명예도 당연히 탐욕의 대상이다. 심지어 겸손한 것, 검소한 것도 탐욕의 대상이 될 수 있다. 의도가 다른 사람들의 칭찬과 존경을 얻으려는 것인 한에서 그렇다는 말이다.

이제 탐욕을 정의하는 문제부터 살펴보자. 사전적 정의에 의하면 탐욕은 "부, 지위 및 권력에 대한 과도하거나 만족할 줄 모르는 갈망" 이다. 이 정의도 모호하기는 마찬가지다. 이를테면 "과도하거나 만족할 줄 모르는" 이라는 것은 상당히 주관적인 개념이다. 또한 "부, 지위 및 권력" 에 대한 갈망이라고 하지만 다른 것들도 탐욕의 대상이 될 수 있다. 따라서 이런 식으로 탐욕을 정의하는 것은 순환론에서 벗어나기 어렵다. 그리고 오늘날과 같이 사유재산 제도가 확립되고 개인주의가 지배하는 가운데 선택의 자유가 최대한 보장된 사회에서는 이런 모호한 기준으로 탐욕을 매도罵倒한다면 사회적 공감을 얻기 어렵다.

인간의 탐욕에 대해 논의하는 주된 이유는, 더 나은 시장경제를 모색하기 위해서는 이것을 제대로 이해해야 하기 때문이다. 공유나 선물 개념을 논하기 위해서는 이와 대극적인 관계에 있는 탐욕이라는 감정에 대해 알아야 한다. 어떤 감정을 탐욕으로 간주하기 위해서는 적어도 다음과 같은 조건들이 충족되어야 한다는 것이 필자의 생각이다.

첫째, 자신이 노력한 것 이상을 갈구渴求하는 데 조금도 주저하지 않는 마음의 상태에 있어야 한다. 애덤 스미스는 『도덕감정론』에서 사람은 자기의 내면에 공평한 관찰자impartial spectator를 갖고 있다고 했다.[16] 얼핏 들으면 모호한 얘기 같지만 곰곰이 생각해 보면 웬만한 사람에게는 이런 측면이 있다고 볼 수 있다. 겉으로는 자기가 옳다고 우기는 사람이라도 돌아서면 자기가 틀렸음을 알고 있다고 본다. 탐욕스러운 사람은 이런 공평한 관찰자를 완전히 배제한 사람이다. 이런 사람에게는 오직 매 순간 자신의 이익만이 중요하므로 지대추구는 지극히 당연한 행위인 것이다. 이런 사람은 지대추구에 대해 죄의식이나 자책감을 전혀 느끼지 않는다.

둘째, 오로지 감각적 쾌락만이 중요하다고 생각하는 마음의 상태에 있어야 한다. 이런 상태에 있으면 인간의 오감五感을 넘어서는 아무것도 존재하지 않으므로 오감을 즐겁게 해주는 것은 선善이요, 그 밖의 것은 모두 악惡이라고 생각하게 된다. 이런 상태에 있는 사람에게 죽음은 곧 모든 감각의 소멸이고 영원한 침묵이므로 가장 외면하고 싶은 사건이다. 따라서 이런 상태에 있으면 감각적 쾌락만이 실재reality이고 나머지는 모두 허상이다. 이런 의미에서 공리주의는 쾌락을 지나치게 강조함으로써 적지 않은 부작용을 초래했다.

셋째, 자신의 이익을 위해서는 다른 사람들이나 사물들은 단지 수단일 뿐이라는 마음의 상태에 있어야 한다. 이런 이유로 도구적 합리성의

16. 공평한 관찰자라는 개념은 애덤 스미스의 『도덕감정론』에서 매우 중요한 개념이다. 스미스에 의하면 인간은 누구나 자신의 마음속에 공평한 관찰자를 갖고 있으면서 자신이나 타인의 행위에 대한 평가를 여기에 맡긴다. 그런데 스미스는 인간은 항상 지혜로운 것이 아니기 때문에 때때로 공평한 관찰자의 목소리를 무시하는 경향도 갖고 있는 모순된 존재라고 보았다. 이와 관련해서는 특히 애덤 스미스(1759), 3부 2장을 참조하라. 그리고 공감에 기초한 공평한 관찰자의 역할에 관한 자세한 해설은 도메 다쿠오의 『지금 애덤 스미스를 읽는다』(2010), 37~74쪽을 참조하라.

문제점이 지적되어 왔던 것이다. 탐욕으로 가득 찬 사람에게는 자신의 이익 외에는 아무것도 보이지 않는다. 나아가 자기중심주의에 함몰되어 다른 사람들의 고통은 안중에도 없다. 이런 의미에서 탐욕은 이기심과는 다른 차원의 문제를 야기하며, 극단적인 경우에는 사회적으로 피해를 주더라도 자신의 이익만을 우선한다. 탐욕스러운 사람에게서 공동선을 의식하는 행동을 기대하기는 불가능하다.

이상 이기적인 감정을 탐욕으로 분류하기 위해서는 객관적인 기준이 필요하다는 발상에서 몇 가지 기준을 제시해 보았다. 이것은 지금과 같이 탐욕으로 무장한 금융자본이 시장경제를 위태롭게 만드는 상황에서 탐욕에 대한 사회적 인식을 새롭게 하기 위한 노력으로 이해하면 좋을 것이다.

탐욕의 문제를 포괄적인 관점에서 접근한 사람으로는 경제학자 스테파노 자마니를 들 수 있다. 그는 일련의 저서를 통해 인간의 어두운 면으로서 탐욕에 대한 역사적 · 종교적, 나아가 사회적 배경에 대해 깊이 있는 해설을 제공했다.[17] 그는 유럽 사회를 중심으로 시대에 따라 탐욕에 대한 사회적 인식이 어떻게 변해 왔는지 고찰한 후 탐욕의 핵심에는 종교(가톨릭과 기독교)와 경제가 있음을 강조했는데, 특히 경제에 많은 비중을 할애했다. 그만큼 탐욕은 경제 사회의 변화와 무관하지 않다. 우선 탐욕에 대한 그의 생각은 다음 표현에 잘 드러나 있다. "탐욕은 고귀한 영혼으로 가장할 수 있다. 인색하고 욕심 많은 본심을 숨기고 자녀를 돌보기 위해 어쩔 수 없다는 태도로 포장하기도 한다. 탐욕이 극도의 절약이라는 옷을 두르면, 탐욕은 '경제라는 덕'으로 탈바꿈한다. 이 외에도 탐욕은 우리가

17. 스테파노 자마니는 『21세기 시민경제학의 탄생』(2004), 『인류 최악의 미덕, 탐욕』(2009b)에서 유럽을 배경으로 탐욕이 등장하게 된 역사적 · 종교적 · 사회적 상황을 매우 상세히 서술했다.

모르는 여러 얼굴을 하고 있다."[18]

탐욕이 주로 재물과 관련되어 있다는 점은 분명하다. 이와 관련해 자마니는 "탐욕은 주요 악덕 가운데 가장 '경제적인 악덕'에 해당한다. 경제적 환경에서 탐욕만큼 '이성의 타락'을 보여주는 예도 드물다. 탐욕가는 소유욕을 다스릴 줄 모르고, 생리적 욕구에 필요한 것이 무엇인지 모르기 때문에 무조건 탐욕이 충동질하는 것을 구매하게 된다. 따라서 탐욕가가 부를 독점하면 경제적 흐름이 막히고, 생산활동마저 힘들어지게 된다"고 지적했다.[19] 이것이 핵심이다. 탐욕가가 득세하면 한쪽에 부와 재물이 일방적으로 축적됨으로써 경제의 기본 원리인 '순환'이 막히게 되기 때문이다.[20]

자마니는 특히 중세를 거치면서 탐욕에 대한 사회적 인식에 커다란 부침이 있었음을 강조했다. 탐욕은 교만과 최고의 악덕의 자리를 다투어 왔는데 상업사회가 도래하면서 탐욕에 대한 인식이 크게 바뀌게 되었다는 것이다. 11세기 이후 15세기까지 상업혁명의 시대에 탐욕은 처음에는 가장 큰 악덕으로 여겨졌다. 이것은 상업혁명이 몰고 온 중요한 변화 가운데 하나다. 사실 생존 수준에서 벗어나지 못했던 농업 중심의 봉건사회에서는 탐욕이 드러날 기회가 없었다. 그러다가 상업과 수공업이 발달하고 도시가 형성되면서 많은 사람들이 자유롭게 상업적 거래에 참여하게 되었다. 이때부터 탐욕이라는 숨어 있던 괴물이 전면에 등장하게 된 것으로 보아야 할 것이다. 이것 또한 대극의 반전으로 해석할 수 있다.

---

18. 스테파노 자마니(2009b), 14쪽.

19. 앞의 책, 14쪽.

20. 이와 관련해 조지 쿠퍼(2014)도 9장에서 비슷한 주장을 했다. 탐욕의 가장 큰 죄는 경제의 선순환을 저해한다는 데 있다는 것이다. 탐욕가들이 무엇을 소유하고 무엇을 소비하던 그들의 자유지만 이것만은 용납할 수 없다. 이 점을 인식하는 것이 중요하다.

이런 추세에 기름을 부은 것이 15세기 이후 르네상스 운동으로 등장한 세속 인본주의자들이었다. 자마니에 의하면 르네상스 시대인 14~16세기에 도시의 확산과 더불어 예상치 않았던 부작용이 등장했는데 그것은 바로 당파심이었다. 이것은 당시 영향력 있던 프란치스코 수도회에서 내세운 공동선의 개념과는 정반대되는 것으로, 자마니는 이로 인해 탐욕이 더욱 기승을 부리게 되었다고 보았으며 그 배경에는 고리대금업이 있다고 지적했다. 탐욕은 고리대금업의 동기이자 원인이었다.

이런 상황은 고리대금업을 금지했던 가톨릭 교회의 엄격한 규율과 상업혁명으로 등장한 새로운 경제시스템의 주역인 상인과 장인들 간의 충돌로 이어졌지만, 이 갈등의 최후 승자는 상인과 장인들이었다.[21] 이러한 갈등의 상황에서 탐욕을 악덕에서 미덕으로 승격시키는 데 결정적으로 기여한 것이 세속 인본주의 정신을 이어받은 당대의 계몽주의자들이었다. 르네상스 시대 이후인 17세기에서 19세기에는 르네상스 운동의 근본정신은 계승되지 않는 가운데 시민사회의 위기와 봉건주의의 부활 및 왕권의 강화, 그리고 개인주의의 등장이라는 새로운 양상이 드러나기 시작했다. 이런 격변의 상황은 탐욕이 부상하는 데 유리하게 작용했다.[22]

---

21. 이와 관련해 스테파노 자마니(2009b)는 다음과 같이 지적했다. "교회는 새로운 경제체제를 향한 욕구와 충돌했다. 교회가 공동선의 관점에서 사회적 연대를 이루려고 노력하는 동안 새로운 경제체제의 주역인 상인과 장인들은 성공적인 사업 운영을 위해 대부업을 하지 않을 수 없었다. 교회와 대부업의 갈등은 견딜 수 없는 지경에 이르렀다."(101쪽)

22. 스테파노 자마니(2009b)는 이런 상황에 결정적인 영향을 미친 사람으로 마키아벨리와 홉스, 그리고 맨더빌과 벤담을 들었다. 그리고 이와 관련해 다음과 같이 지적했다. "16세기 인간을 돌아보면 시민 인본주의의 흔적은 전혀 찾아볼 수 없고, 대신 고립된 개개인의 현실만을 발견하게 될 것이다. …… 사실 이런 개인주의 사상은 마키아벨리와 홉스에서 시작된 것인데, 개인주의에서 시민문화를 제외하면 '사악하고 끔찍하고 반문명적이고 교활하다'라는 근대의 형용어만 남는다."(137쪽)

공동선에 기초한 시민사회라는 개념이 쇠퇴하고 개인주의가 득세하면서 탐욕은 더 이상 악덕이 될 수 없었다. 다른 사람들의 이익에 해가 되는 행동을 하지 않는다면 탐욕은 단순히 비사교적인 사람의 개인적인 성향으로 간주하는 분위기가 조성되었기 때문이다. 이런 전통이 계승되어 탐욕은 당연한 것으로 간주되고 있는 것이 지금의 현실이다. 사람들의 무의식에는 "탐욕은 좋은 것"이라는 사고가 각인되어 있을지도 모른다. 그리고 여기에 크게 기여한 사람이 버나드 맨더빌Bernard Mandeville이었다.[23]

이와 관련해 자마니는, 맨더빌이 탐욕을 옹호했다기보다는 애덤 스미스가 체계화한 이기심이 사회적 번영을 가져온다는 사상을 처음 제시했다고 주장했다. 그렇지만 맨더빌의 사상이 과거보다 탐욕을 미덕으로 간주할 수 있는 여지를 어느 정도 마련해 준 것은 부인하기 어렵다. 그리고 이런 추세에 결정적으로 기여한 것이 제러미 벤담Jeremy Bentham의 공리주의였다. 공리주의에 대해서는 지금도 다양한 해석이 충돌하고 있지만 쾌락을 강조했다는 점에서 탐욕을 정당화하는 데 일정 부분 기여한 것은 분명하다. 사회의 모든 가치를 쾌락으로 환원시킴으로써 탐욕적인 행동을 정당화하는 논리를 제공했다는 점에서 그렇다는 것이다.

탐욕은 이기심과는 본질적으로 다른 개념으로 해석해야 한다. 탐욕에 사로잡힌 사람은 다른 사람들의 행복은 조금도 고려하지 않기 때문이다. 지금까지 간단히 살펴봤듯이 시대에 따라 탐욕에 대한 평가가 엇갈려 온 것도 사실이고, 근래에 들어서는 오히려 탐욕을 정당화하는 분위기가 득세한 것도 사실이다. 그런데 오늘날 탐욕을 그대로 방치한다면 양극화 현상이 악화되고 사회가 해체될 수도 있다는 데 문제의 심각성이 있다.

23. 버나드 맨더빌(1670~1733)은 『꿀벌의 우화』(1714)라는 책을 통해 탐욕이 번영을 가져온다는 논리를 펼쳤다. 지금 용어로 말하면 맨더빌은 낙수효과를 강조했던 것이다.

특히 금융자본의 힘이 지나치게 비대해진 지금 현실에서 이것은 결코 기우杞憂가 아니다.

이런 극단적인 상황을 염려해야 하는 이유는 탐욕가의 본성에서 찾을 수 있다. 이와 관련해 자마니가 다음과 같이 지적한 것을 유념해야 할 것이다. "탐욕가가 지닌 욕망의 본질은 무엇일까? 이 의문을 풀기 위해 먼저 강조할 것이 있다. 욕망이란 어떤 생리 현상에 의해 표출되는 느낌도, 순식간에 약해지는 감정도 아니라는 점이다. 사실, 욕망은 결핍을 느끼기를 바라는 감정이다. …… 그러나 탐욕가는 소유욕을 만족해도 만족하지 않고, 그 욕망이 계속 생성되기를 바라고, 소유하는 과정이 계속 되풀이되기를 바란다. 그러면서 소유욕을 충족하기 위해 받는 스트레스를 해소하는 것이다."[24] 우리 모두 이런 탐욕가의 성정性情을 보유하고 있다는 데 문제의 심각성이 있다. 이런 성정이 잠복해 있다가 여건이 허용되면 발현되어 사회 전반에 악영향을 미치기 때문이다.[25] 예를 들어 우리나라의 경우 이런 현상이 자주 반복되어 왔다는 데 많은 사람들이 동의할 것이다.

탐욕은 개인의 문제로 그치는 게 아니다. 현재와 같이 자유시장경제가 탐욕을 더욱 조장하면 시스템 전체가 위기에 처할 수 있다. 최근 많은 학자들이 지적하고 있는 글로벌 차원에서 불평등의 악화는 상당 부분 탐욕이 초래한 문제라 할 수 있다. 따라서 중요한 것은 이에 대한 대안을 찾

---

24. 스테파노 자마니(2009b), 172쪽.

25. 이와 관련해 찰스 아이젠스타인(2011)이 다음과 같이 지적한 것을 유념해야 한다. "탐욕의 패러다임에는 이처럼 남에 대한 판단, 자기 자신에 대한 판단이 만연해 있다. 탐욕에 대한 우리의 독선적인 분노와 증오는 사실 우리 자신도 그들과 다를 바 없다는 은밀한 두려움을 내포하고 있다. 위선자가 악을 몰아내는 데 가장 열성적인 법이다."(41쪽) 탐욕은 인간에게 내재한 보편적인 감정이라는 사실을 직시해야만 이것을 극복하는 방법을 모색할 수 있다. 자신은 예외인 것처럼 행동하는 것은 자기 기만에 불과하다.

는 것이다. 필자는 대극의 반전에서 실마리를 찾아야 한다고 생각한다.[26] 이것은 탐욕의 대안은 나눔 또는 공유라는 의미를 함축하고 있다. 자마니도 이 점을 강조했는데 『21세기 시민경제학』에서 언급했던 상호성相互性과 무상성無償性에 입각해 대가 없이 서로 선물을 주고받는 문화를 만들어 가자는 제안이 이에 해당된다. 그의 주장은 본질적으로 찰스 아이젠스타인이 『신성한 경제학의 시대』에서 제시한 선물경제의 아이디어와 같다. 우리가 분리의식에 고착되어 있는 한 탐욕을 극복하는 데는 한계가 있기 때문이다.[27] 따라서 핵심은 나눔의 정신이 보편적인 시대정신으로 자리매김할 수 있도록 실천적인 방법을 찾는 것이다.[28] 아무리 좋은 생각도 실현할 수 없다면 공허할 뿐이다. 시장경제에서는 더욱 그러하다.

시장경제는 제대로만 작동한다면 누구에게나 공평하게 자신의 능력과 개성을 펼칠 수 있는 기회를 제공하는 유일한 시스템이다. 자신의 이상을 실현하기 위해 최선을 다하는 것은 인간적인 차원에서나 사회적인

---

26. 대극의 반전이란 말은 우리에게 보다 친숙한 물극필반(物極必反)이나 도덕경에 나오는 반자도지동(反者道之動)과 유사한 의미로 이해하면 된다.

27. 탐욕의 본질에 대해 찰스 아이젠스타인(2011)이 다음과 같이 지적한 것은 적절하다. "이러한 분리된 자아 이야기를 근거로 탐욕은 생물학과 경제학의 자명한 이치가 되었다. 생물학에서는 재생산적 이익을 극대화하려는 유전자, 경제학에서는 재정적 이익을 극대화하려는 합리적 행위자가 그것이다. 그러나 이 결핍이라는 가정이 틀렸다면, 결핍이 궁극적 실재가 아니라 우리가 지닌 이데올로기의 투사(投射)라면 어떨까? 그렇다면 탐욕은 생물학적 자명한 이치가 아니라 결핍 인식의 한 징후일 뿐이다."(42쪽)

28. 이 점과 관련해 스테파노 자마니(2009b)는 일말의 희망을 다음과 같이 피력했다. "대가 없이 주는 선물은 일방적인 행위로 끝나지 않고 상호성이라는 새로운 관계 고리의 포문을 연다. 말하자면 대가 없는 선물은 사람 사이의 유대를 만들어준다. 이때 타인에 대한 관심은 유대에 대한 욕망에서 비롯된다. 철학자 잠바티스타 비코는 이런 개념을 훌륭하게 표현했다. 사람들이 서로 운명의 끈으로 묶여야 할 이유를 더는 찾지 못했을 때, 즉 '상호 존재'의 개념이 사라졌을 때 사회는 붕괴한다고 말이다."(211쪽) 그가 주장했듯이 시장경제에서 상호성이라는 잊혀진 덕목을 회복하는 것이 급선무다.

차원에서 높이 평가해야 마땅하다. 그런데 이 과정에서 종종 이기심이 지나쳐 탐욕과 오만으로 발전해 온 것 또한 부인하기 어려운 사실이다. 이 점은 특히 기업을 창업하고 사업을 확장하는 과정에서 반복해서 벌어진 일이기도 하다. 이런 이유로 사람들은 기업가를 보통 사람들보다 탐욕스러운 존재로 인식해 왔다. 물론 어느 나라의 경우나 그런 기업가들이 존재했고 지금도 그러하다. 그런데 여기에도 대극의 반전이라는 논리가 적용될 수 있다. 오늘날 본래의 기업가정신entrepreneurship을 회복하려는 움직임이 도처에서 감지되고 있다. 이것 또한 인터넷과 모바일 혁명이 가져온 새로운 변화의 일부다.

기업가정신은 창의력과 위험을 감수하는 용기가 결합된 태도로 조지프 슘페터가 "시장에서 열등한 혁신을 부분적으로 또는 전체적으로 대체하고 동시에 새로운 사업모델을 포함한 새로운 제품을 만들어내는 창조적 파괴의 질풍"이라고 표현했던 것이다. 기업가정신을 바탕으로 하는 선순환이 경제의 기본 질서로 자리 잡은 나라는 경제적 번영을 지속할 수 있었다. 18세기 중엽 산업혁명 초기의 영국과 19세기 말 미국이 그러했다.

경영학의 구루로 불렸던 피터 드러커Peter Drucker는 기업가정신 가운데 특히 위험을 감수하려는 자세를 강조했다.[29] 그에 의하면 기업가의 행동은 자신의 경력과 재정적 안정을 모두 걸고 자신의 아이디어를 추구하

29. 피터 드러커는 『기업가정신』(1985)에서 다음과 같이 말했다. "기업가정신은, 그것이 개인이 발휘하는 것이든 또는 기관이 발휘하는 것이든 간에 고유한 특성을 갖고 있다. 그것은 개인적인 성격상의 특성이 아니다. 지난 30년 동안 나는 기업가적 도전을 훌륭하게 처리하는 다양한 성격과 기질을 가진 많은 개인들을 관찰했다. 분명히 말하건대, 확실한 것만을 선호하는 사람들은 훌륭한 기업가가 될 확률이 낮다."(41쪽) 여기에 드러커가 생각하는 기업가정신의 핵심이 잘 드러나 있다.

는 과정에서 모든 위험을 감수하며 불확실한 사업을 위해 자본뿐만 아니라 대부분의 시간을 투입하는 것을 의미한다. 한마디로 압축하면 기업가정신은 혁신—기술혁신, 경영혁신, 사회적 혁신 등—을 추구하는 과정에서 발생하는 모든 위험을 감수하려는 도전적 정신과 과감한 태도를 의미한다. 드러커는, 기업가정신은 기업의 영역을 넘어 모든 영역에 적용되어야 하는 정신임을 강조했다. 물질적인 세계의 성패를 좌우하는 것이 기업가정신이라는 사실 또한 역설적이다. 이것은 물질과 정신의 조화를 달성하려면 기업가정신으로 무장해야 한다는 것을 시사한다.[30] 이 경우에도 우리는 대극의 조화를 추구해야 한다.

이와 같은 기업가정신에 필자는 강요나 위선 때문이 아니라 명예를 위해 자신이 성취한 부를 사회에 환원하고자 하는 정신을 추가하고자 한다. 이런 정신은 진정으로 탐욕의 한계를 극복한 사람만이 실현할 수 있는 것이기 때문에 더 나은 시장경제를 위해 꼭 필요한 덕목이다. 그리고 이런 정신은 자마니와 아이젠스타인이 말한 탐욕의 대안인 나눔, 즉 선물문화를 널리 보급하는 데도 필수적이다. 이런 의미에서 일본 자본주의의 아버지라 칭송받았던 시부사와 에이치澁澤榮一가 보여주었던 기업가정신을 주목할 필요가 있다. 시부사와는 일본 자본주의의 초기인 명치유신 시절 공자가 『논어』에서 설파한 도덕정신에 입각해 인의도덕仁義道德에 기반

30. 이런 의미에서 찰스 아이젠스타인(2011)이 다음과 같이 지적한 것은 중요한 의미가 있다. "사실 정신과 물질의 분리는 우리가 물질세계를 이토록 악랄하게 다루는 데 중요한 역할을 했다. 신성한 경제는 세계를 지금보다 더 신성한 대상으로 다루며, 지금보다 더 물질주의적이다.(이 세계에 더욱 주의를 기울여 아끼고 사랑한다는 의미에서) 따라서 내가 영적인 욕구를 충족한다고 말할 때는 지구 파괴적인 싸구려 물건들을 계속 쏟아내면서 천사와 영과 신에 대해 떠들고 기도한다는 뜻이 아니라, 관계와 순환과 물질적 삶 자체를 신성한 것으로 다룬다는 뜻이다."(461쪽) 필자는 이런 관점에서 물질과 정신을 이해하는 사람이 곧 기업가정신으로 무장한 사람이라고 생각한다.

을 두지 않은 부는 가치가 없다고 역설했다. 이런 정신을 바탕으로 그는 수많은 기업을 설립하고 사회에 환원함으로써 진정한 기업가정신을 실천했다. 그의 이런 정신은 『논어와 주판』에 잘 정리되어 있다. 그는 공자가 말한 근본 정신이 기업하는 정신과 모순이 아님을 보여주려 했다. 시부사와가 『논어』에서 인용한 다음 구절은 그의 생각을 잘 보여준다.

- 부귀는 모든 사람들이 바라는 바이지만 정당한 방법으로 얻은 것이 아니라면 부귀를 누리지 말아야 한다. 빈천은 모든 사람들이 싫어하는 것이지만 정당한 방법으로 버리는 것이 아니라면 버리지 말아야 한다.[31] (富與貴, 是人之所欲也. 不以其道得之, 不處也. 貧與賤, 是人之所惡也, 不以其道得之, 不去也)

- 나라에 올바른 도가 행해지는데도 가난하고 비천하다면 부끄러워 해야 할 일이고, 나라에 올바른 도가 없는데도 부유하고 고귀하다면 이 또한 부끄러운 일이다.[32] (邦有道, 貧且賤焉, 恥也. 邦無道, 富且貴焉, 恥也)

여기서 『논어』는 도덕을, 주판은 경제를 상징한다. 도덕은 정신, 경제는 물질과 긴밀하게 연결되므로 그의 주장은 곧 정신과 물질은 대극적인 관계에 있지만 이들 가운데 어느 하나만 취해서는 안 되고 대극의 조화를 추구해야 한다는 점을 강조한 것으로 해석할 수 있다. 이것은 필자가 줄곧 강조하고 있는 내용인데, 시부사와는 일찍이 이를 실천했던 것이다. 여기 인용한 『논어』의 두 구절은 이 점을 잘 보여주고 있다.

기업가정신과 대척점에 있는 것이 지대추구행위다. 더 나은 시장경제를 위해서는 지대추구경제를 기업가적 경제로 전환시키는 것이 급선무

31. 시부사와 에이치, 『논어와 주판』(1927), 121쪽.
32. 앞의 책, 126쪽.

인데, 이것은 기업가의 의식 수준이 상승해야만 가능하다. 여기서 기업가란 새롭게 기업을 추진하는 창업자, 기업의 소유주 및 전문경영자뿐만 아니라 자신의 책임 하에서 업무를 추진하는 모든 사람으로 확대 해석할 수 있다. 따라서 기업의 임직원들뿐만 아니라 비영리단체의 직원, 그리고 공공부문에서 활동하는 사람들에게도 이런 정신이 필요하다. 여러 분야에서 이런 기업가정신을 실천하려는 사람들이 많아지면 탐욕으로 인한 부작용은 자연스럽게 사라질 것이다. 나아가 이것이 더 나은 시장경제의 정신적 기반이 되어야 한다.

3. 자본주의와 공유경제 · 선물경제의 조화

경쟁과 협력은 시장경제 전반에서 관찰할 수 있는 대극적이면서도 상보적인 개념으로 인류가 오랜 진화 과정을 통해 획득한 것이다. 개체의 생존을 위해 한편으로는 치열하게 경쟁하고, 다른 한편으로는 외부의 적으로부터 종족을 보존하기 위해 협력해야 했다. 이와 같이 경쟁과 협력은 인간의 본성에 각인된 두 개의 대극적인 속성이다. 어떤 경제시스템에서도 이 두 가지 속성은 일정한 방식으로 드러나게 되어 있다. 자본주의 시장경제에서 이 둘 간의 시너지 효과가 최대한 발휘되었다는 것은 생산성의 지속적인 향상과 이로 인한 경제성장으로 입증되었다. 그런데 이제는 한계점에 다다랐다는 징후가 곳곳에서 발견되고 있다. 경쟁과 협력의 상보적인 관계가 무너지고 있는 것이다. 주된 원인은 금융자본의 과도한 시장지배, 대기업에의 경제력 집중 및 불평등의 심화에서 찾을 수 있다.

이에 대한 반작용으로 새롭게 부상하고 있는 경제시스템이 공유경제다. 자본주의는 경쟁에 초점을 맞춘 경제시스템인 반면, 공유경제는 협력에 비중을 둔 경제시스템이다. 자본주의에서는 물적 자본(자금)이 중요한 반면, 공유경제에서는 사회적 자본(신뢰)이 더 중요하다. 최근 공유경제에 관한 논의가 활발해지고 있지만 아직 그 의미가 명확하게 정의되지는 않았다. 공유경제는 협력적 공유사회collaborative commons, 망網경제mesh economy, 협력적 경제collaborative economy 등으로도 불리는데, 대체로 "인적 · 물적 자원의 공유를 바탕으로 형성된 사회 · 경제적 시스템"을 의미한다는 데 대부분 동의한다.

공유경제는 자본주의와는 근본적으로 다른 방식으로 작동하는 경제시스템으로 다음과 같은 몇 가지 두드러진 특징을 갖고 있다. 여기서 유념할 것은 공유경제도 시장경제의 일부라는 사실이다. 시장에서의 거래를 바탕으로 작동하는 시스템이기 때문이다. 첫째, 자본주의가 수직적 · 통합적인 조직을 갖춘 가운데 규모의 경제를 추구한다면, 공유경제는 수평적 · 분산적 조직을 바탕으로 사회적 자본의 축적을 추구한다. 이것이 공유경제가 민주주의의 발전에 기여할 수 있는 이유다. 공유경제는 개별 주체가 동등한 자격을 갖고 서로 협력하는 여건을 조성해 준다.

둘째, 자본주의에서 핵심적인 역할을 하는 기업은 주식회사 형태를 갖추고 이윤을 목적으로 투자자들로부터 자본을 유치해 소유와 경영이 분리된 가운데 운영된다. 반면 공유경제에서는 이윤 추구를 목적으로 하지 않는 사회적 기업이나 협동조합cooperative이 중심인 가운데 구성원들의 협력을 바탕으로 작동한다. 물론 공유경제에도 인터넷 플랫폼을 기반으로 하는 여러 가지 자본주의 기업들이 활동하고 있다. 이들을 공유기업이라고 부른다. 그런데 이런 기업들의 성격이 향후 어떻게 변질될지 모른다는 의미에서 공유경제의 중심으로 보기는 어렵다. 반면 사회적 기업과 협동조합은 본질적으로 공유경제의 특성을 내장하고 있다. 특히 협동조합은 앞으로 공유경제의 중심적인 기업조직으로 부상할 것으로 전망된다. 이것은 협동조합의 역사가 오래된 유럽의 경험에 비추어 볼 때 충분히 현실성 있는 이야기다.

여기서 주목할 것은 2008년 금융위기로 인해 공유경제가 부상하는 계기가 마련되었다는 점이다. 그리고 공유경제의 기술적 소울메이트로 사물인터넷을 강조한 제러미 리프킨이 『한계비용 제로 사회』에서 공유경제의 미래를 전망한 것에 주목할 필요가 있다. 리프킨은 공유경제를 자본주의 시장경제의 사소한 일부가 아니라 향후 자본주의를 대신해 시장경제의 주축을 이룰 수 있는 경제시스템으로 높게 평가했기 때문이다. 이와 관련해 그는 다음과 같이 주장했다.

> 수억에 달하는 사람들이 이미 그들 경제생활의 이런저런 부분을 자본주의 시장에서 글로벌 협력적 공유사회로 옮겨 놓고 있다. 협력적 공유사회의 프로슈머들은 더 이상 제로 수준의 한계비용으로 각자의 정보와 오락, 녹색 에너지, 3D 프린팅 제품, 방대한 개방형 온라인 강좌만 생산하고 공유하는 게 아니다. 그들은 낮거나 제로 수준의 한계비용으로 소셜 미디어 사이트나 대여 및 재배포 동호회, 협동조합을 통해 서로 자동차와 집, 심지어 옷까지 공유하고 있다.[33]

리프킨이 지적한 대로 기존의 자본주의 패러다임에 반하는 협력적

---

33. 제러미 리프킨(2014), 39쪽. 이어서 리프킨은 다음과 같이 전망했다. "대부분의 전통 경제학자들은 새로 등장하는 사물인터넷이 촉발하는 극단적 생산성이 결국에는 자본주의 시스템에 흡수될 거라고 생각하고 있다. 하지만 그 반대의 결과가 발생할 가능성이 훨씬 크다. 다시 말하면, 협력적 공유사회는 21세기 중반까지 점점 더 지배적인 위치를 차지하고 자본주의 경제는 다소 보완적인 역할을 맡으며 두 경제는 하이브리드 파트너 관계에 가깝게 기능하는 데 익숙해질 것이다."(479쪽) 이것이 공유경제를 진지하게 생각해야 하는 이유다.

공유사회를 추진하는 움직임이 활발하다는 사실은 더 이상 부인하기 어렵다.[34] 실제로 공유경제를 표방하는 새로운 기업들이 우후죽순처럼 세계 곳곳에서 등장해 기존 기업의 영역을 위협하고 있으며, 이들을 뒷받침하는 크라우드펀딩 등 새로운 금융기법도 활기를 띠고 있다. 그리고 리프킨이 강조했듯이 봉건적 공유사회가 토지의 공유에 기반을 두었다면 새롭게 태동하는 협력적 공유사회는 새로운 커뮤니케이션과 에너지 시스템에 기반을 두고 있다는 점에서 본질적으로 다르다. 공유경제가 부상할 수밖에 없는 기술적 기반이 이미 마련되어 있는 것이다.

여기서 특별히 주목할 점은 공유경제의 효율적 측면이다. 여러 전문가들이 강조했듯이 공유경제는 기존의 유휴자원을 최대한 효율적으로 활용할 수 있는 기회를 제공하고 있다. 이것은 전통적인 시장경제가 효율적이지 않다는 무시할 수 없는 증거라 할 수 있다. 앞에서 파레토 효율의 한계를 언급할 때 지적했듯이 자원배분의 효율성을 논하는 경우에는 두 가지 측면에서 신중하게 접근해야 한다. 하나는 초기의 자원배분 상태와 관련되어 있으며 다른 하나는 이미 구입한 내구재의 사용과 관련되어 있다. 주류 경제학에서는 효율성과 관련해 이 두 가지 측면을 고려하지 않는데, 이것은 잘못된 것이다. 진정한 의미에서 자원배분의 효율성을 논하려면

---

34. 대표적인 예로 에어비앤비(Airbnb)와 우버(Uber)를 들 수 있다. 에어비앤비의 시가총액은 세계 최대 호텔체인인 힐튼 호텔과 맞먹는다. 우버의 시가총액도 한국의 현대차를 능가한다. 이런 공유기업들이 단기간에 이런 성과를 거둔 것은 놀라운 현상일 뿐만 아니라 공유경제의 미래 전망을 밝게 하고 있다. 그렇지만 앞에서도 언급했듯이 이런 유형의 기업들이 미래에 공유경제의 중심이 될지는 좀 더 지켜볼 필요가 있다. 왜냐하면 구글, 페이스북, 트위터 등 소셜 네트워크를 운영하는 공유경제 기업들이 영리를 목적으로 한다는 데 문제가 있기 때문이다. 이들의 시장지배력이 커지는 것에 비례해 공유경제를 확산시키는 데 한계가 드러날 수 있다. 상당한 시장지배력을 확보한 다음 이런 기업들은 공유사회의 본질을 왜곡시킬 수 있기 때문이다.

이 두 가지 측면을 모두 고려해야 한다. 이런 점에서 공유경제는 자원배분의 효율성을 높이는 데 획기적으로 기여할 수 있다.

공유경제의 미래는 여러 가지 요인들에 의해 영향을 받을 것으로 예상된다. 이 가운데 가장 중요한 요인으로는 리프킨이 주장하듯이 사물인터넷의 활성화를 들 수 있으며, 다른 요인으로는 사람들 간에 자발적으로 협력하려는 변화를 지적할 수 있다. 이와 같이 기술적 요인과 정신적 요인이 시너지 효과를 발휘한다면 자본주의 시장경제의 여러 가지 폐단—불평등의 악화, 생태계 파괴 등—을 완화할 수 있다.

특히 사물인터넷을 기반으로 하는 공유사회에서 수직적이고 통합적인 자본주의 시장경제 모델은 수많은 참가자들이 동등한 자격으로 서로 협력하는 활동을 관리하는 데 적합하지 않다는 점을 유의할 필요가 있다. 향후 공유경제가 자본주의에 기생하는 무시할 만한 부분으로 존재하는 것이 아니라 자본주의를 선도하는 경제시스템으로 부상할 가능성을 배제할 수 없다. 예를 들면 자본주의 사회에서 자동차는 궁극적인 인클로저의 상징이다. 그런데 오늘날 차량 공유가 많은 사람들로부터 지지를 받고 있다. 2차 산업혁명 기간 내내 시장의 꽃이었던 자동차는 분산적이고 수평적으로 확대되는 차량 공유라는 기회에 주역의 위치를 내줄 것으로 예상된다.

이것은 의외로 커다란 변화의 기폭제가 될 수 있다. 개인적인 이동수단이 소유에서 접근으로 전환한 것과 향후 자율주행자동차의 도입은 공유사회의 부상을 가속화시킬 것으로 예상된다. 이와 관련해 리프킨은 다음과 같이 전망했다. "커뮤니케이션 인터넷이 향후 몇 년에 걸쳐 에너지 인터넷 및 물류 인터넷과 통합되어 한계비용 제로 수준으로 운영되는 통합 공유형 사물인터넷을 확립하면 여타의 공유 가능 영역(대여 및 재분배,

문화 교류, 전문 지식 및 기술 교류 영역)의 잠재력까지 극적으로 신장할 것이다. 그렇게 되면 틈새 영역에 있던 협력적 생산과 교환이 지배적인 패러다임으로 규모를 확대할 것이며 자본주의는 공유사회에 끌려다닐 것이다. 그 반대가 아니라는 말이다."[35] 소유에서 공유로의 전환은 곧 공유경제가 주역으로 부상한다는 것을 의미한다.

지금으로서는 시장경제가 이런 방향으로 진화할지 누구도 정확하게 예측할 수 없다. 이것이 진화의 기본 원리다. 그럼에도 리프킨은 협력적 공유사회가 어떤 분야에서든 경제활동의 일정 비율을 점유하게 되면, 현재 지배적인 수직 · 통합형 글로벌 기업들은 급격히 소멸할 것으로 전망했다.[36] 이것은 자본주의 시장경제에 공유경제가 기생하는 것이 아니라 그 반대의 상황이 벌어질 수 있음을 시사한다. 공유경제에 대한 지극히 낙관적인 견해다. 진화적 압력이 공유경제를 선호할지 미리 예단할 수 없다. 그렇지만 시장의 진화는 자연에서의 진화와는 달리 오랜 시간을 필요로

35. 제러미 리프킨(2014), 380쪽.

36. 이와 관련해 제러미 리프킨(2014)은 다음과 같이 전망했다. "협력적 공유사회가 그 어떤 영역에서든 경제활동의 10~30퍼센트만 점유하게 되면 2차 산업혁명의 수직 통합형 글로벌 기업들은 급격히 소멸할 것으로 봐도 무리가 아니다. 적어도 앞으로 제로 수준 한계비용이 경제활동의 보다 많은 부분을 협력적 공유사회로 옮겨 놓음에 따라 기존의 자본주의 시장은 글로벌 상거래 및 교역에 대한 지배적 지위를 점점 더 상실할 것이라 말할 수 있다."(413쪽) 그러면서 공유경제가 향후 지속 가능한 풍요의 원천으로 작용할 수 있다고 낙관적으로 전망했다. 그가 일관되게 주장했듯이 한계비용이 제로에 가까워진다는 것은 곧 희소성이 풍요로 대체된다는 것을 의미한다. 즉, 진정한 의미의 행복을 추구하는 것이 가능해진다는 것이다. 따라서 인간의 기본적인 욕구인 공감 본성을 회복할 수 있을 것으로 예상하면서 호모 엠파티쿠스(Homo empathicus), 즉 공감하는 인간의 시대가 도래할 것으로 전망했다. 나아가 그는 공유경제가 궁극적으로 인간의 의식 수준을 한 단계 높여줄 것으로 예상하면서 이것을 생물권 의식(biosphere consciousness)이라 불렀다. 이는 생태계와 인간의 이분법을 뛰어넘어 분리 불가능한 하나의 실체로 보는 일원적 의식이다. 이와 관련된 상세한 논의는 그의 책 16장을 참조하라.

하지 않는다는 사실을 유념할 필요가 있다. 그리고 자연선택은 주어진 자연환경에 유기체가 수동적으로 적응하는 것을 전제로 하지만 시장선택은 시장 여건의 변화와 시장참여자, 즉 개별 주체들 간의 역동적인 상호작용을 통해 이루어진다. 자연과 시장은 모두 복잡계의 특성을 갖고 있지만 구체적인 면에서는 차이가 있다는 말이다. 이런 차이로 인해 시장의 진화는 어느 정도 방향을 예측할 수 있다. 리프킨은 이런 측면을 강조한 것이다.

여기서 한 가지 유의할 것은 널리 알려진 공유의 비극Tragedy of the Commons으로 인해 사람들이 공유경제의 전망을 비관적으로 생각할 수 있다는 점이다.[37] 공유의 비극은 이미 여러 사례를 통해 확인되었기 때문에 '공유'는 원천적으로 불가능하다고 생각할 수 있다. 그런데 공유의 비극은 더 이상 비극이 아니라는 반론도 만만치 않게 제기되었다. 예컨대 인터넷과 모바일 혁명으로 온라인상에서 많은 사람들이 참여할수록 가치가 커지는 현상을 들 수 있다. 이런 현상은 온라인 플랫폼 자체가 공유자산으로 기능한다는 점에 비추어 공유의 비극이 아니라 많은 사람들이 공유할수록 가치가 증가한다는 의미에서 '공유의 희극'으로 보아야 한다.[38]

---

37. 공유의 비극은 미국의 생태학자 게릿 하딘(Garrett Hardin)이 1968년 저명한 학술지인 *Science*에 "The Tragedy of the Commons"라는 제목의 논문을 게재하면서 세간에 널리 알려지게 되었다. 원래 이 개념은 영국 빅토리아 시대의 경제학자 윌리엄 로이드(William F. Lloyd)가 마을의 공동 목초지에 가축을 방목함으로써 발생하는 비효율을 언급하는 데 사용한 것이었다. 하딘은 이 아이디어를 빌려 개인들의 무분별한 행동이 생태계를 파괴할 수 있다는 점을 경고했던 것인데, 그 후 공유의 비극은 소유권이 불분명한 경우 발생하는 비효율을 상징하는 용어가 되었다. 그렇기 때문에 경제학에서는 소유권을 확립하면 공유의 비극을 해결할 수 있다는 처방을 내놓았던 것이다. 오늘날 기후변화가 전형적인 공유의 비극에 해당한다는 사실에 비추어 경제학에서 제시한 처방이 얼마나 비현실적인지 알 수 있다.

38. 이 용어는 예일대학의 법학 교수였던 캐럴 로즈(Carol Rose)가 1986년 "The Comedy of the Commons"라는 논문을 통해 하딘의 주장을 반박하는 데 사용했다. 이와 관련해 제러미 리프킨(2014)은 다음과 같이 논평했다. "로즈는 공유지에서 공공의 축제를 여는 관습권

이것은 다분히 공유의 비극을 패러디한 것이지만 네트워크 혁명이 가져온 변화를 감지할 수 있는 대목이다.

그렇다고 공유의 비극이 완전히 사라진 것은 아니다. 여전히 공해公海에서는 고래를 비롯한 많은 수자원들이 멸종의 위기에 처해 있으며 아마존의 열대우림도 계속 파괴의 위험에 직면해 있다. 기후변화에 적극적으로 대처하기 위한 방안들이 많이 등장했고, 일부는 시행되고 있지만 여전히 이를 부인하고 화석연료를 고집하는 사람들도 적지 않다. 그 밖에 하천이나 공원 등 공유자원도 적절하게 관리되지 않는 경우가 흔하다. 이런 현실로 인해 공유경제에 대한 회의적인 시각이 쉽게 완화되지 않을 수도 있다. 이런 우려를 반박하는 사람들의 논리는 '공유의 비극'이 공유자원의 거버넌스governance, 즉 관리체계를 간과했다는 것이다.[39]

이와 관련해 가장 신뢰할 수 있는 연구를 한 사람은 2009년 노벨 경제학상을 수상한 엘리너 오스트롬Elinor Ostrom이다. 오스트롬은 수백 년에 걸쳐 지속되어 온 유럽 및 세계 여러 지역의 공유사회의 역사를 체계적으

을 예로 들며 통렬한 논증을 펼쳤다. 이 통찰은 인터넷상의 네트워크화된 사회적 공간에 보편적으로 접근할 권리와 관련해 현재 진행 중인 논쟁과도 깊은 연관성이 있다. 로즈는 공공 광장의 축제나 댄스파티, 스포츠 행사, 혹은 여타 사회활동에서는 보다 많은 개인이 참여할수록 '각 참가자에게 부여되는 가치가 더 커진다'라고 말했다. 이것은 '공유지의 비극'과 정반대인 점이다. '많을수록 더 즐거운'이라는 문구로 아주 멋들어지게 표현할 수 있는 '공유지의 희극'인 것이다."(256쪽) 이 논문을 쓸 당시는 인터넷이 소개되기 전임을 감안할 때 로즈 교수의 통찰이 놀랍다.

39. 이와 관련해 제러미 리프킨(2014)은 다음과 같이 말했다. "열정적인 생태학자였던 하딘은 악화되는 지구 생태계를 되살릴 유일하고 효과적인 방법은 중앙집권적 정부의 명령 및 통제로 엄격한 조치를 부과하는 것뿐이라고 확신했다. …… 공유지에 대한 하딘의 묘사는 어느 정도 진실을 담고 있다. 하지만 그는 영겁의 역사 동안 공유사회 모델을 지속시킨 가장 핵심적인 요인을 누락했다. 바로 참여의 조건으로 구성원들이 동의하는 자기규제 및 자기강제의 규약과 이에 수반하는 처벌이다. 다시 말해 하딘은 거버넌스를 빠뜨린 것이다." (252~253쪽)

로 연구했다. 그녀의 연구는 과거 공유사회의 거버넌스가 성공했거나 실패한 원인을 실증자료를 바탕으로 객관적으로 분석함으로써 공유사회가 나아갈 방향을 제시한 것으로 높이 평가받았다.[40] 오스트롬은 스위스, 스페인, 일본 등 세계 여러 나라에서 다양한 집단들이 공유자원을 효과적으로 관리해 온 사례에 대한 연구를 통해 공유의 비극은 불가피한 현상이 아니라는 것을 밝혔다. 문제는 거버넌스에 있었던 것이지 공유에 있는 것은 아니라는 사실이 입증되었다. 이런 의미에서 그녀의 연구는 전통적인 공유자원의 관리에 그치지 않고 앞으로 도래할 공유경제의 가능성에 대한 이론적 기반을 제공했다고 할 수 있다.[41]

그러면 향후 도래할 공유경제의 핵심 조직은 무엇이 될 것인가? 현재

---

40. 엘리너 오스트롬의 연구 결과는 『공유의 비극을 넘어』(1990)에 잘 정리되어 있다.

41. 제러미 리프킨(2014)은 엘리너 오스트롬이 동료들과의 공동 연구를 통해 모든 공유사회에 불가결해 보이는 다음의 일곱 가지 '설계 원칙'을 발견했다고 말했다.

1) 공유사회를 효과적으로 관리하려면 누가 공유물을 전용할 수 있고 없는지 분명하게 정의한 한계가 필요하다.
2) 사용할 수 있는 자원의 양과 사용 시간, 장소, 기술 등을 제한하는 전용 규칙을 확립해야 한다.
3) 공유사회 협의회는 전용 규칙에 영향을 받는 사람들이 공동으로, 또 민주적으로 그 규칙을 정하고 수정할 수 있도록 보장해야 한다.
4) 공유사회 협의회는 공유물 관련 활동의 감시를 전용 당사자들이나 그들에 대해 책임을 질 수 있는 사람들이 맡도록 보장해야 한다.
5) 규칙을 위반한 전용자에게는 원칙적으로 다른 전용자나 그들에 대해 책임지는 관리자가 사전에 등급별로 체계화한 제재를 가해야 한다.
6) 공유사회 협의회는 갈등이 발생하는 경우 조속한 해결을 위해 저비용의 사적 중재를 신속히 이용할 수 있는 절차를 마련해 놓아야 한다.
7) 공유사회 협의회가 확립한 규칙은 정부 관할권에 의해 그 합법성이 승인되고 용인되어야 한다.(262쪽)

여기서 굳이 이런 원칙들을 소개하는 이유는 이것들이 너무도 당연한 규칙들이므로 현실에서 실행하는 데 별 문제가 없다는 점을 강조하기 위해서다. 따라서 공유의 비극은 충분히 극복할 수 있는 현상이며 공유경제는 자본주의의 대안이 될 수 있다.

인터넷 플랫폼을 기반으로 하는 여러 유형의 공유기업들이 활발하게 사업영역을 넓혀가고 있다. 매출액이나 시가총액 등 전통적인 기준에 의해서도 이런 기업들의 성장세는 괄목할 만하다. 그럼에도 필자는 진정한 의미에서 공유경제를 주도할 조직은 협동조합이 되어야 하며 앞으로 그렇게 될 것으로 예상한다. 협동조합의 본질에 대해서는 다소 논란이 있지만 국제협동조합연합회ICA의 다음과 같은 정의가 가장 적절하다.

협동조합이란 공동으로 소유하고 민주적으로 운용되는 기업을 통해 공동의 경제적 · 사회적 · 문화적 필요와 욕구를 충족시키기 위해 자발적으로 모인 사람들의 자율적 연합association이다.[42]

이 정의에서 알 수 있듯이 공동 소유, 민주적 운영, 공동의 경제적 · 사회적 · 문화적 필요와 욕구의 충족, 자율적 연합이 협동조합의 고유한 특성이다. 따라서 협동조합은 분명히 자본주의 기업과는 다르다. 협동조합이론의 권위자인 스테파노 자마니는 협동조합의 특징을 다음과 같이 정리했다.

협동조합은 실로 두 얼굴의 야누스다. 시장 안에서 작동하고 그 원리를 받아들인다는 점에서 협동조합은 경제적 차원의 기업이다. 경제 외적인 목적을 추구하고 다른 주체들과 전체 사회에 긍정적인 외부효과를 낳는다는 점에서 협동조합은 사회적 단체다. …… 협동조합의 지배구조가 난해한 것은 시장 코드market code와 사회적 코드social code라는 이중의 상징 코드로 정체성을 이루기 때문이다. 한 가지 코드가 희생당하는 어느 극단의 상황이 벌어지면 결국 협동조합의 본성이 사라지

42. 스테파노 자마니, 『협동조합으로 기업하라』(2009a), 64쪽에서 재인용.

고 정체성을 잃게 되는 것이다. 두 개 코드가 역동적인 균형을 유지하고 서로 영향을 주고받으면서 전략적 보완성을 확보해 내는 것이 21세기 협동조합 운동이 직면한 엄중한 도전이다.[43]

이와 같이 협동조합을 이해한다면 금융자본주의로 인해 훼손된 시장경제의 장점인 경쟁과 협력의 조화를 달성할 수 있는 조직이 바로 협동조합이라는 사실을 알 수 있다. 나아가 협동조합은 조지프 스티글리츠를 비롯한 많은 전문가들이 우려하고 있는 자본주의와 민주주의 간의 갈등도 치유할 수 있는 속성을 갖고 있다.[44] 왜냐하면 협동조합은 본질적으로 출자금과는 무관하게 1인 1표라는 민주주의 방식에 기초하는 가운데 시장에서 자본주의 기업 및 다른 협동조합 기업과 경쟁하는 조직이기 때문이다. 이것은 이상적인 협동조합의 모습을 말한 것이지만, 현재 유럽을 비롯한 미국, 일본, 뉴질랜드 등 세계 도처에서 이런 이상을 실현하고 있는 다양한 협동조합들이 활발하게 운영되고 있다는 사실은 협동조합의 미래를 낙관하게 한다.

여기서 협동조합 기업과 자본주의 기업의 차이점을 분명히 이해할 필요가 있다. 우리는 여전히 기업은 곧 자본주의 기업으로 인식하는 경향이 있다. 최초의 주식회사인 네덜란드의 동인도회사부터 오늘날 애플이

---

43. 앞의 책, 26~27쪽

44. 1995년 국제협동조합연합회(ICA) 맨체스터 총회에서 제정한 협동조합의 7대 원칙은 다음과 같다.

    ① 자발적이고 개방적인 가입, ② 조합원에 의한 민주적 통제, ③ 조합원의 경제적 참여, ④ 자율과 독립, ⑤ 교육, 훈련 및 통보, ⑥ 협동조합 간의 협력, ⑦ 지역사회 기여

    자세한 내용은 김현대의 『협동조합, 참 좋다』(2014), 32~33쪽을 참조하라. 이런 원칙에 충실한 협동조합은 자본주의와 민주주의의 갈등을 치유하는 데 기여할 수 있다.

나 구글에 이르기까지 글로벌 경제를 지배해 온 것은 자본주의 기업이었다. 정확하게 말하면 19세기 중반 철도회사들이 대규모 자본을 조달하기 위해 자본을 공모公募하고 이를 바탕으로 중앙집권적인 위계를 가진 거대한 조직이 탄생한 이후 이런 대기업들이 줄곧 자본주의 시장경제의 중추를 이루어 온 것은 사실이다.[45] 협동조합과 기업과 자본주의 기업의 주요 차이점은 다음과 같이 정리할 수 있다.

1) 기본적으로 협동조합 기업은 노동이 자본을 고용하는 반면, 자본주의 기업은 자본이 노동을 고용한다.
2) 협동조합 조합원은 분배 불가한 내부유보금을 나눠가질 수 없으며, 조합 청산 시 자본이득을 얻을 수 없다.
3) 조합의 이용권은 양도 · 유통될 수 없고 조합원으로 남아 있을 때만 권리를 행사할 수 있다.
4) 협동조합은 출자금 규모와는 상관없이 모든 조합원이 동일한 의결권을 갖는다. 이런 면에서 협동조합은 민주주의 원칙에 부합한다.
5) 자본주의 기업과는 달리 협동조합에서는 도덕적 해이가 발생하지 않는다. 이 점은 시장경제의 효율을 위해 매우 중요하다.

자본주의 시장경제의 장점은 역동성과 다양성이다. 이질적인 조직들도 시장에서 서로 경쟁하면서 공진화할 수 있다. 자본주의 기업이 역사가 깊고 규모가 크다고 해서 협동조합 기업을 모두 압도할 수 있는 것은 아니

45. 중국 CCTV에서 특별 제작한 『기업의 시대』(2014)는 1602년에 설립된 세계 최초의 주식회사인 네덜란드의 동인도회사부터 현재에 이르기까지의 기업의 역사를 흥미롭게 기술하고 있다. 깊이 있는 내용은 아니지만 글로벌 차원에서 기업의 역사를 살펴보는 데는 상당히 유용하다.

다. 이런 다양한 기업들이 공존하는 기업 생태계를 만드는 것이 오히려 서로에게 이익이 될 수 있다.

이런 이유로 유럽 여러 나라에서 다양한 형태의 협동조합들이 성장해 온 역사에서 많은 교훈을 얻을 수 있다. 몇 가지 사례를 들면 프랑스에서는 특히 신용협동조합이 발달했는데, 크레디 아그리콜Credit Agricole이 대표적이다. 이 협동조합은 1988년 정부의 통제를 완전히 벗어났고 지주회사는 증권거래소에 상장되었다. 핀란드는 다른 스칸디나비아 국가들보다 앞선 세계 최고의 협동조합 국가로 19세기 후반 농업분야에서 싹을 틔우기 시작했으며, 1899년 390개의 농민협동조합이 모여 핀란드 협동조합연맹 펠로보Pellervo를 창설했고 지금도 핀란드 농업의 핵심 조직이다. 한편 스위스에서는 1890년 최초의 대규모 협동조합 연합인 스위스 소비자협동조합 연맹이 설립되었으며, 협동조합 운동이 체계를 갖춘 것은 제2차 세계대전 이후였다. 특히 소비자 협동조합 코프Coop와 미그로Migro가 유명하다. 스페인의 경우 전국적인 협동조합 연맹은 1928년에 설립되었는데 프랑코 독재에 의해 조직이 무너져 한때 침체기가 있었다. 지금은 몬드라곤Mondragon이라는 특별한 협동조합이 스페인을 대표한다. 몬드라곤은 8만여 명의 노동자를 고용하고 있는데, 이 중 80%가 조합원이다. 이와 같이 협동조합이 번창하고 있는 사례는 미국, 일본, 뉴질랜드 등 세계 곳곳에서 확인할 수 있다. 협동조합은 이미 글로벌 차원에서 자본주의 기업과 공존하고 있는 셈이다.[46]

---

46. 김현대(2014)는 세계 곳곳에서 활약하고 있는 다양한 협동조합들의 현황을 생생하게 전해주고 있다. 특히 2008년 금융위기에도 아무런 피해 없이 정상적으로 조업했던 프랑스 최대은행인 크레디 아그리콜과 네덜란드 1위 은행인 라보방크(Rabobank)가 모두 신용협동조합인 것은 인상적이다.

이와 같이 다양한 협동조합들의 발전사를 통해 얻을 수 있는 교훈은 협동조합이 자본주의 시장경제의 극히 작은 일부로만 존속할 것으로 예상하는 것이 오히려 비현실적이라는 점이다. 특히 유럽 협동조합의 역사를 살펴보면, 협동조합이 반시장적이 아님을 분명히 인식할 수 있고, 오직 경쟁만을 강조하는 시장규범을 보완하는 조직으로서 협동조합의 존재가치를 알 수 있다. 그렇지 않았다면 유럽에서 협동조합이 지금과 같이 성장할 수 없었을 것이다. 이것은 협동조합의 조직원리나 협력정신이 결코 비합리적인 것이 아니었으며 사람들의 정서에도 부합했다는 것을 의미한다. 협동조합은 시장규범과 사회규범이라는 두 대극의 조화를 위해서도 필요한 조직이다.

여기서 주목할 것은 왜 유럽에서 유난히 협동조합이 활성화되었는가 하는 점이다. 자본주의 기업에서 흔히 발생하는 인간 소외의 문제를 일찍이 인식했기 때문에 인간 중심의 협동조합 운동이 활성화되었던 것으로 보인다. 이와 관련해 자마니는 19세기 중반 이후 각 나라의 특성에 따라 소비자협동조합(영국), 노동자협동조합(프랑스), 신용협동조합(독일), 그리고 농민협동조합(덴마크)이 등장했으며 이에 덧붙여 이탈리아에서는 사회적 협동조합이 결성되어 훗날 사회적 기업의 모태가 되었음을 강조했다.[47] 유럽에서 협동조합은 사람들 간의 연대와 협력을 바탕으로 성장할 수 있었던 것이다.

불확실성은 증가하는 반면 신뢰는 하락하는 현재의 상황에서 협동조

---

47. 스테파노 자마니(2009a), 47~52쪽을 참조하라. 자마니는 협동조합의 강점을 다음과 같이 간결하게 요약했다. "협동조합 운동은 시장경제에 반대하지 않는다. 다만 자본주의와 다르게 시장을 이해한다. 자본이 아니라 노동자와 소비자, 예금자, 지역 주민과 같은 조합원, 곧 사람이 가장 중요한 역할을 한다는 점을 강조한다."(52쪽)

합은 사람들에게 더 큰 관심을 받게 될 것이다. 또한 자본주의 기업에서는 임직원의 도덕적 해이가 큰 문제지만 협동조합 기업에서는 이런 문제가 발생할 가능성이 거의 없다는 사실은 많은 것을 시사한다. 게다가 리프킨이 강조했듯이 사물인터넷이 활성화되어 여러 분야에서 한계비용이 거의 제로 수준으로 하락하는 현상이 보편화되면 자본주의 기업이 생존하기 어려운 영역은 협동조합 기업이 담당할 것으로 예상된다. 따라서 협동조합 기업은 더 이상 시장경제의 틈새를 채우는 조직으로 남아 있지 않을 것이다. 또한 협동조합은 민주주의의 훈련장으로서 역할을 할 수 있기 때문에 민주주의와 자본주의 간에 내재한 갈등을 완화하는 데도 크게 기여할 수 있다.

한편 진정한 의미에서 자본주의 시장경제의 한계를 보완하는 방안을 검토하려면 최근 거론되고 있는 선물경제의 아이디어에도 관심을 가질 필요가 있다. 선물경제는 공유경제의 연장선상에서 이해할 수 있다. 공유의 정신을 이해한 사람만이 선물의 정신을 이해할 수 있기 때문이다. 선물경제는 새로운 것이 아니라 과거 수렵 · 채집 시대에 일부 지역에서 물물교환경제와 같이 등가교환 원리와는 다른 원리에 입각해 상품을 순환시키던 경제시스템을 현대적 관점에서 재정립한 개념이다. 선물경제라는 개념이 사람들에게 알려지게 된 배경에는 프랑스의 사회학자이자 인류학자였던 마르셀 모스의 선구적인 연구가 있었다. 그는 인류학적 관점에서 북아메리카 인디언, 폴리네시아와 멜라네시아 부족들이 선물을 주고받는 풍습을 통해 사회가 유지되는 메커니즘을 밝히려 했다.[48]

---

48. 마르셀 모스(1872~1950)는 저명한 사회학자 에밀 뒤르켐의 조카로 어릴 때부터 그의 영향을 많이 받고 자랐다. 그가 쓴 『증여론』은 이 분야의 고전이라 할 수 있다. 모스는 폴리네시아의 원주민들과 북아메리카의 인디언들의 증여방식에 대해 깊이 연구했는데, 대표적

오늘날 글로벌 경제를 지배하는 금융자본주의의 대안으로 선물경제의 아이디어를 현대적으로 해석한 대표적인 사람으로는 찰스 아이젠스타인을 들 수 있다. 그는 『신성한 경제학의 시대』에서 '신성한 경제 = 선물경제' 라는 관점에서 인류의 의식전환을 전제로 새로운 경제시스템을 제안했다. 이런 논의를 체계적으로 전개한 것은 그가 처음이다. 여기서는 선물경제의 이해를 돕기 위해 그가 제시한 아이디어를 중심으로 선물경제의 특징에 대해 간략하게 논의하고자 한다.[49]

아이젠스타인은 이자에 기반을 둔 현행 금융시스템은 근본적으로 해결할 수 없는 문제를 안고 있다고 지적했다. 현행 시스템은 점점 더 많은 부채를 창출해야만 수익을 얻을 수 있는 구조라는 것이다. 옳은 지적이다. 그러면서 그는 역이자화폐 또는 소멸화폐를 도입할 것을 제안했다.[50]

인 증여방식인 포틀래치와 쿨라에 대해 많은 관심을 갖고 분석했다. 포틀래치는 '식사를 제공한다', '소비한다' 는 뜻이다. 출생, 성년식, 결혼식, 장례식과 같은 통과의례나 추장 취임식, 집들이 같은 의식을 통해 손님들에게 온갖 음식과 선물을 제공하는 관습을 말한다. 여기에는 주는 의무, 받는 의무, 그리고 답례해야 할 의무가 포함된다. 과거 우리사회의 관혼상제 풍습이 연상된다. 한편 쿨라는 원(circle)이라는 뜻으로 포틀래치의 일종이다. 태평양의 군도(群島)에 사는 부족들 간에는 쿨라라는 제도가 있는데, 이들 사회에서 '음왈리' 라는 조개껍질 팔찌는 서쪽에서 동쪽으로, '술라바' 라는 자개목걸이는 동쪽에서 서쪽으로 돌린다는 의미이다. 즉, 원을 그리면서 선물을 교환한다. 따라서 받은 사람(부족)이 준 사람(부족)이 아니라 제3의 사람(부족)에게 선물을 제공하는 풍습이다. 상세한 내용은 그의 책 2장을 참조하라.

49. 찰스 아이젠스타인(2011)은 증여, 즉 선물에 대한 마르셀 모스의 생각을 다음과 같이 평가했다. "마르셀 모스에 의하면, 일반적으로 선물은 사회적 인정과 오명, 지위와 배척, 그 밖의 사회적 압력들에 의해 정확히 책정되고 이행되었다. 이런 상태가 바람직한 것은, 선물로 인해 생기는 의무감과 보답에 대한 기대가 사회를 하나로 잇는 접착제 역할을 하기 때문이다."(382쪽) 모스의 이런 생각을 계승해 현대 사회에 적용하려는 것이 그의 의도다.

50. 찰스 아이젠스타인(2011)은 자연의 순환에 대한 철학에 입각해 이런 화폐 개념을 도입했다면서 다음과 같이 말했다. "오늘날의 돈은 빵과도 다르고, 그 어떤 자연물과도 다르다. 태어나서 죽고 다시 태어나는 자연의 순환법칙, 만물이 결국 그 근원으로 돌아간다는 법칙

소멸화폐라는 개념을 처음 제안한 사람은 독일계 아르헨티나 사업가인 실비오 게젤Silvio Gezell인데, 그는 이것을 스탬프화폐stamp money 또는 자유화폐free money라고 불렀다.[51] 그는 교환수단으로서의 화폐와 가치저장수단으로서의 화폐를 분리시키는 도구로서 이런 화폐를 옹호했던 것이다. 존 메이너드 케인스도 그의 화폐 개념에 깊은 관심을 보였으며, 최근 금융위기 이후 일부 경제학자들도 이 화폐 개념에 관심을 드러냈다. 이것은 현행 화폐시스템을 근본적으로 개혁하는 그야말로 혁명적인 아이디어이므로 혼란을 피하기 위해서는 이에 대한 신중하고 깊은 연구가 선행되어야 한다.

아이젠스타인은 소멸화폐를 도입해야 하는 근거로 지급준비금에 대한 역이자와 시간이 지날수록 가치가 줄어드는 현금통화는 모든 구조적 모순의 원천인 '이자의 효과'를 반전시킴으로써 계속 증가하는 부채를 생성해야 하는 금융자본의 부작용을 줄일 수 있다고 주장했다.[52] 그는 이

에서 유일하게 돈만이 예외다. 돈은 시간이 지나도 변질되기는커녕, 물질성을 벗어나 불변하거나 심지어 이자에 힘입어 기하급수적으로 불어난다."(231쪽) 소멸화폐란 자연의 모든 것과 같이 시간이 지나면 가치가 하락하게 되어 있는 화폐를 말한다. 즉, 아무것도 하지 않고 단지 화폐만 보유하고 있으면 자동적으로 이자가 붙는 것이 아니라 오히려 이자를 지불하게 되어 화폐의 명목가치가 하락한다. 예를 들면 오늘 100원을 보유한 사람은 1년 후 95원에 해당하는 액면가치만 주장할 수 있는 상황을 생각해 보자. 이것은 −5퍼센트의 역이자에 해당한다. 이 문제와 관련된 상세한 논의는 그의 책 12장을 참조하라.

51. 실비오 게젤은 편지봉투에 우표를 붙이듯 돈에 인지를 붙여야 사용할 수 있는 화폐를 제안했다. 이것이 스탬프화폐 또는 자유화폐다. 이것은 시간이 경과하면 이에 비례해 더 많은 인지를 붙여야 돈으로 기능을 할 수 있다는 의미에서 시간이 지나면서 명목가치가 하락하게 되어 있는 돈을 말한다.

52. 찰스 아이젠스타인(2011)은 실비오 게젤의 아이디어를 세상 만물에 적용해 모든 것은 시간이 지나면 소멸하는데 유독 화폐만은 예외인 현실을 지적하면서 소멸화폐라는 개념을 도입할 것을 주장했다. 게젤이나 아이젠스타인의 생각은 동일하다. 중요한 것은 소멸화폐가 혁명적인 개념이라는 점이다. 1930년대 대표적인 화폐이론가였던 미국의 어빙 피셔

를 통해 성장 없는 번영이 가능해지고, 구조적으로 부의 공정한 분배가 이루어지며, 미래 현금흐름의 할인이 사라져 더 이상 단기 수익에 미래를 저당 잡히지 않아도 된다고 주장했다. 뿐만 아니라 세상 만물이 소멸을 거쳐 근원으로 돌아간다는 진리를 구현할 수 있다고 강조했다.

이런 그의 생각이 비현실적으로 보이지만 간단히 일축할 수 있는 것은 아니다. 단지 우리가 소멸화폐와 같은 개념에 익숙하지 않기 때문에 허무맹랑한 이야기로 들릴 뿐이다. 아이젠스타인도 지적했듯이 2008년 금융위기 이후 여러 국가에서 거의 제로 수준의 이자율이 적용되고 있는 것은 사실이다. 그렇다면 여기서 조금 더 나아가 마이너스 이자율을 시행하는 것이 불가능하다거나 새로운 현상은 아니다. 실제로 일부 국가에서는 제한적이나마 마이너스 이자율이 시행되었다. 사실 가격으로서 이자율에는 아무런 선험적 제약이 없고, 오직 시장의 여건을 반영해 변할 뿐

(Irving Fisher)와 영국의 존 메이너드 케인스는 스탬프화폐에 기반을 둔 게젤의 경제사상에 대해 알고 있었다. 특히 피셔는 게젤의 자유화폐 개념을 극찬하면서 "나는 게젤의 충직한 하인이다"라고 말했다고 전해진다. 이것은 게젤의 사상에 심취했다는 의미다. 이 부분은 위키피디아를 참조하라. 한편 케인스도 게젤의 사상을 존중했지만 자신이 주장했던 화폐에 대한 유동성 선호 개념이 빠져 있다고 지적하면서 게젤의 이론은 반쪽 이론이라고 비판했다. 그러면서도 그의 이론에 독창적인 점이 있다는 점은 인정했다. 게젤에 대한 평가는 『고용, 이자 및 화폐의 일반이론』(1936)에서 케인스가 다음과 같이 말한 데 잘 드러나 있다. "게젤의 이론에는 커다란 결함이 하나 있다. 그는 화폐의 이자율이 존재해야만 상품의 재고를 대여해서 수익을 올릴 수 있게 되는 이유가 무엇인지를 설명한다. …… 그러나 그는 왜 화폐이자율이 대부분의 상품이자율과는 달리 음수가 될 수 없는지에 대해 그 이유를 제시했지만 화폐이자율이 양수가 되는 이유를 설명해야 할 필요성은 완전히 간과하며, 왜 화폐이자율이 고전학파가 주장하듯이 생산적인 자본에 의해 설정되는 기준의 지배를 받지 않는가를 설명하지 못한다. 이는 그에게 유동성 선호라는 개념이 떠오르지 않았기 때문이다. 그는 이자율의 이론을 절반만 구축한 셈이다."(431쪽) 게젤의 경제사상은 그의 책 *The Natural Economic Order*(1929)에 잘 정리되어 있다. 그리고 이 책은 『공짜땅 공짜돈』(2014)이라는 제목으로 번역되었다. 스탬프화폐에 관해서는 이 책의 4부를 참조하라.

이다. 마이너스 이자율, 즉 역이자율도 이론상 가능하다.

그런데 여기서 한 가지 혼란이 발생할 수 있다. 혼란의 원인은 역이자화폐와 스탬프화폐가 동일하지 않을 수도 있다는 데서 찾을 수 있다. 사람들은 수중에 보유하고 있는 화폐에 인지를 붙이도록 해 명목가치를 낮추는 스탬프화폐와 예금에 대해 마이너스 이자율을 적용하는 역이자화폐를 실제로는 다르게 인식할 것이기 때문이다. 이미 일부 국가의 중앙은행이 시중은행의 예치금에 대해 마이너스 이자율을 적용했던 사례가 있다. 이런 제도는 시중은행이 일반인의 예금에도 그대로 적용할 수 있다. 여기에는 이론적으로나 실천적인 면에서 아무 문제가 없다.

그런데 스탬프화폐의 경우는 다르다. 사람들은 돈을 금융기관에 예치할 수도 있고 수중에 보유할 수도 있다. 금융기관에 예치하려고 하는 경우 마이너스 이자율이 적용된다면 사람들은 돈을 수중에 보관하려 할 것이다. 이런 현상을 방지하기 위해 화폐에 인지를 붙여야 사용할 수 있는 스탬프화폐를 고안한 것이며, 이때 예치금에 적용되는 마이너스 이자율과 수중에 보유하는 돈에 부착해야 하는 인지에는 같은 율이 적용되어야 할 것이다. 이 말은 금융거래에서 흔히 발생하는 차익거래가 불가능한 수준에서 돈에 인지를 붙이는 제도가 정착되어야 한다는 말이다. 그런데 이것은 현실적으로 실행 가능하지 않을 것으로 보인다. 사람마다 돈을 보유하고 있는 기간이 다를 뿐만 아니라 돈을 보유 기간별로 구분하기란 불가능하기 때문이다. 따라서 스탬프화폐 제도는 좁은 지역에서 실험적으로 시행해 볼 수는 있지만 현재와 같은 글로벌 환경에서는 사실상 불가능하다. 반면 역이자화폐, 즉 마이너스 이자율이 적용되는 화폐는 원칙적으로 실행가능하다. 아이젠스타인은 이런 차이에 대해 언급하지 않았다. 스탬프화폐, 즉 소멸화폐를 진정 현행 화폐의 대안으로 간주하려면 여기

서 제기한 문제에 대한 해결방안을 마련해야 할 것이다.[53]

아이젠스타인이 화폐 문제를 거론한 것은 돈을 궁극적인 분리의식의 상징으로 보았기 때문이다. 또한 그가 지적했듯이 모든 것은 시간이 지나면서 소멸하는데 유독 돈은 반대로 이자가 붙는다는 것은 자연의 흐름에 역행하는 것이다. 이런 이유로 돈은 원래의 취지대로 거래를 원활하게 하기보다는 탐욕을 증폭시키는 부작용을 초래했던 것이다. 돈의 의미와 역할을 근본적인 관점에서 검토하는 것은 바람직한 일이다. 이 문제와 관련해서는 글로벌 차원에서 수많은 사람들의 이해관계가 첨예하게 대립하고 있다. 나아가 사람들은 이런 제도가 실행된다면 미래를 더욱 불확실하게 생각하게 될 것이고 이에 따라 적지 않은 사회적 혼란이 예상된다. 이런 문제를 어떻게 극복할 것인지, 그리고 소멸화폐로 인한 득과 실은 무엇인지 효율성과 공평성이라는 관점에서 깊이 생각해 볼 필요가 있다.

또한 아이젠스타인은 오늘날 세계 도처에서 문제가 되고 있는 경제적 지대를 제거하고 공유자원의 낭비를 막을 수 있는 방안을 제안했다. 그는 사람들이 생산적인 일, 사회에 기여하는 일은 하지 않고 단지 무언가를 소유하는 것만으로 이득을 볼 수 있다면 부의 양극화는 불가피하다고 주장했다. 토지, 전자기 스펙트럼, 채굴권, 매장 석유, 특허권 등 수많은 형태의 재산을 소유한 사람들이 경제적 지대로 알려진 이득을 보고 있으므로 이를 시정해야 한다는 것이다. 그런데 현실적으로 경제적 지대를 완전히 없애는 것은 불가능하므로, 어디까지 용납할 것인가에 초점을 맞

---

53. 모든 사람들이 일상생활에서 비트코인(Bitcoin)과 같은 전자화폐만 사용하게 되는 경우에는 이런 문제가 발생하지 않을 것이다. 즉, 일상생활에서 동전이나 지폐가 완전히 사라져야 한다. 과연 이런 화폐시스템이 실제로 가능할지 의문이다. 또한 금을 비롯해 가치를 저장할 수 있는 대안이 존재하는 한 실비오 게젤이 예상했던 대로 소멸화폐가 순기능을 발휘할지도 의문이다. 가치저장수단들을 모두 없애야 가능하지 않을까 하는 생각이 든다.

춰야 할 것이다. 대표적인 사례에 해당하는 것이 특허권이다. 이를 완전히 무시할 수는 없으므로 특허권의 기간이나 범위를 적절히 통제할 필요는 있다.[54]

이 외에도 아이젠스타인은 사회·환경비용의 내부화, 경제·통화의 지역화, 사회배당금, 경제역성장, 선물 문화의 P2P경제와 같은 아이디어를 골자로 하는 선물경제 모델을 제시했다. 이 가운데 일부는 이미 시행되었던 경험이 있는 것들로 어느 정도 경제적 효과가 입증된 것들이다. 예컨대 사회·환경비용의 내부화는 주류 경제학에서도 제안했던 것으로 특별히 새로울 것은 없다. 아이젠스타인은 여기서 한 발 더 나아가 공유자원과 연계된 화폐시스템으로 발전시킬 것을 제안했다. 그러나 이 문제는 너무 중차대한 것이기 때문에 단순히 제안하는 것만으로는 턱없이 부족하다. 지나치게 혁명적인 아이디어는 극심한 반작용을 불러일으킨다는 사실을 유념해야 한다.

경제·통화의 지역화는 세계화의 부작용에 대한 반발로 이미 몇몇 사람들이 제시했던 아이디어다. 여기에는 세계적인 단일문화 속에 익명으로 표류하기보다 사람들과 연결되고 공간과 결속되는 것이 바람직하다는

54. 찰스 아이젠스타인(2011)은 이 문제와 관련해 헨리 조지(Henry George)의 토지세 개념을 다시 거론했다. 그는 헨리 조지의 토지가치세와 같은 조치, 채굴권의 임대, 경제적 지대의 대상을 화폐 기반으로 사용하는 방안 등 경제적 지대를 사람들에게 되돌려, 재산을 단지 소유함으로써가 아니라 잘 사용함으로써만 사적인 이익을 얻도록 만들어야 하며 공유자원에서 비롯된 것은 무엇이든 요금이나 세금이 부과되어야 한다고 주장했다. 상세한 내용은 그의 책 11장을 참조하라. 그런데 기왕 경제적 지대를 누리던 사람들로부터 이를 회수하려면 거의 혁명적인 조치가 필요할 것이다. 아이젠스타인은 이것이 그다지 어려운 일이 아닌 것처럼 말했지만 실제로 정책을 집행하는 과정에서 예기치 않았던 난제가 등장할 수 있다. 아이젠스타인이 신성한 경제의 마스터 플랜을 제공하려는 것 자체가 프리드리히 하이에크가 지적한 치명적 자만(fatal conceit)의 한 가지 유형일 수 있다.

생각이 깔려 있다. 나아가 생산 및 거래가 지역화되면 우리의 행동이 사회와 환경에 미치는 영향이 더 분명해져서 우리의 타고난 공감능력을 강화시키는 장점이 있다.[55] 특히 최근 전자화폐인 비트코인의 활성화는 이런 아이디어가 비현실적인 것이 아님을 보여주고 있다.

사회배당금social dividend 아이디어도 새로운 것은 아니지만 아이젠스타인은 이에 대해 특별한 의미를 부여함으로써 차별화를 시도했다. 즉, 지금의 경제시스템은 이미 우리 것인 공동의 부를 얻기 위해 일하도록 강요한다는 것이다. 이런 부당함을 바로잡으려면 경제적 지대에 대한 배상, 환경오염에 대한 과세 등으로 얻는 수익을 모든 시민들에게 사회배당금으로 지급하면 된다고 주장했다. 나아가 사회배당금은 부의 집중을 완화하고 디플레이션 위기를 예방하는 역할도 한다고 주장했다. 대체로 맞는 말이다.[56]

사회배당금이 특히 관심을 끄는 이유는 최근 일각에서 활발하게 논의되고 있는 기본소득과 관련이 있기 때문이다. 일정 자격을 갖춘 사회 구성원은 최소한의 인간적인 삶을 살 권리가 있다는 사실에 바탕을 두고 있는 기본소득 제도는, 아직 본격적으로 시행하는 나라는 없지만, 향후 예상되는 전반적인 소비침체로 인한 자본주의 시장경제의 위기를 극복하기 위한 방안으로서 역할을 할 수 있을지 신중하게 검토해 볼 필요가 있다.

기본소득 개념을 처음 주장한 사람으로는 미국 독립에 결정적인 영향

---

55. 지역화의 이상은 바람직한 면이 있지만 기존의 세계화 패러다임을 바꿀 수 있을지 의문이다. 김용호(2011)도 세계화에 대한 대안으로 세방화(glocalization)라는 아이디어에 공감을 표시한 바 있는데, 여기서 말하는 지역화와 대동소이한 것으로 보인다.

56. 미국 알래스카 주에서는 이미 사회배당금이 시행되고 있다. 주민들은 주의 석유 수익을 공유하고 매년 몇천 달러씩 지급받는다. 최근 유가가 하락해 사회배당금 액수가 감소하기는 했지만 공유자원의 수익을 주민들에게 돌려준다는 정신은 그대로 유지되고 있다.

을 미쳤던 토머스 페인Thomas Paine을 들 수 있다. 페인은 1795년에 쓴 '토지분배의 정의' 라는 짧은 글에서 다음과 같이 주장했다. "국가 기금을 조성해 만든 토지재산 제도가 도입되면서 자연적 상속권을 상실한 스물한 살 이상의 모든 사람들에게 부분적인 보상으로 15파운드의 금액을 나누어주도록 하자. 또한 현재 살아 있는 쉰 살 이상의 모든 사람들에게 평생토록 해마다 10파운드씩 주고, 나머지 사람들에게도 그 나이가 되면 주도록 하자."[57] 그의 주장은 최근에 거론되는 기본소득과 다소 관점은 다르지만 근본 취지는 같다.

오늘날 기본소득이 관심의 대상이 된 가장 큰 이유는 기본소득이 자본주의 시장경제의 미래 전망과 밀접하게 연관되어 있기 때문이다. 마틴 포드가 『로봇의 부상』에서 경고했듯이 머지않은 미래에 인공지능과 로봇공학이 결합해 인간의 일자리를 근본적으로 소멸시킬 가능성이 매우 높다. 가뜩이나 불평등의 심화로 소비가 침체하고 있는 상황에서 이는 총수요의 부족 추세를 더욱 악화시킬 것이 확실시된다.[58] 소비가 계속 침체하면 자본주의 시장경제는 파국을 면할 수 없기 때문에 인위적으로 소비를

57. 토머스 페인, 『상식』(2005), 107쪽.

58. 이와 관련해 마틴 포드(2015)는 다음과 같이 경고했다. "가속적으로 발달하는 기술이 숙련도의 고저를 막론하고 모든 산업분야에서 일자리를 위협할 수 있다. 이러한 경향이 실제로 나타나면 전체 경제에 심각한 영향을 끼칠 것이다. 무자비한 자동화로 인해 일자리가 사라지고 이에 따라 소득이 없어지고 나면 대부분의 소비자들은 경제성장에 필수적인 수요 창출에 필요한 구매력을 상실할 것이다."(306쪽) 이어서 그는 더욱 강력하게 다음과 같이 경고했다. "모든 사람들에게 가장 으스스한 장기적 시나리오는 세계경제 시스템이 결국 새로운 현실에 적응해 나가는 방법일 것이다. 그때가 되면 해괴한 창조적 파괴의 과정을 거쳐 오늘날 세상을 떠받치는 시장경제가 사라지고 최고의 부자들만을 대상으로 고가의 제품과 서비스를 생산하는 산업만 남을 것이다. 인류의 거의 대부분은 모든 것을 박탈당할 것이다. 경제적 계층 간의 이동은 아예 사라질 것이다."(336쪽) 이것은 정말 암울한 시나리오다. 그런데 문제는 이런 가능성을 완전히 배제할 수 없다는 것이다.

진작시키기 위해서는 기본소득을 도입하는 방안을 검토해 볼 필요가 있다. 로버트 라이시도 『자본주의를 구하라』에서 같은 취지에서 기본소득을 옹호했다.[59] 이런 위기의식은 단순히 사회배당금의 차원을 넘어 시장경제의 존립을 위한 새로운 분배제도를 모색할 것을 촉구하고 있다.

요즈음 일각에서는 무분별한 경제성장이 생태계를 파괴하고 기후변화를 촉진해 결국 인류를 파멸로 몰고 갈 것이라고 경고하고 있다. 그래서 이들은 '탈성장'을 주장한다. 하지만 그동안 우리 모두 성장지상주의에 세뇌되었기 때문에 탈성장은 수용하기 쉽지 않은 아이디어다. 게다가 탈성장이 궁극적으로 무엇을 지향하는지에 대한 사회적 합의도 없는 상황이다. 아이젠스타인도 탈성장과 같은 맥락에서 경제 역성장을 주장했다. 이것도 선물경제를 실행하는 과정에서 불가피하다는 것이다. 무한정 소비를 늘리는 선택은 더 이상 지속 가능하지 않기 때문이다. 또한 무위험이자를 추구하는 동력이 사라지면, 경제성장이 있어야 자본의 흐름이 촉진되는 시대도 끝나고, 역성장 경제가 실현 가능해진다고 주장했다. 한마디로 GDP로 측정되는 경제규모는 축소되더라도 실질적인 삶의 질을 높일 수 있는 경제로의 전환은 가능하다는 것이다. 그리고 이런 경제의 기조는 바로 선물경제라는 점을 역설했다.[60]

---

59. 로버트 라이시(2015)는 이 문제와 관련해 다음과 같이 주장했다. "다수의 실질임금은 감소하는 반면 점점 더 소수가 더 많은 가치를 손에 넣는다. …… 한 가지 직접적인 분배방식은 모든 미국인에게 18세가 되는 달부터 매달 지속적으로 기본 최저소득을 지원해 경제적으로 자급자족할 수 있게 돕는 것이다. 이 방법은 생각만큼 급진적이지 않으며, 1979년 보수주의 경제학자 프리드리히 하이에크가 실시하자고 주장했던 제도도 이와 같았다."(273쪽) 기본소득은 갑자기 등장한 생소한 개념이 아니다.

60. 찰스 아이젠스타인(2011)은 역성장 경제로의 전환이 이미 시작되었다고 주장했다. 오늘날 실업은 악으로 여겨지지만, 사회배당금이 지원되고 경제 전체가 분담한다면 그런 인식도 달라질 것이라고 말했다. 소멸화폐, 자원 기반의 경제, 사회배당금, 이 모두가 역성장 경제

인터넷 혁명으로 인해 선물경제와 관련된 이런 아이디어들이 이미 우리 주변에 널리 퍼져 있는 것은 사실이다. 단지 많은 사람들이 이 사실을 인지하지 못하고 있을 뿐이다. 또한 화폐영역의 확대는 다른 형태의 경제순환, 그중에서도 특히 선물의 순환을 희생시켜 이루어진 것이라는 아이젠스타인의 주장은 일리가 있다. 마이클 샌델도 강조했듯이 돈으로 살 수 있는 것들이 늘어날수록 선물의 영역은 축소될 수밖에 없다. 그런데 오늘날 인터넷과 모바일 혁명으로 두 가지 상반된 현상이 동시에 확산되고 있다. 한쪽에서는 인터넷을 통해 선물을 주고받는 기회가 확산되고 있는 반면, 다른 한쪽에서는 돈을 지불해야 얻을 수 있는 재화와 서비스의 종류가 다양해지고 있다. 사회가 양극화되고 있다는 것은 단지 부와 소득의 불평등을 의미하는 것이 아니라 선물을 교환하는 부문과 돈으로 거래하는 부문으로 점점 첨예하게 나누어지고 있다는 의미이기도 하다. 이것도 새로운 대극에 해당하며 이런 상태가 언제까지 지속될 수는 없다.

만약 돈으로 살 수 있는 영역만 계속 확대된다면 결국 모든 것이 시장원리, 즉 돈의 논리의 지배를 받게 될 것이고, 이로 인해 공동체가 위축되면서 소외, 고독, 심리적 고통을 가져오는 부작용이 확산될 것이다. 표면적으로는 이런 현상이 계속 확산되고 있는 것으로 보이지만 실제로는 그렇지 않다. 이에 대한 대항세력이 등장했기 때문이다. 이런 이유로 공동체가 존속할 수 있는 것이다. 인터넷과 모바일 혁명이 이런 변화를 가능하게 만들고 있다.

를 뒷받침한다는 것이다. 그러면서 소비가 줄어드는 대신 더 많이 나눠 쓰고, 임대가 줄어드는 대신 더 많이 빌려주며, 판매가 줄어드는 대신 더 많이 베풀게 될 것이라고 했다. 이 모두가 역성장 경제의 반영이자, 역성장 경제를 앞당기는 길이라는 주장이다. 이에 대한 상세한 논의는 그의 책 13장을 참조하라. 과연 이 모두가 몽상가의 주장으로 끝날지 아니면 미래에 대한 놀라운 통찰로 확인될지 두고 볼 일이다.

아이젠스타인은 시장원리를 무한정 확대하는 것이 화폐의 원래 기능은 아니라는 점을 지적했다. 그러면서 화폐영역은 이미 위축되기 시작했고 선물경제가 확대될 여지도 커지고 있다고 주장했다. 인터넷은 중요한 측면에서 선물의 네트워크 역할을 하고 있으며, 한때 높은 비용으로 생산되던 정보를 공짜로 제공하고 있다는 사실이 이를 뒷받침한다는 것이다.[61] 그러면서 그는 지금까지 설명한 여러 요소들이 밀접한 관계 속에서 상승효과를 냄으로써 선물경제의 정착과 확산에 기여할 것이라고 주장했다.

지금으로서는 그가 주장하는 선물경제가 어느 정도로 확산될지 확신할 수 없다. 공유경제의 연장선상에서 이해할 수 있는 선물경제에 해당하는 경제시스템은 분명 우리 일상생활의 일부가 되었다. 예를 들어 유튜브를 통해 각종 동영상을 무료로 즐길 수 있는 것은 분명 선물의 일종이다. 우리는 이미 알게 모르게 선물경제에 참여하고 있는 셈이다. 그렇지만 아직은 자본주의 시장경제에서 선물경제가 어떤 위상을 점하게 될지 예단하기 어렵다. 선물경제가 부상하고 있다는 사실은 우리가 지금 새로운 문명으로의 전환을 목격하고 있다는 것을 의미한다.

---

61. 아이젠스타인이 '화폐영역이 이미 축소되기 시작했고'라고 표현한 것은 돈을 지불하지 않고도 서로 나눌 수 있는 재화나 서비스의 종류가 증가했다는 의미로 해석할 수 있다. 이런 추세가 선물경제를 실현하는 데 기여할 것은 자명하다는 것이 그의 생각이다. 그는 이와 관련해 다음과 같이 평가했다. "인터넷에서는 선물경제가 거대한 규모로 번창하고 있다. 모든 주요 생산성 소프트웨어 버전들은 무료로 이용 가능하다. 예컨대 수백 명의 프로그래머들이 자발적으로 함께 만든 사무용 소프트웨어 오픈 오피스(Open Office)도 무료로 쓸 수 있다. 온라인에서 '공짜로' 음악을 제공하는 밴드들도 많다. 음반분야의 선물 비즈니스 모델을 개척한 가장 주목할 만한 밴드는 라디오헤드(Radiohead)로, 그들은 2007년 앨범 'In the Rainbow'를 '원하는 만큼 지불하는' 방식으로 제공했다."(440쪽) 이제 이런 변화의 흐름은 거역할 수 없는 대세이므로 선물경제라는 오래된 아이디어가 완벽하게 부활했다고 할 수 있다.

4. 더 나은 시장경제를 위한 제안

글로벌 차원의 경제 현실은 의식의 전환과 이로부터 비롯되는 패러다임의 전환, 나아가 이를 바탕으로 하는 새로운 경제학을 요구하고 있다. 주류 경제학이 글로벌 차원의 불평등 악화, 기후변화로 인한 생태계 파괴 및 경제성장의 한계 등 인류가 직면한 심각한 경제문제들에 대한 해법을 제시하지 못하고 있는 것은 사실이다. 경제학에 새로운 패러다임이 필요한 것은 명백하지만 주류 경제학에 집착하는 세력의 강력한 힘이 새로운 패러다임의 등장을 가로막고 있다. 토머스 쿤이 지적했듯이 이것은 패러다임의 전환에 따르는 불가피한 현상이다. 그러나 새로운 패러다임으로의 전환은 이제 더 이상 피할 수 없는 상황이다. 점점 더 많은 사람들이 지금의 이원론적 · 기계적 세계관에 입각한 분리의식을 갖고는 성장지상주의, 극심한 불평등, 기후변화로 인한 생태계 파괴, 배금주의 등 무한축적과 경제적 가치만을 중시하는 풍토를 극복할 수 없다는 사실을 인식하고 있다.

이런 관점에서 볼 때 향후 새로운 시장경제는 과거와는 다른 가치에 기반을 두어야 할 것이다. 이를 실현하기 위해서는 새로운 정체성과 이에 근거한 새로운 세계관이 필요하다. 이 말은 시장 대신에 중앙집권적 계획을 도입해야 한다는 오래된 발상이 아니라, 시장을 설계하는 과정에서 의식전환을 바탕으로 새로운 요소들에 더 많은 비중을 두어야 한다는 의미다. 간단히 말하면 개인과 사회를 모두 고려해야 한다는 것이다. 즉, 개인과 사회는 분리된 별개의 실체가 아님을 인식해야 하며, 이를 위해서는 시장을 설계하는 데 참여하는 사람들의 의식에 변화가 있어야 한다. 이런 바탕에서 이기심과 이타심의 조화를 추구하는 것이 누구에게나 자연스러운 시장경제를 구현하기 위한 구체적인 방안을 논의해야 한다. 이에 앞서 왜 이런 생각에 관심을 가져야 하는지 다음의 쟁점들을 중심으로 살펴보자.

첫째, 현재와 같은 금융자본의 지배가 지속되는 한 자본의 목표수익률을 달성하기 위해서라도 무한성장에 대한 집착은 사라지지 않을 것이다. 그러면 생태계의 파괴는 지속될 것이고, 인간과 자연의 조화를 추구하려는 노력은 별다른 성과를 거두지 못할 것이다. 그렇기 때문에 금융자본의 무분별한 수익률 추구를 억제할 수 있는 국제적인 협력이 필요하다. 예컨대 토마 피케티가 제안한 누진적 글로벌 자본세라든가 금융거래에 부과되는 토빈세와 같은 조세제도를 정착시키기 위한 국제 공조가 필요하다.[62]

둘째, 인간의 모든 행동은 생각과 의식의 반영이므로 의식의 전환이 전제되지 않는 물리적 변화는 모두 허상이요 일시적이다. 그런데 지금의 경제 현실은 우리 의식의 근본적인 변화를 요구하고 있다. 이를 간과하고 있는 이유는 현실이 제공하는 물질적 달콤함에 우리의 시선이 집중되어 있기 때문이다. 김용호의 주장대로 우리는 '제3의 눈'을 가져야 한다.[63]

---

62. 누진적 글로벌 자본세는 토마 피케티(2013)가 부와 소득의 글로벌 불평등을 완화하기 위한 유일한 정책 대안으로 제시한 것이다. 그렇지만 그 자신도 인정했듯이 이것은 유토피아에 해당한다. 즉, 실현 가능성이 거의 없다는 뜻이다. 이것은 글로벌 차원에서 불평등을 완화하는 것이 그만큼 어렵다는 것을 의미한다. 반면 자본시장에서 주식이나 파생상품의 거래 시 일정 세율로 부과되는 토빈세는 정책당국의 의지에 따라 충분히 실행 가능하다. 그렇지만 어느 정도 수준의 토빈세가 실질적으로 자본시장의 이상 과열을 막을 수 있는지에 대해서는 객관적인 기준이 없다. 이것이 토빈세를 실행하는 데 있어 가장 큰 장애요인으로 작용하고 있다.

63. 김용호(2011)는 정보와 지식이 중심이 되는 사회가 됨으로써 물질적인 재화의 중요성이 감소하고 소비자와 생산자의 구분이 모호해지면서 주체와 객체의 구별이 사라지는 현상은 제3의 눈이 다른 분야에서 경험한 것과 크게 다르지 않다고 말했다. 그리고 이런 경향은

즉, 더 나은 시장경제를 위해서는 근본적인 시각의 전환이 요청된다.

셋째, 2008년의 금융위기와 같은 경제적 위기는 주류 경제학에서 주장하듯이 극히 예외적인 현상이 아니라 언제라도 재발할 수 있는 현상이라는 점을 인식해야 한다. 이에 대해 복잡계 이론은 방대한 자료 분석을 통해 설득력 있는 증거를 제시해 왔다. 그럼에도 주류 경제학에서는 이를 무시하고 기존의 경제모델을 그대로 활용하는 실수를 저지르고 있다. 잘못된 모델에 입각한 잘못된 정책은 또 다른 파국을 불러올 뿐이다.[64] 시장경제는 단순히 사적 이익을 추구하는 개인들의 집합체가 아니다. 시장경제는 이들 간의 상호작용을 통해 누구도 예상할 수 없는 결과를 만들어내는 복잡계의 일종이다. 이 점을 무시한 채 과거의 패러다임을 추종하는 경제정책으로는 앞으로 예상되는 경제적 난제를 해결하기 어렵다.

넷째, 우리는 왜 경제성장에 최고의 가치를 부여하는지, 왜 물질적

특히 인터넷으로 인해 더욱 강화되고 있다고 주장했다. 이와 관련해 다음과 같이 말했다. "경제체계에서도 3자가 비어 갔다. 양극체계가 붕괴하면서 확고한 존재로 있다고 가정된 생산자와 소비자의 실체는 사라져가고, 정보화에 따라 상품의 실체도 사라지고 있다. 그 종국은 다음과 같은 문장으로 표현할 수 있다. '생산자도, 소비자도, 거래하는 물건도 없다.' 양극의 실체들이 사라진 자리에 '비어 있는 관계'가 부상한다. 빔이 문명의 소통체계에 나타난 것이다. …… 비어 있는 관계는 그물이 되어 갔다. 우리는 그것을 '관계그물'이라고 부를 수 있겠다. 인터넷은 '상호 그물'이라는 뜻으로 그물과 그물의 결합체계다." (257쪽) 상징적인 내용이지만 현재 일어나고 있는 변화를 잘 묘사했다.

64. 이런 이유에서 경기 예측 전문가인 해리 덴트(Harry Dent)는 『2018년 인구절벽이 온다』(2014)에서, 그리고 금융전문가인 제임스 리카즈(James Rickards)는 『화폐의 몰락』(2014)에서 머지않아 2008년보다 훨씬 더 큰 금융위기가 발생할 것이라는 암울한 예측을 내놓았다. 물론 금융시장에서 활동하는 전문가들은 시장의 폭락에 배팅하는 경향이 있기 때문에 이들의 주장을 액면 그대로 받아들이는 것은 조심해야겠지만, 그들의 지적에 전혀 근거가 없는 것이 아니라는 데 문제의 심각성이 있다. 현재의 패러다임이 유지되는 한 금융위기의 재발 가능성은 상존한다.

풍요에 그리도 집착하는지 등과 같은 질문에 대한 답을 구해야 한다.[65] 인류 역사에서 최근과 같이 물질적 풍요를 누린 적이 없었다. 이것은 과학혁명에서 출발해 산업혁명을 이룩하고 기업을 주축으로 끊임없이 경영혁신과 기술혁신을 추구해 온 결과다. 여기에는 기업의 이윤 동기가 강력한 요인으로 작용했음은 의심의 여지가 없다. 그런데 이제는 상황이 달라졌음을 인식해야 한다. 과거와 같은 방식의 기업 경영이나 국가 경영은 더 이상 인류의 미래를 보장할 수 없다. 기후변화는 이것을 알려주기 위해 자연이 보내주는 메시지다. 이것을 무시한다면 인류는 재앙을 피할 수 없다.

다섯째, 우리는 지금 4차 산업혁명의 초기 단계에 있다. 앞으로 몇 차례 더 산업혁명이 일어날지 예측하기는 어렵지만 한 가지 분명한 점은 지금부터 진행되는 산업혁명은 과거에 비해 인류의 번영보다는 생존을 위협할 가능성을 내포하고 있다는 사실이다. 일부 전문가들은 기술적 유토피아가 도래해 인간의 수명을 획기적으로 연장하고 삶의 질을 크게 향상시킬 것이라는 낙관적인 견해를 피력하기도 했다. 반면 다른 전문가들은 정보기술의 특성으로 인해 원천적으로 일자리가 사라지는 등 암울한 미래를 우려하고 있는 실정이다. 4차 산업혁명의 핵심 분야라 할 수 있는 인공지능, 로봇공학 및 나노기술에 대해서 전문가들이 서로 상반된 전망

65. 이것은 유발 하라리(2011)가 제기했던 "인간은 왜 신이 되려 하는가?"와 같은 맥락에서 제기할 수 있는 질문이다. 이런 관점에서 계속 우리 스스로에게 질문하다 보면 이른바 빅퀘스천(Big Question)에 도달하게 된다. 예컨대 사회생물학자 에드워드 윌슨이 『지구의 정복자』(2012)에서 "우리는 어디서 왔는가, 우리는 누구인가, 우리는 어디로 가는가?" 하는 질문이 여기에 해당한다. 그 밖에 여러 사람들이 이런 유형의 빅퀘스천을 제기했다. 이제는 경제학자들도 이런 유형의 질문을 제기해야 하는 상황에 있다고 생각한다. 이런 질문을 외면한다면 경제학은 더 이상 인간을 위한 학문이라고 할 수 없다.

을 내놓고 있는 것도 이런 이유 때문이다.[66] 지금 사회적으로 변화를 선도하고 있는 분야는 모두 정보기술에 기반을 두고 있다. 그리고 우리가 이미 경험했듯이 정보기술의 특성상 변화의 속도가 가속적으로 빨라지고 있다.[67] 이런 추세로 기술혁신이 일어난다면 앞으로 무슨 일이 벌어질지 예측하는 것 자체가 무의미할 정도다. 이런 급격하고 총체적인 사회변화는 결국 우리의 문명에도 심대한 영향을 미칠 것이다. 문명의 전환은 먼 훗날의 일이 아니다. 이런 상황에서 어떻게 행동하는 것이 개인적으로나 사회적으로, 나아가 인류 차원에서 최선인지 진지하게 생각해야 할 것이다.

이제 이런 쟁점들에 대한 문제의식을 바탕으로 우리는 무엇을, 어떻

---

66. 예를 들어 발명가이자 인공지능 전문가인 레이 커즈와일은 『특이점이 온다』(2005)와 『마음의 탄생』(2012)을 비롯한 일련의 저서와 강연을 통해 2029년경에는 인간 수준의 인공지능, 즉 범용인공지능(AGI)이 탄생해 튜링테스트를 통과할 것이며, 2045년경에는 과거의 법칙이 적용되지 않는 전혀 새로운 시대, 즉 특이점이 온다고 주장하면서 인류의 미래를 낙관적으로 전망하고 있다. 즉, 앞으로 인간은 수명을 한없이 연장해 거의 영생에 가까운 삶을 살 수 있을 것이며, 건강 유지를 포함한 삶의 모든 면에서 기술적 유토피아를 경험하게 될 것이라고 낙관하고 있다. 반면 컴퓨터공학자이자 저술가인 마틴 포드(2015)는 인공지능과 로봇공학이 결합해 거의 모든 분야에서 인간의 일자리를 근본적으로 위협할 것이며 이로 인해 소비가 사라진 시대가 올 것에 대비해야 한다고 경고했다. 또한 다큐멘터리 필름 제작자인 제임스 배럿(James Barrat)은 『파이널 인벤션』(2013)에서 인공지능이 초래할지 모르는 가공할 위험에 대해 상세히 논했다. 이와 같이 미래 기술발전이 초래할 변화에 대해서는 찬반이 엇갈리고 있다. 이런 상황에서 시장경제가 어떤 방향으로 변화를 모색해야 하는가는 우리 모두의 삶을 좌우하는 중요한 쟁점이 될 것이다.

67. 레이 커즈와일은 이것을 수확가속의 법칙(law of accelerating returns)이라고 명명했다. 이것은 경제학에서 널리 사용되는 수확체증의 법칙(law of increasing returns)과 유사하다. 그런데 정작 중요한 점은 커즈와일이 주장했던 대로 무어의 법칙이 적용되어 온 반도체와 같은 하드웨어뿐만 아니라 소프트웨어 및 다른 정보기술도 그에 못지않게 빠른 속도로 계속 발전할 것인지 여부다. 커즈와일은 그동안의 데이터에 입각해 수확가속법칙은 정보기술의 불변의 법칙이며 앞으로도 유지될 것이라고 확신한다. 그의 예측이 맞는지 여부는 향후 기술혁신과 관련해 중요한 의미를 갖는다.

게 준비해야 하는지 생각해 보자. 단, 여기서 모든 것을 논의할 수는 없기 때문에 시장경제와의 연관 속에서 대안을 모색해 보려 한다. 이것은 어디까지나 더 많은 진지한 논의를 위한 발제에 불과하다는 점을 밝히는 바이다. 글로벌 차원에서 물질적 번영을 공유하는 가운데 정신적 가치를 선양宣揚함으로써 인류와 지구를 위한 새로운 문명으로의 성공적인 전환을 위한 선결과제는 더 나은 시장경제를 모색하는 것이다.

첫째, 지속 가능한 경제성장의 의미를 재정립해야 할 것이다. 이것은 생태계까지 아우르는 '생물권 의식'을 바탕으로 경제성장의 문제를 바라보아야 한다는 것을 의미한다. 생태계를 보호해야 한다는 문제의식도 인간과 생태계를 분리시킨 가운데 생태계를 더 이상 파괴하지 말자는 인간 중심의 표현이라는 점을 인식해야 한다. 인간은 본질적으로 생태계와 분리된 적이 없다는 점을 깨닫는 것이 분리의식을 극복하고 합일의식을 향해 나아가는 출발점이다.[68] 분리의식과 합일의식은 의식의 스펙트럼의 양극단이다. 그렇기 때문에 분리의식에서 합일의식으로의 갑작스러운 도약은 불가능하다. 우리가 준비할 수 있는 것은 현재 일어나고 있는 문명의 전환이라는 거대한 흐름을 몸과 마음으로 느끼면서 조금씩 자신의 좁은 에고를 확장하려고 노력하는 것이다. 이를 통해 분리의식과 합일의식의 조화, 즉 대극의 조화를 추구해야 할 것이다.

우리가 이런 노력을 통해 조금이라도 확장된 의식을 갖게 된다면 더 이상 과거와 같은 무한성장의 추구는 불가능할 뿐만 아니라 바람직하지도 않다는 사실을 분명히 깨닫게 될 것이다. 그리고 자연과의 조화로운 삶을 위해서는 저성장 내지 역성장도 불가피하다는 인식을 널리 공유하

68. 합일의식은 사람에 따라 다른 의미로 사용될 수 있는 모호한 용어라는 약점이 있다. 여기서는 리프킨(2014)이 사용한 생물권 의식과 유사한 의미로 이해하면 될 것이다.

게 될 것이다. 이것은 수익률 극대화만을 추구하는 자본의 논리를 극복하고 금융자본주의의 역할을 재정립하는 경우에만 가능하다. 앞에서도 언급했듯이 현재 자본주의 시장경제가 직면하고 있는 모든 위기의 진원지는 금융자본이다. 금융의 본래 역할은 실물부문을 지원하는 것인데 오늘날 이것이 역전되었다. 이른바 대극의 반전이 일어난 것이다. 이를 극복해 다시 실물부문을 경제활동의 중심으로 되돌리는 작업이 바로 대극의 조화를 추구하는 것이다. 이를 위해서는 금융자본을 지배하는 세력이 이것만이 모두 공생할 수 있는 길이라는 사실을 인식해야 한다. 이런 의미에서 로버트 쉴러가 말하는 금융민주화는 하나의 대안이 될 수 있다. 어떤 의미에서든 자본주의 시장경제에서 금융부문의 위상과 역할을 재정립해야 하며, 이때 중앙은행의 역할에 대한 논의가 핵심이 되어야 할 것이다.

둘째, 사람들은 경제적 풍요의 진정한 의미를 공유할 수 있도록 노력해야 한다. 물질적 풍요는 정신적 가치를 높이는 데 기여하는 경우에만 의미가 있다는 사실을 사람들이 공유하는 것은 중요한 의미가 있다. 금전만능주의는 결국 개인을 황폐화하고 사회를 파괴하는 물신주의物神主義의 발현임을 우리 모두 인식해야 한다. 따라서 정신적 가치를 폄하하거나 박탈하는 경제성장은 바람직하지 않을 뿐만 아니라 궁극적으로는 인류의 평화 공존을 저해하는 것임을 알아야 한다. 이런 이유로 부자는 가난한 사람을, 부유한 나라는 가난한 나라를 지원하는 것이 곧 자신과 자기 나라를 돕는 것임을 인식해야 한다.

이런 변화는 우리가 분리의식에서 합일의식으로 전환하려 노력하는 경우에만 가능하다. 그렇다고 모두 성인군자가 되어야 한다는 뜻이 아니다. 분리의식으로 인해 사적 이익을 추구하는 것만이 가치 있는 것으로 알고 행동한다면 결국 모두 손해를 보게 될 뿐만이 아니라, 이것이 인간의 본성에 부합하는 행동이 아님을 알 필요가 있다는 뜻이다. 이런 의미에서 진보적인 환경운동가 톰 하트만이 주장했듯이 구舊문화로부터 부와 경제적 풍요의 진정한 의미를 배울 필요가 있다. 여기서 구문화란 부족국가시대의 문화를 말한다. 우리는 끊임없이 팽창하는 소비문화에 중독되어 있기 때문에 맹목적인 부의 추구에 탐닉하고 있다. 하트만은 구문화에서 말하는 부의 정신은 서로의 안정과 풍요를 동시에 추구하는 것이라고 주장했다.[69]

---

69. 톰 하트만은 『우리 문명의 마지막 시간들』(1998)에서 생태계의 보존과 지속 가능한 번영을 위해 문화적 관점에서 중요한 제안을 했는데, 지금도 유효하다. 그중 몇 가지를 소개하면 다음과 같다. 여기서 구문화는 수렵 · 채집 시대의 문화, 신문화는 농경시대 이후의 문화를 말한다. 이런 점에서 그는 인류 역사에서 수렵 · 채집 시대가 진정으로 풍요로운 시대였으며 농업혁명은 덫이었다고 주장한 유발 하라리(2011)와 같은 맥락에서 두 문화를 비교한 셈이다.
    (1) 물질적 욕구의 충족만을 위한 부가 아니라 인간을 영적 · 정신적 · 감성적 · 육체적으로 건강하게 만들어주는 부의 축적을 추구해야 한다. 이런 점에서 구문화는 신문화보다 훨씬 우수했다.
    (2) 시장원리의 무분별한 적용으로 인해 공동체가 대부분 파괴된 지금 구성원들이 신성(神性)을 일상적으로 체험할 수 있는 환경과 안정 및 안녕을 제공하는 일을 가장 중요한 일로 여기는 공동체를 새롭게 만들어야 한다.
    (3) 인류가 다른 모든 창조물들과 분리되기로 결정했을 때, 우리 내부에서는 아주 뿌리 깊은 단절이 일어났다. 세상은 우리를 위해 존재하고, 우리와 분리되어 있으며, 인류의 신성한 의무는 이들을 지배하고 통제하는 것이라고 결정했을 때, 우리는 인류를 탄생시킨 권능 및 영성과 단절되고 만 것이다. 분리의식을 극복하는 것이 최우선이다.
    (4) 새로운 에너지원까지 신문화 방식으로 사용될 경우, 인구는 더 많이 늘어날 것이고 그만큼 인간과 경쟁관계인 종과 자원들은 더 많이 파괴될 것이다. 따라서 중요한 것은 에너지원이 아니라 생활철학이다. 생활철학은 우리 문화에 바탕을 두고 있다. 우리는 바로 이것을 바꿔야 하며, 이 변화는 지금 당장 절실하게 필요하다.
    (5) 심리학자 에이브러햄 매슬로가 주장한 가설, 즉 인간의 본성은 선하고 본능적으로 신성을 추구하며, 상처 입은 폭력적인 인간을 만들어내는 병든 문화 속에서 성장할 때에

셋째, 모든 사람들에게 어필하는 새로운 '스토리'를 만들어야 한다. 사람들은 스토리에 끌린다. 어떤 스토리를 만드는가에 따라 사회 분위기가 달라질 수 있다.[70] 탐욕과 관련된 스토리는 불평등의 악화를 촉진할 것이고, 평화 공존에 관한 스토리는 일방적인 축적보다는 공유 정신을 확산시키는 데 도움이 될 것이다. 사람들은 그럴듯한 스토리에 공감하고 이에 맞춰 집단적으로 행동하는 경향이 강하다. 이것은 우리가 진화 과정에서 체득한 본능의 일부다. 주변의 사람들이 어떻게 행동하는가에 따라 이를 모방하는 것이 생존과 번식에 유리하다는 것을 본능적으로 알고 있다. 이런 특성을 효과적으로 활용하려면 모든 사람들이 공감할 수 있는 새로운 시장경제 스토리를 만들어야 한다. 인터넷과 모바일 혁명은 이를 가능하게 하는 효과적인 수단이 될 수 있다. 이런 의미에서 세바스티안 둘리엔이 『자본주의 고쳐쓰기』에서 다음과 같이 지적한 것은 음미할 가치가 있다.

> 지금까지 지구적인 금융 엘리트들이 도장을 찍어 준 사안들은 대부분 상황을 전혀 치유하지 못하면서 치유된 듯한 환상만 불러일으키는 위약僞藥 처방일 뿐이다. 이보다 더 뿌리 깊은 개혁을 위해서는 우리가 이 책에서 주장했듯이 현재의 금융자본주의를 떠받치는 권력관계를 변혁해야 한다. 이는 곧 국가와 시장의 관계를 근본적으로 재조정해야 함을 뜻한다. 이러한 변화가 현실화되기 위해 반드시

만 인간은 역기능을 하게 된다는 가설이 옳다는 것을 인류학 사료들을 보면 알 수 있다. 사실 우리는 모든 창조물에 내재한 신성을 본능적으로 자각하고 경외심을 느끼도록 태어났으며, 우리의 기본 본능은 사랑과 동정심이다.

70. 조지 애커로프와 로버트 쉴러는 『야성적 충동』(2009)에서 시장경제에서 스토리(이야기)의 중요성에 대해 처음 체계적으로 설명했다. 그리고 이런 맥락에서 두 사람은 『피싱의 경제학』(2015)에서 다시 한 번 스토리의 중요성을 강조했다.

필요한 전제 조건이 있다. 시장과 그 행위자들이 어떻게 기능하며 또 어떻게 기능 장애를 보이는지 보이지 않는 심층까지 깊숙이 짚어내고, 지금까지 벌어진 일이 무엇이었는지를 이해할 수 있게 이야기를 풀어낼 수 있는 혜안이다.[71]

조지 애커로프와 로버트 쉴러도 『피싱의 경제학』에서 다음과 같이 스토리의 중요성을 강조했다. "우리 두 저자는 또 한 가지 잘못된 스토리를 바로잡고자 이 책을 썼다. 미국은 물론이고 다른 여러 나라에서도 맹신되면서 큰 영향력을 미치는 자유경쟁시장에 대한 스토리가 있다. 이 스토리는 전통 경제학을 어설프게 해석하면서 탄생했다. 그 스토리는, 자유경쟁시장은 소득분배와 외부효과 위험이 있기는 하지만 현실에서 실현 가능한 최상의 세상을 건설한다고 말한다."[72] 이들이 말하고자 한 것은 사람들은 자유경쟁시장에 대한 잘못된 스토리를 믿도록 세뇌되어 왔다는 사실이다. 이것은 자유경쟁시장을 부정하려는 의도가 아니라 자유경쟁시장의 진정한 기능을 회복해야 한다는 충고로 받아들여야 할 것이다. 이와 같이 스토리가 미치는 영향은 실로 강력하다.

넷째, 시장경제에서 돈의 의미를 재정립해야 한다. 이 말은 궁극적인 인클로저 또는 분리의식의 상징으로서 돈의 한계를 인식해야 한다는 의미다. 돈, 즉 화폐가 갖는 구매력의 원천으로서의 본질과 언제 어디에서도 통한다는 특별한 기능으로 인해 사람들의 돈에 대한 집착이 점점 강해

71. 세바스티안 둘리엔(2011), 352쪽.

72. 조지 애커로프 · 로버트 쉴러(2015), 267쪽. 이어서 이들은 스토리의 위력에 대해 다시 한 번 언급했다. "이와는 반대로 1980년대부터 미국의 지배적인 경제 스토리는 선택의 자유가 주어지는 한 자유경쟁시장은 언제나 우리에게 득이 된다는 스토리였다. 하지만 앞에서 말한 것처럼 자유시장을 선택함에 있어 주의사항을 유념해야 함에도 불구하고 대개 이런 주의사항은 지켜질 때보다 지켜지지 않을 때가 더 많다."(268쪽)

지고 있다. 마이클 샌델이 지적했듯이 돈으로 살 수 있는 대상이 무한정 확장되는 환경에서 돈은 인간의 욕망을 최대한 자극하기 때문이다. 이런 이유에서라도 정신적 가치와 물질적 가치의 조화를 추구하는 사회적 차원의 운동이 필요하다. 이를 위해서는 무엇보다도 건전한 사회규범이 정착되어야 한다. 그래야만 이런 의식전환을 바탕으로 돈의 의미를 재정립하려 노력할 수 있기 때문이다.

이것은 단기간에 해결될 수 있는 과제가 아니다. 어쩌면 해결이 불가능하다고 보는 편이 더 정확할지도 모른다. 오늘날 자본주의 시장경제에서 돈이 차지하는 위상은 실로 강력하다. 많은 사람들에게는 돈이 전지전능한 힘을 상징할 정도다. 이와 관련해 아이젠스타인이 "오늘날 신성한 것이 있다면 그것은 돈 자체일 것이다. 돈은 이원론의 영성과 관련된 속성들, 즉 편재성, 추상성, 비물질성에다가 물질세계에 개입해 창조하거나 파괴하는 힘을 지녔기 때문이다"라고 말한 것은 돈의 본질에 대한 탁견卓見이다.[73] 이런 이유 때문에도 실비오 게젤이 주장했던 스탬프화폐, 즉 소멸화폐의 가능성을 진지하게 검토할 필요가 있다. 칼 폴라니가 『거대한 전환』에서 화폐를 다른 재화와 마찬가지로 시장에서 거래할 수 있는 상품으로 만든 것을 비판한 것도 같은 맥락이라고 생각한다. 돈, 즉 화폐의 의미를 재정립하는 것은 더 나은 시장경제를 구축하기 위한 필수 과제다. 이것은 금융자본의 역할을 재정립해야 한다는 것과 같은 내용이기도 하다.

다섯째, 시장경제를 균형이론의 관점에서 분석하고 이해하는 전통을 수정해야 한다. 주류 경제학은 기본적으로 시장경제를 '닫힌 균형 시스

73. 찰스 아이젠스타인(2011), 195쪽.

템'으로 간주하는 가운데 균형이론의 관점에서 분석해 왔다. 왜냐하면 신고전학파 경제이론은 시장균형을 전제하지 않고는 아무것도 설명할 수 없기 때문이다. 그런데 복잡계 이론 전문가들이 지적하고 있듯이 현실의 경제는 본질적으로 역동적이며 불균형 상태에 있는 경우가 보편적이다. 그렇기 때문에 이들은 현실 경제를 '열린 불균형 시스템'으로 해석하는 것이 더 적절하다고 주장한다.

이것이 복잡계 이론에서 경제시스템을 보는 기본 시각이다. 복잡계 경제학을 지지하는 에릭 바인하커는 다음과 같이 말했다. "닫힌계는 항상 예측 가능한 마지막 상태를 보여준다. 물론 도중에는 예측 불가능한 일들을 할지 모르지만 궁극적으로는 최대의 엔트로피라는 균형을 향해 나간다. 열린계는 이보다 훨씬 더 복잡하다. 때때로 안정적이고 균형 잡힌 상태가 있는가 하면 균형과는 거리가 먼, 매우 복잡하고 예측할 수 없는 행태의 패턴, 예컨대 기하급수적 성장, 급격한 붕괴, 또는 진동과 같은 패턴을 보여주기도 한다."[74] 이것들은 모두 금융시장의 특징에 해당한다. 복잡계 이론은 금융시장을 대표적인 열린 불균형 시스템으로 간주한다. 오늘날 모든 것이 안정된 상태인 균형으로 수렴한다는 관점에서 금융시장을 분석하는 것이 틀렸음을 보여주는 증거는 너무 많다. 무엇보다도 주기적으로 반복되었던 금융위기가 증거다.

그렇지만 일상생활에서 사용되는 여러 가지 소비재들이 거래되는 시장과 같이 전반적으로 안정적인 시장도 존재하므로 균형이론을 일거에 모두 폐기하는 것은 적절하지 않다. 따라서 기존의 균형이론과 복잡계 이론을 융합을 수 있는 새로운 경제학 패러다임을 만들어가야 한다. 여기에

74. 에릭 바인하커(2006), 133쪽.

는 행동경제학에서 밝힌 내용도 포함되어야 할 것이다. 그래서 인간은 합리적인 동시에 비합리적이며, 사회를 구성하는 원자지만 이런 원자들이 다수 모여 복잡한 질서를 만들어낸다는 사실을 바탕으로 하는 새로운 경제이론을 만들어야 할 것이다. 그리고 이런 새로운 이론을 바탕으로 더 나은 시장경제를 모색해야 할 것이다. 좋은 지도가 있어야 길을 잃지 않는 법이다.

여섯째, 시장경제 전반에 걸쳐 적절한 인센티브 시스템이 구축되어야 한다. 주류 경제학에서는 단기적 성과와 이에 대한 보상으로 금전적 혜택을 제공하는 인센티브 시스템에 초점을 맞춰왔다. 왜곡된 인센티브 시스템이 금융위기의 원인들 중 하나였다는 사실이 보여주었듯이 이런 시스템은 사회적으로 예기치 않은 여러 가지 부작용을 초래할 수 있다. 인센티브 시스템이 없었던 공산주의 경제가 비효율로 몰락했듯이, 왜곡된 인센티브 시스템도 유사한 결과를 초래할 수 있다. 많은 연구를 통해 밝혀졌듯이 새로운 인센티브 시스템은 장기적인 성과를 중시해야 하며 동시에 금전적·규범적 측면에서 모순이 없는 가운데 사람들이 최선을 다하도록 동기를 부여하는 역할을 해야 한다.

일곱째, 시장경제의 취약점을 보완하기 위한 방안으로 공유경제와 선물경제의 아이디어를 적극적으로 수용해야 한다. 주류 경제학에는 공유경제와 선물경제에 관한 논의가 들어설 자리가 없다. 사람들은 오직 도구적 합리성과 효율성의 논리에 따라 이기적으로 행동한다고 가정하기 때문이다. 그러나 이것이 사실이 아님은 행동경제학의 많은 연구를 통해 입증되었다. 효율성을 추구하는 도구적 합리성 외에 사람들이 고려하는 가치로는 협력, 배려, 공감 등이 있으며 이것은 공유경제와 선물경제를 통해 실현 가능하다. 이런 가치에 대한 사람들의 욕구가 존재하는 한 공유경제와 선물경제는 무시할 수 없는 경제활동의 일부로 부상할 것이다.

선물경제라는 오래된 아이디어가 다시 관심을 끄는 이유는 화폐에 기반을 둔 금융자본주의의 병폐가 극에 달했기 때문이다. 이로 인해 새로운 경제시스템에 대한 사람들의 관심이 고조되고 있으며, 의식에 변화가 감지되고 있다. 인터넷과 모바일 혁명은 우리가 예상하는 것보다 훨씬 더 많은 분야에서 변화를 주도하고 있다는 사실에 주목해야 한다. 공유경제와 선물경제는 이제 소수만이 관심을 갖고 있는 이례적인 경제활동이 아니라 자본주의 시장경제의 치명적인 결함을 보완할 수 있는 경제시스템으로 자리매김할 것이다.

이상에서 언급한 더 나은 시장경제를 위한 제안은 앞 장에서 언급했던 시장경제의 새로운 규칙을 만드는 과정에서 근본 원리로서 역할을 할 수 있다. 모든 아이디어들은 실행 가능한 제도와 규칙으로 구체화되었을 때 비로소 의미를 갖게 된다. 이때 중요한 것은 기존의 질서를 한 단계 업그레이드시킬 수 있는 새로운 아이디어다. 그런데 이런 아이디어는 과거의 좁은 에고에 한정된 정체성을 가진 사람에게서는 결코 기대할 수 없다. 이런 의미에서 의식의 확장은 모든 변화의 선결조건인 것이다. 시장경제를 위한 새로운 규칙을 먼저 논한 것은 바로 이런 이유에서다. 우리에게 왜 의식의 확장이 요구되는지 스스로 깨닫는 과정이 필요하기 때문이다.

시장경제는 더 이상 자본의 수익률 게임을 위한 경제시스템으로 전락한 상태에 머물러서는 안 된다. 시장경제는 진정한 의미에서 인간적인 경제시스템으로 재탄생해야 할 뿐만 아니라 자연과의 공존이 가능한 경제시스템으로 진화해야 한다. 우리는 더 이상 '인간적'이라는 표현에 현혹되어서는 안 된다. 인간적이란 말은 자칫하면 자연을 자의적으로 착취해도 좋다는 면죄부를 줄 수 있기 때문이다. 이런 의미에서 미래학자 제러미 리프킨이 생물권 의식이란 표현을 사용한 것은 더 나은 시장경제가 지향해야 할 방향을 제시해 준다.

인터넷과 모바일 혁명은 사회 전반에서 예상했던 것보다 훨씬 더 광범위하고 급격한 변화를 선도하고 있다. 이런 변화의 핵심은 우리 모두가 연결되어 있으며 이기심에 집착하기보다는 이타심을 발휘해 기꺼이 협력하려는 동기를 갖고 있다는 것이다. 이런 변화는 문명의 전환이 이루어지고 있다는 징표로 해석해도 좋을 것이다. 이와 관련해 아이젠스타인이 다음과 같이 지적한 것은 주목할 가치가 있다. "분리의 시대는 끝나가고, 우리는 상호연결성의 진리대로 사는 법을 배우기 시작했다. 지금까지의 모든 제안은 우리의 의식전환을 가정하고 쓴 것이다. 의식의 전환 없이 신성한 경제는 결코 실현될 수 없다. 지금 나는 의식의 전환을 요구하고 있는 것이 아니라, 전환을 지켜보고 있으며, 전환에 일조하고 있다고 생각한다."[75] 오늘날 우리는 의식적 또는 무의식적으로 다른 사람들과 연결되어 있음을 인지하고 있으며 더욱 연결되기를 바란다. 이것은 우리의 무의식에는 분리된 상태를 피하고자 하는 욕구와 함께 연결되고자 하는 강한 열망이 자리 잡고 있다는 것을 시사한다. 우리는 자신의 정체성을 좁은 에고로 한정하는 것이 분리의식을 조장하고 궁극적으로는 자신에게도

75. 찰스 아이젠스타인(2011), 357쪽. 이런 점에서 아이젠스타인은 의식의 전환에 대해 상당히 낙관적이다. 그렇지만 그가 예상한 대로 의식의 전환이 선물경제의 보편적인 확산으로 이어지기 위해서는 적어도 이런 의식의 전환을 경험한 사람들의 숫자가 임계치를 넘어서야 한다고 생각한다. 이것이 문제다. 로버트 액설로드가 『협력의 진화』(2006)에서 설득력 있게 주장했듯이 이기적인 목표를 가진 사람들의 집단에서 협력이 진화하려면 임계치를 넘는 숫자의 사람들이 협력하려는 자세를 가져야 한다. 이런 논리가 아이젠스타인의 주장에도 적용된다.

해롭다는 사실을 점점 명확하게 인식하기 시작했다.

이런 변화로 인해 머지않아 우리는 의식전환을 통해 정체성을 확장하려는 시도를 하게 될 것이다. 이를 바탕으로 패러다임의 전환이 이루어질 것이며 궁극적으로는 문명의 전환으로 이어질 것이다. 많은 사람들이 이원론적 · 기계적 세계관에 집착하는 것이 곧 스스로를 구속하는 분리의식의 한계를 고집하는 것임을 자각하게 될 것이다. 그래서 더 나은 시장경제를 구축하는 것이 곧 분리의식의 한계를 극복하고 모두가 연결되어 있다는 합일의식을 공유하는 가운데 인류의 진정한 평화 공존을 위한 경제시스템을 모색하는 것임을 자각하게 될 것이다. 이것은 단순한 희망사항이 아니라 현재 일어나고 있는 기술적, 사회적, 정치적, 그리고 경제적 영역에서의 변화의 기운이 가리키고 있는 방향이기도 하다. 새로운 세계관은 우리에게 더 나은 시장경제가 가능하다는 메시지를 보내고 있다. 이제는 이것을 실천할 때다.

참고문헌

[국내 문헌]

김용호(2011), 『제3의 눈 : 시선의 변화와 문명의 대전환』, 돌베개

김현대 외(2014), 『협동조합, 참 좋다』, 푸른지식

박창기(2012), 『혁신하라 한국경제』, 창비

윤평중(2016), 『시장의 철학』, 나남

이부영(2014), 『분석심리학 이야기』, 집문당

______(2012), 『노자와 융』, 한길사

이영환(2011), 『시장과 정보』, 동국대학교 출판부

______(2008), 『위험과 정보』, 율곡출판사

______(2006), 『위험의 경제학』, 율곡프레스

이영환 · 김홍범(2011), 『과학에서 규범으로』, 율곡출판사

이정전(2015), 『왜 우리는 정부에게 배신당할까?』, 반비

______(2012), 『시장은 정의로운가』, 김영사

[국외 문헌]

Acemoglu Daron & James A. Robonson(2012), *WHY NATIONS FAIL*, 최완규 옮김(2012), 『국가는 왜 실패하는가』, 시공사

Akerlof, George A. & Rachel E. Kranton(2010), *Identity Economics*, 안기순 옮김(2010), 『아이덴티티 경제학』, 랜덤하우스

Akerlof, George A. & Robert J. Shiller(2015), *Phishing for Phools*, 조

성숙 옮김(2016), 『피싱의 경제학』, 알에이치코리아
________________(2009), *Animal Spirits*, 김태훈 옮김(2009), 『야성적 충동』, 랜덤하우스
Atkinson, Anthony B.(2015), *Inequality : What can be done?*, 장경덕 옮김(2015), 『불평등을 넘어』, 글항아리
Axelrod, Robert(2006), *The Evolution of Cooperation*, 이경식 옮김(2009), 『협력의 진화』, 시스테마
Ayres Ian(2010), *Carrots and Sticks*, 이종호 · 김인수 옮김(2011), 『당근과 채찍』, 리더스북
Barrat, James(2013), *Our Final Invention*, 정지훈 옮김(2016), 『파이널 인벤션』, 동아시아
Beauvallet, Maya(2009), *Les Strategies Absurdes*, 권지현 옮김(2013), 『인센티브와 무임승차』, 중앙북스
Beinhocker, Eric(2006), *The Origin of Wealth*, 안현실 · 정성철 옮김(2015), 『부는 어디에서 오는가』, 알에치코리아
Benkler, Yochai(2011), *The Penguin and the Leviathan*, 이현주 옮김(2013), 『펭귄과 리바이어던』, 반비
Birchler, Urs & Monika Butler(2007), *Information Economics*, Routledge
Bowles, Samuel(2016), *The Moral Economy*, Yale University Press
Buchanan, Mark(2013), *FORECAST*, 이효석 · 정형채 옮김(2014), 『내일의 경제』, 사이언스북스
________(2007), *The Social Atom*, 김희봉 옮김(2010), 『사회적 원자』, 사이언스북스
Capra, Fritjof(1982), *The Turning Point*, 구윤서 · 이성범 옮김(2006), 『새

로운 과학과 문명의 전환』, 범양사

Capra, Fritjof & Pier Luigi Luisi(2014), *The Systems View of Life*, Cambridge University Press

Cassidy, John(2009), *How Markets Fail*, 이경남 옮김(2011), 『시장의 배반』, 민음사

CCTV 다큐제작팀(2010), *公司的力量*, 허유영 옮김(2014), 『기업의 시대』, 다산북스

천위루 · 양천(2011), *世界是部金融史*, 하진이 옮김(2014), 『금융으로 본 세계사』, 시그마북스

Cooper, George(2014), *Money, Blood, Revolution*, PLS번역 옮김(2015), 『돈, 피, 혁명』, 유아이북스

Decartes, René(1637), *Discours de la Methode*, 권오석 옮김(2007), 『방법서설』, 홍신문화사

Dent, Harry(2014), *The Demographic Cliff*, 권성희 옮김(2014), 『2108 인구절벽이 온다』, 청림출판

Drucker, Peter F.(1985), *Innovation and Entrepreneurship*, 이재규 옮김(2004), 『미래사회를 이끌어가는 기업가정신』, 한국경제신문

Dullien, Sebastian et al.(2011), *Decent Capitalism*, 홍기빈 옮김(2012), 『자본주의 고쳐쓰기』, 한겨레출판

Eisenstein, Charles(2011), *Sacred Economics*, 정준형 옮김, 『신성한 경제학의 시대』, 김영사

Ferguson, Niall(2011), *Civilization*, 구세희 · 김정희 옮김(2012), 『시빌라이제이션』, 21세기북스

______________(2008), *The Ascent of Money*, 김선영 옮김(2010), 『금융의 지배』, 민음사

Finkelstein, Amy(2015), *Moral Hazard in Health Insurance*, Columbia University Press

Ford, Martin(2015), *Rise of the Robots*, 이창희 옮김(2016), 『로봇의 부상』, 세종서적

Friedman, Milton(2002), *Capitalism and Freedom*, 심준보 · 변동일 옮김(2007), 『자본주의와 자유』, 청어람미디어

Gesell, Silvio(1929), *The Natural Economic Order*, 정봉수 옮김(2014), 『공짜땅 공짜돈』, 퍼플

Grant, Ruth W.(2012), *Strings Attached*, Princeton University Press

Haisch, Bernard(2006), *The God Theory*, 석기용 옮김(2010), 『신이론』, 책세상

Harari, Yuval N.(2011), *Sapiens*, 조현욱 옮김(2015), 『사피엔스』, 김영사

Hartmann, Thom(2013), *The Crash of 2016*, 민윤경 옮김(2014), 『2016 미국 몰락』, 21세기북스

____________(1998), *The Last Hours of Ancient Sunlight*, 김옥수 옮김(1999), 『우리 문명의 마지막 시간들』, 아름드리미디어

Hawkins, David R.(2004), *Power vs. Force*, 백영미 옮김(2011), 『의식혁명』, 판미동

Hayek, Friedrich A.(1945), "The Use of Knowledge in Society", in *Individualism and Economic Order*(1948), The University of Chicago Press

____________(1944), *The Road to Serfdom*, 김이석 옮김(2012), 『노예에의 길』, 나남출판

Hermann, Ulrike(2013), *Der Sieg des Kapitals*, 이미옥 옮김(2104), 『자본의 승리인가 자본의 위기인가』, 에코리브르

Horkheimer, Max(1947), *Zur Kritik der Instrumentellen Vernunft*, 박구용 옮김(2011), 『도구적 이성 비판』, 문예출판사

Johnson, Neil F.(2007), *Simply Complexity*, 한국복잡계학회 옮김(2015), 『복잡한 세계, 숨겨진 패턴』, 바다출판사

Jung, Carl G. et al.(1964), *Man and Symbols*, 이윤기 옮김(1996), 『인간과 상징』, 열린책들

Kahneman, Daniel(2011), *THINKING FAST AND SLOW*, 이진원 옮김(2012), 『생각에 관한 생각』, 김영사

Kaletsky, Anatole(2010), *Capitalsm 4.0 : The Birth of a New Economy*, 위선주 옮김(2011), 『자본주의 4.0』, 컬처앤스토리

Kay, John(2003), *Culture and Prosperity*, 홍기훈 옮김(2008), 『시장의 진실』, 에코리브르

Keynes, John M.(1936), *The General Theory of Employment, Interest and Money*, 이주명 옮김(2009), 『고용, 이자, 화폐의 일반이론』, 필맥

King, Brett et al.(2016), *Augmented : Life in the Smart Lane*, 백승윤 · 김정아 옮김(2016), 『증강현실』, 미래의 창

Kinsley, Michael(2008), *Creative Capitalism*, 김지연 옮김(2011), 빌 게이츠의 『창조적 자본주의』, 이콘

Knight, Frank H.(1921), *Risk, Uncertainty and Profit*, University of Chicago Press

Kotler, Philip(2015), *Confronting Capitalism*, 박준형 옮김(2015), 『필립 코틀러의 다른 자본주의』, 더난출판

Kuhn, Thomas(1970), *The Structure of Scientific Revolutions*, 김명자 옮김(1996), 『과학혁명의 구조』, 동아출판

Kurzweil, Ray(2012), *How to Create a Mind*, 윤영삼 옮김(2103), 『마음의 탄생』, 크레센도

_____________(2005), *The Singularity is near*, 김명남 · 장시형 옮김(2007), 『특이점이 온다』, 김영사

Laszlo, Ervin et al.(1999), *The Consciousness Revolution*, Elf Rock Productions

Layard, Richard(2011), *Happiness*, 정은아 옮김(2011), 『행복의 함정』, 북하이브

Levitt, Steven D. & Steven J. Dubner(2014), *THINK LIKE A FREAK*, 안진환 옮김(2015), 『괴짜처럼 생각하라』, 웅진지식하우스

Lindblom, Charles E.(2001), *The Market System*, 한상석 옮김(2009), 『시장체제』, 후마니타스

Mandelbrot, Benoit(2006), *The (Mis)behavior of Markets*, 이진원 옮김(2010), 『프랙털 이론과 금융시장』, 열린책들

Mandeville, Bernard(1714), *The Fable of the Bees*, 최윤재 옮김(2011), 『꿀벌의 우화』, 문예출판사

Maslow, Abraham H.(1999), *Toward a Psychology of Being*, 정태연 · 노연정 옮김(2012), 『존재의 심리학』, 문예출판사

Mauss, Marcel(1917), *Essai sur le don*, 이상률 옮김(2014), 『증여론』, 한길그레이트북스

McMillan, John(2002), *Reinventing the Bazaar*, 이진수 옮김(2007), 『시장의 탄생』, 민음사

Muller, Jerry Z.(2002), *The Mind and the Market*, 김청환 옮김(2015), 『자본주의의 매혹』, 휴먼앤북스

Okun, Arthur M.(1975), *Equality and Efficiency : The Big Tradeoff*,

Brookings Institute Press

Orrell, David J.(2011), *ECONOMYTHS*, 김원기 옮김(2011), 『경제학 혁명』, 행성B : 웨이브

Paine, Thomas(2005), *Common Sense*, 남경태 옮김(2012), 『상식』, 효형출판

Piketty, Thomas(2013), *Capital in the Twenty-First Century*, 장경덕 외 옮김(2014), 『21세기 자본』, 글항아리

Pink, Daniel H.(2009), *Drive*, 김주환 옮김(2011), 『드라이브』, 청람출판

Polanyi, Karl(1944), *The Great Transformation*, 홍기빈 옮김(2009), 『거대한 전환』, 도서출판 길

Quiginn, John(2010), *Zombie Economics*, 정수지 옮김(2012), 『경제학의 5가지 유령들』, 21세기북스

Reich, Robert B.(2015), *Saving Capitalism*, 안기순 옮김(2016), 『자본주의를 구하라』, 김영사

Rickards, James(2014), *The Death of Money*, 최지희 옮김(2015), 『화폐의 몰락』, 율리시즈

Rifkin, Jeremy(2014), *Zero Marginal Cost Society*, 안진환 옮김(2014), 『한계비용 제로 사회』, 민음사

____________(2011), *The Third Industrial Revolution*, 안진환 옮김(2012), 『3차 산업혁명』, 민음사

Roubini, Nouriel & Stephen Mihm(2010), *Crisis Economics*, 허익준 옮김(2010), 『위기의 경제학』, 청림출판

Russell, Peter(2003), *From Science to God*, 김유미 옮김(2007), 『과학에서 신으로』, 해나무

Salecl, Renata(2010), *The Tyranny of Choice*, 박광호 옮김(2014), 『선택

이라는 이데올로기』, 후마니타스

Schwab, Klaus(2016), *The Fourth Industrial Revolution*, 송경진 옮김(2016), 『클라우스 슈밥의 제4차 산업혁명』, 새로운현재

Schwartz, Barry(2004), *The Paradox of Choice*, 형선호 옮김(2005), 『선택의 심리학』, 웅진지식하우스

Sheldrake, Rupert(2012), *Science Set Free*, Deepak Chopra Books

Shiller, Robert J.(2012), *Finance and Good Society*, 노지량 · 조윤정 옮김(2013), 『새로운 금융시대』, 알에치코리아

______________(2008), *Subprime Solution*, 정준희 옮김(2009), 『버블 경제학』, 랜덤하우스

시부사와 에이치(1927), 『논어와 주판』, 노만수 옮김(2009), 페이퍼로드

Smith, Adam(1776), *The Wealth of Nations*, 김수행 옮김(2016), 『국부론(상 · 하)』, 비봉출판사

__________(1759), *The Theory of Moral Sentiments*, 박세일 · 민경국 옮김(2010), 『도덕감정론』, 비봉출판사

Song, Hong Bing(2013), *Currency Wars 5*, 홍순도 옮김(2014), 『화폐전쟁 5』, 알에치코리아

Soros, George(2008), *The New paradigm for Financial Markets*, 황숙혜 옮김(2008), 『금융시장의 새로운 패러다임』, 위즈덤하우스

Stiglitz, Joseph E.(2016), *Rewriting the Rules of the American Economy*, W. W. Norton & Company

______________(2012), *The Price of Inequality*, 이순희 옮김(2013), 『불평등의 대가』, 열린책들

______________(1985), "Information and Economics", *Journal of Political Economy*, Vol. 69, pp.213~225

Stiglitz, Joseph E. et al.(2010), *Mismeasuring our lives*, 박형준 옮김(2012), 『GDP는 틀렸다』, 동녘

Takuo Dome(2008), *Adam Smith*, 우경봉 옮김(2010), 『지금 애덤 스미스를 다시 읽는다』, 동아시아

Thaler, Richard H. & Cass R. Sunstein(2008), *NUDGE*, 안진환 옮김(2009), 『넛지』, 리더스북

Wilber, Ken(2011), *No Boundary*, 김철수 옮김(2012), 『무경계』, 정신세계사

Wilson, Edward O.(2014), *The Meaning of Human Existence*, 이한음 옮김(2016), 『인간 존재의 의미』, 사이언스북스

________________(2012), *The Social Conquest of Earth*, 이한음 옮김(2013), 『지구의 정복자』, 사이언스북스

________________(1998), *Consilience : The Unity of Knowledge*, 최재천 · 장대익 옮김(2005), 『지식의 대통합, 통섭』, 사이언스북스

Zamagni, Stefano & Vera Zamagni(2009a), *LA COOPORAZIONE*, 송성호 옮김, 『협동조합으로 기업하라』, 북돋움

Zamagni, Stefano(2009b), *AVARIZIA*, 윤종국 옮김(2014), 『인류 최악의 미덕, 탐욕』, 북돋움

Zamagni, Stefano & Luigino Bruni(2004), *Economia Civile*, 제현주 옮김(2015), 『21세기 시민경제학의 탄생』, 북돋움

찾아보기

가

라

마

바

사

아

자

차

카

시장경제의 통합적 이해

초판 1쇄 인쇄 2017년 4월 7일
초판 1쇄 발행 2017년 4월 13일

지은이 이영환
펴낸이 박기남
펴낸곳 **율곡출판사**

08590 서울시 금천구 가산디지털1로 84(에이스하이엔드 8차), 803호
전화 (代) 02) 718-9872
팩스 02) 718-9874
home-page www.yulgokbooks.co.kr
e-mail yulgokbook@naver.com
등록 1989.11.10. 제2014-000031호
ISBN 979-11-87897-09-5 93320

값 25,000원